高等职业教育轨道交通类校企合作系列教材

GAODENG ZHIYE JIAOYU GUIDAO JIAOTONG LEI XIAOQI HEZUO XILIE JIAOCAI

铁路轨道

主　编〇解宝柱　赵　勇

西南交通大学出版社

·成都·

内容简介

本书分五个模块，主要介绍了直线轨道构造及轨道几何形位；曲线轨道主要技术标准及缩短轨配置；普通无缝线路和跨区间无缝线路的基本原理及结构、无缝线路施工与养护维修的相关知识；单开道岔的构造、检查及提速，高速道岔的技术特点和特种道岔；无砟轨道的分类及我国无砟轨道的结构构造与施工工艺、无砟轨道维修的基本知识等。

本书为高职高专铁道工程技术专业教学用书，也可供相关专业及现场技术人员参考。

图书在版编目（CIP）数据

铁路轨道 / 解宝柱，赵勇主编. —成都：西南交通大学出版社，2017.8
高等职业教育轨道交通类校企合作系列教材
ISBN 978-7-5643-5403-9

Ⅰ. ①铁… Ⅱ. ①解… ②赵… Ⅲ. ①轨道（铁路）－高等职业教育－教材 Ⅳ. ①U213.2

中国版本图书馆 CIP 数据核字（2017）第 088119 号

高等职业教育轨道交通类校企合作系列教材

铁路轨道

	责任编辑／李芳芳
主　编／解宝柱　赵勇	助理编辑／宋浩田
	封面设计／何东琳设计工作室

西南交通大学出版社出版发行
（四川省成都市二环路北一段 111 号西南交通大学创新大厦 21 楼　610031）
发行部电话：028-87600564
网址：http://www.xnjdcbs.com
印刷：成都中铁二局永经堂印务有限责任公司

成品尺寸　185 mm×260 mm
印张　24.75　　字数　618 千
版次　2017 年 8 月第 1 版　　印次　2017 年 8 月第 1 次

书号　ISBN 978-7-5643-5403-9
定价　55.00 元

前　言

　　本书是根据铁道工程技术专业最新的培养方案和铁路轨道课程标准编写而成的。

　　二十余年来，我国铁路进行了 6 次大提速，建设了以四纵四横为主干的高速铁路网。随着传统的有砟铁路轨道结构技术日趋完善和成熟，无砟轨道结构技术也完成了自主创新和系列化，越来越需要有一本教学目标明确、教学内容深广适中的铁路轨道教材及时将我国铁路轨道工程技术系统、全面地介绍给广大高职相关专业的师生。

　　为此，根据辽宁铁道职业技术学院铁道工程技术专业课程教学改革的要求，我们组织编写了这本《铁路轨道》教材作为铁道工程技术及相关专业的教学用书。根据目前铁路轨道工程技术的发展现状和学生的发展目标，本教材在讲清基本概念、基本理论和基本知识的前提下，注重铁路轨道工程技术发展的传承性和现场应用的实用性、适应性和先进性，对不同类型轨道结构和技术标准作了较详细的介绍。

　　本教材按模块-任务体例编写，分 5 个模块，分别为：模块一，直线轨道；模块二，曲线轨道；模块三，无缝线路；模块四，道岔；模块五，无砟轨道。本教材内容密切联系现场实际，力求全面反映当前铁路轨道工程的新技术、新工艺和新规范。为适应学生自学，每个模块都有明确、具体的学习目标，并精选了思考题和习题，后续将配套网上教学资源，可以让师生在开放的网络学习平台共享学习资源，或进行讨论答疑、在线自测等。

　　本书由辽宁铁道职业技术学院解宝柱、赵勇主编，编写分工为：辽宁铁道职业技术学院解宝柱编写模块三、模块四；赵勇编写模块一、模块二和模块五（5.1 无砟轨道认知）；姜雄基编写模块五（5.3 无砟轨道扣件系统）；刘景双编写模块五（5.4 无砟轨道施工工艺流程），沈阳铁路局工务处马德东编写模块五（5.2 无砟轨道构造、5.5 无砟轨道养护维修）。全书由解宝柱教授统稿，高级工程师马德东负责主审。在本书编写过程中，还得到了沈阳铁路局锦州工务段高级技师朱铁林同志的热情帮助，并审阅了部分书稿。在本书编写工作中，编者参考了大量相关的优秀教材、著作、文章，在此向有关单位、编著者表示真挚谢意。

　　由于编者水平有限，书中出现谬误在所难免，敬请读者批评指正。

编　者

2016 年 11 月

目　录

模块一　直线轨道

模块	学习内容	参考学时
直线轨道	1.1 轨道组成	
	1.2 钢轨及联结	
	1.3 轨枕及扣件	
	1.4 道砟与道床	
	1.5 轨道几何形位	
	1.6 轨道防爬	

1.1　轨道组成

【学习目标】

（1）能准确说出有砟轨道、无砟轨道的组成。

（2）能正确区分有砟轨道的各主要组成部件。

1.1.1　轨道的组成

铁路轨道是铁路线路的上部建筑，其作用是引导列车运行，直接承受列车荷载，并传到路基上。目前使用的轨道结构形式主要分为有砟轨道和无砟轨道两种。传统的有砟轨道包括钢轨、轨枕、联结零件、道床、防爬设备和道岔，主要应用于常速铁路，如图 1-1 所示。

无砟轨道是指采用混凝土、沥青混合料等整体基础取代散粒碎石道床的轨道结构，如图 1-2 所示，主要应用于高速铁路客运专线轨道。

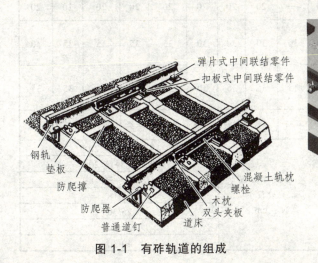

图 1-1　有砟轨道的组成

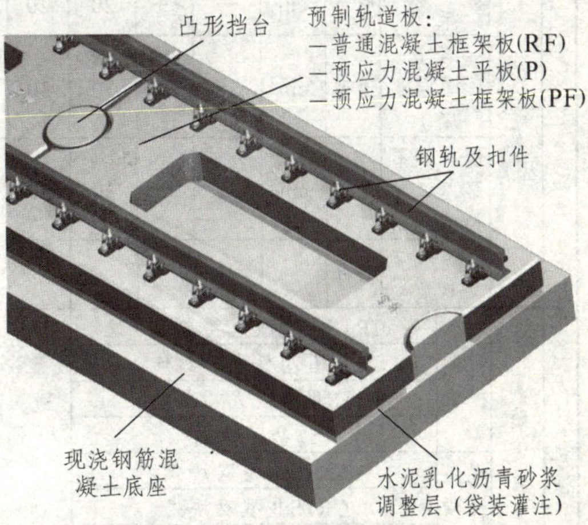

图 1-2　无砟轨道的组成

1.1.2　轨道的类型

根据《铁路轨道设计规范》TB 10082—2005，我国有砟轨道结构按运营条件，将轨道为特重型、重型、次重型、中型和轻型五种类型。但随着高速铁路、城际铁路客运专线有砟轨道结构技术的发展和应用，显然，原来以客货共线铁路为依据的轨道结构分类已不适应当前我国高速铁路、城际铁路、客货共线铁路、重载铁路等有砟轨道结构线路协同发展的实际，所以在新修编的铁路轨道设计规范中，取消了传统的以年通过总质量、线路行车速度和钢轨质量为主要运营条件的有砟轨道结构分类，而是根据线路的不同类型及相关运营条件匹配轨道结构部件，如表 1-1 所示。

我国无砟轨道结构经过十几年的技术引进、吸收、再创新，也已形成完整的具有自主知识产权的技术体系，按结构形式分为预制板式和现浇混凝土式两大类，见表 1-1。

表 1-1　正线轨道结构类型

项目			单位	高速铁路	城际铁路			客货共线铁路 Ⅰ级铁路			Ⅱ级铁路	重载铁路 >250	重载铁路 100~250		重载铁路 40~100	
年通过总质量			Mt	—	—			—				>250	100~250		40~100	
列车轴重 P			t	≤17	≤17	≤17	≤17	≤23	≤25	≤25	≤23	25~30	30	25、27	30	25、27
旅客列车设计行车速度 v_K			km/h	≥250	200	160	120	200	160	120	≤120	≤120	≤120		≤120	
货物列车设计行车速度 v_H			km/h	—	—			≤120	≤120	≤80	≤80	≤90	≤90		≤90	
钢轨			kg/m	60	60	60	60	60	60	60	60	75	60		60	
有砟轨道		扣件	—	弹条Ⅳ或Ⅴ型	弹条Ⅱ或Ⅲ型			弹条Ⅱ或Ⅲ型			弹条Ⅱ型	与轨枕匹配的弹性扣件				
	混凝土枕	型号	—	—	Ⅲ	Ⅲ	Ⅲ	Ⅲ	Ⅲ	Ⅲ	Ⅲ或新Ⅱ	新Ⅱ	满足设计轴重要求的混凝土轨枕			
		间距	mm	—	600	600	600	600	600	600	600或570	570	600		600	
	道床厚度及材质	路基(双层道床) 面砟	cm	—	—	30	25	—	30	30	25	35	35	30	35	30
		路基(双层道床) 底砟	cm	—	—	20	20	—	20	20	20	20	20	20	20	20
		路基(单层道床) 道砟	cm	35	30	30	30	30	30	30	30	35	35	35	35	30
		硬质岩石路基、桥梁、隧道 道砟	cm	35	35	30	30	35	35	35	30	35	35	35	35	35
		道砟材质 面砟	—	—	特级	一级	一级	一级	一级	一级	一级	特级	特级	特级/一级	特级	特级
无砟轨道	无砟道床	预制板式 CRTSⅠ型板式(单元)	道床板厚度/底座厚度(路基地段)单位:cm									19/30 (桥隧 20)				
		预制板式 CRTSⅡ型板式(纵连)										20/30 (桥隧 20)				
		预制板式 CRTSⅢ型板式(单元)										21/28 (桥隧 18)				
		道岔区板式										26/18				
		现浇混凝土式 CRTSⅠ型双块式										26/30				
		现浇混凝土式 CRTSⅡ型双块式										24/30				
		道岔区轨枕埋入式										40/30				

1.2　钢轨及联结

【学习目标】

（1）记住钢轨的分类方法及钢轨的类型。

（2）记住钢轨伤损的主要形式及其防治措施。

（3）能区分不同的接头类型并描述其特点。

（4）能识别接头联结零件并说明其作用。

（5）能根据图片或实物辨认钢轨或接头伤损类型并说明产生的原因及整治方法。

（6）能熟练进行预留轨缝和轨缝调整的计算。

1.2.1　钢轨的功用与要求

钢轨是铁路轨道的主要组成部件。它的功用在于引导机车车辆的前进，承受车轮的巨大压力，并传递到轨枕上。钢轨必须为车轮提供连续、平顺和阻力最小的滚动表面。在电气化铁道或自动闭塞区段，钢轨还兼做轨道电路之用。

为使列车能够安全、平稳和不间断地运行，钢轨除必须充分发挥上述诸功能外，还应保证在轮载和轨温变化的作用下，应力和变形均不会超过规定的限值。这就要求钢轨具有足够的强度、韧性和耐磨性能。

1.2.2　钢轨的断面及类型

作用于直线轨道钢轨上的力主要是竖直力，其结果是使钢轨挠曲。因此，钢轨采用工字形断面，由轨头、轨腰及轨底三部分组成，具体尺寸如图 1-3 所示，钢轨断面参数见表 1-2。另外根据我国铁路轮轨接触关系存在的问题，并借鉴国外经验，我国铁路近年来也开展了钢轨轨头廓型优化工作，成功研发出具有新轨头廓型的 60 N 和 75 N 钢轨。

表 1-2　钢轨断面尺寸及几何特性

项　　目	类型(kg/m)				项　　目	类型(kg/m)			
	75	60	50	43		75	60	50	43
每米实际质量 m(kg)	74.414	60.64	51.514	44.653	轨头所占面积 A_h(%)	37.42	37.47	38.68	42.83
断面面积 F(cm^2)	95.037	77.45	65.8	57	轨腰所占面积 A_w(%)	26.54	25.29	23.77	21.31
重心距轨底面的距离 y_1(mm)	88	81	71	69	轨底所占面积 A_b(%)	36.54	37.24	37.55	35.86
对水平轴的惯性矩 I_x(cm^4)	4 490	3 217	2 037	1 489	钢轨高度 H(mm)	192	176	152	140

项　目	类型(kg/m)				项　目	类型(kg/m)			
	75	60	50	43		75	60	50	43
对竖直轴的惯性矩 I_y(cm⁴)	665	524	377	260	钢轨底宽 b'(mm)	150	150	132	114
底部断面系数 W_1(cm³)	509	396	287	217	轨头高度 h(mm)	55.3	48.5	42	42
头部断面系数 W_2(cm³)	432	339	251	208	轨头宽度 b(mm)	75	73	70	70
轨底横向挠曲断面系数 W_y(cm³)	89	70	57	46	轨腰厚度 t(mm)	20	16.5	15.5	14.5

钢轨的类型，一般以取整后的每米质量（kg/m）数表示。目前，我国铁路的钢轨类型主要有 75 kg/m、60 kg/m、50 kg/m、43 kg/m、38 kg/m 几种。

我国钢轨标准长度原为 12.5 m 和 25m 两种，根据《43 kg/m～75 kg/m 钢轨订货技术条件》（TBT 2344—2012），我国钢轨的定尺长度现在为 43 kg/m，分 12.5 m 和 25 m 两种；50 kg/m、60 kg/m 钢轨分为 12.5 m、25 m、100 m 三种；75 kg/m 钢轨标准轨定尺长度分为 25 m、75 m、100 m 三种。为减少铁路线路钢轨焊接接头数量，提高线路平顺性，60 kg/m 钢轨应优先采用 100 m 长定尺轨，75 kg/m 钢轨应优先采用 75 m 长定尺轨。

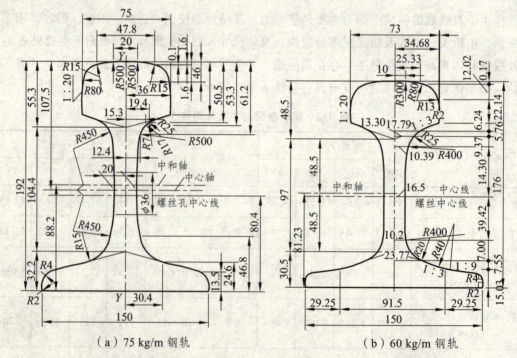

（a）75 kg/m 钢轨　　　　　（b）60 kg/m 钢轨

图 1-3　钢轨断面

另外，还有用于曲线内股的标准缩短轨，对于 12.5 m 标准轨系列的缩短轨有短 40 mm、80 mm、120 mm 三种；对于 25 m 标准轨系列的缩短轨有短 40 mm、80 mm、160 mm 三种。

我国早期使用的钢轨为碳素钢轨，强度级别为 780 MPa。随着铁路运输轴重的不断加大，运行速度、密度的不断增高，碳素钢轨的含碳量也逐渐提高，强度不断增大。同时，微合金化在线热处理技术也得到了发展。

钢轨材质从 880 MPa 级到 1300 MPa 级，已形成系列。轨型有 50 kg/m、60 kg/m（包括 60 N）和 75 kg/m（包括 75N），基本满足高速、重载、客货混运等不同的运输条件对钢轨的需求。

根据钢轨钢的化学成分及其强度级别（最低抗拉强度），可分为碳素钢轨（钢牌号为 U71、U74、U71Cu，强度为 780 MPa、800 MPa）、微合金钢轨（钢牌号为 U71Mn、U71MnSi、U75V、U77MnCr，强度为 880 MPa、980 MPa）、低合金钢轨（钢牌号为 U78CrV、U76CrRE，强度 1 080 MPa）；接交货状态可分为热轧钢轨（碳素钢轨、微合金钢轨、低合金钢轨）和热处理钢轨（热轧钢轨热处理后 1 180～1 280 MPa）。热处理钢轨依其工艺条件又可分为离线热处理钢轨（钢轨轧制冷却后再进行热处理）及在线热处理钢轨（利用轧制余热对其进行热处理）。一般强度为 1 080 MPa 及以上的钢轨被称为耐磨轨或高强度钢轨。我国铁路常用的钢轨钢牌号及抗拉强度见表 1-3。

表 1-3 我国铁路常用钢轨钢牌号及抗拉强度

钢牌号	U71、U74	U71Mn U71MnG	U75V U75VG U77MnCr	U78CrV U76CrRE U71MnH	U75VH	U78CrVH
抗拉强度（N/mm²）	≥780	≥880	≥980	≥1 080	≥1 180	≥1 280

注：U 表示钢轨符号；后面数字 71、74 等表示钢轨碳含量；各种元素符号表示钢轨所含合金成分；G 表示高铁用钢轨；H 表示热处理钢轨。

《铁路技术管理规程（普速铁路部分）》规定，新建、改建铁路正线采用 60 kg/m 钢轨的跨区间无缝线路，重载铁路正线宜采用 60 kg/m 及以上类型钢轨的无缝线路。钢轨优先采用 100 m（60 kg/m）、75 m（75 kg/m）长定尺轨；《铁路技术管理规程（高速铁路部分）》规定，正线及到发线轨道应采用一次铺设跨区间无缝线路，正线钢轨应采用 100 m 长定尺的 60 kg/m 钢轨。

针对有时需要在线路上插入短轨的情况，《铁路线路修理规则》规定：

线路上个别插入的短轨，在正线上不得短于 6 m，在站线上不得短于 4.5 m，并不得连续插入 2 根及以上。个别插入短轨线路的允许速度不得大于 160 km/h。

在正线上个别插入短轨的长度，是按 12.5 m 标准钢轨长度的一半考虑的，其目的是为能有效地利用钢轨，并留有一定的富余量，故《修理规则》规定正线插入短轨不得短于 6 m，且不得连续插入 2 根及以上。在铺设 25 m 钢轨地段，插入短轨的长度应尽可能更长一些。

在站线上铺设的旧轨较多，且行车速度不高，个别插入短轨的长度可能更短一些，故规定不得短于 4.5 m，且不得连续插入 2 根及以上。在无缝线路应力放散、重伤或折断处理等需要插入短轨或增加钢轨接头时，应及时焊复。为了保证快速列车运行的安全和平稳，焊复前线路允许速度不得大于 160 km/h。

1.2.3 钢轨接头

1. 钢轨接头组成

普通轨道是通过夹板和螺栓将标准轨端依次连接而成，连接的部位称为钢轨接头，如图 1-4 所示。钢轨接头是轨道的薄弱环节之一，由于钢轨接头处轨面不连续，增加了行车阻力和车轮对轨道的动力冲击作用，容易造成多种接头病害。

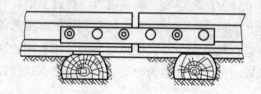

图 1-4　钢轨接头

组成钢轨接头的连接零件包括夹板、螺栓、螺母、垫圈等。它的主要作用是将标准长度的钢轨或短轨顺次连接起来，形成连续的轨线，并传递和承受钢轨的挠曲力、横向力。因此，要求夹板及螺栓有足够的强度并便于安装和拆卸。

接头夹板的作用是夹紧钢轨、保持相邻轨端的正确位置，同时承受弯矩、传递纵向力、阻止钢轨伸缩，因此要求夹板有一定的垂直和水平刚度及足够的强度。夹板的型式很多，我国铁路线路采用的是斜坡支承双头对称型夹板（简称双头式夹板）。此外，还有中华人民共和国成立前遗留下来的平板夹板、角式夹板、裙边夹板等，现已被淘汰。

60kg/m 钢轨双头式夹板断面尺寸如图 1-5 所示，不同钢轨类型对应的夹板长度及孔距不同，如表 1-4 所示。

接头螺栓、螺母是在钢轨接头处用以夹紧夹板和钢轨的配件，使夹板连接牢固，阻止钢轨部分伸缩。接头螺栓外形如图 1-6 所示。

表 1-4　双头夹板尺寸（mm）

适用钢轨类型（kg/m）	夹板长度 L_0	L_1	L_2	L	d	R	K
75	1 000	130	210	220	26	13	8
60	820	140	140	160	26	13	8
50	820	140	150	140	26	13	8
43/38	790	160	110	120	24	12	8

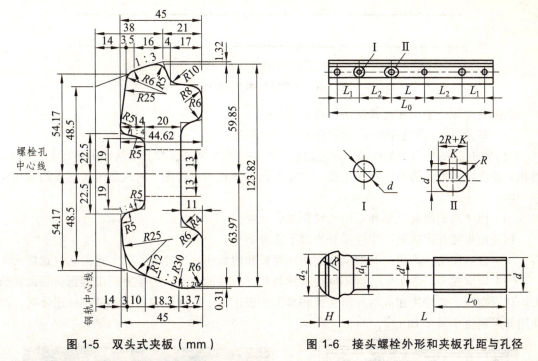

图 1-5 双头式夹板（mm）

图 1-6 接头螺栓外形和夹板孔距与孔径

2．钢轨接头类型

钢轨接头按轨枕支承形式分为悬空式（图1-4）和承垫式两种（图1-7）。

悬空式即钢轨接头悬于两轨枕之间，是我国铁路常用的钢轨接头连接形式。

承垫式即钢轨接头置于轨枕之上，分为单枕承垫式和双枕承垫式两种，很少采用单枕承垫式，因为当车轮通过时，轨枕左右摇动，不稳定。双枕承垫式可保证稳定性，但有刚度大、不易捣固的不足。一般为了加强木枕地段钢轨接头，只在正线绝缘接头处，采用双枕承垫式。

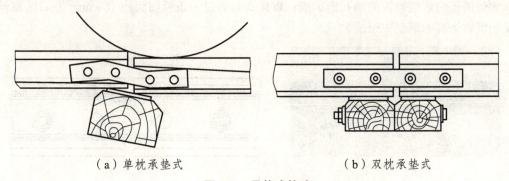

（a）单枕承垫式   （b）双枕承垫式

图 1-7 承垫式接头

钢轨接头按其在两股轨线上的相互位置，分为相对式和相互式两种，如图1-8所示。

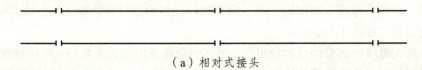

（a）相对式接头

（b）相互式接头

图 1-8　相对式和相互式接头

我国铁路规定采用相对式接头。这是因为：

（1）车轮对钢轨接头的冲击次数比相互式少一半。

（2）相互式的冲击力是偏载，时左时右，并加剧列车横向摇摆，对轨道的破坏作用更大，而相对式产生的冲击力基本对称出现，列车振动摇摆相对小得多，对轨道的破坏作用也相对小一些。

（3）便于基地组装轨排和采用机械化铺装轨排。

钢轨接头按其用途及工作性质分为以下几种类型：

（1）普通接头：即同一类型钢轨之间用夹板和螺栓连接的接头，如上述的悬空式接头。

（2）异形接头（图 1-9）：即不同类型钢轨相互连接的接头。为使不同类型钢轨顶面及轨头内侧面吻合，需使用相应的异形夹板和异形垫板连接。正线出现不同类型钢轨连接时，需使用异形钢轨（图 1-10）。

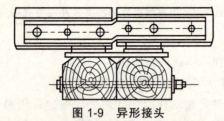

图 1-9　异形接头

图 1-10　异形钢轨

（3）导电接头（图 1-11）：轨道电路传导电流或电气化铁路作为牵引电流回路中的钢轨接头，分为塞钉式（图 1-11a）和焊接式（图 1-11b）两种。塞钉式是通过两根直径 5 mm 的镀锌铁丝插于两轨端轨腰的圆孔内组成；焊接式是通过一条断面面积 100 mm^2 左右的钢丝索焊接于钢轨头部的钢套中组成。

（a）塞钉式

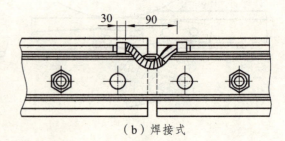

（b）焊接式

图 1-11　导电接头

（4）绝缘接头（图 1-12）：分为普通绝缘接头和胶接绝缘接头。普通绝缘接头是在钢轨与夹板之间、夹板与螺栓头和螺帽之间、钢轨螺栓孔四周以及两轨端之间，填以绝缘材料，以阻止电流通过，如图 1-12a 所示。

为了提高无缝线路的整体性和稳定性，增强钢轨接头阻力，改善钢轨的绝缘性能，目前，我国铁路广泛使用了钢轨胶接绝缘接头，如图 1-12b 所示。分为厂制胶接绝缘接头和现场胶接绝缘接头两种。

厂制胶接绝缘接头，是在工厂内采用加温（或常温）、加压的胶接工艺，将两根钢轨与夹板、绝缘槽板（或绝缘布与胶黏剂）、绝缘端板、绝缘套管、高强度螺栓黏结并紧固而成的绝缘接头，使用时，用铺轨列车运至现场，直接焊接在两根钢轨之间。

现场胶接绝缘接头是在施工现场，用胶黏剂将胶接绝缘夹板与钢轨黏结，并采用高强度螺栓紧固的钢轨接头。

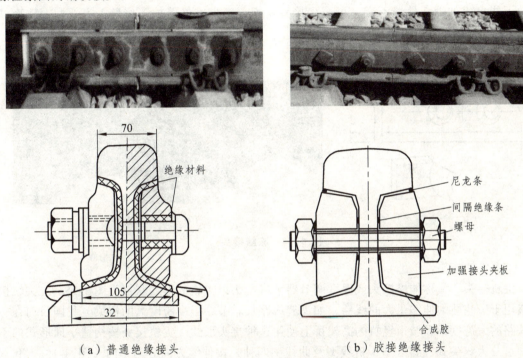

（a）普通绝缘接头　　　　（b）胶接绝缘接头

图 1-12　绝缘接头

（5）焊接接头（图 1-13）：用电阻焊、小型气压焊或铝热焊等方法将钢轨焊接而形成的接头，多用于无缝线路。

图 1-13　焊接接头

（6）冻结接头（图 1-14）：指采用夹板与高强螺栓联结钢轨，使轨端密贴或预留小轨缝，将钢轨锁定阻止其伸缩的一种接头形式。

目前，国内外采用的钢轨接头冻结方式主要有以下两种：

a. 普通冻结接头（图 1-14a）。指采用特制垫片，塞入钢轨螺栓孔空隙中，使钢轨接缝密贴而阻止钢轨自由伸缩的一种钢轨联结方式。

b. 新型冻结接头（图 1-14b）。采用施必牢防松机构、哈克紧固件等联结形式的钢轨接头联结及 MG 接头（由郑州铁路局、郑州科学技术研究所申请专利的一种摩擦固定钢轨接头，由钢轨、鱼尾板、螺栓和垫圈组成，其特征在于对钢轨与鱼尾板的接触面分别或同时进行除锈处理，并用特制的高强螺栓和平垫片固定，能提高钢轨接头阻力，轨温变化时，钢轨不能自由伸缩，轨缝不变，可减少接头病害，减少维修养护工作量）等新型钢轨冻结接头。

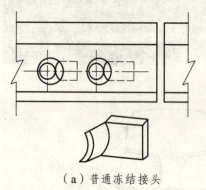

（a）普通冻结接头   （b）哈克紧固件

图 1-14　冻结接头

（7）尖轨接头。

尖轨接头（又称伸缩接头或温度调节器）将接头以尖轨的形式联接（图 1-15a）。尖轨接头应用于一些轨端伸缩量大的线路，如无缝线路长轨节、温度跨度大的桥梁。我国目前在一些铁路的大跨度桥和城市轻轨的高架桥上使用这种接头形式。尖轨接头按构造平面形式的不同，可分为双尖式、斜线型、折线型及曲线型四种，按伸缩方向分为单向（图 1-15a）和双向（图 1-15b）两种。

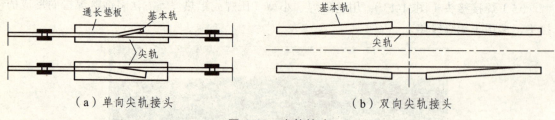

（a）单向尖轨接头   　（b）双向尖轨接头

图 1-15　尖轨接头

3. 钢轨接头预留轨缝

（1）轨缝设置。

普通线路上两相邻钢轨间的缝隙称为轨缝。每节钢轨通过夹板和接头螺栓将其连接起来。随着轨温变化，钢轨将发生伸缩，这个伸缩量由钢轨螺栓孔、夹板螺栓孔与螺栓杆之间的间隙来提供，我们将它们之间在构造上能实现的轨端最大缝隙称为构造轨缝。如果轨缝超过构造轨缝，接头螺栓就要承受剪力。在铺轨施工时，如需要预留一定的轨缝（称为预留轨缝），预留轨缝大小也必须要适当。预留轨缝的原则是：当轨温达到当地最高轨温 T_{max} 时，轨缝大于或等于零，即轨缝不顶严，以避免轨端受顶力和过大的温度力引起线路胀轨跑道；当轨温达到当地最低轨温 T_{min} 时，轨缝不超过构造轨缝，以保证接头螺栓不受剪力，并防止大轨缝造成过大的冲击力的情况出现。

《铁路线路修理规则》（以下简称《修规》）规定，普通线路预留轨缝值为

$$a_0 = \alpha L(t_z - t_0) + \frac{1}{2}a_g \qquad (1-1)$$

式中　a_0——铺设、更换钢轨或调整轨缝时的预留轨缝值（mm）。

　　α——钢轨的线膨胀系数，α=0.0118 mm/m°C。

　　t_0——铺轨或调整轨缝时的轨温（°C）。

　　a_g——构造轨缝值（mm），对于 38、43、50、60、75kg/m 钢轨考虑一定的安全系数后，规定统一采用 a_g=18 mm。

　　L——标准轨长度（m）。

　　t_z——当地的中间轨温（°C），其值为 $t_z = \frac{T_{max} + T_{min}}{2}$（$T_{max}$、$T_{min}$——当地历史最高和最低轨温（°C），各地区（或区段）采用的最高、最低轨温由铁路局规定）。

由于构造轨缝 a_g 限制，以及接头和基础阻力 C 值的关系，不是所有地区都能铺设 25 m 长的钢轨。根据轨温和轨缝的变化规律，在确定 a_g 和 C 值情况下，以 T_{max} 时轨缝 $a_{min}=0$，T_{min} 时轨缝 $a_{max}=a_g$ 为条件，可以得到允许铺轨的年轨温差 $[\Delta T]$ 为：

$$[\Delta T] = \frac{a_g + 2C}{\alpha L} \qquad (1-2)$$

式中　$[\Delta T]$——允许铺轨的年轨温差（°C）。

C——接头阻力和基础阻力限制的钢轨伸缩量(mm)，可参看表 1-5。

表 1-5　接头螺栓扭矩与 C 值的关系

项目	单位	25m 钢轨						12.5m 钢轨	
		最高、高低轨温差>85 °C			最高、高低轨温差≤85 °C				
轨型	kg/m	60 及以上	50	43	60 及以上	50	43	50	43
螺栓等级		10.9	10.9	8.8	10.9	10.9	8.8	10.9	8.8
扭矩	N·m	700	600	600	500	400	400	400	400
C 值	mm	6			4			2	

通过式（1-2）计算可知，对于 12.5 m 长的钢轨，在我国任何地区都可铺设；对于 25 m 钢轨，$[\Delta T]$=101.7 °C，只能在年轨温差 100 °C 以下地区铺设，大于 100 °C 的地区应做个别设计。

在允许铺设的最大年轨温差 $[\Delta T]$ 范围内，也不是在所有的轨温下都能进行铺设的，在年轨温差 ΔT 大的地区，在接近 $T_{\max}$（或 $T_{\min}$）的轨温下铺轨后，轨温达到 $T_{\min}$（或 $T_{\max}$）时，轨缝就不能满足 $a_{\max} \leqslant a_g$（或 $a_{\min} \geqslant 0$），因此必须限制其铺轨轨温。另外，用式（1-1）中的 a_0 作为预留轨缝，并在铺轨后为检查轨缝计算的方便，可将铺轨时允许铺轨的轨温上、下限定为：

$$
\left.
\begin{array}{l}
\text{允许铺轨轨温的上限：} \left[t_{0s}\right] = t_z + \dfrac{a_g}{2\alpha L} \\[3mm]
\text{允许铺轨轨温的下限：} \left[t_{0x}\right] = t_z - \dfrac{a_g}{2\alpha L}
\end{array}
\right\}
\tag{1-3}
$$

25 m 长的普通线路，a_g =18 mm，可以求得 $a_g / 2\alpha L$ =30.5 ℃，因此，《修规》规定：应当在 $(t_z +30\ ℃) \sim (t_z - 30\ ℃)$ 范围内，铺设或调整轨缝。

（2）轨缝调整计算。

轨缝应设置均匀，每千米线路轨缝总误差：25 m 钢轨地段不得大于 80 mm；12.5 m 钢轨地段不得大于 160 mm。绝缘接头轨缝不得小于 6 mm。最大轨缝不得大于构造轨缝。

轨缝的标准尺寸应通过《修规》规定的公式计算确定。轨缝过大，不仅在列车通过时会增加额外的冲击和阻力，加速轨道结构的破坏，而且在温度降低时，还有可能把夹板螺栓拉弯或剪断。轨缝过小，轨温升高时就会形成瞎缝，此时若轨温继续升高，钢轨内部将产生很大的压力，就有可能发生胀轨跑道。

（1）调整轨缝的条件。

① 原设置的轨缝不符合每千米线路轨缝总误差的规定。

② 轨缝严重不均匀。

③ 线路爬行量超过 20 mm。

④ 轨温在《修规》规定的更换钢轨或调整轨缝轨温限制范围以内时，出现连续 3 个及以上瞎缝或轨缝大于构造轨缝。

（2）调整轨缝作业要求。

① 不拆开接头调整轨缝，只松动接头螺栓，放行列车时，每个接头至少拧紧 4 个螺栓（每端 2 个）。

② 拆开接头，成段调整轨缝。

a. 拉开空隙不超过 50 mm，放行列车时，应把拉开的尺寸均匀到其他接头内，每个接头至少拧紧 4 个螺栓（每端 2 个）。

b. 拉开空隙超过 50 mm，放行列车时（限速），插入短轨头（带轨底），配合使用长孔夹板，并垫短枕，每个接头至少拧紧 4 个螺栓（一端 2 个，另一端 1 个，短轨头上 1 个）。

c. 使用短轨头时，拉开的最大空隙不得超过 150 mm。短轨头（带轨底）的长度有 50 mm、70 mm、90 mm、110 mm、130 mm 五种。

（3）调查轨缝和接头错差。

利用方尺和楔形轨缝尺测量接头错差和左右股轨缝，并记录在轨缝调整计算表中。一般由始点向终点方向进行测量，以左股为基准，用方尺量右股的接头，向始点错为"+"号，反之为"–"号。

表1-6　整正轨缝计算表

轨号	左股				右股				两股串动量差	实量接头错差	计算串动后的错差	原有钢轨长度差	左股修正				右股修正				修正忌错差	附注
	实量轨缝	实量轨缝累计	计划轨缝累计	计算串动量	实量轨缝	实量轨缝累计	计划轨缝累计	计算串动量					换轨修正	轨缝修正	修正后串动量	修正后轨缝	换轨修正	轨缝修正	修正后串动量	修正后轨缝		
(1)	(2)	(3)	(4)	(5)	(6)	(7)	(8)	(9)	(10)	(11)	(12)	(13)	(14)	(15)	(16)	(17)	(18)	(19)	(20)	(21)	(22)	(23)
1	1	1	6	−5	1	1	6	−5	0	0	0				−5	6			−5	6	0	
2	2	3	12	−9	8	9	12	−3	−6	+6	0	+2			−9	6			−3	6	0	
3	0	3	18	−15	3	12	18	−6	−9	+7	−2				−15	6			−6	6	−2	
4	3	6	24	−18	7	19	24	−5	−13	+11	−2	+20	−20		−18	6			−5	6	−2	左股抽换−20钢轨
5	4	10	30	−20	8	27	30	−3	−17	−5	−22		+20		0	6			−3	6	−2	
6	2	12	36	−24	3	30	36	−6	−18	−4	−22		+20		−4	6			−6	6	−2	
7	5	17	42	−25	10	40	42	−2	−23	+1	−22		+20		−5	6			−2	6		
8	2	19	48	−29	10	50	48	+2	−31	+5	−26		+20		−9	6			+2	6	−6	
9	0	19	54	−35	11	61	54	+7	−42	+16	−26		+20		−15	6			+7	6	−6	
10	4	23	60	−37	15	76	60	+16	−53	+27	−26	+20	+20		−17	6			+16	6	−6	左股抽换−20钢轨
11	0	23	66	−43	9	85	66	+19	−62	+16	−46		+40		−3	6		−1=+1	+20	5	−7	
12	3	26	72	−46	9	94	72	+22	−68	+22	−46	+2	+40		−6	6		−1=+2	+24	5	−8	
13	3	29	78	−49	10	104	78	+26	−75	+27	−48		+40		−9	6		−1=+3	+29	5	−11	
14	2	31	84	−53	4	108	84	+24	−77	+29	−48	−2	+40		−13	6		−1=+4	+28	5	−12	
15	1	32	90	−58	3	111	90	+21	−79	+33	−46	+20	±20		−18	6		−1=−5	+26	5	−11	左股抽换−20钢轨
16	5	37	96	−59	1	112	96	+16	−75	+9	−66		+60	+1=−1	0	7		−1=+6	+22	5	−13	
17	2	39	102	−63	0	112	102	+10	−73	+7	−66		+60	+1=−2	−5	7		−1=+7	+17	5	−15	
18	0	39	108	−69	0	112	108	+4	−73	+7	−66		+60	+1=−3	−12	7		−1=+8	+12	5	−17	
19	3	42	114	−72	0	112	114	−2	−70	+4	−66		+60	+1=−4	−16	7			+6	6	−18	左股抽换−20钢轨
20	2	44	120	−76	0	112	120	−8	−68	+2	−66		+60		0	6			0	6	2	
合计	44	120−44=76			112	120−112=8																

（4）轨缝调整计算。

【例题】　直线地段轨缝调整，实测轨缝、实测直角错差、计划轨缝值如表 1-6 所示，调整轨缝时的轨温为 45 ℃，最高轨温为 60 ℃，最低轨温为 –10 ℃，标准轨长 12.5 m，要求完成轨缝调整计算。

【解】

① 计算计划轨缝。

中间轨温：$t_z = \dfrac{T_{max} + T_{min}}{2} = \dfrac{60-10}{2} = 25$ ℃

计划轨缝：$\alpha_0 = \alpha L(t_z - t_0) + \dfrac{1}{2}\alpha_g$

$$=0.011\ 8 \times 12.5 \times (25-45) + \dfrac{18}{2}$$

$$=6.05\ \text{mm}（取 6 mm）。$$

② 编制整正轨缝计算表（表中每一栏的意思见下文）。

第 1 栏：轨号，即钢轨编号，相对应的左右股两根钢轨采用同一编号。

第 2 栏、第 6 栏：实量轨缝，从 1 号钢轨轨端开始量测的现场轨缝值。

第 3 栏、第 7 栏：实量轨缝累计，等于 1 号轨到本号轨各个轨缝值之和，例如到第 4 号钢轨轨端的实量轨缝累计等于“1+2+0+3”=6（mm）。

第 4 栏、第 8 栏：计划轨缝累计，与第三栏计算方法相同，如第 4 号轨，其计划轨缝累计值为“6+6+6+6”=4×6=24（mm）。

第 5 栏、第 9 栏：某号钢轨“计算串动量”=“实量轨缝累计”–“计划轨缝累计”，例如左股第 4 号钢轨，计算串动量=6 – 24 = – 18（mm），“–”号表示轨缝不足，钢轨应向终端（大号）方向串动，反之“+”表示向始端方向串动。

第 10 栏：两股串动量差，某号左右股钢轨“两股串动量差”=“左股计算串动量”–“右股计算串动量”，例如第 4 号钢轨，左右股串动量差= – 18 – （– 5）= – 13（mm）。

第 11 栏：实量接头错差，即实测直角错差，以左股为基准股，向始点方向错为“+”，向终点方向错为“–”；

第 12 栏：计算串动后的错差，“串动后错差”=“两股串动量差”+“实量接头错差”，例如，第 4 号钢轨串动后错差= – 13+11 = – 2（mm）。

第 13 栏：原有钢轨长度差，某号左右股“钢轨长度差”=“本号左右股钢轨串动后错差”–“后号左右股钢轨串动后错差”，例如第 4 号左右股钢轨“钢轨长度差”=“本号”（– 2）–“后号”（– 22）=+20 mm。

第 14 栏、第 18 栏：换轨修正，为更换钢轨后对钢轨串动量的影响量，换短轨时影响量为“+”，反之为“–”，例如将第 4 号左股调换成 – 20 mm 的钢轨，则对本号以后左股各号钢轨串动量的影响量为+20，对本号钢轨没有影响。

第 15 栏、第 19 栏：轨缝修正对串动量的影响值，对计划轨缝的修正值，一般为 ± 1 mm。

第 16 栏、第 20 栏：修正后串动量，“修正后串动量”=“计算串动量”+“换轨修正量”+“轨缝修正量”，例如第 17 号左股钢轨修正后串动量= – 63+60 – 2 = – 5（mm）；

第 17 栏、第 21 栏：修正后轨缝，即串轨后的实留轨缝，“修正后轨缝”=“计划轨缝”

+ "修正值"，例如第 17 号左股钢轨端修正后的轨缝为 6+1=7 mm，右股轨端修正后的轨缝为 6 – 1=5（mm）。

第 22 栏：修正后错差，"修正后错差" = "实量接头错差" + "左股修正后串动量" – "右股修正后串动量"，例如第 4 号钢轨"修正后错差" =+11+（－18）–（－5）=－2（mm）。

第 23 栏：附注栏，注明换轨位置。

1.2.4　钢轨伤损

钢轨伤损是指钢轨在使用过程中发生裂纹、折断、磨耗及其他影响和限制钢轨使用性能的病害。在复杂的运营条件下，钢轨的伤损是不可避免的。伤损的原因很复杂，既有钢轨生产当中产生的缺陷，又有运输、铺设和使用过程中出现的问题。

为做好钢轨检查、监视、更换和日常管理工作，将钢轨伤损程度划分为轻伤、重伤和折断三类。轻伤钢轨是虽有伤损，但仍具有足够的强度，尚能继续正常使用的钢轨。重伤钢轨是因伤损导致强度大为减弱，不得继续使用的钢轨。

钢轨伤损分为钢轨头部磨耗、轨端或轨顶面剥落掉块、钢轨顶面擦伤、钢轨低头、波浪形磨耗、钢轨表面裂纹、钢轨内部裂纹、钢轨变形、钢轨锈蚀九大类。

1. 钢轨伤损标准

（1）钢轨轻伤和重伤标准。

钢轨轻伤和重伤标准见表 1-7。探伤人员、线路(检查)工长认为钢轨有伤损时，也可判为轻伤或重伤。

（2）钢轨折断标准。

钢轨折断是指发生下列情况之一者：

① 钢轨全截面断裂。

② 裂纹贯通整个轨头截面。

③ 裂纹贯通整个轨底截面。

④ 允许速度不大于 160 km/h 区段钢轨顶面上有长度大于 50 mm 且深度大于 10 mm 的掉块，允许速度大于 160 km/h 区段钢轨顶面上有长度大于 30 mm 且深度大于 5 mm 的掉块。

表 1-7　钢轨轻伤和重伤标准

伤损项目	伤损程度					
	轻伤			重伤		
	$v_{max}>$ 160 km/h	160 km/h≥ $v_{max}>$ 120 km/h	$v_{max}≤$ 120 km/h	$v_{max}>$ 160 km/h	160 km/h≥ v_{max} >120 km/h	$v_{max}≤$ 120 km/h
钢轨头部磨耗	磨耗量超过表 1-7 所列限度之一者			磨耗量超过表 1-8 所列限度之一者		
轨端或轨顶面剥落掉块	长度超过 15 mm 且深度超过 3 mm	长度超过 15 mm 且深度超过 3 mm	长度超过 15 mm 且深度超过 4 mm	长度超过 25 mm 且深度超过 3 mm	长度超过 25 mm 且深度超过 3 mm	长度超过 30 mm 且深度超过 8 mm

续表

伤损项目	伤损程度					
	轻伤			重伤		
	$v_{max}>$ 160 km/h	160 km/h≥ $v_{max}>$ 120 km/h	$v_{max}≤$ 120 km/h	$v_{max}>$ 160 km/h	160 km/h≥ v_{max} >120 km/h	$v_{max}≤$ 120 km/h
钢轨顶面擦伤	深度超过 0.5 mm	深度超过 0.5 mm	深度超过 1 mm	深度超过 1 mm	深度超过 1 mm	深度超过 2 mm
钢轨低头	超过 1 mm	超过 1.5 mm	超过 3 mm	超过 1.5 mm	超过 2.5 mm	超过 3.5 mm
	用 1m 直尺测量最低处矢度。包括轨端轨顶面压伤和磨耗在内					
波浪形磨耗	谷深超过 0.3 mm	谷深超过 0.3 mm	谷深超过 0.5 mm			
钢轨表面裂纹				有	有	有
	包括螺孔裂纹、轨头下颚水平裂纹（透锈）、轨腰水平裂纹、轨头纵向裂纹、轨底裂纹等（不含轮轨接触疲劳引起轨顶面表面或近表面的鱼鳞裂纹）					
钢轨内部裂纹				有	有	有
	包括核伤（黑核、白核）、钢轨纵向裂纹等					
钢轨变形				有	有	有
	轨头扩大、轨腰扭曲或鼓包等，经判断确认内部有暗裂					
钢轨锈蚀			经除锈后，轨底厚度不足 8 mm 或轨腰厚度不足 14 mm			经除锈后，轨底厚度不足 5 mm 或轨腰厚度不足 8 mm

2. 钢轨伤损分类

（1）钢轨头部磨耗。

钢轨磨耗后断面积减小，强度和抗弯性能有所减弱。钢轨轻伤标准，允许的磨耗量少一些，其主要原因是考虑还要再用和调边使用。对于钢轨重伤标准，则主要是考虑钢轨发生严重磨耗后，一旦超过此限度，就难以保证车轮通过时不碰撞夹板和保证钢轨应有的强度和抗弯性能。

钢轨磨耗分为垂直磨耗和侧面磨耗，垂直磨耗发生在轨头表面与车轮踏面接触面，是正常的；侧面磨耗产生在轨头钢轨工作边一侧，主要发生在小半径曲线的外股钢轨上，如图 1-16 所示。一些小半径曲线，其侧磨达 1.5～2.0 cm，半年就要换轨，其磨耗的速度与下列因素有关。

① 钢轨材质。硬度较大的高硬稀土轨、淬火轨耐磨性好，高硬稀土轨的耐磨性是普通轨的 2 倍左右，是淬火轨的 1 倍左右。

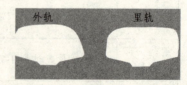

图 1-16　钢轨侧面磨耗（外轨）

② 机车车辆条件。车辆通过曲线时有导向力和冲角。轮轨磨耗与轮轨之间的摩擦做功有关，摩擦功主要与导向力和冲角有关。导向力大小与固定轴

距、车轮踏面有效横向粘着状态以及未被平衡的离心力有关。

③ 轨道的几何尺寸及状态。合理的轨距、超高，良好的方向，可以改善机车车辆通过的条件，它是减少侧磨的有效途径。

从养护维修的角度看，减少侧磨的途径有：

① 采用耐磨轨（高硅轨、淬火轨等）。

② 加强养护维修，设置合理超高、轨距，保持良好的轨底坡和方向，增加线路的弹性。

③ 曲线涂油。曲线涂油有两种方法：一种是车载涂油，即在车尾放置涂油器，遇曲线则喷油，还有的通过在机车上安装涂油装置来喷油；另一种是地面涂油，即在曲线头上安装固定涂油器，列车通过时，车轮压在装有轨头侧面的油嘴上从而喷出浓度较大的黏状油质，通过车轮带给曲线钢轨侧面从而达到涂油目的。两种涂油方式都能收到良好的效果，可以延长使用寿命一倍以上。

钢轨磨耗的轻伤标准见表1-8，重伤标准见表1-9。

表 1-8 钢轨头部磨耗轻伤标准

钢轨 (kg/m)	总 磨 耗（mm）				垂 直 磨 耗（mm）				侧 面 磨 耗（mm）			
	$v_{max}>$160 km/h 正线	160 km/h $\geqslant v_{max}>$120 km/h 正线	$v_{max}\leqslant$120 km/h 正线及到发线	其他站线	$v_{max}>$160 km/h 正线	160 km/h $\geqslant v_{max}>$120 km/h 正线	$v_{max}\leqslant$120 km/h 正线及到发线	其他站线	$v_{max}>$160 km/h 正线	160 km/h $\geqslant v_{max}>$120 km/h 正线	$v_{max}\leqslant$120 km/h 正线及到发线	其他站线
75	9	12	16	18	8	9	10	11	10	12	16	18
75以下~60	9	12	14	16	8	9	9	10	10	12	14	16
60以下~50			12	14			8	9			12	14
50以下~43			10	12			7	8			10	12
43以下			9	10			7	7			9	11

注：① 总磨耗=垂直磨耗+1/2侧面磨耗。
② 垂直磨耗在钢轨顶面宽1/3处（距标准工作边）测量。
③ 侧面磨耗在钢轨踏面（按标准断面）下16 mm处测量。

表 1-9 钢轨头部磨耗重伤标准

钢轨 (kg/m)	垂直磨耗（mm）			侧面磨耗（mm）		
	$v_{max}>$160 km/h 正线	160 km/h $\geqslant v_{max}>$120 km/h 正线	$v_{max}\leqslant$120 km/h 正线及到发线及其他站线	$v_{max}>$160 km/h 正线	160 km/h $\geqslant v_{max}>$120 km/h 正线	$v_{max}\leqslant v_{max}\leqslant$120 km/h 正线及到发线及其他站线
75	10	11	12	12	16	21
75以下~60	10	11	11	12	16	19
60以下~50			10			17
50以下~43			9			15
43以下			8			13

（2）轨端或轨顶面剥落掉块。

轨端或轨顶面剥落掉块（图 1-17）是轮轨接触疲劳和冲击荷载作用下的伤损，由于剥落掉块造成的轨顶面严重的不平顺，会使钢轨及轨道受力恶化，零部件破损、轨枕失效、道床翻浆冒泥等病害出现并迅速发展，同时也不排除在剥落坑面的细裂纹继续向内部发展，形成断轨的可能。因此，当这种伤损发展到一定程度时，要按重伤进行处理。

图 1-17 轨端或轨顶面剥落掉块

（3）钢轨顶面擦伤。

钢轨顶面擦伤是由于机车运行操作不当，机车车轮在钢轨上打滑，轮轨间的剧烈摩擦产生轨顶面局部高温，在常温下迅速冷却后形成的钢轨顶面马氏体组织。这种金相组织易产生脆裂造成严重剥落掉块，并且裂纹也会向下发展成核伤。

（4）钢轨低头。

钢轨轨头磨耗和轨端变形形成了钢轨低头，这种伤损一般在轻型钢轨上发生较多。

（5）波浪型磨耗。

波浪型磨耗是指钢轨踏面因磨耗而形成的有规律性的不平顺，波长 30～80 mm 者称为波纹磨耗，80 mm 以上者为波浪磨耗，如图 1-18 所示。波浪型磨耗产生的原因比较复杂，与轨道弹性和钢轨的屈服强度有关。当波浪型磨耗较重时，轮轨之间作用力和轨道振动增大，对轨道的破坏性也增大，列车运行速度越高，相互作用越大，破坏性也更大。

图 1-18 钢轨波形磨耗

波浪型磨耗不仅加大了养护维修工作量，甚至会使养护维修变得十分困难。但对达到什么程度应该更换尚缺乏经验，故应利用钢轨打磨列车适时打磨或更换钢轨。

（6）钢轨表面裂纹。

钢轨表面裂纹分为两种：一种表面裂纹是非轮轨接触面裂纹，如螺栓孔裂纹、轨头下颚水平裂纹(轨头下颚透锈是轨头下颚水平裂纹因氧化而生锈的结果)、轨腰水平裂纹、轨头纵向裂纹、轨底裂纹等，如图1-19所示。这些裂纹一般为钢轨制造过程中的非金属夹杂物或钢轨加工过程中形成的缺陷(毛刺、尖缺口、碰伤等)在弯曲、冲击荷载的作用下产生的，这些钢轨表面裂纹往往会导致钢轨折断、揭盖，钢轨出现这些裂纹时应判为重伤，发现后应立即处理。另一种是钢轨轮轨接触面上的接触疲劳裂纹(如轨距角处的鱼鳞裂纹和斜裂纹)，在一般情况下，由于这种裂纹沿列车运行方向呈 10°～15°夹角延展，深度一般为 2～5 mm，严重的达 8～10 mm，易导致钢轨剥离或掉块，严重的会造成钢轨断裂，但由于缺乏足够的资料和经验，目前还没有相应的轻、重伤标准。

图 1-19　钢轨表面裂纹

（7）钢轨内部裂纹。

钢轨内部裂纹是指以非金属夹杂物为疲劳源在钢轨运营受力过程中在钢轨内发生和发展的裂纹（如白核，见图1-20）以及以接触疲劳形成的表面裂纹如鱼鳞裂纹、斜裂纹为疲劳源向钢轨内扩展的裂纹（如黑核，见图 1-21）。现场经验表明，核伤引起断轨的临界尺寸很难掌握，一经发现必须按重伤处理。

图 1-20　白核　　　　　　　　　　图 1-21　黑核核

（8）钢轨变形。

钢轨变形是指钢轨在轧制中非金属夹杂物沿轧轨方向延展，后在钢轨上道运营中产生裂纹并扩大、扭曲、鼓包等。

这种状态已表明钢轨强度已大大削弱，应做更换处理。

（9）钢轨锈蚀。

钢轨锈蚀减少了钢轨的金属断面积，降低了钢轨强度，并且锈蚀坑的细裂纹往往会成为疲劳裂纹的扩展源。钢轨锈蚀主要发生在易受盐碱浸蚀的地段和隧道内。

　　普通线路和无缝线路缓冲区的重伤和折断钢轨应及时进行更换。换下的重伤和折断钢轨应有明显的标记，防止再用。无缝线路钢轨出现重伤和折断，应按第 3.5.5 第 3 条的处理方式进行处理。

1.3　轨枕及扣件

【学习目标】

（1）记住并能辨认出轨枕的类型。

（2）能准确说出木枕的优缺点、种类、长度和扣件种类、组成。

（3）能准确说出我国钢筋混凝土枕的种类、长度、技术特点、使用要求和失效标准。

（4）能准确说出我国钢筋混凝土枕扣件的类型、组成、技术特点、适用范围和伤损标准。

（5）能根据轨距或轨距调整量正确配置扣板、轨距挡板及挡板座、轨距块号码。

（6）记住轨枕类型和配置根数标准，能根据轨枕配置表正确查询各种情况下的轨枕间距。

1.3.1　轨枕及扣件的功用及类型

　　轨枕置于轨底下面，通过扣件将钢轨固定，起到保持钢轨的位置、方向和轨距，并将它们承受的钢轨力均匀地分布到道床上的作用。轨枕要有一定的坚固性、弹性和耐久性，并能便于固定钢轨，抵挡轨道框架的纵向和横向位移，并且应具有价格低廉，制造简单、易于铺设养护的特点。

　　轨枕的类型，从材质上看，分为木枕、混凝土枕和钢枕；从用途上看，分为普通轨枕、桥枕和岔枕；从构造和铺设看，分为横向轨枕、纵向轨枕、短枕和框架式轨枕。

　　目前在我国铁路干线上，除一小部分小半径曲线上还存在木枕外，绝大部分线路使用的都是混凝土枕，钢枕在我国也只在极个别地段使用。横向轨枕与钢轨垂直间隔铺设，是一种最常用的轨枕，纵向轨枕较少使用；短枕是在左右两股钢轨分开铺设的轨枕，常用于混凝土整体道床。

　　扣件，是联结钢轨与轨枕的部件，它应具有足够的扣压力，将钢轨固定在轨枕的稳定位置上，保持正确的轨距；具有足够阻止钢轨的纵、横向位移的阻力，这在无缝线路上尤为重要；具有绝缘性能（在混凝土枕和钢枕线路上）；具有足够的强度、耐久性；具有一定的弹性，能起到缓冲减振作用，还应具备零件少，便于装卸、维修的条件；必要时具有调节轨距和轨面高度的能力。

　　扣件类型按所使用的轨枕类型分为木枕扣件、钢筋混凝土枕扣件和用于各种类型无砟轨道的高速铁路轨道扣件等。

1.3.2　木枕及扣件

1. 木枕

木枕即木制轨枕。木枕富有弹性，便于加工、运输和维修；有较好的电绝缘性能。但是，目前木材缺乏，价格很高，而且易腐朽、磨损，使用寿命短，不同种类木材的木枕弹性也不一致，会造成轨道的动态不平顺。因此，在我国木枕已逐渐被混凝土枕所代替。

木枕也分普通木枕、道岔木枕及桥梁木枕。其基本断面形状如图 1-22 所示。木枕失效原因很多，其中主要原因是腐朽、机械磨损及裂缝。三者互为因果，相互促进。对付腐朽的办法，是将木枕进行防腐处理。木枕防腐剂很多，主要有油类和水溶性防腐剂两大类，其中以油类防腐为主，适用于大工厂浸注木枕。我国木枕防腐工厂多使用防腐油与煤焦油混合的油剂（简称混合油），煤焦油含煤沥青，可以防止木枕开裂，也可以起到防水作用。

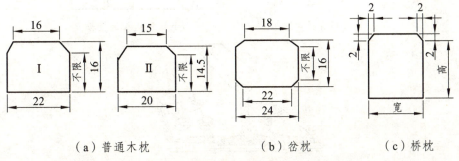

（a）普通木枕　　　　　　　　（b）岔枕　　　　　　　　（c）桥枕

图 1-22　木枕横断面

在一些运量大的线路中，往往是机械磨损决定了木枕的使用寿命。减少机械磨损的途径有：

（1）扩大垫板面积或在铁垫板下加胶垫，降低木枕表面单位面积的压力。

（2）道钉孔应预先钻好，钻孔需经防腐处理。

（3）最好采用分开式扣件。

防治木枕劈裂的措施：在开裂处打入 C 钉或 S 钉（其形状像 C、S），还有"组钉板"，它是比木枕断面稍小的钢板，能冲出许多尖钉，使用时，将钉板钉在开裂处（或预防开裂表面），起到预防开裂的作用。另外还可将木枕端部用铁丝或其他金属部件捆扎，以防木枕端部开裂。

为了节省木材、废物利用，将失效木枕中完好的部分通过胶接拼合在一起，可用于次要线上。

2．木枕扣件

按扣件联结钢轨、垫板与轨枕三者之间的关系，分为混合式和分开式。

混合式是木枕线路普遍使用的扣件形式（图 1-23），该扣件主要由道钉和五孔双肩垫板组成。扣紧方式是用道钉将钢轨轨底、垫板和木枕一起扣紧（内侧 2 个，外侧 1 个），再用 2 个道钉将垫板与木枕单独扣紧（钢轨内外侧各一个）。其优点是减少了垫板在列车作用下的振动，零件少，安装方便。缺点是道钉扣件的扣压力不足，易松动。

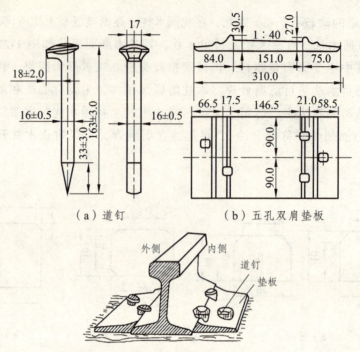

（a）道钉　　　　　　　（b）五孔双肩垫板

图 1-23　木枕混合式扣件（单位：mm）

为了加强扣压力，在桥上、道岔上、无缝线路的伸缩区和缓冲区，使用分开式扣件（图 1-24），它利用 4 个螺纹道钉联结垫板与木枕，两个底脚螺栓扣压钢轨与垫板，其道钉和底脚螺栓构成"K"形。其优点是扣压力大，不易松动，但结构相对复杂，用钢量大。

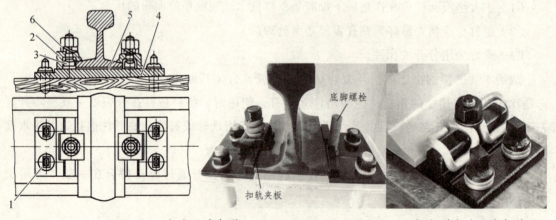

（a）K 式扣件　　　　　　　　　　（b）弹条分开式扣件

图 1-24　木枕分开式扣件

1—螺纹道钉；2—扣轨夹板；3—底脚螺栓；4—垫板；5—木垫片；6—弹簧垫圈

1.3.3　混凝土枕及扣件

1．混凝土枕

混凝土枕的全称是预应力钢筋混凝土轨枕。

混凝土枕具有重量大、稳定性好，不受气候影响，使用寿命长，材源较多，能保证均匀的几何尺寸，轨道弹性均匀，平顺性好，扣件易于更换，制造相对简单等优点。特别是铺设混凝土枕可以节约大量优质木材，对保护森林资源有积极作用。

但混凝土也有弹性差、绝缘性能低，更换较困难的缺点。

我国从 1955 年开始研制预应力混凝土枕，1958 年先后在津浦等线试铺，后来大量推广，目前我国主要干线上都使用了混凝土枕。

按结构形式分，目前使用的混凝土枕分为整体式、短枕式和组合式（或称双块式）（图 1-25）。

整体式混凝土枕整体性强，稳定性好，易于生产；组合式混凝土枕由 2 个钢筋混凝土块和 1 根钢杆连接而成，整体性不如整体式混凝土枕，但能充分发挥各自材料的力学性能。

我国和大部分国家采用整体式预应力混凝土枕，法国等个别国家采用双块式混凝土轨枕。

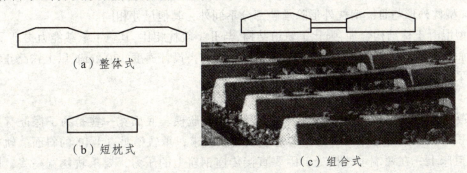

（a）整体式　　（b）短枕式　　（c）组合式

图 1-25　混凝土枕的结构形式

我国按用途分为用于一般线路的普通混凝土轨枕，用于桥梁的混凝土桥枕和用于道岔的混凝土岔枕。

预应力混凝土枕按施加预应力方式分为先张法和后张法生产两种类型。我国采用先张法生产混凝土轨枕。配筋材料有钢丝或钢筋。

（1）混凝土枕的类型。

我国铁路使用的混凝土枕，现行标准分为三级，并与不同轨道类型配套使用。统一名称与适用范围如表 1-10。目前Ⅱ型、Ⅲ型轨枕为我国的主型混凝土枕。

表 1-10　混凝土枕的名称与适用范围

统一名称	原名称	适用范围
Ⅰ型	J-1、S-1型：筋（丝）79型预应力混凝土枕	中、轻型轨道
Ⅱ型	J-2、S-2型：筋（丝）81型预应力混凝土枕、新Ⅱ型	重型、次重型轨道
Ⅲ型	Ⅲa、Ⅲb、Ⅲc型预应力钢筋混凝土枕	重型轨道、特重型轨道、250 km/h 客运专线

Ⅰ型混凝土枕还包括 1979 年以前研制的"弦Ⅱ—61A""弦 61 型""弦 65B 型""弦 69 型""筋 69 型"等，也被统称为旧型混凝土枕。由于这些轨枕的实际使用条件与设计使用条件相去甚远，相对于不断提高的行车速度和轴重来说，承载能力严重不足。主要表现为钉孔出现纵裂，轨下出现横向裂纹，轨枕破损加剧。因此，在正线上已不再铺设Ⅰ型混凝土枕。

Ⅱ型混凝土枕的承载能力是按照韶山型机车、轴重 25t、最高速度 120 km/h、密度 1 840

根/km 的标准进行设计的。包括 1984 年以后设计鉴定的 J-2、S-2 型、Y-Ⅱ型、TKG-Ⅱ型等，从 1985 年后开始大量铺设于各型轨道。2002 年，当时的铁道部又发布了新Ⅱ型预应力混凝土枕，并替代旧Ⅱ型枕。新Ⅱ型枕在原Ⅱ型枕基础上在预应力钢筋品种、数量及截面作了一些改进和加强。

Ⅲ型轨枕于 1995 年通过了铁道部组织的技术审查，由于和不同类型的扣件配套使用，适用范围、名称、外形、技术条件略有不同。

有挡肩Ⅲ型枕简称为Ⅲa 型枕，通过预留孔硫黄锚固来安装扣件；无挡肩Ⅲ型枕简称为Ⅲb 型枕，通过预埋铁件来安装扣件。Ⅲc 枕，截面、配筋等和Ⅲa 型枕相同，也有挡肩，只是预留孔硫黄锚固改为采用塑料套管的形式。

另外，与之配套的还有Ⅲ型预应力混凝土桥枕、Ⅲ型预应力混凝土小半径枕等。

Ⅲa 型枕外形与Ⅲb 型枕外形除承轨部分不同外，其他尺寸相同。

Ⅲ型混凝土枕结构合理，强化了轨道结构，与Ⅱ型轨枕相比，其轨下承载能力提高了 43%，枕中断面负弯矩承载能力提高了 65%。《技规》规定，设计速度 120 km/h 以上铁路正线有砟轨道应采用Ⅲ型轨枕。

（2）混凝土枕的外形尺寸。

混凝土断面为梯形，上窄下宽。梯形断面便于脱模。底面宽一些是为了保证有足够的支承面积，以减少对道床的压力。为适应轨底坡要求，承轨槽是 1:40 的斜面。轨枕底面支承在道床上，在两端承轨槽处，因要直接传递钢轨上的压力，要求轨枕宽一些，以增加支承面积，减少道床压力，增加道床阻力。中间部分则可窄一些，混凝土枕主要尺寸和特征见表 1-11。

表 1-11　混凝土枕外形尺寸

轨枕类型		截面高度（mm）		截面宽度（mm）		配筋（mm）	质量（kg）	长度（cm）
		轨下	枕中	轨下	枕中			
Ⅰ	S-1 型（S79）	200	175	166/280	156/250	36Φ3.0	254	250
	改Ⅰ型	166	156	166/280	156/250	6Φ7.0	254	250
	J-1 型（J79）	200	175	166/280	156/250	4Φ8.2	254	250
Ⅱ	S-2 型、J-2 型（81型，老Ⅱ）	200	165	165/275	160/250	4Φ10/44Φ3.0	250	250
	YⅡ-F（改Ⅱ）	200	165	165/275	160/250	8Φ7.0	250	250
	TKG-2（改Ⅱ）	200	165	165/275	160/250	8Φ7.0	250	250
	XⅡ（新Ⅱ型）	205	175	169/280	190/250	8Φ7.0	300	250
Ⅲ	Ⅲa（有挡肩）	230	185	170/300	220/280	10Φ7.0	390	260
	Ⅲb（无挡肩）	230	185	170/300	220/280	10Φ7.0	390	260
	Ⅲc（有挡肩）	230	185	170/300	220/280	10Φ7.0	390	260

为了增加轨枕与道床之间的相互接触，提高轨枕下的道床阻力，在轨枕底面制有凹型花纹。图 1-26 是新Ⅱ型轨枕外形尺寸图，图 1-27 是Ⅲ型混凝土枕的外形尺寸图。

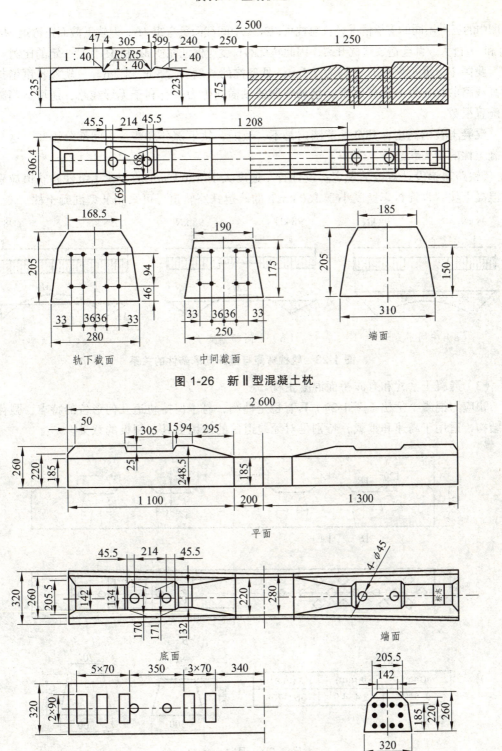

图 1-26 新Ⅱ型混凝土枕

图 1-27 Ⅲ型有挡肩混凝土枕

混凝土枕受力状况与轨枕长度、道床支承条件有密切关系。轨枕支承情况主要分三种（图
1-28）：全支承、中间不支承和中间部分支承。在不同支承情况下轨枕承受弯矩的情况也不同。根

据图中的三种不同的支承情况，长轨枕可以减少中间截面负弯矩 M_2，但轨下截面正弯矩 M_1 增大，M_1 和 M_2 过大，都会造成轨枕开裂，因此轨枕的长度应保证能使 M_1 和 M_2 保持一定的比例。

我国Ⅰ、Ⅱ型轨枕长度均为 2.5 m，Ⅲ型枕的长度有 2.5 m 和 2.6 m。轨枕长度增加可以提高线路的稳定性和整体刚度，增加线路的纵横向阻力，有利于无缝线路，还可适当减少轨枕配置根数。

混凝土枕的高度在其全长范围内是不一致的，轨下部分高些，中间部分矮些，这有利于混凝土枕的受力状态。

《铁路轨道设计规范》规定：设计行车速度大于 120 km/h 的新建Ⅰ级铁路轨道应采用Ⅲ型混凝土枕。设计行车速度小于 160 km/h 的改建铁路轨道，可采用Ⅱ型混凝土枕。

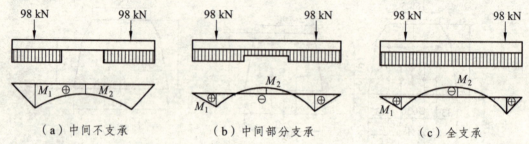

（a）中间不支承　　　　（b）中间部分支承　　　　（c）全支承

图 1-28　轨枕弯矩与道床支承条件的关系

（3）混凝土岔枕和有砟桥面混凝土枕。

预应力混凝土岔枕（图 1-29）具有稳定性高，易于保持轨道几何形位的特点，强化了轨道结构，适用于高速和重载，特别是对无缝道岔的使用更具有积极的意义。

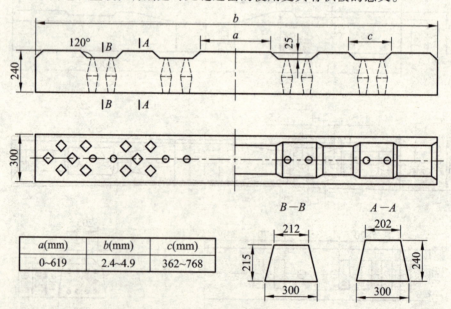

a(mm)	b(mm)	c(mm)
0~619	2.4~4.9	362~768

图 1-29　混凝土岔枕

有砟桥由于需要设置护轮轨，所以不能用普通混凝土枕，必须使用桥枕（因其上设置有基本轨和护轮轨的承轨槽），因为护轨两端在桥梁外要弯折在一起（弯折部分长度不小于 5 m，并且要交于轨道中心（将轨端斜切，结成梭头），所以在弯折部分轨枕的护轨承轨槽与基本轨承轨槽距离都不一样，在此需布置 10 根螺栓孔位置不同的桥枕。在桥上平直段部分，两承轨槽之间距离则不一样，其外形尺寸如图 1-30 所示。

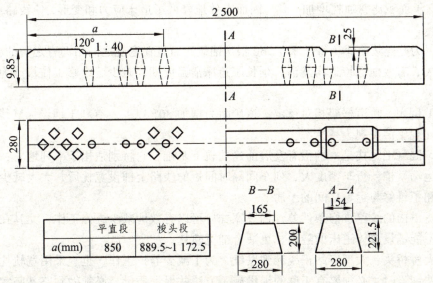

	平直段	梭头段
a(mm)	850	889.5~1 172.5

图 1-30 混凝土桥枕

（4）混凝土宽枕。

混凝土宽枕的外形如图 1-31 所示。

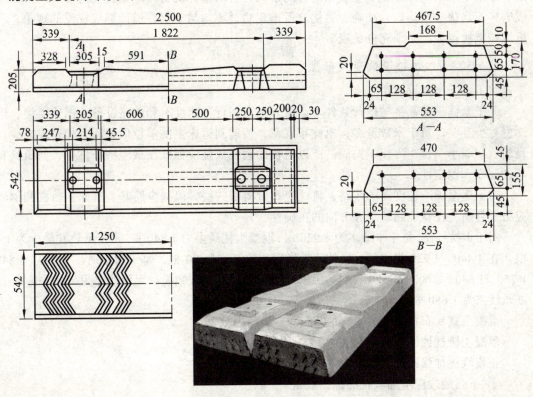

图 1-31 混凝土宽枕

由于混凝土宽枕薄而宽，在使用时要连续密排地铺设，它与普通混凝土枕比较，具有下列优点：

（1）支承面积比普通枕增加一倍，因而有效地降低了道床应力和变形，使线路更加稳定，行车平稳。

（2）因为是连续密排（每千米1 760根）铺设，而且在宽枕之间用沥青之类的材料封闭，所以能持久、有效地保持道床清洁，延长了道床清筛周期，减少了维修工作量（为普通枕的1/3～1/2）。

（3）重量大，轨道框架相对稳定，道床阻力增加80%以上，有利于铺设无缝线路。

（4）外观整洁美观。

因此，混凝土宽枕是一种很有发展前途的轨下基础，它特别适用于下列地段：

（1）运输繁忙，行车密度大、列车间隔时间短的线路上铺设宽枕后，大大减少了维修工作量，缓和了维修与运输之间的矛盾。

（2）隧道内的线路维修条件差，铺设宽枕后可以有效地减少维修工作，尤其在一些地质条件差，不能铺设整体道床的隧道，更适合铺宽轨枕。

（3）大桥桥头、大型客站正线和到发线，为了减少养护工作，也宜采用宽轨枕。

宽轨枕铺设时，必须要有正确的铺设施工方法并保证质量，必须做到路基坚实、稳定、排水畅通，无翻浆冒泥等病害，道床应材质坚硬、耐磨，密实而平整。

铺设后的养护维修工作也直接影响宽枕的使用寿命，由于宽枕重而宽，不便起道捣固，现在多采用起道垫砟和枕上垫板相结合的形式，要求垫砟的材料应是粒径为8～20 mm的火成岩碎石，垫砟要均匀、准确。宽枕地段出现轨道不均匀下沉，道床翻浆冒泥的现象，将严重影响宽枕寿命，必须充分重视。

2. 混凝土枕的铺设数量及布置

（1）每千米铺设数量

每千米铺设的数量与运营条件（运量、轴重和行车速度）和线路设备（钢轨类型、道床厚度等）有关。每千米数量多，轨枕布置密，传递到道床上的单位面积压力相对地减少，但是轨枕间隔小了，也不便于捣固。所以轨枕的铺设数量应保证在最经济条件下，轨道具有足够的强度和稳定性。

对于运量大、速度高的线路，轨枕应布置得密一些，以减少路基、基床、轨枕和钢轨的应力及振动，保持线路轨距和方向的正确性。

对于木枕线路，每千米最多为1 920根，混凝土枕最多为1 840根，每千米轨枕最少为1 440根。在1 440～1 920根之间，轨枕每千米根数的级差为80根，每千米分别有1 920、1 840、1 760、1 680、1 600、1 520、1 440几种情况。Ⅲ型枕铺设数量，无缝线路为1 667根/km，标准轨线路为1 680根/km。

混凝土宽枕布置一律为1 760根/km。

混凝土轨枕铺设根数见前表1-1。

正线轨枕加强地段及铺设数量应符合下列规定：

① 下列地段应增加轨枕的铺设数量：

a. 半径小于或等于800 m的曲线地段（含两端缓和曲线）。

b. 坡度大于 12% 的下坡地段。

c. 长度大于或等于 300 m 的隧道内。

当以上条件重合时，只增加一次。

② 轨枕加强地段每千米增加的轨枕数量和最多铺设根数应符合表 1-12 的规定。

表 1-12　每千米增加的轨枕数量和最多铺设根数

轨　枕　类　型	Ⅱ型混凝土枕	木　　枕
每千米增加的轨枕数量	80	160
每千米最多铺设根数	1 840	1 920

注：铺设Ⅲ型混凝土枕的线路不需增加轨枕铺设根数。

（2）轨枕的布置。

钢轨接头处车轮的冲击动荷载大，接头处轨枕的间距 c 应当比中间间距 a 小一些，并且从接头间距 c 向中间间距 a 过渡时，应有一个过渡间距 b，以适应荷载的变化，每节钢轨下轨枕间距应当满足：$a>b>c$。接头轨枕间距一般是给定的：对于采用 50 kg/m、60 kg/m 型号钢轨的情况，接头木枕间距为 440 mm，接头混凝土枕间距为 540 mm；对于采用 43 kg/m、38 kg/m 型号钢轨的情况，不分轨枕类型，接头轨枕间距 c=500 mm。由图 1-32 可知：

$$a = \frac{L-c-2b}{n-3} \tag{1-4}$$

设 $b = \dfrac{a+c}{2}$ 代入上式，得

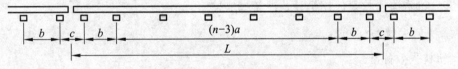

图 1-32　轨枕布置

$$a = \frac{L-2c}{n-2} \tag{1-5}$$

由式（1-4）得 b 值为

$$b = \frac{L-c-(n-3)a}{2} \tag{1-6}$$

式中　L——标准轨长，并考虑轨缝为 8 mm；

　　　n——一节钢轨下轨枕的根数，由每千米铺设的轨枕数换算得来；

　　　a——中间轨枕间距；

　　　c——接头轨枕间距；

　　　b——过渡轨枕间距。

以上的各类钢轨的轨枕间距也可查相应的规范。对于相错式接头、非标准长度钢轨的轨枕配置根数和间距，可以根据上式计算。使用大型养路机械的线路，为了捣固机械化作业，轨枕间距可适当调整成均匀布置的形式。

无缝线路长轨节下轨枕间距要均匀，铝热焊缝若轨底不打磨应距枕边 70 mm 以上。

目前我国高速铁路设计铺设Ⅲ型混凝土枕，每千米铺设 1 667 根，即轨枕按间距 60 cm 铺设。提速道岔和高速道岔铺设的混凝土岔枕间距均为 60 cm。

线路上轨枕位置应用白油漆标在顺公里方向左股钢轨内侧轨腰上，曲线地段标在外股钢轨内侧轨腰上。轨枕应按标记位置铺设，并应与线路中线垂直。

3．轨枕的使用条件

（1）使用木枕（含木岔枕）应遵守下列规定：

① 木枕宽面在下，顶面与底面同宽时，应使树心一面向下。

② 接头处应使用质量较好的木枕。

③ 劈裂的木枕，铺设前应捆扎或钉组钉板。

④ 使用新木枕，应预先钻孔，孔径 12.5 mm，有铁垫板时孔深应为 110 mm，无铁垫板时孔深应为 130 mm。使用螺纹道钉时，应比照普通道钉进行办理。

⑤ 改道用的道钉孔木片规格应为长 110 mm、宽 15 mm、厚 5～10 mm，并应经过防腐处理。

（2）使用混凝土枕应遵守下列规定；

① 正线上的轨枕应使用混凝土枕。

② 在不同类型轨枕的分界处，如遇普通钢轨接头，应保持同类型轨枕延伸至钢轨接头外 5 根以上的状态。

③ 铺混凝土枕时，要成段铺设同类型轨枕，严禁插花更换，个别抽换失效轨枕时应更换为与两端同类型的轨枕。

④ 装、卸混凝土枕要使用机具，严禁摔、撞。

4．轨枕的失效与伤损标准

（1）轨枕失效标准。

① 混凝土枕（含混凝土宽枕、混凝土岔枕及短轨枕）出现：

a. 明显折断。

b. 纵向通裂：

（a）挡肩顶角处缝宽大于 1.5 mm。

（b）纵向水平裂缝基本贯通（缝宽大于 0.5 mm）。

c. 横裂（或斜裂）接近环状裂纹（残余裂缝宽度超过 0.5 mm 或长度超过 2/3 枕高）。

d. 挡肩破损，接近失去支承能力（破损长度超过挡肩长度的 1/2）。

e. 严重掉块。

② 木枕（含木岔枕）出现：

a. 腐朽失去承压能力，钉孔腐朽无处改孔，不能持钉。

b. 折断或拼接的接合部分分离，不能保持轨距。

c. 机械磨损，经削平或除去腐朽木质后，允许速度大于 120 km/h 的线路，其厚度不足 140 mm，其他线路不足 100 mm。

d. 劈裂或其他伤损，不能承压、持钉。

（2）混凝土枕严重伤损标准。

① 横裂裂缝长度为枕高的 1/2 ~ 2/3。

② 纵裂：

a. 两螺栓孔间纵裂（挡肩顶角处缝宽不大于 1.5 mm）；

b. 纵向水平裂缝基本贯通（缝宽不大于 0.5 mm）。

③ 挡肩破损长度为挡肩长度的 1/3 ~ 1/2。

④ 严重网状龟裂和掉块。

⑤ 承轨槽压溃，深度超过 2 mm。

⑥ 钢筋（或钢丝）外露（钢筋未锈蚀，长度超过 100 mm）。

⑦ 斜裂长度为枕高的 1/2 ~ 2/3。

5．混凝土枕扣件

混凝土扣件，按钢轨与轨枕联结形式可分为不分开式，半分开式和分开式三种。

按轨枕上有无挡肩可分为：有挡肩（挡肩承受并传递水平力）扣件和无挡肩（靠扣件承受和传递水平力）扣件。

按扣件的弹性性能可分为：全弹性扣件（垂直和水平方向都有一定的弹性）、半弹性扣件（仅垂直向有弹性）和刚性扣件。

我国铁路扣件经历了扣板扣件—拱形弹片式扣件—Ⅰ型弹条扣件—Ⅱ型弹条扣件—Ⅲ型弹条扣件的发展阶段，随着运量和速度的提高，扣板扣件和拱形弹片式扣件已不能满足使用要求，正在逐渐被淘汰。

（1）Ⅰ型弹条扣件。

Ⅰ型弹条扣件主要由 ω 型弹条、螺旋道钉、轨距挡板、挡板座及弹性橡胶垫板组成。因为弹条形状像"ω"，所以又称 ω 扣件，图 1-33 为Ⅰ型弹条扣件。

轨距挡板的作用是用来调整轨距并传递钢轨的横向水平力。轨距挡板中间有长圆孔，其大小是一定的，但孔中心位置有两种，相应就有两个号码。50 kg/m、60 kg/m 钢轨各有两个号码，分别为 6、10 和 14、20；挡板座用来支撑轨距挡板，传递横向水平力，起电绝缘作用。挡板座两斜面的厚度不同，可调换使用，也可起到调整轨距的作用。50 kg/m 钢轨有 2-4 和 0-6 两个号码，而 60 kg/m 钢轨只有 2-4 一种号码。

Ⅰ型弹条扣件性能虽优于扣板和拱形弹片式扣件，但对于铺设 60 kg/m 钢轨的重型、特重型轨道，Ⅰ型弹条扣件的强度储备小，弹条易断裂，扣压力不足，疲劳强度低。在某些曲线地段需要增设轨撑或轨距拉杆等轨道加强设备。

Ⅰ型弹条扣件分 A、B 两种型号，其中 A 型弹条较长。50 kg/m 钢轨中间扣件采用 A 型弹条，接头扣件在

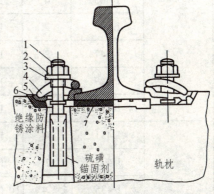

图 1-33　混凝土枕Ⅰ型弹条扣件

1—螺纹道钉；2—螺母；3—平垫圈；
4—弹条；5—轨距挡板；6—挡板座；
7—橡胶垫板

安装 20 号轨距挡板处用 A 型弹条，安装 14 号轨距挡板处用 B 型弹条。60 kg/m 钢轨一律采用 B 型弹条。Ⅰ型弹条扣件轨距挡板及挡板座号码的配置如表 1-13 所示。

表 1-13　Ⅰ型弹条扣件轨距挡板及挡板座配置表

钢轨类型（kg/m）	轨距（mm）	左 股 钢 轨				右 股 钢 轨			
		外 侧		内 侧		内 侧		外 侧	
		挡板座	挡 板	挡 板	挡板座	挡板座	挡 板	挡 板	挡板座
50	1 427	6	20	14	0	0	14	20	6
	1 429	4	20	14	2	0	14	20	6
	1 431	4	20	14	2	2	14	20	4
	1 433	2	20	14	4	2	14	20	4
	1 435	2（4）	20（14）	14（20）	4（2）	4（4）	14（14）	20（20）	2（2）
	1 437	4（2）	14（14）	20（20）	2（4）	2（4）	14（14）	20（20）	4（2）
	1 439	4（4）	14（14）	20（20）	2（2）	4（2）	14（14）	20（14）	2（4）
	1 441	2（2）	14（14）	20（20）	4（2）	2（2）	14（14）	20（14）	4（4）
	1 443	4	14	20	2	2	20	14	4
	1 445	2	14	20	4	2	20	14	4
	1 447	2	14	20	4	4	20	14	4
	1 449	0	14	20	6	4	20	14	2
	1 451	0	14	20	6	6	20	14	0
60	1 431	4	10	6	2	2	6	10	4
	1 433	2	10	6	4	2	6	10	4
	1 435	2（4）	10（6）	6（10）	4（2）	4（2）	6（10）	10（6）	2（4）
	1 437	4（2）	6（6）	10（10）	2（4）	4（2）	6（10）	10（6）	2（4）
	1 439	4（2）	6（6）	10（10）	2（4）	2（4）	10（10）	6（6）	4（2）
	1 441	2	6	10	4	2	10	6	4
	1 443	2	6	10	4	4	10	6	2

注：括号中为新Ⅱ型枕扣件配置。

（2）Ⅱ型弹条扣件。

针对Ⅰ型弹条扣件的不足，我国又开发了Ⅱ型弹条扣件，除弹条采用新材料（优质弹簧钢 60Si2CrVA）重新设计外，其余部件与Ⅰ型弹条扣件通用。扣件仍为有挡肩、有螺栓的扣件。扣压力大于等于 10 kN，Ⅱ型弹条扣件具有扣压力大、强度安全储备大、残余变形小等优点。适用于Ⅱ型和Ⅲ型混凝土枕的 60 kg/m 钢轨线路。

　　Ⅱ型弹条扣件挡板座和轨距挡板同Ⅰ型弹条扣件，接头和中间扣件通用。调整轨距如表 1-14 和 1-15 所示。

表 1-14　Ⅱ型弹条扣件轨距挡板及挡板座配置表

轨距（mm）	轨距调整量（mm）	左　股　钢　轨				右　股　钢　轨			
		外　　侧		内　　侧		内　　侧		外　　侧	
		挡板座	挡　板	挡　板	挡板座	挡板座	挡　板	挡　板	挡板座
1 435	−12	6	10	6	0	0	6	10	6
	−10	6	10	6	0	2	6	10	4
	−8	4	10	6	2	2	6	10	4
	−6	2	10	6	4	2	6	10	4
	−4	2	10	6	4	4	6	10	2
	−2	4	6	10	2	4	6	10	2
	0	4	6	10	2	2	10	6	4
	+2	2	6	10	4	2	10	6	4
	+4	2	6	10	4	4	10	6	2
	+6	0	6	10	4	4	10	6	2
	+8	0	6	20	4	6	10	6	0

注：①表中负调整量一般用于钢轨、扣件磨耗等原因造成轨距扩大需调整至规定轨距的情况下；
　　②轨距调整量 0、2、4、6 配置可配合Ⅲa 型枕。

表 1-15　Ⅱ型扣件道岔不同轨距值使用的轨距块号码

轨距误差		0	−2	−4	−6	−8	−10	−12	+2	+4	+6	+8
一股	非作用边	11	13	13	15	15	17	17	9	9	7	7
	作用边	13	11	11	9	9	7	7	15	15	17	17
另一股	作用边	13	11	11	11	9	9	7	13	15	15	17
	非作用边	11	11	13	13	15	15	17	11	9	9	7

　　（3）Ⅲ型弹条扣件。

　　Ⅲ型弹条扣件（图 1-34）是无螺栓、无挡肩的弹性扣件，由弹条、预埋铁座、绝缘轨距块和橡胶垫板组成。

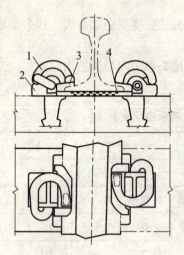

图 1-34　混凝土Ⅲ型弹条扣件

1—弹条；2—预埋铁座；3—绝缘轨距块；4—橡胶垫板

　　Ⅲ型弹条扣件一端套入预埋在轨枕中的铁座上（铸铁挡肩），另一端通过绝缘轨距块扣压在钢轨轨底顶面。目前我国的秦沈客运专线、提速线路的一些区段、道岔以及一些轻轨线路大量使用了Ⅲ型弹条扣件。

　　Ⅲ型弹条扣件的扣压力大（不小于 11 kN），弹性好，保持轨距能力强，由于取消了螺栓联结的方式，易于更换，养护维修工作量小。特别适用于高速、重载和高密度的运输条件。

　　Ⅲ型弹条扣件轨距调整为 +4 ～ −8 mm，轨面调高量为零。每根轨枕使用扣件零件数量如表 1-16 所示，不同轨距时绝缘轨距块号码配置如表 1-17 和表 1-18 所示。

表 1-16　每根轨枕用扣件数量

序号	名称	单位	数量	材料	质量或体积	备注
1	弹条	个件	4	60Si2Mn	3.3kg	
2	预埋件	件	4	KTH350-10	6.04kg	
3	绝缘轨距块	块	4	玻纤增强聚酰胺 6 或聚酰胺 66	219.92 cm³	9 号、11 号各 2
4	橡胶垫板	块	2	橡胶	496 cm³	

表 1-17　Ⅲ型弹条扣件不同轨距时绝缘轨距块号码配置

轨距（mm）	轨距调整量（mm）	左股钢轨		右股钢轨	
		外　侧	内　侧	内　侧	外　侧
1 435	−8	13	7	7	13
	−6	13	7	9	11
	−4	11	9	9	11
	−2	11	9	11	9
	0	9	11	11	9
	+2	7	13	11	9
	+4	7	13	13	7

表 1-18　使用Ⅲ型扣件道岔不同轨距值使用的轨距块号码

轨距误差		0	−2	−4	−6	−8	−10	−12	+2	+4	+6	+8
一股	非作用边	9	11	11	13	13	15	15	7	7	5	5
	作用边	11	9	9	7	7	5	5	13	13	15	15
另一股	作用边	11	11	9	9	7	7	5	11	13	13	15
	非作用边	9	9	11	11	13	13	15	9	7	7	5

（4）扣板扣件。

扣板扣件（图 1-35）目前还在一些次要线路上使用。它由螺纹道钉、螺母、平垫圈、弹簧垫圈、扣板、铁座、橡胶垫板、垫片和衬垫等零件组成。扣板扣件是通过扣板扣住钢轨的，属于刚性扣件，弹性差。扣板可以调整钢轨的位置，即一个扣板翻边使用，就可以调整 2 个数值的轨距。扣板分中间扣板和接头扣板，接头扣板用于接头处轨枕。中间扣板和接头扣板各有 5 种号码，可根据相关规定进行选择使用。

铁座的作用是支承扣板并传递横向水平力，分普通铁座和加宽铁座。

（5）调高扣件。

对于一些新型的无碴轨道和一些不便进行捣固作业的混凝土宽枕等地段，需要通过扣件来调节钢轨的水平，并采用比普通扣件调高量更大的调高扣件。图 1-36 中的调高扣件用以调节钢轨的水平。

3．扣件的使用条件

有铁垫板时，直线及半径 800m 以上曲线地段，每根木枕上的每股钢轨内外侧各钉 1 个道钉；半径在 800m 及以下的曲线（含缓和曲线）地段，内侧加钉 1 个道钉。铁垫板与木枕联结道钉必须订齐（冻害地段、明桥面除外）。

无铁垫板时，每根枕木上的每股钢轨内外侧各钉 1 个道钉，4 个道钉位置呈八字形，道钉中心至木枕边缘的距离应大于 50 mm，钢轨内外侧道钉应错开 80 mm 以上。

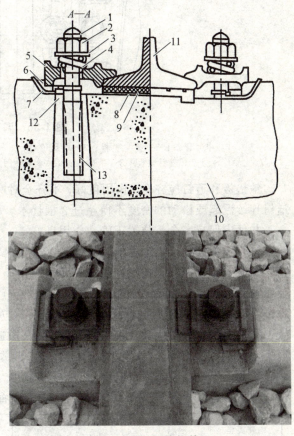

图 1-35　扣件扣件

1—螺纹道钉；2—螺母；3—平垫圈；4—弹簧垫圈；
5—扣板；6—铁座；7—绝缘缓冲垫片；
8—绝缘缓冲垫板；9—衬垫；10—轨枕；
11—钢轨；12—绝缘防锈涂料；
13—硫黄锚固剂

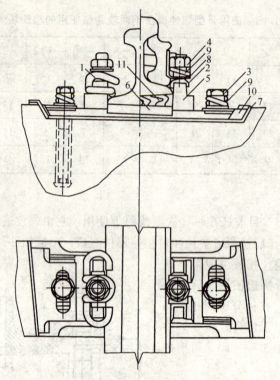

图 1-36　调高扣件

1—中间弹条；2—接头扣板；3—螺纹道钉；4—轨卡螺栓及螺母；5—铁垫板；6—胶垫；
7—塑料垫板；8—平垫圈；9—弹簧垫圈；10—楔形轨距块；11—调高垫板

铁垫板和道钉应齐全，作用良好，不齐全时应及时补充，道钉浮起或松动时应及时整治，道钉连续浮起或松动的密度不得超过 3 根枕木。伤损达到更换标准时，应有计划地更换。

扣件应保持齐全，位置正确，作用良好。

分开式弹性扣件与木枕的联结应紧密，当钢轨受车轮横向力作用时不得产生相对位移和扭转离缝。扣板、轨距挡板应靠贴轨底边。扣板（弹片）扣件扭矩应保持在 80～140 N·m。弹条扣件的弹条中部前端下颚应靠贴轨距挡板（离缝不大于 1 mm）或扭矩应保持在 80～150 N·m。Ⅲ型扣件后拱内侧距预埋件端部不应大于 10 mm，扣压力应保持在 8～13.2 kN。

扣件类型应与轨枕类型相匹配，Ⅰ型弹条应逐步更换为Ⅱ型弹条。Ⅱ型或Ⅲ型混凝土枕、混凝土岔枕及前后过渡混凝土枕上应使用Ⅱ型或Ⅲ型弹条扣件。表 1-19 是我国主要类型有砟轨道扣件系统一览表。

表 1-19　各主要类型有砟轨道扣件系统

扣件类型	弹条Ⅰ型扣件	弹条Ⅰ型调高扣件	弹条Ⅱ型扣件	弹条Ⅲ型扣件	石龙桥小阻力扣件	弹条Ⅳ型扣件	弹条Ⅴ型扣件
系统分类	弹性不分开式						
承受横向力方式	由轨枕挡肩承受			由预埋铁座承受	由轨枕挡肩承受	由预埋铁座承受	由轨枕挡肩承受
与基础联结方式	硫黄锚固道钉			预埋铁座	硫黄锚固道钉	预埋铁座	预埋塑料套管
预埋件抗拔力	不小于 60 kN						

续表

扣件类型	弹条Ⅰ型扣件		弹条Ⅰ型调高扣件	弹条Ⅱ型扣件	弹条Ⅲ型扣件	石龙桥小阻力扣件	弹条Ⅳ型扣件	弹条Ⅴ型扣件	
类型	A型	B型	A型	Ⅱ型	Ⅲ型	小阻力	C4型	W2型	X3型
弹条　扣压力	8 kN	9 kN	8 kN	10 kN	>11 kN	4 kN	>11 kN	>10 kN	4.5 kN
弹条　弹程	9 mm	8 mm	9 mm	10 mm	13 mm	7.1 mm	13 mm	12 mm	9.5 mm
弹条　紧固方式	有螺栓紧固				无螺栓紧固	有螺栓紧固	无螺栓紧固	有螺栓紧固	
弹条　紧固扭矩	约80~120 N·m 约120~150 N·m（小半径地段）			约100~140 N·m	—	约60~80 N·m		约160 N·m	约95 N·m
钢轨纵向阻力	>7.5 kN			>9 kN	>9 kN	4 kN	>9 kN	>9 kN	4 kN
弹性垫层　设置	钢轨与轨枕承轨面间设置单层橡胶垫板								
弹性垫层　型号	60-10-11			60-10-17 60-12-17，钢轨接头	Ⅲ型扣件胶垫	复合垫板	RP4	RP5	CRP5
弹性垫层　尺寸大小	185×149×10			190×149×10（12）	170×194×10	185×149×11.2	170×194×10	185×175×10	185×175×11.2
弹性垫层　静刚度	90~120 kN/mm			55~80 kN/mm		90~120 kN/mm	50~70 kN/mm		
弹性垫层　执行标准	TB/T2626				运基线路〔2000〕396	供货技术条件	科技基〔2007〕207		
钢轨高低　轨面高	186 mm					187.2 mm	186 mm	186 mm	187.2
钢轨高低　调整量	10 mm	20 mm	10 mm	不能调整		10 mm	不能调整	10 mm	
钢轨高低　调整方式	轨下垫入调高垫板			不能调整		胶垫下垫入调高垫板	不能调整	胶垫下垫入调高垫板	
轨距　调整量	−8~+12 mm			−12~+8 mm	−8~+4 mm	−4~+8 mm	−8~+4 mm	−8~+4 mm	
轨距　调整方式	通过更换不同号码的轨距挡板和挡板座进行调整				更换不同号码轨距块	更换不同号码轨距挡板和挡板座	更换不同号码轨距块	更换不同号码轨距挡板	
轨距　调整级别	2 mm						1 mm		
钢轨接头处理	60 kg/m轨时，不作特殊处理，接头适用				接头不适用	接头适用	采用接头弹条和轨距块	接头一般适用	
适用轨枕类型	Ⅰ、Ⅱ型有挡肩混凝土枕				Ⅲa有挡肩混凝土枕	Ⅲb型无挡肩混凝土桥枕	有挡肩混凝土枕	Ⅲb型无挡肩混凝土枕	Ⅲa型有挡肩混凝土枕
图号及标准	TB/T 1495	TB 1911	TB/T 3065		专线3328，运基线路〔2000〕396	研线9204	研线0601 科技基〔2007〕207	研线0602 科技基〔2007〕207	
应用条件（速度）	<120 km/h			120~200 km/h	120~200 km/h	<200 km/h	250~350 km/h	250~350 km/h	
应用条件（地段）	常规阻力地段					仅用于桥上小阻力地段	常规阻力地段	常规阻力和桥上小阻力段均适用	

1.4　道砟与道床

【学习目标】

（1）能正确描述道床的功用及横断面各部尺寸。

（2）能解释说明道砟材料的各项技术指标。

（3）能熟练绘制单线碎石道床横断面示意图，并说明各部尺寸。

1.4.1　道床的功用

道床是轨道框架的基础，它的功用是：

（1）传递由钢轨、轨枕传来的机车车辆动荷载，使之均匀地分布在路基基床面上，且不超过路基基床面的允许应力；

（2）提供抵挡轨道框架纵、横向位移的阻力，保护轨道稳定和保持正确的几何形位，保证行车安全；

（3）提供排水能力，使基床面干燥，有足够的强度，防止翻浆冒泥及轨道下沉；

（4）提供轨道弹性，起到缓冲、减振降噪的作用；

（5）调节轨道框架的水平和方向，保持良好的线路平纵断面，为轨道几何尺寸超限的维修保养提供便利条件。

1.4.2　道床材料

由于道床应具有上述功能，因此用于道床的道砟应具有质地坚硬，有弹性，不易压碎和捣碎，排水性能好，吸水性能差，不易风化和被风吹动或被水冲走等特点。

道砟材料有碎石（花岗岩、大理石、石矿岩）、筛选级配卵石、天然级配卵石、中砂和粗砂以及熔炉矿砟等。

碎石道床材料应按现行《铁路碎石道砟》（TB/T 2140）和《铁路碎石道床底砟》（TB/T 2897）的规定进行选取。

碎石道床材料的技术条件以下包括三个方面。

1. 道砟的性能

道砟材质通过抗磨耗、抗冲击性能，抗压碎性能、渗水性能、抗大气腐蚀破坏性能、稳定性能以及软弱颗粒比例等来衡量道砟的质量，将道砟分为特级、一级两个等级（表 1-20）。

表 1-20　道砟材质性能

性能	项目号	参数	特级道砟	一级道砟	评定方法	
					单项评定	综合评定
抗磨耗、抗冲击性能	1	洛杉矶磨耗率（LLA）%	$\leqslant 18$	$18<LLA<27$	—	道砟的最终等级以项目号 1、2、3、4 中的最低等级为
	2	标准集料冲击韧度（IP）	$\geqslant 110$	$95<IP<110$	若两项指标不在同一等级，以高等级为准。	
		石料耐磨硬度系数（$K_{干磨}$）	>18.3	$18<K_{干磨}\leqslant 18.3$		

续表

性能	项目号	参数	特级道砟	一级道砟	评定方法	
					单项评定	综合评定
抗压碎性能	3	标准集料压碎率（CA）%	<8	8≤CA<9	—	准。特级、一级道砟均应满足 5、6、7、8 项目号的要求
	4	道砟集料压碎率（CB）%	<19	19≤CB<22	—	
渗水性	5	渗透系数（P_m）10^{-6} cm/s	>4.5		至少有两项满足要求	
		石粉试模件抗压强度（σ）MPa	<0.4			
		石粉液限（LL）%	>20			
		石粉塑限（PL）%	>11			
抗大气腐蚀性	6	硫酸钠溶液浸泡损失率（L）%	<10			
稳定性能	7	密度（ρ）g/cm³	>2.55			
	8	容重（R）g/cm³	>2.50			

　　高速铁路采用特级道砟，普速铁路采用一级碎石道砟。

　　2．道砟材料的级配

　　碎石道砟的级配是指道砟中颗粒粒径大小的分布。道砟粒径的级配对道床的物理力学性能、养护维修工作量有重要的影响。道砟粒径利用方孔筛来筛选，特级碎石道砟粒径级配应符合表 1-21 的规定，如图 1-37 所示。

表 1-21　特级碎石道砟粒径级配

方孔筛孔边长（mm）		22.5	31.5	40	50	63
过筛质量百分率（%）		0～3	1～25	30～65	70～99	100
颗粒分布	方孔筛边长（mm）	31.5～53				
	颗粒质量百分率（%）	≥50				
注：检验用方孔筛系指金属丝编制的标准方孔筛。						

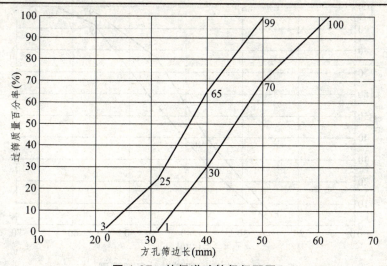

图 1-37　特级道砟粒径级配图

新建铁路用一级碎石道砟粒径级配应符合表 1-22 的规定，如图 1-38 所示。

表 1-22　新建铁路用一级碎石道砟粒径级配

方孔筛孔边长（mm）	16	25	35.5	45	56	63
过筛质量百分率（%）	0～5	5～15	25～40	55～75	92～97	100

注：检验用方孔筛系指金属丝编制的标准方孔筛。

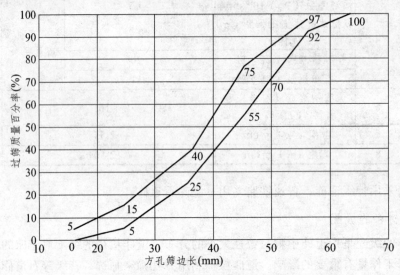

图 1-38　新建铁路一级道砟粒径级配图

既有线大修、维修用一级碎石道砟粒径级配应符合表 1-23 的规定，如图 1-39 所示。

表 1-23　既有线一级碎石道砟粒径级配

方孔筛孔边长（mm）	25	35.5	45	56	63
过筛质量百分率（%）	0～5	25～40	55～75	92～97	100

注：检验用方孔筛系指金属丝编制的标准方孔筛。

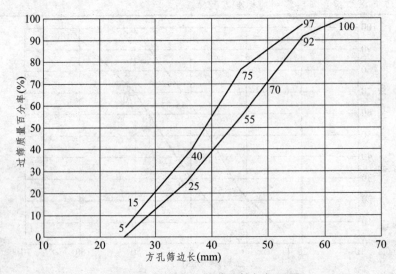

图 1-39　既有线一级道砟粒径级配图

3．颗粒形状及清洁度

道砟的形状和表面状态对道床的性能有重要影响。一般棱角分明、表面粗糙的颗粒，对集料具有较高的强度和稳定性。近似于立方体的颗粒与扁平、长条形颗粒相比有较高的抗破碎、抗变形、抗粉化能力。针状、片状颗粒容易破碎，使道床强度和稳定性下降。颗粒长度大于该颗粒所属平均粒径的 1.8 倍的，称为针状颗粒；厚度小于平均粒径 0.6 倍的，称为片状颗粒。它们所占总数的比例分别被称为针状指数和片状指数，并用来控制长条形和扁平颗粒的含量。我国道砟标准规定，道砟的针状指数和片状指数均不大于 20%，特级道砟中风化颗粒和其他杂石含量不应大于 2%，一级道砟中风化颗粒和其他杂石含量不应大于 5%。

道砟中的黏土团或其他杂质、粉末都直接影响道砟排水、加速板结等，因此要求道砟产品须水洗，其颗粒表面洁净度不应大于 0.17%，未经水洗的一级道砟中粒径 0.1 mm 以下粉末的含量不应大于 1%。

1.4.3 碎石道床横断面

道床横断面包括顶面宽度、道床厚度和道床边坡坡度三个主要特征。图 1-40 为单线非渗水路基直线地段道床断面。

1．道床顶面宽度

道床顶面宽度是指轨枕长度加上两侧道床肩宽的总和，道床顶面宽度取决于轨枕长度和轨道类型。其伸出轨枕端的部分称为道床肩宽，它对无缝线路轨道框架的横向稳定起着重要的作用。

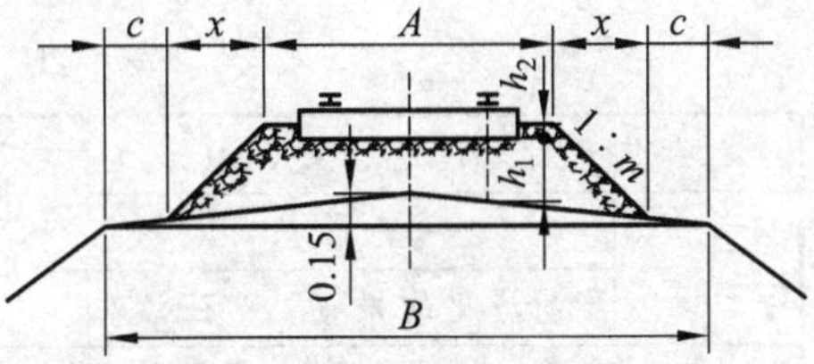

正线按不同线路和不同曲线半径规定了道床顶面宽度和曲线外侧道床的加宽量，以增强道床的横向阻力，见表 1-24。

图 1-40　单线非渗水路基直线地段
道床断面（单位：m）

2．道床边坡坡度

道床边坡坡度是指道床两侧坡面与路基面之间形成的坡度，从横断面图上看，道床边坡是指道床顶面引向路基顶面的斜边斜率，其坡度大小是保证碎石道床坚固稳定的重要因素，根据多年的实践经验，正线上的道床边坡均规定为 1：1.75，以保持道床的稳定状态，见表 1-24。

表 1-24　道床顶面宽度及边坡坡度

线路类别			顶面宽度（m）	曲线外侧道床加宽		砟肩堆高（m）	边坡坡度
				半径（m）	加宽（m）		
正线	无缝线路	v_{max}>160 km/h	3.5			0.15	1：1.75
		v_{max}≤160 km/h	3.4	≤600	0.10	0.15	1：1.75
	普通线路	年通过总重不小于 8 Mt	3.1	≤800	0.10		1：1.75
		年通过总重小于 8 Mt	3.0	≤600	0.10		1：1.75
站线			2.9				1：1.50

3．道床厚度

直线线路道床厚度是指钢轨断面处轨枕底面至基床顶面的距离；曲线地段是指曲线里股

钢轨下轨枕底面的道床厚度。

为使由钢轨、轨枕传来的荷载通过道床均匀地传布在路基面上，防止路基面产生不均匀的残余变形，道床应有足够的厚度。

在进行线路大、中修时，必须清筛道床，补充道砟，并对基床翻浆冒泥地段进行整治，枕下道床厚度应符合表 1-25 的规定。但在运量小、行车速度较低的线路上和在隧道内、桥梁上及车站内，受建筑物限制时，可以酌情降低道床厚度；在正线上，木枕地段碎石道床厚度不得小于 200 mm，混凝土枕地段不得小于 250 mm；在站线上，不得小于 200 mm。

既有线路经过多年的运营，路基工后不均匀沉降的影响，导致部分线路高道床或道床厚度不足，故大、中修设计应进行方案比选，高道床地段可酌情降低道床厚度，道床厚度不足地段可采用机械施工少量落低±路基，并做好排水坡。

为保持轨道的稳定性，应保证轨枕盒内和两端道砟饱满。为防止道床表面水分锈蚀钢轨及扣件，以及影响轨道电路正常工作，道床顶面应低于轨枕顶面（轨底中线处的轨枕面）20 ~ 30 mm。

Ⅰ型混凝土枕中部截面由于承受负弯矩的能力弱，应将中部道砟掏空，道砟顶面低于枕底的距离不得小于 20 mm，掏空长度应保持在 200 ~ 400 mm；Ⅱ型和Ⅲ型混凝土枕由于设计时提高了中部抵抗负弯矩的能力，所以道床可不掏空，但应保持疏松。

表 1-25 道床厚度（mm）标准

五年内年计划通过总重（Mt）		$W_年 \geq 50$	$50 > W_年 \geq 25$	$25 > W_年 \geq 15$	$W_年 < 15$
无垫层的碎石道床	一般路基	450	450	400	350
	不易风化的岩石、碎石路基	350	350	300	300
有垫层的碎石道床（碎石/垫层）		300/200	300/200	250/200	250/200
有砟桥面上的碎石道床	$v_{max} \leq 120$ km/h	250			
	$v_{max} > 120$ km/h	300			

注：允许速度大于 120 km/h 的线路，无垫层时碎石道床厚度不得小于 450 mm；有垫层时碎石道床厚度不得小于 300 mm，垫层厚度不得小于 200 mm。

对于非渗水性土质路基，由于基床土质强度低一些，为了防止面砟陷入基床，造成积水、翻浆冒泥，因此应按有关规定铺设相应厚度的底砟层，构成双层道床。

对于无缝线路轨道半径小于 800 m、有缝线路轨道半径小于 600 m 的曲线地段，曲线外侧道床顶面宽度应增加 10 cm。无缝线路轨道道砟肩应利用碎石堆高 15 cm，堆高道砟的边坡坡度应采用 1：1.75。

混凝土宽枕线路的道床，由面砟带和底层组成，均应采用一级道砟。有垫层时道床厚度不得小于 250 mm，无垫层时不得小于 350 mm；在岩石、渗水土路基上，隧道内及有砟桥面上，不得小于 200 mm。面砟带道砟粒径级配应符合要求，厚度为 50 mm，每股轨下两侧宽度均为 450 ~ 500 mm，底层为普通碎石道砟。道床顶面宽度不得小于 2.9 m，允许速度大于 120 km/h 的线路，道床顶面应与宽枕顶面平齐，其他线路枕端埋入道床深度不得小于 80 mm。

目前我国选用的高速铁路的道床断面与普通道床断面有所不同。图 1-41 为我国高速铁路有砟轨道设计的道床断面。

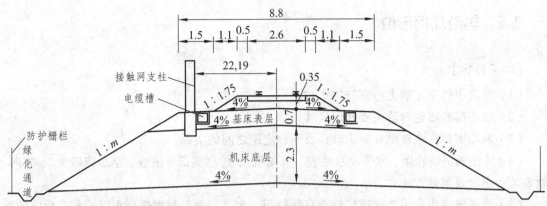

图 1-41 高速铁路单线有砟轨道道床断面（单位：m）

基床是铁路路基最重要的关键部件，是指路基上部受列车动荷载作用和水文气候变化影响较大的土层，其状态直接影响列车的平稳和速度的提高。基床分为表层及底层，其作用是：① 提供足够的强度，能抵抗列车荷载产生的动应力从而不致基床破坏，防止道砟陷槽等病害的形成；② 提供足够的刚度，在列车荷载的重复作用下，塑性累积变形小，避免形成过大的不均匀下沉，基床的弹性变形能满足高速列车走行的安全性和舒适性，保证道床稳固；③提供良好的排水并起到防冻作用。

基床表层厚度为 0.6m，底层厚度为 1.9 m。基床表层使用的材料大致分以下几类：级配砂砾石、级配碎石、级配矿物颗粒材料和各种结合料的稳定土。

1.4.4 道床变形

道床变形是轨道变形的主要因素，轨道变形是轨道破坏的主要形式之一。轨道变形分永久变形和弹性变形，一定的弹性变形能起到缓冲列车对轨道的动力的作用，而永久变形是随列车荷载的重复次数增加而逐渐积累的，不均匀的永久变形引起轨道的不平顺，增加了轨道列车的动力作用，尤其在速度高时，动力作用会更大。轨道变形的主要表现是道床的永久变形 —— 即道床下沉，占轨道总下沉的 90%以上。道床下沉有一定的规律，当道床新铺或清筛后随着列车通过，道床下沉可分为初始急剧下沉和后期缓慢下沉两个阶段（图1-42）。

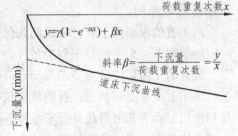

图 1-42 碎石道床下沉曲线

初始急剧下沉是道床的密实阶段，在列车荷载作用下，道砟被压实，孔隙率减小，一些道砟棱角可能被磨碎，使道床纵、横断面发生变化，轨道不平顺。该阶段道床的下沉量和持续时间与道砟材质、粒径、级配、捣固和道床的密实作业、轴重、速度等有关，一般在数百万吨通过总重之内可以完成。

在新建高速铁路一次铺成无缝线路时，要采用道砟分层铺设，分层捣固，动力稳定的作业方式，一次稳定下沉量达 8 ~ 10 mm，相当于通过 10 万吨的运量，以减少日后的不均匀下沉。

后期缓慢下沉阶段是道床的正常工作阶段，这时道床仍有少量下沉，下沉量与运量之间有直接关系。

1.5　轨道几何形位

【学习目标】

（1）能说出机车车辆走行部分的组成。

（2）能正确查阅轮对的主要几何尺寸。

（3）能绘图解释全轴距、固定轴距及车辆定距之间的关系。

（4）能正确回答轨距、水平（水平差、三角坑）、前后高低（吊板、空板或暗坑）、方向、轨底坡的定义及测量方法。

（5）能正确使用常用类型道尺检查直线轨距、水平，并对数据进行水平差和三角坑的简单分析。

（6）能正确使用弦线等工具测量前后高低、轨向。

（7）记住线路轨道静态几何尺寸容许偏差管理值。

1.5.1　概述

轨道几何形位是指轨道各部分的几何形状、相对位置和基本尺寸。

从轨道平面位置来看，轨道由直线和曲线组成，一般在直线与圆曲线之间设有一条曲率渐变的缓和曲线将二者相连。轨道的方向必须正确，直线部分应保持笔直，曲线部分应具有与曲率相适应的圆顺度。

从轨道横断面上来看，轨道的几何形位包括轨距、水平、外轨超高和轨底坡。直线地段轨道的两股钢轨之间应保持一定的距离，为保证机车车辆通过小半径曲线，曲线轨距应考虑加宽。直线地段轨道两股的顶面应位于同一水平面。曲线上外轨顶面应高于内轨顶面，形成一定超高度，使车体重力的向心分力能抵消其曲线运行的离心力。轨道两股钢轨底面应设置一定的轨底坡，使钢轨向内倾斜，以保证锥形踏面车轮荷载作用于钢轨断面的对称轴。

从轨道的纵断面上看，轨道的几何形位包括轨道的前后高低。钢轨顶面在纵向上应保持一定的平顺度，为平稳行车创造条件。

轨道的几何形位按照静态与动态两种状况进行管理。静态几何形位是轨道不行车时的状态，采用道尺等工具测量，目前轨检仪等数字化、自动化静态几何形位采集设备也已得到普及和使用。动态几何形位是行车条件下的轨道状态，利用轨道检查车测量。本书仅介绍轨道几何形位的静态作业验收标准，其余内容可参见《铁路线路修理规则》。

1.5.2　机车车辆走行部位

机车车辆走行部位是与轨道直接接触、作用的部分，其尺寸、形状是确定轨距、轨低坡等轨道几何尺寸的依据。

机车的走行部分由车架、轮对、轴箱、弹簧装置、转向架及其他部件组成。车辆的走行部分是转向架，由侧架、轴箱、弹性悬挂装置、制动装置、轮对以及其他部件组成。

1. 轮对

轮对是机车车辆走行部分的基本部件，由一根车轴和两个相同的车轮组成，如图 1-43。轮轴联结部位采用过盈配合，并用轴键固定两轮的相互位置，使轮和轴牢固地结合在一起，轮与轴只能一起转动，绝不允许有任何松动的现象发生。

我国车辆上使用的车轮有整体轮和轮箍轮两种，绝大多数是整体轮，如图 1-44 所示。轮箍轮的轮箍内径较轮心外径小 1/800～1/1000，将轮箍加热至 300 ℃ 左右时，轮箍内径扩大，将轮心镶入，轮箍冷却后即与轮心套死。内燃机车和电力

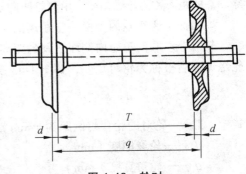

图 1-43　轮对

机车动轮的踏面外形和尺寸与车辆轮相同。轮毂是轮与轴互相配合的部分，辐板是联接轮辋与轮毂的部分。

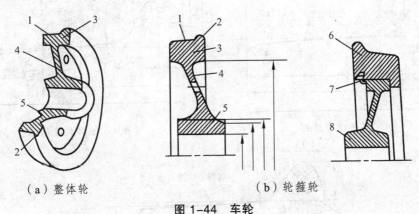

（a）整体轮　　　　　　　　　（b）轮箍轮

图 1-44　车轮

1—踏面；2—轮缘；3—轮辋；4—辐板；5—轮毂；6—轮箍；7—扣环；8—轮心

车轮和钢轨接触的面称为踏面。车轮踏面分为锥形踏面和磨耗型踏面两种形式。锥形踏面如图 1-45 所示，锥形踏面的母线是直线，由 1∶20 和 1∶10 两段斜坡组成。其中 1∶20 的一段经常与钢轨顶面相接触。1∶10 的一段仅在小半径经常与钢轨顶面相接触，车轮踏面采用圆锥面，可以减小横向力的影响，增加行车的平稳性，保证踏面的磨耗沿宽度方向比较均匀。另外，在直线地段上行驶的车辆，当其偏离轨道中心时，由于左右车轮滚动半径不同，可使轮对自动返回到轨道中线，这样，虽然车轮的轨迹呈蛇形运动，但不会在车轮踏面上形成凹槽形磨损；在曲线轨道上行驶的车辆，由于离心力的作用，使轮对靠外轨行驶，外轮以较大的轮径沿外轨滚动，内轮以较小的轮径沿内轨滚动，可以部分弥补内外股钢轨的长度之差，顺利地通过曲线。磨耗型车轮踏面是曲线型踏面，将踏面制成与钢轨顶面基本吻合的曲线形状，可以增大轮轨接触面积，可以减轻轮轨磨耗、降低轮轨接触应力并可改善通过曲线时的转向性能。

车轮踏面内侧制成凸缘（图 1-45 的左侧突起部分），称为轮缘，轮缘可保证车轮沿钢轨滚动时不致脱轨。

车轮内侧的竖直面称为车轮内侧面，车轮外侧竖直面称为车轮外侧面。车轮内侧面与外

侧面之间的距离称为车轮宽度。

通过踏面上距车轮内侧面一定距离的一点，划一水平线，称为踏面的测量线。由测量线至轮缘顶点的距离称为轮缘高度。由测量线向下 10 mm 处量得的轮缘厚度，称为车轮的轮缘厚度。

取踏面上距车轮内侧面一定距离的一点为基点，规定在基点上测量车轮直径及轮箍厚度。

轮对上左右两车轮内侧面之间的距离，称为轮对的轮背内侧距离，这个距离再加上 2 个轮缘厚度后被称为轮对宽度，如图 1-43 所示。

$$q = T + 2d \tag{1-7}$$

式中　T——轮对的轮背内侧距离（mm）；

　　　d——轮缘厚度（mm）；

　　　q——轮对宽度（mm）。

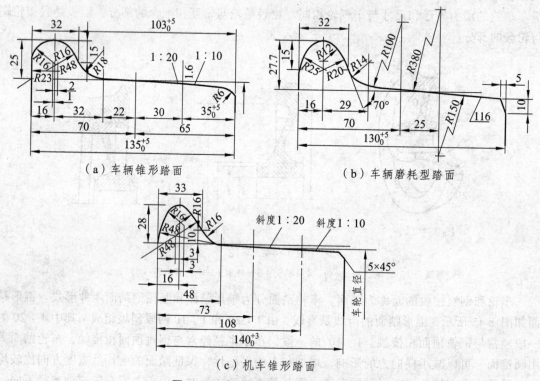

（a）车辆锥形踏面　　　　　　　　　　（b）车辆磨耗型踏面

（c）机车锥形踏面

图 1-45　车辆踏面（单位：mm）

根据《铁路技术管理规程》（以下简称《技规》），我国机车车辆轮对的主要尺寸，见表 1-26。

表 1-26　轮对几何尺寸（单位：mm）

车轮	轮缘高度	轮缘厚度 d		轮背内侧距离 T			轮对宽度 q		
		最大（正常）	最小	最大	正常	最小	最大	正常	最小
车辆轮	25	34	22	1 356	1 353	1 350	1 424	1 421	1 394
机车轮	28	33	23	1 356	1 353	1 350	1 422	1 419	1 396

注：表中数据未计车轴承载后挠曲对轮对宽度的影响。

内燃机车、电力机车和车辆的轴箱，装在车辆外侧轴颈上，车轴受荷后向上挠曲，轮对宽度因此略有减小，蒸汽机车的轴箱装在车轮内侧的轴颈上，车轴承载后向下挠曲，轮对宽度略有增加，一般轮对承载挠曲后其宽度的改变值 ε 可取 ± 2 mm。

2．转向架

为使车体能顺利通过半径较小的曲线，可把全部车轴分别安装在几个车架上。为防止出现车轮由于轮对歪斜而陷落于轨道中间的情况，通常将两个或三个轮对用一刚性构架安装在一起，称为转向架（如图1-46）。

车体放在转向架的心盘上，转向架可相对车体转动。一个转向架上的各个轮对则始终保持平行，不能相对转动。客车与货车的转向架下一般安装两个轮对，称为二轴转向架；内燃、电力机

图1-46 转向架示意图

车的转向架下多装有三个轮对，称为三轴转向架；蒸汽机车将多个动轮固定在一个车架上。

3．机车车辆轴距

机车车辆的车架或转向架下的车轴数及排列形式称为轴列式。如东风型内燃机车和韶山Ⅰ型电力机车，轴列式为 3_0-3_0（或 C_0-C_0）。表示前后车架下有三个牵引电机驱动的轮对。前进型蒸汽机车的轴列式是 1-5-1，表示车架下有五个动轮轴，导轮和从轮分别安装在前后转向架上。如图1-47所示，同一车体最前位和最后位的车轴中心间水平距离，称为机车的全轴距（$L_{全}$）。为使全轴距较长的机车、车辆能顺利通过曲线，将车轴分别安装在几个车架或转向架上。同一车架或转向架上始终保持平行的最前位和最后位车轴中心的水平距离，称为固定轴距（$L_{固}$）。车辆前后两走行部分上车体支承间的距离称为车辆定距（$L_{定}$）。应当注意，固定轴距和车辆定距是两个不同的概念，固定轴距是机车车辆能否顺利通过小半径曲线的控制因素，车辆定距为前后两个转向架的中心间距，除长大车外，多在 18 m 之内。

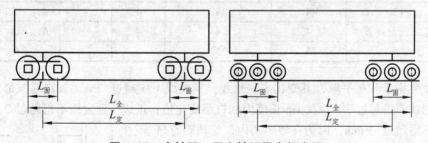

图1-47 全轴距、固定轴距及车辆定距

1.5.3 轨距

1．轨距

轨距是钢轨顶面下 16 mm 范围内两股钢轨作用边之间的最小距离。

钢轨头部外形由不同半径的复曲线所组成，钢轨底面设有轨底坡，钢轨向内倾斜，车辆轮缘与钢轨侧面接触点发生在钢轨顶面下 10～16 mm 处，我国《技规》规定轨距测量部位在

钢轨顶面下 16 mm 处，如图 1-48 所示，在此处，轨距一般不受钢轨磨耗和飞边的影响，便于轨道维修工作的实施。

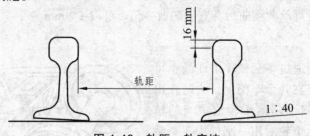

图 1-48　轨距、轨底坡

目前世界上的铁路轨距，分为标准轨距、宽轨距和窄轨距三种。标准轨距为 1 435 mm。大于标准轨距的称为宽轨距，如 1 524 mm、1 600 mm、1 670 mm 等，俄罗斯、印度及澳大利亚、蒙古等国采用宽轨距。小于标准轨距的称为窄轨距，如 1 000 mm、1 067 mm、762 mm、610 mm 等，日本既有线（非高速铁路）采用 1 067 mm 轨距，越南采用 1 000 mm 轨距。

我国铁路轨距绝大多数为标准轨距，仅在云南省境内保留有 1 000 mm 轨距。台湾省铁路采用 1 067 mm 的轨距。

2．轨距检查验收标准

我国规定的标准轨距容许偏差值与线路设计行车速度和维修作业性质有关，例如行车速度不超过 120 km/h 的常速铁路，作业验收标准为+6 mm，－2 mm，即宽不能超过 1 441 mm，窄不能小于 1 433 mm，另外有砟轨道的精度要求要比无砟轨道低一些，如表 1-27。

表 1-27　线路轨道平顺度铺设精度标准（mm）

项目\\速度(km/h)	高低		轨向		水平		轨距	
	有砟	无砟	有砟	无砟	有砟	无砟	有砟	无砟
$V_{max.}$>200 正线	2		2		2	1	±2	±1
200≥$V_{max.}$>160 正线	3	2	3	2	3	2	±2	+1，－2
160≥$V_{max.}$>120 正线	4		4		4		+4，－2	±2
120≥$V_{max.}$正线及到发线	4		4		4		+6，－2	+3，－2
其他站线	5		5		5		+6，－2	

轨距变化率应和缓平顺，其变化率：正线、到发线不应超过 2‰（规定递减部分除外），站线和专用线不得超过 3‰；在 1m 长度内的轨距变化值：正线、到发线不得超过 2 mm，站线和专用线不得超过 3 mm，因为在短距离内，如轨距有显著变化，即使不超过轨距容许误差，也会使机车车辆发生剧烈摇摆，故限制轨距变化率对保证行车平稳是非常重要的。

为使机车车辆能在线路上两股钢轨间顺利通过，机车车辆的轮对宽度应小于轨距。当轮对的一个车轮轮缘紧贴一股钢轨的作用边时，另一个车轮轮缘与另一股钢轨作用边之间形成一定的间隙，这个间隙称为游间，如图 1-49 所示。游间可由下式确定：

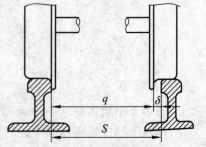

图 1-49　游间示意图

$$\delta = S - q \qquad\qquad (1\text{-}8)$$

式中　δ ——游间（mm）；

　　q ——轮对宽度（mm）；

　　S ——轨距（mm）。

若 S_0 为标准轨距，q_0 为正常轮对宽度，则正常轮轨游间 δ_0 为：

$$\delta_0 = S_0 - q_0$$

轨距和轮对宽度均规定有容许的最大值和最小值。若轨距最大值为 S_{max}，最小值为 S_{min}，轮对宽度最大值为 q_{max}，最小值为 q_{min}，则游间最大值 δ_{max}、最小值 δ_{min} 分别为：

$$\delta_{max} = S_{max} - q_{min} ;$$
$$\delta_{min} = S_{min} - q_{max} 。$$

轮轨游间 δ 的大小，对列车运行的平稳性和轨道的稳定性有重要的影响。如 δ 太大，则列车运行的蛇行幅度增大，作用于钢轨上的横向力大，动能损失大，会加剧轮轨磨耗和轨道变形，严重时将引起列车脱轨，危及行车安全。如 δ 太小，则增加行车阻力和轮轨磨耗，严重时还可能楔住轮对、挤翻钢轨或导致爬轨事故，危及行车安全。因此，必须对游间值进行限制。我国机车车辆轮轨游间 δ 最大值、正常值及最小值见表 1-28 所列。

表 1-28　轮轨游间表

车轮名称	轮轨游间 δ 值（mm）		
	最　大	正　常	最　小
机车轮	45	16	11
车辆轮	47	14	9

理论研究与运营实践表明，适当减小轨距，减小 δ 值，会减轻列车的摇摆，减少轮轨磨耗和动能损失，改善行车条件，提高列车运行的平稳性和线路的稳定性。因此，有些国家把轨距适当减小，如西欧把标准轨距 1 435m 减小到 1 433 mm；曾经的苏联也为把轨距从 1 524 mm 减小到 1 520 mm 等。根据我国现场测试和养护维修经验，认为减小直线轨距有利。改道时轨距按 1 434 mm 或 1 433 mm 控制，尽管轨头有少量侧磨发生，但达到轨距超限的时间得以延长，有利于提高行车平稳性以及延长维修周期。随着行车速度的日益提高，目前世界上一些国家正致力于通过试验研究的办法寻求游间 δ 的合理取值。

3．轨距尺与轨距测量

轨距用轨距尺（道尺）测量。

轨距尺主要用于测量线路的轨距和水平（超高）。其准确度分为 0 级、1 级、2 级三个等级：0 级轨距尺用于测量允许速度不大于 350 km/h 的线路，1 级轨距尺用于测量允许速度不大于 250 km/h 的线路，2 级轨距尺用于测量允许速度不大于 160 km/h 的线路。

轨距尺分为标尺类、数显类两种，图 1-50 为标尺类轨距尺的结构示意图，图 1-51 为数显类轨距尺的结构示意图。

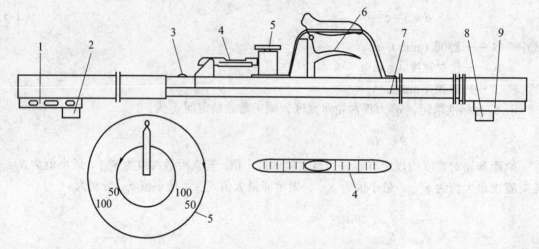

图 1-50　标尺类轨距尺的结构示意图

1—活动端测座；2—活动测头；3—标尺；4—水准泡；5—超高显示装置；6—拉手；
7—尺身；8—固定测头；9—固定端测座

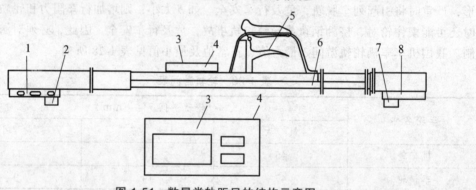

图 1-51　数显类轨距尺的结构示意图

1—活动端测座；2—活动测头；3—界面；4—超高显示装置（数显）；
5—拉手；6—尺身；7—固定测头；8—固定端测座

1.5.4　水平

1．水平与三角坑

水平是指线路左右两股钢轨顶面的相对高差。为保持列车平稳运行，并使两股钢轨均匀受力，直线地段上两股钢轨顶面应保持同一水平。

不同速度等级两股钢轨顶面水平的容许偏差，如表 1-27 所示。

水平用道尺或其他工具测量。线路维修时，两股钢轨顶面水平误差不得超过规定值。

两股钢轨顶面的水平偏差值，沿线路方向的变化率不可太大。在 1 m 距离内变化不可超过 1 mm，否则即使两股钢轨的水平偏差不超过允许范围，也可能引起机车车辆的剧烈摇晃。

实践中有两种性质不同的钢轨水平偏差，对行车的危害程度也不相同。一种偏差称为水平差，另一种称为三角坑。水平差是指在一段规定的距离内，一股钢轨的顶面始终比另一股高，且高差值超过容许偏差值。三角坑是指在一段规定的距离内，先是左股钢轨高于右股，后是右股高于左股，高差值超过容许偏差值，而且两个最大水平误差点之间的距离不足 18 m，如图 1-52 所示。

在一般情况下，超过允许限值的水平差，只是引起车辆摇晃和两股钢轨的不均匀受力，并导致钢轨不均匀磨耗。但如果在延长不足 18 m 的距离内（大部分机车车辆固定轴距在此范围）出现水平差超过 4 mm 的三角坑，将使同一转向架的四个车轮中，只有三个正常压紧钢轨，另一个形成减载或悬空。如果恰好在这个车轮上出现较大的横向力，就可能使悬浮的车轮只能以它的轮缘贴紧钢轨，在最不利条件下甚至可能爬上钢轨，引起脱轨事故。因此，一旦发现三角坑，必须立即消除。

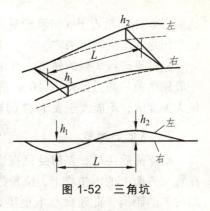

图 1-52 三角坑

2．水平的测量

水平用道尺或其他工具测量。线路维修时，两股钢轨顶面水平误差不得超过规定值。

测量水平时，一般习惯是面向线路终点，以左股钢轨为基准股，左股高于右股时为正，反之为负。开始测量时，可先在两股钢轨同一位置上采用将轨距尺调转 180°的方法来检验水平是否正确。

1.5.5 前后高低

1．高低与吊板、空板

轨道沿线路方向的竖向平顺性称为前后高低。就一股钢轨来说，前后高低是指钢轨顶面沿钢轨方向在竖向的凹凸不平顺。新铺或经过大修后的线路，即使其轨面开始是平顺的，但是经过一段时间列车运行后，由于路基沉陷、道床捣固密实程度、扣件松紧、枕木腐朽和钢轨磨耗的不一致性，也会产生不均匀下沉，造成轨面前后高低不平，这种不平顺，称为静态不平顺。有些地段，从表面上看，轨面是平顺的，但实际上轨底与铁垫板或轨枕之间存在间隙（间隙超过 2 mm 时称为吊板），或轨枕底与道砟之间存在空隙（间隙超过 2 mm 时称为空板或暗坑），或轨道基础的弹性不均匀（路基填筑的不均匀，道床弹性的不均匀等），当列车通过时，这些地段的轨道下沉不一致，也会产生不平顺，这种不平顺称为动态不平顺，随着高速铁路的发展，动态不平顺已广泛受到关注。

轨道前后高低不平顺，危害甚大。列车通过这些地方时，会引起轮轨间的振动和冲击，产生动力增载，即附加动力。这种动力作用加速了道床变形，进而扩大了不平顺，加剧了轮轨的动力作用，形成恶性循环。

一般来说，前后高低不平顺造成的轮轨附加动力，与不平顺的长度成反比，而与其深度成正比。根据试验，连续三个空吊板可以使钢轨受力增加一倍以上。一般来说，长度在 4m 以下的不平顺，将导致机车车辆对轨道产生较大的破坏作用，从而加速道床变形。因此，养路工区决不能允许这种不平顺的存在，一旦发现，应在紧急补修中加以消除。

长度在 100～300 mm 范围内的轨面不平顺，主要起因是钢轨波浪形磨耗、焊接接头低塌、轨面擦伤等。通过该处的车轮，形成对轨道的冲击作用，行车速度愈高，冲击愈大。例如，根据沪宁线混凝土轨枕道床板结地段的一个试验，将钢轨人为地打磨成如图 1-53 所示的不平顺（模拟焊接接头打塌后的形状）。列车以 90 km/h 的速度通过时，一个动轮产生的冲击力将达到 300 kN，接近于 3 倍静轮重。但是，这种不平顺往往容易被忽视，轨道检查车也不能将这些问题完全反映出来。

经过维修或大修的轨道，要求目视平顺，一股钢轨前后高低偏差用 10 m 弦量测轨面的最大矢度值，不能大于表 1-27 的规定。

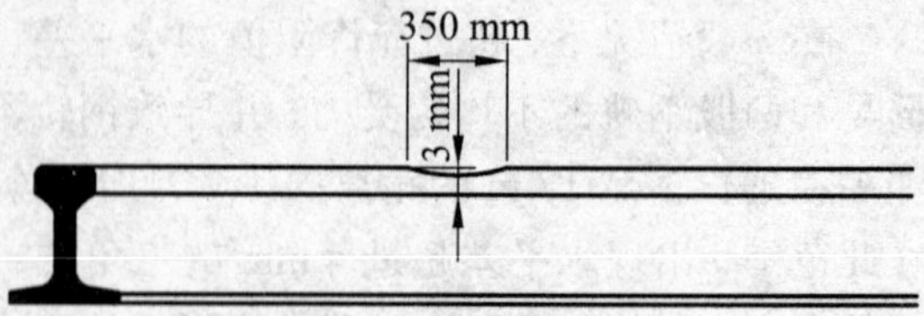

图 1-53　钢轨不平顺

2．高低的测量

检查前后高低，先俯身目视找出轨面不良处所，然后在该处两端轨面上，用 10 m 线按在置于轨面上的木垫块上，拉紧弦线，用尺量出弦至钢轨顶面的最大（低洼时）或最小（突起时）的距离，此距离与木垫块高度的差数，即为高低误差值。但考虑弦线的挠度，查洼时可加 1 mm，检查高时可减 1 mm；也可以采用在检查洼时读弦线上差数，在检查高时读弦线下差数的方法。

1.5.6　轨道方向

1．轨道的方向

轨道的方向是指轨道中心线在水平面上的平顺性。就一股钢轨来说，轨向是指钢轨头部内侧面沿钢轨方向的横向凹凸不平顺。按照行车的平稳与安全要求，直线应当笔直，曲线应当圆顺。严格地说，经过运营的直线轨道并非直线，而是由许多波长为 10~20 m 的曲线所组成，因其很小，偏离中心线不大，故不易察觉。若直线不直则必然引起列车的蛇行运动。在行驶快速列车的线路上，线路方向对行车的平稳性具有特别重要的影响。相对轨距来说，轨道方向往往是行车平稳性的控制因素。只要方向偏差保持在容许范围以内，轨距变化对车辆振动的影响就处于从属地位。

在无缝线路地段，若轨道方向不良，还可能在高温季节引发胀轨跑道事故（轨道发生非常明显的不规则横向位移），严重威胁行车安全。

对直线轨道方向必须目视平顺，用 10 m 弦测量正矢，不得大于表 1-27 的规定。

2．轨道方向的测量

检查直线方向用 10 m 弦线或尼龙线配以 2 m 钢卷尺，或 1m 木折尺和 20~30 mm 见方的木垫块。测直线方向时，首先跨一股钢轨目视前方（根据视力可远可近一般为 40 m 左右）找出方向不良的位置，在该处的前后将 10 m 弦线紧贴钢轨头部内侧，拉紧弦线，用尺在弦线范围内任意点量出最大矢距，即为该处方向误差，如图 1-54 所示。有时为测量一股钢轨的反弯，也可通过将弦线紧贴钢轨头部外侧进行测量。

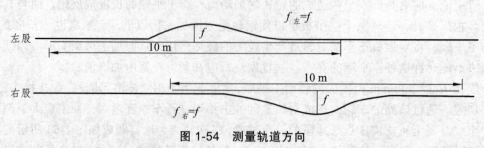

图 1-54　测量轨道方向

1.5.7 轨底坡

由于车轮踏面与钢轨顶面主要接触部分是 1：20 的斜坡，为了使钢轨轴心受力，钢轨不应竖直布设，而应适当向轨道内侧倾斜，因此轨底与轨道平面之间形成一个称之为轨底轨的横向坡度，如图 1-48。

钢轨设置轨底坡，可使其轮轨接触集中于轨顶中部，提高钢轨的横向稳定性，避免或减小钢轨偏载，减小轨腰的弯曲应力，减轻轨头不均匀磨耗，延长钢轨使用寿命。

从理论上讲，轨底坡的大小应与车轮踏面的斜度相同，即 1：20。我国铁路在 1965 年以前，轨底坡斜度定为 1：20。但在机车车辆的动力作用下，轨道发生弹性挤开的现象，轨枕产生挠曲和弹性压缩，加上垫板与轨枕不密贴，道钉的扣压力不足等因素，实际轨底坡与原设计轨底坡有较大的出入。另外车轮踏面经过一段时间的磨耗后，原来的 1：20 的斜面逐渐接近 1：40 坡度。所以 1965 年以后，我国铁路的轨底坡斜度统一改为 1：40。

曲线地段的外轨设有超高，轨枕处于倾斜状态。当其倾斜到一定程度时，内股钢轨中心线将偏离垂直线而外倾，在车轮荷载作用下，有可能推翻钢轨。因此，在曲线地段应视其外轨超高值而加大内轨的轨底坡。调整的范围见表 1-29。

表 1-29 内股钢轨轨底坡的调整值

外轨超高（mm）	轨枕面最大斜度	铁垫板或承轨槽面倾斜度		
		0	1/20	1/40
0～75	1：20	1：20	0	1：40
80～125	1：12	1：12	1：30	1：17

应当说明，以上所述轨底坡的大小是钢轨在不受列车荷载作用情况下的理论值。在复杂的列车动荷载作用下，轨道各部件将产生不同程度的弹性和塑性变形，静态条件下设置的 1：40 轨底坡在列车动荷载作用下不一定能一直保持 1：40 的斜度。

轨底坡设置是否正确，可根据钢轨顶面上由车轮碾磨形成的光带位置来判定。如光带偏离轨顶中心向内，说明轨底坡不足；如光带偏离轨顶中心向外，说明轨底坡过大；如光带居中，说明轨底坡合适。线路养护工作中，可根据光带位置调整轨底坡的大小。

1.6 轨道防爬与加强

【学习目标】

（1）能正确回答什么是线路爬行。
（2）能正确回答出影响线路爬行的因素、线路爬行的危害及防止爬行的措施。
（3）记住穿销式防爬器各部件的名称及作用并能说明其组装方法。
（4）能正确解释防爬器的使用条件。
（5）记住有哪些曲线加强设备及作用。

1.6.1 轨道爬行及其危害

列车运行时，车轮作用于钢轨上，产生纵向水平力，这一纵向水平力能引起钢轨的纵向移动，有时甚至带动轨枕移动。钢轨的纵向移动称为线路爬行。

钢轨在行驶车轮下发生的波浪形挠曲，以及列车运行的阻力、列车制动、车轮在钢轨接头处的撞击和钢轨的温度变化等是线路爬行的主要原因。

线路爬行可破坏线路的稳定，它是线路发生病害的重要原因之一。

线路爬行的主要危害为：

（1）连续多处挤成瞎缝从而发生胀轨跑道，拉大轨缝能造成钢轨、夹板、螺栓伤损或拉断螺栓，爬行易产生和加剧钢轨接头病害。

（2）拉斜轨枕，造成轨距、轨向不良，扣件（道钉）和轨枕损坏。

（3）捣固质量不能保持，轨枕吊板增多，产生和加大轨面坑洼。

（4）在道岔上会影响尖轨与基本轨的靠贴或尖轨的扳动，甚至涉及联锁装置。

（5）在桥上会带动桥枕，扩大桥枕间距，甚至会影响钢梁并涉及支座和墩台。

线路爬行的一般规律是：

（1）双线地段，爬行方向与列车运行方向基本相同，列车运行方向的下坡道爬行量较大。

（2）两方向运量接近的单线地段，两方向都会产生爬行，且易向下坡道方向爬行。

（3）两方向运量显著不同的单线地段，运量大的方向爬行较大，而运量大的下坡道方向爬行量会更大一些。

（4）双线或单线的制动地段，均易向制动方向爬行。

要防止线路爬行，应采用强有力的中间联结零件，以增强钢轨与夹板间的摩擦以及钢轨与垫板间的摩擦，使钢轨不能在垫板上移动。同时应相应地加强道床阻力，使线路处于稳定状态。但在爬行力较大的地段，单靠加强钢轨与轨枕之间的联结是不够的，必须加设特制的防爬设备，以锁定线路。

1.6.2 防爬设备

防爬设备包括防爬器和防爬支撑。

1. 防爬器

防爬器有穿销式及弹簧式两种。我国广泛使用的是穿销式防爬器，如图1-55。它是由带挡板的轨卡及穿销组成，轨卡的一边紧密地卡住轨底，另边用楔形穿销将相应轨底间的空隙楔紧，使之牢固地卡住轨底，而挡板与轨枕之间须设置木制承力板，起到抗爬的作用。

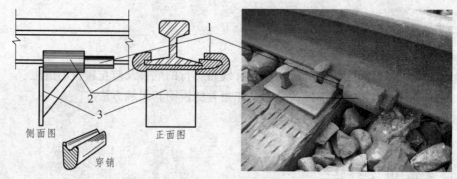

图 1-55 防爬器

1—穿销；2—轨卡；3—挡板

承力板的面积应不小于防爬器挡板的面积，厚度为 50 mm，允许误差为 ±10 mm；混凝土枕地段承力板呈楔形，窄面厚度为 50 mm，允许误差为 ±10 mm。防爬器可以和防爬撑同时使用。

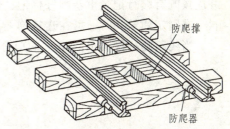

图 1-56　防爬撑

2. 防爬撑

为了充分发挥道床的防爬阻力作用，往往在轨枕之间设置若干个支撑块与防爬器，一起抵抗轨道的爬行，这些支撑块就是防爬撑，如图 1-56 所示。防爬撑应有足够的断面积，一般为 12 cm × 12 cm，较小者也不应小于 120 cm²，因断面积过小，不易保持稳定，不能充分发挥支撑作用。防爬支撑可用木制，亦可用石料、混凝土制造。

3. 防爬器和防爬撑的配置

为使两股钢轨上的防爬阻力相等，防爬器要成对安装。如在一根轨枕上产生的爬行力大于枕下道床纵向阻力，则钢轨将带着防爬器和轨枕一起爬行。因此，为充分发挥防爬器和道床防爬阻力的作用，在碎石道床地段，利用一对防爬器和两对支撑组成一个防爬组，将四根轨枕连成一个防爬整体，这种形式称为单方向锁定组。如在反方向也安装一对防爬器，这种形式可称为双方向锁定组，如图 1-57 所示。

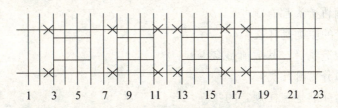

图 1-57　防爬器和防爬撑安装

在图 1-57 中，中间部分两组为双方向锁定组，两端部分各有一组为单方向锁定组，其安装数量和方式，可简单地以 ×3~6，×8~11×，×13~16×，×18~21 来表示，数字是轨枕编号。

在砂道床或卵石道床地段，因其纵向阻力较低，每组防爬设备可比碎石道床地段增加一对支撑。

无论是单方向锁定组或双方向锁定组，相邻两组均不宜连接在一起，以免相互影响。防爬设备应安装在钢轨中部，在防爬锁定组较多时，应距钢轨接头远一些，尽量减少对钢轨两端伸缩的影响。

防爬支撑一般安装在钢轨底下，在不使用大型养路机械的木枕地段，为了在捣固作业时不起下支撑作业，则需与钢轨中心保持 400 mm 的捣固范围，亦可将支撑安装在与轨底边净距为 350 mm 的道心内。

混凝土枕地段安装防爬撑时，如用混凝土或石料支撑，应在两端加楔形垫木，垫木斜面与混凝土坡面一致；如用木料支撑，应按轨枕间距与其斜坡面锯制。

为准确及时掌握轨道爬行数据，普通线路正线（不含站内）应设置位移观测桩。有防爬设备地段每 0.5 km 应设置 1 对；无防爬设备地段每 1 km 应设置 1 对。位移观测桩应埋设牢固，标记清楚，确保能准确地检查与掌握线路爬行情况。观测桩缺损时应及时补充和修理，并应按既有爬行记录重新画好标记，保持可靠的观测基准。

有固定建筑物时，可在建筑物上设置观测标记。

当线路爬行量大于 20 mm 时应分析原因，并及时整正。

习题与思考题

1. 正线有砟轨道按运营条件分为几种类型？分别对应哪种类型的钢轨和轨枕？
2. 有砟轨道都由哪些主要部件组成？
3. 无砟轨道按结构型式分为哪几类？我国目前采用的无砟轨道类型都有哪些？
4. 钢轨采用什么断面？由哪几部分组成？
5. 一般钢轨按每米质量分为几种类型？
6. 我国标准钢轨定尺长度是怎样规定的？
7. 标准缩短轨有几种？
8. 《铁路线路修理规则》对线路上个别插入短轨有什么规定？
9. 组成钢轨接头的连接零件都有哪些？
10. 常见的钢轨接头都有哪些？
11. 预留轨缝的原则是什么？
12. 什么是构造轨缝？其数值是多少？
13. 钢轨伤损分为哪几类？
14. 钢轨折断标准是怎样规定的？
15. 木枕扣件分为哪几种？各自的特点是什么？
16. 目前我国使用的混凝土枕分为几种类型？各自的特点是什么？
17. 不同类型混凝土枕长度和质量分别都是多少？
18. 混凝土枕铺设数量有何规定？
19. 轨枕的失效标准是怎样规定的？
20. 混凝土枕扣件是怎样分类的？不同类型扣件如何调整轨距？
21. 道床的功用都有哪些？
22. 道砟分为哪几类？什么是道砟的级配？
23. 碎石道床断面的三个特征是什么？
24. 决定道床顶面宽度、边坡坡度、道床厚度的因素是什么？
25. 什么是机车车辆的固定轴距？
26. 什么是轨距？我国铁路标准轨距是多少？轨距怎样测量？对轨距变化率有什么要求？
27. 不同速度条件轨距的容许误差是怎样规定的？
28. 什么是水平？水平怎样测量？水平容许偏差是怎样规定的？
29. 什么是三角坑？三角坑有何危害？
30. 什么是高低？高低怎样测量？高低容许偏差是怎样规定的？

31. 什么是吊板？什么是空板？

32. 什么是方向？方向怎样测量？方向容许偏差是怎样规定的？

33. 什么是轨底坡？我国对轨底坡的设置有什么规定？怎样判断轨底坡设置的是否合适？

34. 什么是轨道爬行？轨道爬行有什么危害？如何防止轨道爬行？

35. 轨道防爬设备和轨道加强设备都有哪些？

模块二　曲线轨道

模块	学习内容	参考学时
曲线轨道	2.1 铁路曲线概述	
	2.2 曲线轨距加宽计算	
	2.3 曲线外轨超高计算	
	2.4 缓和曲线	
	2.5 曲线方向整正	
	2.6 曲线缩短轨与钢轨联组配置	
	2.7 曲线轨道加强	

2.1　铁路曲线概述

【学习目标】

（1）能说出曲线轨道的特点。

（2）能说出曲线轨道的主要技术要求。

2.1.1　曲线的分类及特点

1．铁路曲线分类

铁路线路在空间的位置，是由线路的平面和纵断面所决定的。线路平面是指线路中心线在水平面上的投影。线路纵断面是指沿线路中心线所作的铅垂剖面在纵向展直后的立面图。

线路平面由若干直线及连接相邻两直线的圆曲线所组成，我们称这样的曲线为平面曲线。为使行车平稳和旅客乘车舒适，一般还在直线与圆曲线之间加设半径逐渐变化的过渡曲线——缓和曲线。如果因地形限制或其他原因，而不能用单圆曲线连接相邻两直线时，可以用两个或两个以上转向相同的不同半径的圆曲线连接，这样的曲线被称为复曲线。相同转向的两个曲线连接时称为同向曲线。两个转向相反的曲线连接时称为反向曲线。

平面曲线还包括道岔侧向与相邻平行线路间的连接曲线。当道岔后的两股轨道平行，且两平行股道的直线间距不大于 5.2 m 时，道岔后的连接曲线称为道岔的附带曲线。

线路的纵断面由若干坡度线组成。若相邻两坡度的代数差超过允许值时，应用竖曲线连接。一般情况下竖曲线采用圆曲线，也可以采用抛物线。个别情况下，还可以采用连续短坡曲线。

2．曲线轨道的特点

在我国铁路上，曲线轨道占有很大比重，特别是山区铁路所占比重更大。曲线又是轨道薄弱环节之一，因此，掌握曲线轨道特点及其养护维修方法，对保证列车安全、平稳和不间断地运行，具有特别重要的意义。

曲线轨道，在构造上与直线相比，有以下特点：

（1）在小半径的曲线上，将轨距适当加宽，使具有较大固定轴距的机车车辆能顺利地通过；

（2）在曲线外轨设置超高度，以平衡列车行驶于曲线上所产生的离心力，使内外轨受力均衡并保证旅客乘车舒适度；

（3）在直线与圆曲线间设置缓和曲线，使列车进入或驶出曲线时能以平稳状态运行，不致发生突然出现的横向冲击力；

（4）在曲线内轨上铺设缩短轨，使曲线内外轨接头保持对接的形式；

（5）在曲线上的建筑接近限界，须进行适当加宽，以使列车安全运行；

（6）曲线轨道在列车动力作用下，其平面位置容易发生变化，为了保证列车安全、平稳地运行，需要进行曲线加强及方向整正等工作，使曲线保持圆顺的良好状态。

2.1.2　曲线的技术条件与要求

1．平面曲线

（1）圆曲线半径。

① 圆曲线的最大半径 R_{max}。

最大曲线半径通常是在小偏角情况下为保证最小圆曲线长度而决定的，最大曲线半径标准主要受线路的铺设、养护、维修精度控制。当曲线半径大到一定程度后，正矢值将很小，测设和检测精度均难以保证极小的正矢值的准确性，反而可能成为轨道不平顺的因素，因此，宜对圆曲线最大半径加以限制。《铁路线路设计规范》（GB50090—2006）（以下简称 GB50090—2006《设规》）以及《高速铁路设计规范》（TB10621—2014）（以下简称 TB10621—2014《高铁设规》）都规定了我国一、二级铁路及高速铁路最大圆曲线半径为 12 000 m。

《Ⅲ、Ⅳ级铁路设计规范》（GB50012—2012）规定Ⅲ、Ⅳ级铁路最大曲线半径为 8 000 m。

② 圆曲线的最小半径 R_{min}。

圆曲线的最小半径取决于行车速度（最高速度和最低速度）和超高（实设超高、允许最大超高、允许欠超高和允许过超高）。

2014 年颁布实施的第十一版《铁路技术管理规程》（普速铁路部分）（以下简称《普速技规》）规定普通铁路区间线路的最小曲线半径见表 2-1。

表 2-1　区间线路最小曲线半径

铁　路　等　级	I			II	
路段设计行车速度（km/h）	200	160	120	120	80
一般	3 500	2 000	1 200	1 200	600
困难	2 800	1 600	800	800	500

（2）曲线半径的选用。

设计线路平面时，各个曲线选用多大的曲线半径，要考虑下列设计要求。

① 曲线半径系列。

为了测设、施工和养护的方便，曲线半径一般应取 50、100 m 的整倍数，即 12 000、10 000、8 000、7 000、6 000、5 000、4 500、4 000、3 500、3 000、2 800、2 500、2 000、1 800、1 600、1 400、1 200、1 000、800、700、600、550、500（三、四级铁路含 450、400、350、300）；特殊困难条件下，可采用上列半径间 10 m 整倍数的曲线半径。

② 因地制宜由大到小合理选用。

各个曲线选用的曲线半径值不得小于设计线选定的最小曲线半径。小半径曲线的缺点较多，故选配曲线半径时，应遵循由大到小、宁大勿小的原则进行。选用的曲线半径，应适应地形、地质、地物条件，以减少路基、挡墙、桥隧工程量，少占农田，并保证线路的安全稳定。

③ 结合线路纵断面特点合理选用。

坡道平缓地段与凹形纵断面坡底地段，行车速度较高，应选配不限制行车速度的较大半径。在长大坡道地段、凸形纵断面的坡顶地段和双方向均需停车的大站两端引线地段，行车速度较低，若地形困难，当选用较大的曲线半径会产生较大工程时，可选用较小曲线半径。

足坡的长大坡道坡顶地段和车站前要用足坡度上坡的地段，虽然行车速度较低，但不宜选用 600 m 或 550 m 以下过小的曲线半径，以免因轮轨间粘着系数降低，而使坡度减缓，额外展长路线。

地形特殊困难，不得不选用限制行车速度的小半径曲线时，这些小半径曲线宜集中设置。因分散设置要多次限速，使列车频繁减速、加速、增加能量消耗，不便于司机操纵机车，且对运营中提速、改建增加难度。

（3）曲线外轨超高。

① 允许最大超高。

为了平衡列车在曲线上行驶时的离心力，使内外轨所受的挤压力和产生的磨耗均等，将曲线外轨抬高一定数值，称为外轨超高度。同时，由于设置超高度后，离心加速度也相应减少，从而减轻旅客不舒服的感觉。

但外轨超高是有一定限度的，一是要保证列车一旦在曲线上停车遇大风时，不致使列车有颠覆的危险；二是各次列车的行车速度不同，所产生的未被平衡横向加速度，不致相差太大。我国规定普速铁路上的允许最大超高双线地段为 150 mm，单线地段为 125 mm；高速铁路有砟轨道曲线超高最大值一般不得超过 150 mm（困难时不得超过 170 mm），无砟轨道曲线超高最大值不得超过 175 mm。

② 允许最大的欠超高。

在普通铁路上，客车的速度一般都大于平均速度，所以线路实设超高值就比客车通过曲线时需要平衡掉离心力的超高值小，其不足部分的差值就称为欠超高。允许最大的欠超高决定于旅客乘车的舒适度。《铁路线路修理规则》（以下简称《修规》）规定：一般应不大于 75 mm，困难情况下应不大于 90 mm；高速铁路有砟和无砟线路维修规则（试行）规定一般应不大于 40 mm，困难情况下应不大于 70 mm。

③ 允许最大的过超高。

在普通铁路上，货车的速度一般都小于平均速度，线路实设超高要比货车通过曲线时需要平衡掉离心力的超高大，实设超高值超过需要超高值的差值部分就称为过超高。过超高的危害比欠超高大得多。过超高过大，容易使货物移位，由于外轮荷载的减轻，可能使外轮爬上钢轨而造成脱轨事故。

《修规》规定未被平衡过超高不应大于 30 mm，困难情况下不应大于 50 mm，允许速度大于 160 km/h 线路个别特殊情况下不应大于 70 mm。《高铁维规（试行）》规定高速铁路过超高应不大于 70 mm，初期兼顾货运的客运专线，货物列车按 80 km/h 速度检算时，最大过超高不得大于 90 mm。

有关曲线超高的内容将在本模块"2.3 曲线外轨超高"中进行详细介绍。

（4）缓和曲线的线型与长度。

缓和曲线的基本线型是三次螺旋线（近似为三次抛物线）。外轨超高顺坡是直线形的，曲线两端有折角存在，列车通过时产生摇晃，降低了旅客的舒适度。当速度不断提高后，应采用曲线形的超高顺坡，以消除端点的折角。曲线形超高顺坡的缓和曲线为高次缓和曲线，种类繁多，计算复杂，铺设与养护都比较困难。为了降低曲线的方次，常将曲线分成二段，使其在中点相连，但整个曲线仍然是曲线形的。为了改善铺设与养护条件，在曲线中部插入一段直线形超高顺坡的三次曲线，而两端仍是曲线形的，这样就形成了三段式的缓和曲线。

缓和曲线的长度主要取决于列车运行的安全度和旅客乘车的舒适度。当列车进入缓和曲线时，外轮升高，前轴内轮离开轨面呈悬空状态。若悬空高度超过轮缘高度时，可能会导致车轮脱轨，超高顺坡坡度就是根据悬空高度不超过轮缘高度这一要求决定的。外轮升高时，产生了未被平衡的横向加速度和升高速度，这两个速度都是以旅客不会感受到任何不适的感觉为限。按上述条件计算缓和曲线长度并取较大者。

有关缓和曲线的内容将在本模块"2.4 缓和曲线"中进行详细介绍。

（5）圆曲线和夹直线的最小长度。

两缓和曲线之间的圆曲线长度一般不应小于 20 m，为的是不使同一车辆同时跨在两个缓和曲线上（客车的固定轴距为 18 m）。从维修养护方面考虑，为保持曲线圆顺，也希望圆曲线上至少有两个正矢点，以便整正曲线，故也不应小于 20 m。两相邻曲线间的夹直线长度，应考虑以下诸因素：

① 维修养护的要求。

为了能正确保持直线方向，夹直线长度不宜短于 2~3 根钢轨，即 50~75 m，至少也要有一根钢轨在直线上，即不短于 25 m。

② 行车平稳的要求。

列车从一个曲线经过夹直线转至另一个曲线的运行过程中，由于外轨超高的变化引起车辆的横向摇摆。为了减缓这种变化过程，使列车平稳运行，夹直线长度最好不宜短于 2~3 节客车长度，即 50~75 m，最少也应有一节客车长度，即 25 m。

我国铁路对圆曲线或夹直线长度的规定见表 2-2。

表 2-2　圆曲线或夹直线最小长度（m）

最大行车速度（km/h）	350	300	250	200	160	140	120	100	80
一般	280	240	200	140	130	110	80	60	50
困难	210	180	150	100	80	70	50	40	30

（6）连接曲线。

正线道岔（直向）与曲线超高顺坡终点之间的直线段长度：线路允许速度大于 160 km/h 时不应小于 70 m，困难条件下不应小于 30 m；线路允许速度为 120 km/h（不含）~ 160 km/h 时不应小于 40 m，困难条件下不应小于 25 m；其他地段不应小于 20 m。

站线道岔与曲线或道岔与其连接曲线之间的直线段长度不应小于 7.5 m，困难条件下不应小于 6 m。轨距加宽递减率不应大于 2‰，困难条件下不应大于 3‰。

连接曲线半径不应小于该道岔导曲线半径。连接曲线超高不应大于 15 mm，顺坡不应大于 2‰。

高速铁路正线上的道岔与缓和曲线间的直线段长度：线路允许速度 350 km/h 时，一般条件为 210 m，困难条件为 170 m；线路允许速度 300 km/h 时，一般条件为 180 m，困难条件为 150 m；线路允许速度 250 km/h 时，一般条件为 150 m，困难条件为 120 m。

（7）小半径曲线轨距加宽。

机车车辆走行部分是由两轴或多轴组成的转向架，有一定的固定轴距。转向架进入曲线后，转向架中心线不再与线路中心线平行，使轮轨之间形成一定的冲角。转向架固定轴距愈大，曲线半径愈小，冲角就愈大，在转向架前轴外轮轮缘与钢轨接触的条件下，后轴外轮轮缘与钢轨之间的空隙（轮轨游间）愈小。为了保证转向架顺利通过曲线，减小轮轨磨耗，减小轮轨间的横向作用力，需对小半径曲线轨距进行加宽。

有关小半径曲线轨距加宽的内容将在本模块"2.2 曲线轨距加宽计算"中进行详细介绍。

（8）曲线圆度标准。

曲线的圆度是用半径 R 或曲率 $1/R$ 表示的。铁路曲线用测半径的方法来检查曲线的圆度是有困难的。现场多采用测正矢的方法（绳正法），检查相应曲线半径的圆度。如果曲线是圆顺的，曲线的实测正矢（现场正矢）应与计算正矢（计划正矢）相符合。曲线因列车的不断运行，其圆度是难以保持的，轨向经常发生变化而呈不很圆顺的状态。为了保证行车安全，应对曲线进行不定期的（经常保养）和定期的（综合维修）拨正，使曲线的圆度误差保持在容许的范围内。

不同速度条件下曲线轨道方向的容许误差，见表 2-11 ~ 2-14。

2. 竖曲线

在线路纵断面的变坡点处设置竖曲线，是为了保证列车通过时，不致发生脱钩和脱轨事故，并保证旅客的舒适度。在普通铁路上，对前两者考虑得多些；而在高速铁路上，主要是根据后者这一条件来确定。

（1）对竖曲线的有关规定。

《设规》（06）规定 Ⅰ、Ⅱ 级铁路，路段设计速度 160 km/h，相邻坡段的坡度差大于 1‰，路段设计速度小于 160 km/h，相邻坡段的坡度差大于 3‰ 时，应分别用半径为 15 000 m 和 10 000 m 圆曲线形竖曲线连接。

GB50012—2012《Ⅲ、Ⅳ铁路设计规范》规定，当设计行车速度为 120 km/h ~ 100 km/h，相邻坡段代数差大于 3‰ 时，采用半径 10000m 的圆曲线型竖曲线；当设计行车速度为 80 km/h ~ 60 km/h，相邻坡段代数差大于 4‰ 时，采用半径 5 000 m 的圆曲线型竖曲线；当设计行车速度为 40 km/h，相邻坡段代数差大于 5‰ 时，采用半径 3 000 m 的圆曲线型竖曲线。

（2）竖曲线与平面的配合。

《设规》与《修规》均规定竖曲线与竖曲线、竖曲线与缓和曲线不能重叠，并且竖曲线不得侵入道岔和无砟桥。

① 竖曲线与竖曲线不应重叠设置。这是为了避免列车竖向震动相互重叠，影响行车舒适度，一般情况下两竖曲线间的距离 D 不小于 50 m，困难时可用 30 m。

② 竖曲线不应设在明桥面上。明桥面上不应设置变坡点，竖曲线也不应伸入明桥面。明桥面上如有竖曲线时，其曲率需要用木楔调整，每根木枕厚度都不一样，且需特制，并要固定位置顺序铺设，这会给施工养护带来困难。故明桥面桥应将全桥设在一个坡度上，竖曲线不应伸入明桥面。

③ 竖曲线不应与道岔重叠。车站纵断面的竖曲线应避免设在正线道岔范围内，因为道岔为正线线路的薄弱部分，其主要部件的尖轨和辙叉应位于同一平面上，如将其设在竖曲线的曲面上，则将影响道岔的正常使用，也会增加养护的难度。同时，如道岔的导曲线和竖曲线重合，列车通过的平稳性更差．会增加列车的摇摆和震动。因此，应将竖曲线设在道岔范围外，使竖曲线和道岔不相重叠。

④ 竖曲线不应与缓和曲线重叠。缓和曲线范围内，外轨超高一般以不大于 2% 的递增坡度逐渐升高，在竖曲线范围内的轨顶将以一定变率圆顺地变化，若两者重叠，将产生两方面的影响：

第一，内轨轨顶维持竖曲线的形状，而外轨轨顶则由于超高改变了坡度，这在一定程度上改变了竖曲线和缓和曲线在立面上的形状。

第二，给养护维修带来一定的困难。外轨短坡变坡率因平、竖曲线重叠而有所变化。如要做成理论要求的形状，则养护工作要求较高，而目前竖曲线的养护维修以"目视圆顺"为准，不易做成理论要求的形状，且也难以保持。

⑤ 竖曲线与圆曲线的配合。《线规》（06）规定速度 160 km/h 的线路，竖曲线与平面圆曲线不宜重叠设置，高速铁路设计规范也有此规定。这是因为当路段设计速度大于 160 km/h 时，列车运行在凸形竖曲线与平面圆曲线重叠设置的区段时，列车产生竖向离心加速度，减少了重力加速度对未被平衡水平方向离心加速度的抵消作用，相对加大了未被平衡离心加速度，即加大了列车运行时产生的欠超高，降低了旅客舒适度。另外竖曲线与圆曲线重叠设置，对轨面保持平顺性和养护维修也带来困难。但在困难条件下，需要重叠设置时，则对曲线半径做了相应限制。例如《设规》（06）规定困难条件下竖曲线可与半径不小于 2 500 m 的圆曲线重叠，特殊困难条件下可与半径不小于 1 600 m 的圆曲线重叠。

⑥ 改建既有线和增建第二线的竖曲线标准。改建既有线和增建第二线，一般应符合上述规定的标准，但考虑到过去规范采用两种类型的竖曲线，因此，在不低于上述标准的条件下，允许保留原有竖曲线类型（主要指抛物线型竖曲线）。

《修规》（06）规定，线路大中修时，允许速度不大于 160 km/h 的线路，采用抛物线型竖曲线时，若相邻坡段的坡度代数差大于 2‰，应设置竖曲线。20 m 范围内竖曲线的变坡率，凸形不应大于 1‰，凹形不应大于 0.5‰。采用圆曲线型竖曲线时，若相邻坡段的坡度代数差大于 3‰，应设置竖曲线。竖曲线半径应为 10 000 ~ 20 000 m，困难地段不应小于 5 000 m。

允许速度大于 160 km/h 的线路，坡度代数差大于等于 1‰时，应设置圆曲线型竖曲线，竖曲线半径不应小于 15 000 m，且长度不应小于 25 m。

困难条件下竖曲线的位置可不受缓和曲线位置的限制。竖曲线与道岔重覆处，若改造引起困难工程，当各级铁路路段旅客列车设计行车速度小于或等于 100 km/h，且竖曲线半径不小于 10 000 m 时，可予以保留。

2.2 曲线轨距加宽计算

【学习目标】

（1）能准确回答曲线轨距加宽的目的及设置方法。

（2）能够准确回答轨距加宽标准。

（3）能绘图说明不同情况下轨距加宽递减的方法。

（4）能够正确计算曲线限界加宽。

2.2.1 轨距加宽计算的原理和方法

机车车辆进入曲线轨道时，仍然保持了其原有行驶方向的惯性，只是受到外轨的引导作用方才沿着曲线轨道行驶。在小半径曲线，为使机车车辆顺利通过曲线而不致被楔住或挤开轨道，减小轮轨间的横向作用力，以减少轮轨磨耗，轨距要适当加宽。加宽轨距，系将曲线轨道内轨向曲线中心方向移动，曲线外轨的位置则保持与轨道中心半个轨距的距离不变。曲线轨距的加宽值与机车车辆转向架在曲线上的几何位置有关。

1．转向架的内接形式

由于轮轨之间存在一定间隙（简称游间），机车车辆的车架或转向架通过曲线轨道时，可以占有不同的几何位置，即可以有不同的内接形式。随着轨距大小的不同，机车车辆在曲线上可呈现以下四种内接形式：

（1）斜接。机车车辆车架或转向架的外侧最前位车轮轮缘与外轨作用边接触，内侧最后位车轮轮缘与内轨作用边接触，如图 2-1（a）所示。

（2）自由内接。机车车辆车架的外侧最前位车轮轮缘与外轨作用边接触，其他各车轮轮缘无接触地在轨道上自由行驶，如图 2-1（b）所示。

（3）楔形内接。机车车辆车架或转向架的最前位和最后位外侧车轮轮缘同时与外轨作用边接触，内侧中间车轮的轮缘与内轨作用边接触，如图 2-1（c）所示。

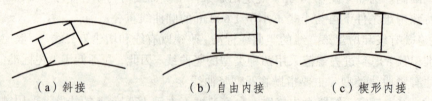

（a）斜接   （b）自由内接   （c）楔形内接

图 2-1 机车车辆通过曲线的内接形式

（4）正常强制内接。为避免机车车辆以楔形内接形式通过曲线，将楔形内接所需轨距增加一半的游间，此时转向架在曲线上所处位置称为正常强制内接。

2．曲线轨距加宽的确定原则和方法

（1）保证占列车大多数的车辆能以自由内接的形式通过曲线。

（2）保证固定轴距较长的机车通过曲线时，不出现楔形内接，但允许以正常强制内接的形式通过。

（3）保证车轮轮缘不掉道，即最大轨距不超过容许限度。

因此，确定轨距加宽的方法，首先根据车辆条件确定轨距加宽，再根据机车条件检算轨距加宽。通过计算得知，对于半径为 295 m 及以上的曲线轨道，轨距无须加宽机车车辆就可以顺利通过曲线，但通过 295 m 以下半径的曲线时，轨距需要加宽。

3．曲线轨道的最大允许轨距

曲线轨道的最大轨距，应切实保障行车安全，不使其掉道。在最不利情况下，当轮对的一个车辆轮缘紧贴一股钢轨时，另一个车轮踏面与钢轨的接触点即为车轮踏面的变坡点。

考虑到轨距的容许偏差不得超过 6 mm，所以曲线轨道的最大容许轨距应为 1 450 mm，即最大允许加宽 15 mm。

4．曲线轨距加宽标准

原铁道部第 10 版《技规》曲线轨距加宽值（简称旧标准）的规定见表 2-3。

表 2-3　旧标准曲线轨距加宽值

曲线半径 R（m）	加 宽 值（mm）
$R \geqslant 350$	0
$350 > R \geqslant 300$	5
$R < 300$	15

根据原铁道部运输局《关于对〈铁路技术管理规程〉第 40 条进行修改的请示》（运基签[2010]62 号），对曲线轨距加宽标准进行了修改，采用曲线轨距加宽标准（简称新标准），见表 2-4。新标准缩小了需加宽轨距的曲线半径，克服了轮对游间过大的缺点，提高了旅客列车的舒适度；结合最大线间距 5 m 进行考虑，同心圆曲线半径最大差为 5 m，将曲线加宽对应的半径统一为 5 m 的整数倍，避免了同一位置两条曲线可能出现不同加宽值的情况，有利于加宽值的设置，方便了技术管理；同时在原来加宽值 5 mm 和 15 mm 两档的基础上，增加了 10 mm 一档，使加宽值合理地递增，方便了曲线钢轨磨耗后对轨距的调整，有利于提高养护维修质量。既有曲线轨距加宽值不符合新标准规定时，应有计划地进行改造。

表 2-4　新标准曲线轨距加宽值

曲线半径 R（m）	加 宽 值（mm）
$R \geqslant 295$	0
$295 > R \geqslant 245$	5
$245 > R \geqslant 195$	10
$R < 195$	15

2.2.2　曲线轨距加宽递减

有加宽的曲线轨距与直线轨距间，应使轨距均匀递减。由加宽了的曲线轨距向直线轨距过渡，按下列规定办理。

1. 曲线轨距加宽应在整个缓和曲线内递减，使其与超高顺坡和正矢递减三者同步。如无缓和曲线，则在直线上递减，递减率一般不得大于1‰。如图2-2和2-3所示。

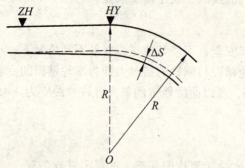 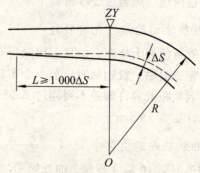

图2-2　在缓和曲线内递减　　　　　　　图2-3　在直线上递减

有加宽的曲线轨距与直线轨距之间，需要有一定的过渡段，使轨距均匀递减，较好地保持轨向。有缓和曲线时，应在整个缓和曲线内递减，使其与超高顺坡和正矢递减三者同步，虽缓和曲线较长，但轨距递减率很小，故不宜在缓和曲线内缩短递减范围。无缓和曲线时，则由圆曲线的始终点向直线递减，在一般条件下，递减率不得大于1‰。

2. 复曲线应在正矢递减范围内，从较大轨距加宽向较小轨距加宽进行均匀递减。

"正矢递减范围"即半径变化点前后各10 m范围内，如复曲线的两曲线轨距加宽不相等，则应在半径变化点前后各10 m范围内，从较大轨距加宽向较小轨距加宽均匀递减，其递减率为0.25‰~0.75‰，如图2-4所示。

3. 两曲线轨距加宽按1‰递减，其终点间的直线长度应不短于10 m。不足10 m时，如直线部分的两轨距加宽相等，则直线部分保留相等的加宽，如不相等，则直线部分从较大轨距加宽向较小轨距加宽进行均匀递减，如图2-5所示。

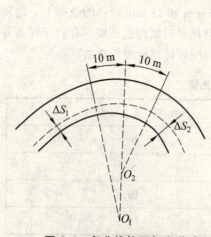 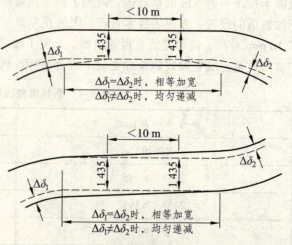

图2-4　复曲线轨距加宽递减　　　　　　图2-5　相邻曲线轨距加宽递减

在困难条件下，站线上的轨距加宽允许按 2‰进行递减。

两曲线轨距加宽递减的终点，为避免直接连接形成折线，应有直线段过渡，而过渡的直线段亦不宜太短，一般规定直线长度不短于 10 m。这种情况多发生在无缓和曲线的站线上。

两曲线轨距加宽递减终点的直线段不足 10 m 时，如直线部分两轨距加宽相等，则直线部分保留相等的加宽；如不相等，则直线部分从较大轨距加宽向较小轨距加宽均匀递减，如图 2-5 所示。

在图 2-5 中，虚线部分为两递减终点间的直线段不足 10 m 的情况，$\Delta\delta_1$ 和 $\Delta\delta_2$ 为两曲线轨距的加宽值；整个直线的实线部分按 $\Delta\delta_1$ 和 $\Delta\delta_2$ 是否相等考虑相等加宽或均匀递减。

在站线上，一些曲线半径较小，轨距有加宽，有的没有缓和曲线，有的夹直线较短，但行车速度不高，故规定在困难条件下，站线上的曲线轨距允许加宽按不大于 2‰进行递减。例如，一反向曲线的夹直线长 10 m，两曲线轨距加宽皆为 15 mm，因无缓和曲线需在直线上递减，如按 1‰递减，则皆需递减至对方曲线内，并在对方曲线外股形成加宽。这种条件下，可在整个直线上各按 1.5‰进行递减，即整个直线上轨距为 1 450 mm。

4. 特殊条件下的轨距加宽递减，铁路局可根据具体情况规定，但不得大于 2‰。

"特殊条件下的轨距加宽递减"是指既有设备条件特殊。例如，反向曲线的夹直线很短或无夹直线，以及其他特殊条件下的轨距加宽递减。在未经改造前，不能按前三项的规定进行轨距加宽递减，但也不得大于 2‰。

2.2.3　曲线限界加宽计算

列车在曲线上行驶时，转向架随线路的曲度可以转动，但车身是一个整体，不能随之弯曲，所以车体两端突出于曲线外侧，而中部向曲线内侧偏移，因而相邻两曲线上的两车辆之间净空减小。当相邻两曲线的外轨超高度不同时，车体倾斜度不同，也影响净空。为保持相邻曲线上车体有一定净空以及线路上的车辆与邻近的建筑物保持一定净空，所以曲线地段的中心线间的水平距离和线间设施（含站台边缘）至线路中心线的最小距离需要加宽。

曲线上建筑限界需加宽多少，与车体长度（L），转向架中心销间距离（l）及曲线半径（R）有关。如果 L 大、R 小，则车体偏入曲线内侧的距离 f 也大。偏入多少，可根据几何图形计算。

如图 2-6 所示，$\triangle AOD$ 与 $\triangle BOD$ 是相似三角形，设：$AO = f$（曲线内偏移量）

因为
$$f : \frac{l}{2} = \frac{l}{2} : (2R - f)$$

化简
$$f(2R - f) = \frac{l^2}{4}$$

$$2Rf = \frac{l^2}{4} + f^2$$

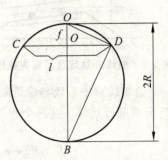

图 2-6　圆曲线上弦长与正矢关系图

f^2 与 $\frac{l^2}{4}$ 数值比较，小很多，故 f^2 可以略去不计。

所以
$$2Rf = \frac{l^2}{4}$$

即
$$f = \frac{l^2}{8R} \tag{2-1}$$

在计算需要最大的加宽量时，车体长度 $L = 26$ m，转向架中心销间距离 $l = 18$ m。将 $l = 18$ m 代入上式，即可求得车体向曲线内侧的偏移量。

$$f = \frac{18^2}{8R} \times 1\,000 = \frac{40\,500}{R} \quad (\text{mm})$$

因曲线外轨超高 h 而引起的车体内倾所需线路加宽量 X，也可以由图 2-7 所示的图形来进行计算，并近似地将两钢轨踏面中心线间距离取为 1 500 mm，则：

$$\frac{X}{H} = \frac{h}{1\,500}$$

$$X = \frac{H}{1\,500}h$$

所以曲线内侧需要的加宽量 W_1 为：

$$W_1 = \frac{40\,500}{R} + \frac{H}{1\,500} \times h \quad (\text{mm}) \tag{2-2}$$

曲线外侧需要的加宽量 W_2，可按图 2-8 计算：

$$W_2 = NE = NM - EM$$
$$= \frac{(26)^2}{8R} \times 1\,000 - \frac{(18)^2}{8R} \times 1\,000$$
$$= \frac{44\,000}{R} \quad (\text{mm})$$

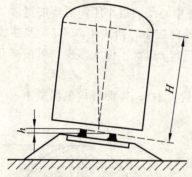
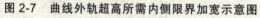

图 2-7　曲线外轨超高所需内侧限界加宽示意图

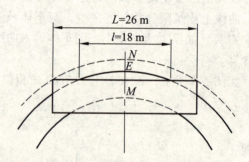

图 2-8　曲线外侧加宽示意图

曲线线路中心线与建筑限界的水平距离，依建筑物在曲线的内侧或外侧，按上式 W_1 和 W_2 分别进行计算。在两个相邻曲线线路间应加宽的距离 W 为：

$$W = W_1 + W_2 = \frac{84\,500}{R} + \frac{H}{1\,500}h \quad (\text{mm}) \tag{2-4}$$

式中　W——相邻曲线线路间加宽值（mm）；

W_1——曲线内侧加宽值（mm）；

W_2——曲线外侧加宽值（mm）；

R——曲线半径（m）；

H——轨顶面至计算点的高度（mm）；

h——外轨超高值（mm）。

2.3　曲线外轨超高

【学习目标】

（1）能准确回答曲线外轨设置超高的目的及设置方法。

（2）能够正确应用外轨超高计算公式计算曲线外轨超高值并根据容许未被平超高值进行超高检算。

（3）能绘图说明不同情况下超高递减的方法。

（4）能正确计算曲线轨道超高限速值。

2.3.1　设置外轨超高的原理和计算方法

1．设置曲线外轨超高的目的

机车车辆在曲线上行驶时，由于惯性离心力作用，会将机车车辆推向外股钢轨，加大了对外股钢轨的压力，使旅客不适，货物移位等。因此需要把曲线外轨适当抬高，使机车车辆的自身重力产生一个向心的水平分力，以抵消离心惯性力，达到内外两股钢轨受力均衡和垂直磨耗均匀等的目的，满足旅客舒适感，提高线路的稳定性和安全性。

外轨超高度是指曲线外轨顶面与内轨顶面水平高度之差。在设置外轨超高时，主要有外轨提高法和线路中心高度不变法两种方法。外轨提高法是保持内轨标高不变而只抬高外轨的方法。线路中心高度不变法是内外轨分别各降低和抬高超高值一半而保证线路中心标高不变的方法。前者使用较普遍，后者仅在建筑限界受到限制时才采用。

设置超高的基本要求是：保证两股钢轨受力比较均衡；保证旅客有一定的舒适度；保证行车平稳和安全。在满足前两项要求的前提下，第三项要求自然可以得到满足。

2．外轨超高计算

（1）保证两股钢轨受力均衡条件的超高计算

列车在曲线上运行时，产生离心力 F，其值可通过下式进行计算：

$$F = m\frac{V^2}{R} = \frac{G}{g}\frac{V^2}{R} \qquad (2\text{-}5)$$

式中　m——车体的质量；

　　　R——曲线半径；

　　　G——车体的重力；

　　　g——重力加速度。

将曲线轨道设置外轨超高 h，如图 2-9 所示，便能使车体的重力 G 与离心力 F 的合力 Q 恰好通过轨道中心，此时里外两股钢轨所受的垂直压力相等，钢轨的支承反力 $E_1 = E_2$。由图可以看出：$\tan\gamma = \dfrac{F}{G} \approx \dfrac{h}{S_1}$，则平衡离心力所需要的外轨超高为：

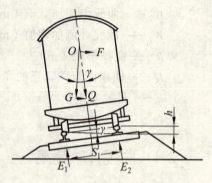

图 2-9　曲线外轨超高

$$h = \frac{S_1 F}{G} = \frac{S_1}{G}\frac{G}{g}\frac{V^2}{R} = \frac{S_1}{g}\frac{V^2}{R} \qquad (2-6)$$

当速度 V 以 km/h 计、半径 R 以 m 计、超高 h 以 mm 计，且将两股钢轨中心间的距离 $S_1 = 1500$ mm 代入上式：

$$h = \frac{1\,500 \times \left(\dfrac{1}{3.6}\right)^2}{9.81}\frac{V^2}{R} = 11.8\frac{V^2}{R}\,(\text{mm}) \qquad (2-7)$$

上式是以速度为 V 的车辆通过曲线时推导出来的超高计算式。实际上通过曲线的各次列车轻重不同，速度不一样，因此，式中的速度 V 应采用各次列车的平均速度 V_j，即

$$h = 11.8\frac{V_j^2}{R}\quad(\text{mm}) \qquad (2-8)$$

（2）平均速度的计算。

计算平均速度 V_j 有下列几种方法：

① 全面考虑每次列车的速度和重量来计算 V_j。

通过一个曲线的列车种类、列数、重量和速度各不相同，为了合理地设置超高，在实际计算时，必须综合各种因素，采用平均速度。在一般条件下，客车速度较高，列车重量较小；货车速度较低，列车重量较大。考虑列车重量计算出的超高，往往比不考虑列车重量计算出的超高要小，能使两股钢轨的垂直磨耗比较均匀。根据现场实践经验，在曲线上适当减小超高，外股钢轨的侧面磨耗能有不同程度的减轻，里股钢轨的飞边也能有所减小。故应按重量加权平均的方法计算平均速度，并依此计算结果设置超高，即

$$V_j = \sqrt{\frac{\sum N_i G_i V_i^2}{\sum N_i G_i}} \qquad (2-9)$$

式中　N_i ——每昼夜通过的各类速度和牵引重量均相同的列车次数（列）；

　　　　G_i ——各类列车重量（kN）；

　　　　V_i ——实测各类列车速度（km/h）。

式（2-9）中列车重量 G 对 V_j 影响较大，由此计算所得的平均速度适用于客货混运线路，因此我国《铁路线路修理规则》规定，在确定曲线外轨超高时，平均速度按式（2-9）计算。

还应指出：按式（2-9）计算出的超高与实际列车受力状况存在差异。在现场使用时，按计算值设置超高以后，还应视轨道稳定以及钢轨磨耗等状况作适当调整。

② 在新线设计与施工时，采用的平均速度 V_j 由下式确定

$$V_j = 0 \cdot 8V_{\max} \tag{2-10}$$

代入式（2-8）得

$$h = 7 \cdot 6\frac{V_{\max}^2}{R} \tag{2-11}$$

式中　V_{max} 为预计的该地段最大行车速度，以 km/h 计。

应该指出，超高的计算是建立在假定车辆为一平面体，重力作用在其重心上这一前提下的，不考虑车辆对轨道的偏心，以及不考虑风力和牵引力等其他因素的影响，因而是近似的。

按式（2-8）计算出的超高值，应取 5 mm 的整倍数，作为超高的计算值。

经过一段时间的运营后，可根据实际运营状态予以调整。

【例 2-1】某单线区间线路半径为 800 m，线路容许速度为 100 km/h，试确定其平均速度。一昼夜各类列车次数、列车重量及实测行车速度如下：

（1）特快旅客列车 2 对 4 列，每列重量（含牵引重量与机车重量，以下同）8 000 kN，速度分别为 95 km/h、94 km/h、88 km/h、85 km/h；

（2）直快旅客列车 2 对 4 列，每列重量 9000 kN，速度分别为 90 km/h、89 km/h、86 km/h、83 km/h；

（3）普通旅客列车 1 对 2 列，每列重量 7000 kN，速度分别为 73 km/h、69 km/h；

（4）直达货物列车 13 列，每列重量 33000 kN，速度分别为 69 km/h、68 km/h、64 km/h、63 km/h、70 km/h、67 km/h、65 km/h、65 km/h、61 km/h、60 km/h、58 km/h、57 km/h、63 km/h；

（5）区段货物列车 5 列，每列重量 22 000 kN，速度分别为 72 km/h、67 km/h、69 km/h、56 km/h；

（6）排空货物列车 6 列，每列重量 11 000 kN，速度分别为 73 km/h、67 km/h、71 km/h、66 km/h、68 km/h、69 km/h。

为计算方便，先按种类列车的列数、重量及速度项计算如下：

（1）特快旅客列车：

$$N_1 G_1 v_1^2 = (95^2 + 94^2 + 88^2 + 85^2) \times 8\ 000 = 262\ 640\ 000\ \text{kN} \cdot \text{km}^2/\text{h}^2,$$
$$N_1 G_1 = 4 \times 8\ 000 = 32\ 000\ \text{kN}$$

（2）直快旅客列车：

$$N_2 G_2 v_2^2 = (90^2 + 89^2 + 86^2 + 83^2) \times 9\ 000 = 272\ 754\ 000\ \text{kN} \cdot \text{km}^2/\text{h}^2,$$
$$N_2 G_2 = 4 \times 9\ 000 = 36\ 000\ \text{kN}$$

（3）普通旅客列车：

$$N_3 G_3 v_3^2 = (73^2 + 69^2) \times 7000 = 70\ 630\ 000\ \text{kN} \cdot \text{km}^2/\text{h}^2,$$
$$N_3 G_3 = 2 \times 7\ 000 = 14\ 000\ \text{kN}$$

（4）直达货物列车：

$$N_4G_4v_4^2 = (69^2 + 68^2 + 64^2 + 63^2 + 70^2 + 67^2 + 65^2 + 65^2 + 63^2 + 61^2 + \\ 60^2 + 58^2 + 57^2) \times 33\,000 = 1\,755\,336\,000 \text{ kN} \cdot \text{km}^2/\text{h}^2$$

$$N_4G_4 = 13 \times 33\,000 = 429\,000 \text{ kN}$$

（5）区段货物列车：

$$N_5G_5v_5^2 = (72^2 + 67^2 + 70^2 + 69^2 + 56^2) \times 22\,000 = 494\,340\,000 \text{ kN} \cdot \text{km}^2/\text{h}^2$$

$$N_5G_5 = 5 \times 22\,000 = 110\,000 \text{ kN}$$

（6）排空货物列车：

$$N_6G_6v_6^2 = (73^2 + 67^2 + 71^2 + 66^2 + 68^2 + 69^2) \times 11\,000 \\ = 314\,600\,000 \text{ kN} \cdot \text{km}^2/\text{h}^2$$

$$N_6G_6 = 6 \times 11\,000 = 66\,000 \text{ kN}$$

将各有关值代入（2-5）式，则

$$v_j = \\ \sqrt{\frac{262\,640\,000 + 272\,754\,000 + 70\,630\,000 + 1\,755\,336\,000 + 494\,340\,000 + 314\,600\,000}{32\,000 + 36\,000 + 14\,000 + 429\,000 + 110\,000 + 66\,000}} = \\ \sqrt{\frac{3\,170\,300\,000}{687\,000}} = 67.9 \text{ km/h}$$

故平均速度为 67.9 km/h。

（3）行车速度的测定。

测量行车速度，是指在正线上应测一昼夜通过的各种类型的列车速度。一般可分为车上测速和地上测速两种。在整个区间或成段的山区铁路需要进行测速时，采取车上的测速方法；如果是查测个别曲线，则采取地上测速的方法。这里仅介绍用测速仪测速的方法。

各类列车的实测行车速度可用"智能列车测速仪"进行测量。该仪器由主机和传感器两部分组成。传感器上的卡轨安装在钢轨外侧，曲线地段安装在外轨上，卡轨适用于 43 kg/m、50 kg/m、60 kg/m 和 75 kg/m 等各种轨型。传感器上有两个传感头，其间隔为 35 cm。传感头应低于轨头 3~5 mm，绝对不能高出，以免被车轮压坏；但也不能过低，否则传感器工作会不可靠。传感器与主机之间用电缆相连，主机可以使用外接电源，也可以由主机内的蓄电池进行供电。测速数据自动打印在记录纸上，当列车通过时，每隔 12 s 自动测速一次，由此可得列车头部、中部和尾部的速度；列车尾部通过 25 s 后，能自动计算并打印出平均速度；同时打印出测速日期和时分。还可以自动识别列车运行方向，在打印时自动用" + "" – "符号表示变换的方向。测速范围为 1~250 km/h，工作环境的温度为 – 20 ℃ ~ + 50 ℃。

2.3.2　容许未被平衡超高容许值

所有列车是以各种不同的速度通过曲线的，所设置的超高不可能适合每一列列车使所产生的离心力完全得到平衡，因而对每一列列车而言，普遍存在着过超高或欠超高的现象。过超高时产生未被平衡向心加速度，欠超高时产生未被平衡离心加速度。

1．未被平衡超高与未被平衡加速度

由 $h = \dfrac{S_1}{g} \dfrac{V^2}{R} = \dfrac{1500}{9.8} \cdot \dfrac{v^2}{R} = 153 \cdot \dfrac{v^2}{R}$ 这一超高表达式可以看出，当通过曲线的列车速度为 v 时，该曲线应设置的超高度 $h_{设}$ 与列车通过曲线时所产生的离心加速度 $v(a = \dfrac{v^2}{R})$ 与常数 153 相乘后的结果相等，即

$$h_{设} = 153a , \quad a = \frac{h_{设}}{153} \approx \frac{1}{150} h_{设} \tag{2-12}$$

由上式得知，当 $h_{设}$ =150 mm 时，a=1 m/s²。即大约 150 mm 的超高与列车通过曲线时产生 1 m/s² 的离心加速度相平衡，亦即每 15 mm 的欠超高或过超高相当于存在未被平衡离心或向心加速度 0.1 m/s²。

上述分析是在假设列车为一刚体质点的条件下进行的，没有考虑车辆的弹簧装置对未被平衡加速度的附加作用。实际上，当存在过超高，列车通过曲线时，车辆内侧弹簧被压缩，相当于增大了未被平衡离心加速度。

2．未被平衡超高与旅客舒适度

"旅客舒适度"广义是指车厢里旅客在生理上和心理上感知的舒适程度，它与车辆运动状态、车厢内外环境、座位条件和旅客的身体素质等有关。而未被平衡超高的影响，是与车辆运动状态有关的主要一项。根据一些试验，证明了感觉舒适程度因人而异。未被平衡欠超高 Δh_q 和未被平衡离心加速度 Δa 与舒适度的关系，见表 2-5。

表 2-5　未被平衡欠超高与舒适度的关系

Δh_q （mm）	Δa （m/s²）	多数旅客的舒适程度
60	0.40	基本感觉不出，意识不到列车在曲线上运行
75	0.50	有感觉，能适应
90	0.60	感觉有横向力，比较容易克服
110	0.73	明显感觉有横向力，但尚能够克服
130	0.87	感觉有较大横向力，需有意识保持平衡，行走有困难
150	1.00	感觉有很大横向力，站立不稳，不能行走

最大允许未被平衡欠超高由以下各项条件决定：

（1）高速通过曲线时的旅客舒适性。

（2）高速通过曲线时，曲线内侧风力使车辆向外倾覆的安全性。

（3）养护上的考虑。

当 $V = V_j$ 时，这时离心力刚好与设置超高后所提供的向心力相等。此时两股钢轨承受相同荷载，旅客也没有不舒适的感觉。

当 $V > V_j$ 时，这时离心力大于设置超高后所提供的向心力，说明超高不足（此差值称为欠

超高）。从而导致外轨承受偏载，同时也使旅客感觉不舒适。

当 $V<V_j$ 时，这时离心力小于设置超高后所提供的向心力，说明超高过大（此超高值称为过超高）。从而导致内轨承受偏载和旅客不适。

欠超高和过超高统称为未被平衡的超高。未被平衡超高使内外轨产生偏载，引起内外轨不均匀磨耗，并影响旅客的舒适度。此外，过大的未被平衡超高度还可能导致列车倾覆，因此必须对未被平衡的超高加以限制。

超高计算出后，对未被平衡欠超高和未被平衡过超高分别按下列公式进行检算

$$\Delta h_q = 11 \cdot 8 \frac{v_{max}^2}{R} - h \leqslant \left[\Delta h_q\right] \tag{2-13}$$

$$\Delta h_g = h - 11 \cdot 8 \frac{v_h^2}{R} \leqslant \left[\Delta h_g\right] \tag{2-14}$$

式中　　h ——实设超高（mm）；

Δh_q ——未被平衡欠超高（mm）；

Δh_g ——未被平衡过超高（mm）；

v_{max} ——客车最高速度（km/h）；

v_h ——货物列车平均行车速度（km/h）；

$\left[\Delta h_q\right]$ ——允许欠超高（mm）；

$\left[\Delta h_g\right]$ ——允许过超高（mm）。

我国铁路关于欠超高和过超高规定见前述"2.1.2 曲线的技术条件与要求"的相关内容。

【例 2-2】按前例，已知曲线半径为 $R = 800$ m，线路容许速度，即容许的最高行车速度 $v_{max} = 100$ km/h，求需设置多少超高并进行检算。

$$h = 11.8 \frac{V_j^2}{R} = 11.8 \times \frac{67.9^2}{800} = 68 \text{ mm}$$

为便于管理，超高按 5 的倍数设置，故此曲线超高可设置为 70 mm。

货物列车平均行车速度为：

$$v_h = \sqrt{\frac{175\ 533\ 600 + 49\ 434\ 000 + 31\ 460\ 000}{42\ 900 + 11\ 000 + 6\ 600}} = 65 \text{ km/h}$$

检算：

未被平衡欠超高 $\Delta h_q = 11.8 \frac{v_{max}^2}{R} - h = 11.8 \times \frac{100^2}{800} - 70 = 77.5$ mm

未被平衡过超高 $\Delta h_g = h - 11.8 \frac{v_h^2}{R} = 70 - 11.8 \times \frac{65^2}{800} = 7.7$ mm

检算结果：　$\Delta h_q = 77.5$ mm > 75 mm

　　　　　　$\Delta h_g = 7.7$ mm < 30 mm

因欠超高 $\Delta h_q = 77.5$ mm > 75 mm，可将拟设置的超高调为 75 mm，欠超高、过超高的重新检算如下：

未被平衡欠超高 $\Delta h_q = 11.8 \dfrac{v_{\max}^2}{R} - h = 11.8 \times \dfrac{100^2}{800} - 75 = 72.5$ mm

未被平衡过超高 $\Delta h_{gc} = h - 11.8 \dfrac{v_h^2}{R} = 75 - 11.8 \times \dfrac{65^2}{800} = 12.7$ mm

检算结果：　　$\Delta h_q = 72.5$ mm<75 mm

　　　　　　　$\Delta h_{gc} = 12.7$ mm<30 mm

符合规定要求。

故该曲线可设置 75 mm 的超高值。

【例 2-3】某单线区间曲线半径为 800 m，实设最高行车速度为 100 km/h，平均速度为 80 km/h，货物列车平均速度为 60 km/h，请设置超高并进行检算。

$$h = 11.8 \frac{V_j^2}{R} = 11.8 \times \frac{80^2}{800} = 94.4 \text{ mm}，进整为 95 \text{ mm}。$$

检算：

未被平衡欠超高 $\Delta h_q = 11.8 \dfrac{v_{\max}^2}{R} - h = 11.8 \times \dfrac{100^2}{800} - 95$

$$= 147.5 - 95 = 52.5 \text{ mm}$$

未被平衡过超高 $\Delta h_g = h - 11.8 \dfrac{v_h^2}{R} = 95 - 11.8 \times \dfrac{60^2}{800}$

$$= 95 - 53.1 = 41.9 \text{ mm}$$

检算结果：　　$\Delta h_q = 52.5$ mm<75 mm

　　　　　　　$\Delta h_g = 41.9$ mm>30 mm

欠超高符合一般规定要求，过超高不符合一般情况卜要求，调整超高设置为 80 mm 后的检算为：

$$\Delta h_q = 147.5 - 80 = 67.5 \text{ mm} < 75 \text{ mm}$$

$$\Delta h_g = 80 - 53.1 = 26.9 \text{ mm} < 30 \text{ mm}$$

欠超高和过超高均符合一般要求。

故该曲线可设置 80 mm 的超高值。

实设超高在满足上述的条件下，货物列车较多时，应尽量减小未被平衡过超高，快速旅客列车较多时应尽量减小未被平衡欠超高。

行车条件有较大变化时，如提高或降低线路容许速度、因改变机车类型而改变行车速度、大量增减各类列车次数、列车重量有较大变化等，会导致原设置的超高与行车条件已不相适应，需要在有关区段内，通过实测行车速度，重新计算和调整超高。对于行车条件发生少量变化时，例如部分调整的车次或少量增减的编组辆数等，则不需要调整超高。此外，在个别曲线上发生的与超高有关的不正常情况，如木枕压切、混凝土枕挡肩破损、钢轨不正常磨耗等，则应个别地进行超高调整。

2.3.3　外轨最大超高的允许值

在曲线上设置的最大超高必须有所限制。如设置的超高过大，当列车以低速运行时，会产生过大的未被平衡的向心加速度,使列车的重量偏压在里股钢轨上,会加剧里股钢轨的磨耗和压宽。如在曲线上停车,车体向内倾斜量也较大,易滚易滑的货物可能产生位移,造成偏载,对行车安全不利。此外,双线和单线的行车条件不同,最大超高的限制也应有所不同。双线按上、下行分开行车,同一曲线上的行车速度相差较小,因而最大超高可大一些;单线存在两方向运量不同,轻、重车方向不同,以及线路坡道的影响等

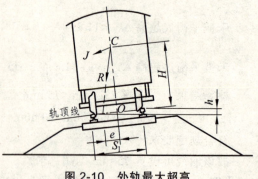

图 2-10 外轨最大超高

因素,上、下行的行车速度往往相差较大,因而最大超高应小一些。

为了保证行车安全,必须限制外轨超高的最大值。

由于列车的行车速度与设置的曲线超高所用的平均速度不一致而产生的未被平衡超高,不但要考虑旅客的舒适度,还要考虑列车通过曲线时的平稳程度,以保证行车安全。

如图 2-10 所示,设 R 为作用于列车的合力,e 为偏心距。车辆在曲线轨道上抵抗倾覆的稳定程度,取决于偏心距 e 值的大小。通常用稳定系数 n 来衡量车辆通过曲线时的稳定程度。n 值通过下式进行计算:

$$n = \frac{\frac{S_1}{2}}{e} = \frac{S_1}{2e} \qquad (2-15)$$

当 $e = 0$ 时,$n = \infty$,合力在轨道中心,车辆处于绝对稳定状态;

当 $e < \frac{S_1}{2}$ 时,$n > 1$,合力在轨道中心与钢轨之间,车辆处于稳定状态;

当 $e = \frac{S_1}{2}$ 时,$n = 1$,合力在钢轨中心,车辆处于临界状态;

当 $e > \frac{S_1}{2}$ 时,$n < 1$,合力在轨道外侧,车辆处于不稳定状态,即丧失稳定而颠覆。

当列车以低速通过曲线或在曲线上停车时,所需要的超高为 0,保证车辆稳定的超高即为曲线上容许设置的最大超高。设车辆的重心高度为 H,则

$$\frac{h}{S_1} \leqslant \frac{e}{H}$$

将 $n = \frac{S_1}{2e}$ 代入上式得:

$$h \leqslant \frac{S_1^2}{2nH} \qquad (2-16)$$

一般认为,保证列车稳定的安全值 $n=3$。我国货车重心到轨顶的高度 $H = 2\ 220$ mm,则:

$$h \leqslant \frac{1\ 500^2}{2 \times 3 \times 2\ 220} = 168.9 \text{ mm}。$$

客车重心至轨顶的高度 $H = 2\ 057.5$ mm,则:

$$h \le \frac{1\ 500^2}{2 \times 3 \times 2\ 057.5} = 180.26\ \text{mm}\ 。$$

另再考虑风力及车辆震动等不利因素，我国铁路规定：普速铁路上的允许最大超高双线地段为 150 mm，单线地段为 125 mm；高速铁路有砟轨道曲线超高最大值一般不得超过 150 mm，无砟轨道曲线超高的最大值不得超过 175 mm。

此规定的限值是实际设置超高的最大限度，不包括容许的水平误差。

对于曲线上的最小超高，我国铁路上没有明确的规定，一般取至 5 mm。

2.3.4　曲线轨道上的超高限速

任何一条曲线轨道，均按一定的平均速度设置超高。在既定的超高条件下，通过该曲线的列车最高速度必定受到未被平衡的容许超高的限制。

（1）如为欠超高，列车通过曲线时的最高速度 V_{max}，可由式（2-12）求得，即：

$$11.8 \frac{v^2_{\ max}}{R} - h = \Delta h_q$$

$$v_{max} = \sqrt{\frac{h + \Delta h_q}{11.8}} \sqrt{R}$$

若 h = 150 mm：

　　$\Delta h_q = 75$ mm 时，$V_{max} = 4.37\sqrt{R}$；

　　$\Delta h_q = 90$ mm 时，$V_{max} = 4.51\sqrt{R}$。

若 h=125 mm：

　　$\Delta h_q = 75$ mm 时，$V_{max} = 4.12\sqrt{R}$；

　　$\Delta h_q = 90$ mm 时，$V_{max} = 4.27\sqrt{R}$。

（2）如为过超高，列车通过曲线时的最低速度：

$$v_{min} = \sqrt{\frac{h - \Delta h_g}{11.8}} \sqrt{R}$$

若 h = 150 mm：

$\Delta h_g = 50$ mm 时，$V_{min} = 2.91\sqrt{R}$。

若 h = 125 mm：

$\Delta h_g = 50$ mm 时，$V_{min} = 2.52\sqrt{R}$。

2.3.5　曲线超高顺坡

1. 曲线超高的设置

设置超高时，最理想的方法是将里股钢轨轨面向下降低超高值一半的数值，再将外股轨面向上抬高超高值一半的数值。这样设置的超高，可使车辆通过曲线时，其重心高度几乎保持不变，从而避免了不必要的上下振动。在陡坡地段，线路纵向坡度也不会因设置外轨超高而使线路中线坡度加大。

但是，由于以上设置超高的方法在处理道床方面较复杂，对养护维修作业的技术要求也高，因而曲线超高是通过抬高外轨来实现的，超高顺坡率不可过陡，除了应满足旅客对舒适度的要求外，还应使列车行驶平稳以确保行车安全。

2．外轨超高顺坡

（1）曲线超高顺坡的一般规定。

外轨超高顺坡、正矢递减和轨距加宽递减都是轨道不平顺的一种形式，给行车的舒适性和安全性造成影响，所以应尽可能使上述三者或两者同步。

一般要求超高顺坡在整个缓和曲线内完成。由于既有线路修建的年代不同，采用的标准不一，有的缓和曲线较短，为适应行车速度需要，需控制超高顺坡率，允许将一部分超高顺坡延伸至直线上，但允许速度大于 160 km/h 的线路，超高必须在整个缓和曲线内顺完。对于允许速度不大于 160 km/h 的线路，考虑直线上应有的平顺性，也要给予必要的限制，故规定允许速度不大于 120 km/h 的线路，缓和曲线长度不足时，在直线上顺坡的超高不应大于 15 mm，无缓和曲线时，在直线上顺坡的超高不应大于 25 mm，在直线上顺坡坡度不应大于 1/（$9v_{max}$）；允许速度为 120 km/h（不含）～160 km/h 的线路，在直线上顺坡的超高不应大于 8 mm，在直线上顺坡坡度不应大于 1/（$10v_{max}$）。

在困难条件下，可适当加大顺坡坡度，但允许速度大于 120 km/h 的线路不应大于 1/（$8v_{max}$）；其他线路不应大于 1/（$7v_{max}$），且不得大于 2‰。

（2）同向曲线之间的超高顺坡。

当列车通过同向曲线时，在前一个超高顺坡地段上车体向一侧扭转，过渡到夹直线上时暂时停止扭转，进入后一个顺坡地段上车体又向该侧扭转。如两超高顺坡终点间的直线段过短，会影响过渡时的行车平稳性。所以，同向曲线两超高顺坡终点间的夹直线长度应满足表 2-2 的规定，如不能满足，则要求允许速度不大于 160 km/h 的特殊困难地段的夹直线长度不应短于 25 m。允许速度不大于 120 m/h 的线路在极个别情况下，如因缓和曲线长度不足，超高顺坡向夹直线的一端或两端上延伸，使两顺坡终点间的直线长度不足 25 m 时，可在直线部分设置不短于 25 m 的相等超高段。但其必要条件是夹直线不短于 25 m，因为25 m 相等超高段只限于设在直线部分，不宜向缓和曲线内延伸，以避免加大超高顺坡与正矢递减的不同步程度。

在设置相等超高段时，可根据夹直线的长度，在一端或两端将顺坡延伸至夹直线，以及根据延伸顺坡量的大小，确定在夹直线的一部分或全长范围内设置相等超高段。

夹直线长度（指两相邻曲线始终点间的直线段长度，非超高顺坡终点间的直线段长度）超过 25 m，但超高顺坡后顺坡终点间的直线段长度不足 25 m，则在夹直线范围内保留相等超高段，有三种情况：

① 夹直线的一端缓直（或直缓）点为顺坡终点（不需要向直线上延伸），另一端顺坡需向直线上延伸时，可将缓直（或直缓）点适当抬高，减缓原顺坡度，使其满足设置不短于 25m 相等超高的需要，如图 2-11。

② 夹直线两端顺坡需向直线上延伸时，可在夹直线的一部分上设置不短于 25m 的相等超高段，如图 2-12。

③ 夹直线长度等于或稍长于 25 m 时，可在直线的全长范围内设置相等超高段，如图 2-13。

在困难条件下（夹直线短于 25 m 或受到设备条件限制），可在直线部分从较大超高向较小超高均匀顺坡，如图 2-14。若夹直线两端无超高时，保持无超高状态；夹直线两端超高相等时，保持相等超高（这是特殊条件下的短于 25m 的相等超高段）。

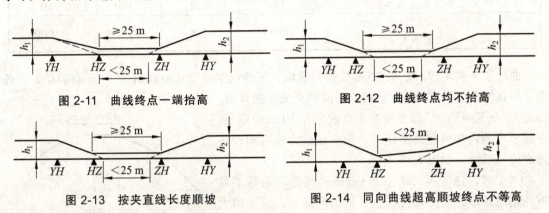

图 2-11　曲线终点一端抬高　　　　　　图 2-12　曲线终点均不抬高

图 2-13　按夹直线长度顺坡　　　　　　图 2-14　同向曲线超高顺坡终点不等高

（3）反向曲线之间的超高顺坡。

反向曲线两超高顺坡终点间的夹直线长度应满足表 2-2 的规定，允许速度不大于 160 km/h 的线路特殊困难地段不应短于 25 m，如图 2-15 所示。容许速度不大于 120 km/h 的线路的极个别情况下，不足 25 m 时，正线上可不短于 20 m，站线上可不短于 10 m；特殊困难条件下，可按不大于 1/（$7v_{max}$）顺坡，必要时，超高顺坡可延伸至圆曲线上，但圆曲线始终点的未被平衡欠超高，不得超过规定，如图 2-16 所示。

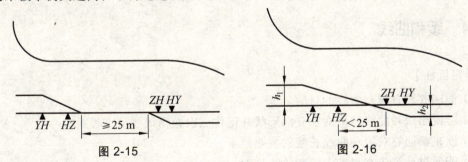

图 2-15　　　　　　　　　　　图 2-16

对反向曲线的夹直线长度的要求与同向曲线基本相同。反向曲线与同向曲线相比，所承受外力的情况比较复杂，如未被平衡横向加速度先作用于一侧转而作用于另一侧；再如车辆在曲线上的内接状态，前轮靠贴一侧钢轨转而靠贴另一侧钢轨；此外，还有车辆振动的叠加，且这些都是在通过夹直线的一瞬间完成的。根据多年的实践经验，反向曲线的轨道几何尺寸相比同向曲线更加难以保持，如夹直线过短，不仅行车平稳性差，而且对于保证行车安全也有困难。

（4）复曲线超高顺坡。

复曲线上因半径变化而曲线阻力不同，在短距离内变更阻力即短时间内改变列车受力情况，降低了列车运行的平稳性，且外轨超高不一致，作用在列车上的横向力改变，降低了旅客舒适条件，尤其在不设中间缓和曲线时更为显著，也给养护维修带来较大困难，因此规定允许速度大于 120 km/h 的线路不得采用复曲线。既有复曲线两圆曲线的曲率差超过表 2-6 中的相关规定时，应设置中间缓和曲线，以利超高顺坡和轨距加宽递减，并减缓离心加速度的变化率。

表 2-6　复曲线可不设中间缓和曲线的两圆曲线的最大曲率差

线路允许速度（km/h）	140	120	100	80
可不设中间缓和曲线的两圆曲线的最大曲率差	1/6 000	1/4 000	1/2 000	1/1 000

曲线正矢测量按规定用 20 m 弦进行量取，复曲线半径变化点前后各 10 m 点的正矢，各等于所在圆曲线的正矢，在这两点之间的正矢是递减的。因此"正矢递减范围"即半径变化点前后各 10 m 的范围。在这个范围内如两超高不相等，则应从较大超高向较小超高均匀顺坡，如图 2-17 所示。

（5）容许速度不大于 120 km/h 的线路在特殊条件下的超高顺坡，铁路局可根据具体情况规定，但不得大于 2‰。

"特殊条件下的超高顺坡"是指线路设备条件差，在未经改造前，不能按前四项的规定顺坡，例如反向曲线的夹直线过短，复曲线正矢递减范围不能满足超高顺坡率的需要，以及其他特殊条件下的超高顺坡。

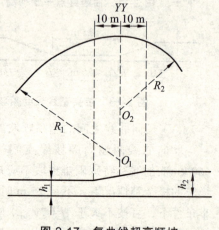

图 2-17　复曲线超高顺坡

2.4　缓和曲线

【学习目标】

（1）能回答设置缓和曲线的目的。
（2）能说出缓和曲线的平面和立面形状并记住三次抛物线线型方程式。
（3）能正确回答对缓和曲线长度的主要要求。
（4）能通过计算或查表确定缓和曲线长度。

2.4.1　缓和曲线的作用及其几何特征

1. 设置缓和曲线的目的

机车车辆在曲线上运行时，出现了在直线上运行时所没有的力，如转向力、离心力及各种惯性力。当车辆由直线运行至曲线时，这些力，尤其是离心力的突然产生，使列车震动、行车不稳、旅客不舒适。为了避免离心力突然产生及突然消失，使离心力逐渐地增加或减少，就需要一段半径逐渐变化的曲线，把直线和圆曲线连接起来，我们称这段曲线为缓和曲线。

另外，圆曲线上的轨道外轨有超高，而直线上的轨道无超高，外轨超高需要相当长的一段距离来进行顺坡，由于外轨超高必须与曲线半径相适应，否则会使钢轨磨耗不均，旅客感到不适，所以，在超高顺坡范围内，即直线与圆曲线间设置缓和曲线，从而使外轨超高能随缓和曲线曲率半径的减小而增大。

此外，小半径曲线的轨距加宽递减，也需要在缓和曲线上完成。

2. 常用缓和曲线

（1）对缓和曲线的线型要求。

根据设置缓和曲线的目的，缓和曲线的线型应符合如下要求。

① 平面形状。

列车经过缓和曲线时，车体受到离心力 $F = m\dfrac{V^2}{\rho}$ 的作用，为了不致离心力突然产生和消失，应使缓和曲线始点处的离心力为零，即使缓和曲线始点处的曲率半径 $\rho \to \infty$；为使离心力不产生突变，应使缓和曲线终点处车体所受的离心力与圆曲线上的相同，即使缓和曲线终点处的曲率半径 $\rho = R$。

从缓和曲线始点至缓和曲线终点，其曲率半径 ρ 是连续渐变的。因此，缓和曲线在平面上应是一条曲率半径 ρ，由无穷大逐渐减小至半径 R 的一条变径曲线。

② 立面形状。

列车在缓和曲线上运行时，由于外轨设置超高，车体重力的水平分力构成向心力 $F_n = \dfrac{Gh}{S_1}$，为使向心力 F_n 不会突然产生或突然消失，要让外轨超高在缓和曲线始终点处的变化率皆应为零，而且在始终点间连续渐变。所以，缓和曲线在立面的形状应是一条 S 形曲线，此 S 形曲线在始点处与直线部分的外轨顶面相切，在终点处与圆曲线部分的外轨顶面相切。

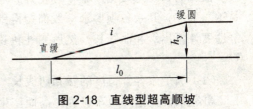

图 2-18　直线型超高顺坡

由于既满足平面形状要求，又满足立面形状要求的缓和曲线是一条高次空间曲线。在目前的轨道结构及养护条件下，很难保持曲线的正确位置。故在行车速度不高的线路上，应着重考虑缓和曲线的平面形状，而放宽对其立面形状的要求，在立面上采用直线型外轨超高顺坡，如图 2-18 所示。

（2）常用缓和曲线的线型。

满足直线型超高顺坡的缓和曲线线型是放射螺旋线，为计算简便，常采用近似的三次抛物线。如图 2-19 所示。

三次抛物线的线型方程式为

$$y = \dfrac{x^3}{6c} \qquad （2-17）$$

式中，$c = \rho l = R l_0$ 称为缓和曲线常数。

当列车以较高速度通过这种直线型超高顺坡的缓和曲线时，在缓和曲线始终点会产生较强烈的摇晃和振动，不但影响列车运行的平稳性，也会大大降低旅

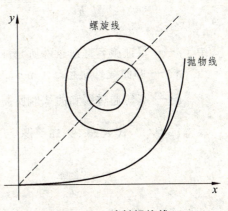

图 2-19　放射螺旋线

客乘车的舒适度，因此，高速铁路一般需要采用曲线型超高顺坡的缓和曲线，即高次缓和曲线。有五次式、七次式、全波正弦形、半波正弦形等。

　　缓和曲线的线型，一般根据路段行车速度进行选择。由于三次抛物线具有线型简单，长度短而实用，便于测设和养护维修的优点，所以《设规》（2006）中规定我国普速铁路采用超高为直线型顺坡、平面为三次抛物线的缓和曲线。《高速铁路设计规范》也建议我国高速铁路首选三次抛物型缓和曲线。

2.4.2　缓和曲线长度

1. 对缓和曲线长度的要求

缓和曲线的长度应满足以下各项要求：

（1）缓和曲线上的外轨超高顺坡不致使车轮轮缘爬越内轨。

（2）车辆外轮的升高速度（或降低速度）不能太快，不应使旅客感到不舒适。

（3）未被平衡的离心加速度的变化率不应影响旅客的舒适度。

（4）车轮由直线进入曲线，因车轮撞击钢轨所产生的动能损失，不应超过一定数值。

（5）便于测设和养护维修。

2. 缓和曲线的长度

　　根据我国铁路列车的最高行驶速度、机车车辆的构造特点以及轨道的养护维修条件等，缓和曲线的长度主要受"客车外轮升高速度不应使旅客感到不适"这一条件的制约。只要满足这一条件，其余各项要求一般都能得到满足。因此，在设计缓和曲线长度时，首先按旅客舒适度计算出缓和曲线长，然后用外轨超高顺坡不会导致车轮轮缘爬越内轨这一条件进行检算。

　　（1）满足旅客舒适度的缓和曲线长

　　舒适条件是指外轨车轮因超高而产生的升高（或降低）的速度（称为超高时变率）和未被平衡的横向加速度的变化率（欠超高时变率）对旅客乘坐舒适度的影响。因超高时变率往往是控制因素，所以我们这里只说明超高时变率对缓和曲线长度的影响。

　　列车在缓和曲线上运行时，沿外轨滚动的车轮逐渐升高（或逐渐降低）为满足旅客舒适条件，这个升高的速度不能超过一定数值，即应满足式 2-18：

$$f \geqslant \frac{h}{t} \tag{2-18}$$

式中　f——保证旅客舒适条件所允许的外轮升高速度（mm/s）；

　　　　h——圆曲线外轨超高（mm）；

　　　　t——车轮通过缓和曲线时所需要的时间，$t = l_0 / v_{max}$。

将 $t = l_0 / v_{max}$ 代入式（2-18）得：

$$l_0 \geqslant \frac{h V_{max}}{f}$$

如果 l_0 用 m 作单位，V_{max} 用 km/h 作单位，则：

则
$$l_0 \geqslant \frac{hV_{max}}{3.6f} \qquad (2\text{-}19)$$

在选用缓和曲线长时，我国铁路规定，在不受地形条件限制的地段，高速铁路采用 f=23 mm/s，普速铁路采用 f=32 mm/s；而行车速度较高，但受桥隧、车站等限制或在小半径曲线地段等，高速铁路采用 f=38 mm/s，普速铁路采用 f=40 mm/s，通过适当降低旅客舒适度，来减少工程数量。

当 f=32 mm/s 时，代入（2-19）得

$$l_0 \geqslant \frac{hV_{max}}{3.6 \times 32} \times 1\ 000 = 8.68hV_{max} \quad (\text{mm})$$

采用
$$l_0 \geqslant 9hV_{max} \qquad (2\text{-}20)$$

当 f=40 mm/s 时

$$l_0 \geqslant \frac{hV_{max}}{3.6 \times 40} \times 1\ 000 = 6.9hV_{max} \quad (\text{mm})$$

采用
$$l_0 \geqslant 7hV_{max} \qquad (2\text{-}21)$$

（2）满足车轮轮缘不爬越内轨条件的缓和曲线长。

在次要线路上，由于行车速度较低，缓和曲线较短，超高顺坡一般较陡。当列车进入或驶出缓和曲线时，转向架上前后两轴，只有三个车轮支承在钢轨上，另一个车轮悬浮在内轨顶面上，在诸如列车震动等的不利条件下，有可能导致脱轨的发生。因此，要求车轮悬空的高度不得大于车轮轮缘的高度。

根据我国多年的运营和养护经验，要保证车轮轮缘不爬越内轨，直线型外轨超高顺坡坡度不宜大于 2‰。则缓和曲线的最短长度由下式决定。

$$l_0 \geqslant \frac{h}{i_{max}} \qquad (2\text{-}22)$$

式中　l_0 ——缓和曲线长；

　　　h ——圆曲线外轨超高；

　　　i_{max} ——超高顺坡度最大值，$i_{max} = 2‰$。

最后，取两个条件计算得出的最大值作为缓和曲线长。缓和曲线长度一般进整为 10 m 的整倍数。

高速铁路一般都是超高时变率控制缓和曲线长度。

缓和曲线长的选取一般由旅客舒适度进行控制，所以《设规》按路段行车速度规定了缓和曲线长度的优选标准；同时，要考虑缓和曲线长度与线路其他平面标准协调一致、同一行车速度不同舒适度标准外轨超高所对应的一般和困难条件下的缓和曲线长度也将不同，《设规》又规定了缓和曲线最小长度的一般标准和困难标准，如表2-7和表2-8所示。

一般地段：
$$l_0 \geqslant 9hV_{max} \qquad (2\text{-}23)$$

特别困难地段：

$$l_0 \geqslant 7hV_{\max} \tag{2-24}$$

式中　l_0——缓和曲线，以 m 计；

　　　h——超高，以 m 计；

　　　$V_{\max}$——容许最高行车速度，以 km/h 计。

【例 2-4】已知某曲线超高为 120 mm，最高速度为 80 km/h，一般地段，求该曲线的缓和曲线长度。

按（2-23）式计算：$l_0 \geqslant 9hV_{\max} = 9 \times 0.12 \times 80 = 86.4$ m，进整为为 90 m。

按（2-24）式检算：$l_0 \geqslant \dfrac{h}{i_{\max}} = 120/2 = 60$ m。

所以，缓和曲线长度为 90 m。

我国高速铁路将缓和曲线长度分为三档：

优秀条件：$l_0 \geqslant 11hV_{\max}$

一般条件：$l_0 \geqslant 10hV_{\max}$

困难条件：$l_0 \geqslant 9hV_{\max}$

具体见表 2-9 和表 2-10。

表 2-7　缓和曲线长度（m）

路段旅客列车设计行车速度（km/h）		160	140	120
曲线半径（m）	12 000	40	40	40
	10 000	50	40	40
	8 000	60	40	40
	7 000	70	50	40
	6 000	70	50	40
	5 000	70	60	40
	4 500	70	60	40
	4 000	80	60	50
	3 500	90	70	50
	3 000	100	80	50
	2 800	110	90	60
	2 500	120	90	60
	2 000	150	100	70
	1 800	170	120	80
	1 600	190	130	90
	1 400	—	150	100
	1 200	—	190	120
	1 000	—	—	140
	800	—	—	180

表 2-8 最小缓和曲线长度（m）

路段旅客列车设计行车速度（km/h）		160		140		120		100		80	
工程条件		一般	困难	一般	困难	一般	困难	一般	困难	一般	困难
曲线半径（m）	12 000	40	40	20	20	20	20	20	20	20	20
	10 000	50	40	30	20	20	20	20	20	20	20
	8 000	60	50	40	20	30	20	20	20	20	20
	7 000	70	50	50	30	30	20	20	20	20	20
	6 000	70	50	50	30	30	20	20	20	20	20
	5 000	70	60	60	40	40	30	20	20	20	20
	4 500	70	60	60	40	40	30	20	20	20	20
	4 000	80	70	60	40	50	30	30	20	20	20
	3 500	90	70	70	50	50	40	40	20	20	20
	3 000	90	80	70	50	50	40	40	20	20	20
	2 800	100	90	80	60	50	40	40	30	20	20
	2 500	110	100	80	70	60	40	40	30	30	20
	2 000	140	120	90	80	60	50	50	40	30	20
	1 800	160	140	100	80	70	60	50	40	30	20
	1 600	170	160	110	100	70	60	50	40	40	20
	1 400	—	—	130	110	80	70	60	40	40	20
	1 200	—	—	150	130	90	80	60	50	40	30
	1 000	—	—	—	—	120	100	70	70	40	30
	800	—	—	150	130	80	70	50	40		
	700	—	—	—	—	100	90	50	40		
	600	—	—			120	100	60	50		
	550	—	—			130	110	60	50		
	500	—	—			—	—	60	60		

表 2-9 缓和曲线长度（m）

设计速度（km/h） 曲线半径(m)	350			300			250		
	(1)	(2)	(3)	(1)	(2)	(3)	(1)	(2)	(3)
12 000	370	330	300	220	200	180	140	130	120
11 000	410	370	330	240	210	190	160	140	J30
10 000	470	420	380	270	240	220	170	150	140
9 000	530	470	430	300	270	250	190	.170	150
8 000	590	530	470	340	300	270	210	190	170
7 000	670 680*	590 610*	540 550*	390	350	310	240	220	190

曲线半径(m) \ 设计速度(km/h)	350			300			250		
	(1)	(2)	(3)	(1)	(2)	(3)	(1)	(2)	(3)
6 000	670 / 680*	590 / 610*	540 / 550*	450	410	370	280	250	230
5 500	670 / 680*	590 / 610*	540 / 550*	490	440	390	310	280	250
5 000	—	—	—	540	480	430	340	300	270
4 500	—	—	—	570 / 585*	510 / 520*	460 / 470*	380	340	310
4 000	—	—	—	570 / 585*	510 / 520*	460 / 470*	420	380	340
3 500	—	—	—	—	—	—	480	430	380
3 200	—	—	—	—	—	—	480	430	380
3 000	—	—	—	—	—	—	480 / 490*	430 / 440*	380 / 400*
2 800	—	—	—	—	—	—	480 / 490*	430 / 440*	380 / 400*

注：1.（1）、（2）、（3）分别对应超高时变率 f=25 mm/s、f=28 mm/s、f=31 mm/s。

2.*号标志，表示为曲线设计超高 175 mm 时的取值。

表 2-10　限速地段缓和曲线长度（m）

曲线半径（m）\ 设计速度（km/h）	200		160		120		80	
	(1)	(2)	(1)	(2)	(1)	(2)	(1)	(2)
12 000	80	70	50	40	20	20		
11 000	80	70	50	40	20	20		
10 000	90	80	50	40	20	20		
9 000	100	80	60	50	30	30		
8 000	110	90	60	50	30	30	20	20
7 000	130	100	70	50	40	30	20	20
6 000	150	120	70	60	40	30	20	20
5 500	170	140	80	70	40	30	20	20
5 000	180	1 50	90	80	40	40	20	20
4 500	200	1 60	100	80	50	40	20	20
4 000	230	180	1 20	100	50	40	20	20
3 500	260	210	1 30	100	60	50	20	20
3 200	280	230	140	1 20	60	50	20	20
3 000	300	250	1 60	130	60	50	30	20
2 800	330	260	1 60	1 30	70	60	30	20
2 500	340	270	180	1 50	80	60	30	30

设计速度（km/h） 曲线半径（m）	200		160		120		80	
	(1)	(2)	(1)	(2)	(1)	(2)	(1)	(2)
2 200	360	290	200	160	80	70	30	30
2 000	360	290	230	180	100	80	40	30
1 900			240	190	100	80	40	30
1 800			250	210	100	90	40	30
1 600			270	220	120	100	40	40
1 500			290	230	120	100	50	40
1 400			290	230	140	110	50	40
1 300					140	120	50	40
1 200					160	130	60	50
1 100					170	140	60	50
1 000					190	160	70	60
900					200	170	80	60
800					200	170	80	70
700							100	80
600							110	90
550							110	90
500							120	90
450							130	110
400							140	110

注：（1）、（2）分别对应超高时变率 $f=25$ mm/s、$f=31$ mm/s。

2.5 曲线轨道方向整正

【学习目标】

（1）能简要回答绳正法整正曲线的基本原理。

（2）能正确计算圆曲线和缓和曲线各测点计划正矢。

（3）能熟练应用点号差法进行拨量调整计算。

（4）能通过自学了解差累计修正、半拨量修正、拨量修正三种方法。

2.5.1 绳正法整正曲线的基本原理

曲线轨道在列车的动力作用下，变形不断积累，很容易造成既有中线偏离设计中线的方向偏差。为确保行车平稳和安全，需对曲线方向定期进行检查，必要时，进行曲线整正，将它恢复到原设计位置。

整正曲线方向的方法有多种，主要是依据现场采集的数据来划分，如用弦绳测量曲线正矢就叫绳正法，用经纬仪、全站仪等仪器测量曲线偏角就叫偏角法等，还有由激光和传感为导向，只要输入曲线要素，经电子计算机控制自动进行曲线拨正的大型养路机械拨道法。绳正法又分流水拨道法和简易拨道法两种，其基本原理一样，只是计算方法有所不同。流水拨道法中又有修正差累计、修正计划正矢和修正半拨量等几种方法。偏角法和矢距法多用于工程部门，大型养路机械拨道用于周期性维修和重点病害整治，工务部门维修养护最常用的方法是绳正法。在这里我们着重介绍绳正法整正曲线的基本原理和计算方法。

1. 曲线轨道方向的检查及其圆顺标准

曲线整正时，首先要检查测量曲线上各点的正矢。规定曲线轨道上以外股轨线为基准线，每 10 m 设一个测点，用一根不易变形的 20m 长的弦线，两端紧贴外轨内侧轨顶线下 16 mm 处，在弦的中点量出弦线与外轨侧面的距离，称之为实测正矢，整正曲线要求各测点应达到的正矢被称为计划正矢，计划正矢可根据曲线上各测点的正矢与曲率间的几何关系计算、调整得到。当正矢误差超过容许标准时，则曲线需要整正。《修规》规定的曲线正矢作业验收容许偏差管理值见表 2-11，曲线正矢经常保养容许偏差管理值见表 2-12。

表 2-11　曲线正矢作业验收容许偏差表

曲线半径 R（m）		缓和曲线的正矢与计算正矢差（mm）	圆曲线正矢连续差（mm）	圆曲线正矢最大最小值差（mm）
$R \leq 250$		6	12	18
$250 < R \leq 350$		5	10	15
$350 < R \leq 450$		4	8	12
$450 < R \leq 800$		3	6	9
$R > 800$	$v_{max} \leq 120$ km/h	3	6	9
	$v_{max} > 120$ km/h	2	4	6

表 2-12　曲线正矢经常保养容许偏差表

曲线半径 R（m）	缓和曲线的正矢与计算正矢差（mm）		圆曲线正矢连续差（mm）		圆曲线正矢最大最小值差（mm）	
	正线及到发线	其他站线	正线及到发线	其他站线	正线及到发线	其他站线
$R \leq 250$	7	8	14	16	21	24
$250 < R \leq 350$	6	7	12	14	18	21
$350 < R \leq 450$	5	6	10	12	15	18
$450 < R \leq 800$	4	5	8	10	12	15
$R > 800$	3	4	6	8	9	12

高速铁路 200～250 km/h 线路曲线正矢容许偏差管理值见表 2-13，250 km/h（不含）～350 km/h 线路正矢容许偏差管理值见表 2-14。

表 2-13　200～250 km/h 线路曲线正矢容许偏差管理值

项目	实测正矢与计算正矢差（mm）		圆曲线正矢连续差（mm）	圆曲线最大最小正矢差（mm）
	缓和曲线	圆曲线		
作业验收	2	3	4	5
经常保养	3	4	5	6
临时补修	5	6	7	8

表 2-14　250 km/h（不含）～350 km/h 线路曲线正矢容许偏差管理值

项目	实测正矢与计算正矢差（mm）		圆曲线正矢连续差（mm）	圆曲线最大最小正矢差（mm）
	缓和曲线	圆曲线		
作业验收	2	3	3	5
经常保养	3	4	5	6
临时补修	4	5	6	8

2．曲线整正的基本原理

（1）曲线整正的基本前提。

① 曲线上某一测点的拨动，不会使其前后测点发生位移。

如图 2-20 所示，设 $n-1$，n，$n+1$ 为曲线上的正矢点。

当拨动曲线上的 n 点时，n 点前后的测点 $n-1$ 点及 $n+1$ 点要受其影响而发生移动，但因移动量甚小，可假设其不动。由于测点间距愈大，拨量愈小，此前提的可靠性愈高。所以，在整正曲线计算中，应适当限制拨量，以保证质量。

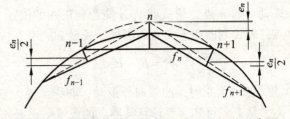

图 2-20　某测点拨动后相邻测点正矢变化示意图

② 曲线上某一测点向外或向内有一拨量，则其相邻两测点的正矢将相应减小或增大此拨量的一半。

如图 2-20 所示，当 n 点向外的拨量为 e_n 时，其前后两测点的正矢 f_{n+1} 及 f_{n-1} 将各减少 $\dfrac{e_n}{2}$。反之，其前后两测点的正矢将各增加 $\dfrac{e_n}{2}$。因此，若 $n-1$ 点的拨量为 e_{n-1}，$n+1$ 点的拨量为 e_{n+1}，n 点的拨量为 e_n，则 n 点拨动 e_n 后的正矢为：

$$f_n' = f_n + e_n - \left(\frac{e_{n-1} + e_{n+1}}{2} \right) \qquad （2-25）$$

由此可知，某一点的拨后正矢为：该点的现场正矢加上该点的拨量减去前后相邻两点半拨量之和。

（2）曲线整正的基本原理及要求。

① 曲线整正前后，应保持曲线两端直线方向不变。

若保持曲线两端直线的方向不变，就必须使曲线的转角不变，而要保持曲线的转角不变，就必须使曲线上各测点的现场正矢总和等于计划正矢总和即：

$$\sum_0^n f = \sum_0^n f'$$

式中　$\sum_0^n f$ —— 曲线上各测点的现场正矢总和；

　　　$\sum_0^n f'$ —— 曲线上各测点的计划正矢总和。

从上式很容易得出：$\sum_0^n (f - f') = 0$

即使曲线上各测点的正矢差总和等于零。

② 曲线整正前后，应保持曲线两端直线的位置不变。

如图 2-21 所示，在既有曲线 OB 上，有一条柔软而不伸缩的线，使其一端固定在该曲线的切点 O 上，然后拉紧 B 端，使这条线逐渐向切线 OJ 方向伸直，此曲线上任意一点 n 所移动的轨迹 $nn'n''$，称为该曲线上 n 点的渐伸线长度，用 E_n 表示。

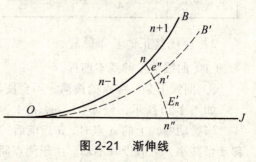

图 2-21　渐伸线

若图中的实线 OB，表示方向已经错乱了的原有曲线，虚线 OB' 表示计划曲线，为了恢复曲线的圆顺度，须将已经错乱的曲线上的各点，做适量的拨动。如 n 点，须拨动 e_n 才能达到正确的位置 n' 点。若计划曲线上 n' 点的渐伸线长度 $n'n''$ 用 E_n' 表示，则原有曲线在 n 点的拨量为：

$$e_n = E_n - E_n'$$

当 e_n 为正时，曲线向外拨动，亦称上挑；当 e_n 为负时，曲线向里拨动，亦称下压。

从上式可知，要计算某测点的拨量 e_n，必须先计算渐伸线长度 E_n 和 E_n'。

曲线上某点的拨量，等于由始点到某点前一点为止的全部正矢差累计合计的两倍。即

$$e_n = 2\sum_0^{n-1}\sum_0^{n-1} df \qquad\qquad (2\text{-}26)$$

要保证曲线整正前后，其两端直线位置不变，就应使曲线始、终点的拨量为零。

③应满足各控制点对拨量的限制。

在曲线整正计算中，对诸如桥梁（无砟桥）、道口、信号机等处所，因其不许拨动或拨量受到一定条件的限制，此时，在整正计算中应满足这些控制点对拨量的要求，并且还能保证曲线终点拨量 $e_n = 2\sum_0^{n-1}\sum_0^{n-1} df = 0$ 的要求。

值得一提的是，在曲线地段，目前已研制出了"铁路曲线圆顺度检测仪"，集测量、计算、打印为一体，通过一人操作即可对曲线正矢进行检测，并完成对拨道量的计算，由此可大幅提高工作效率。

2.5.2　曲线计划正矢的计算

1. 圆曲线上的正矢

圆曲线上任一点的正矢 f_y 可用式（2-1）求出：

$$f_y = \frac{l^2}{8R}$$

式中　设 $\lambda = \frac{l}{2}$ ——测量正矢所用弦长之半，称为测点距，一般为 10 m。

若将 λ 值代入式（2-1），且将 f_y 的单位取为 mm。则

$$f_y = \frac{20^2}{8R} \times 1\,000 = \frac{50\,000}{R}(\text{mm}) \tag{2-27}$$

如图 2-22 所示，当圆曲线与直线直接相连时，由于测量弦线的一端伸入到直线内，故圆曲线始、终点（ZY，YZ）两侧测点的正矢与圆曲线内的各点不同。

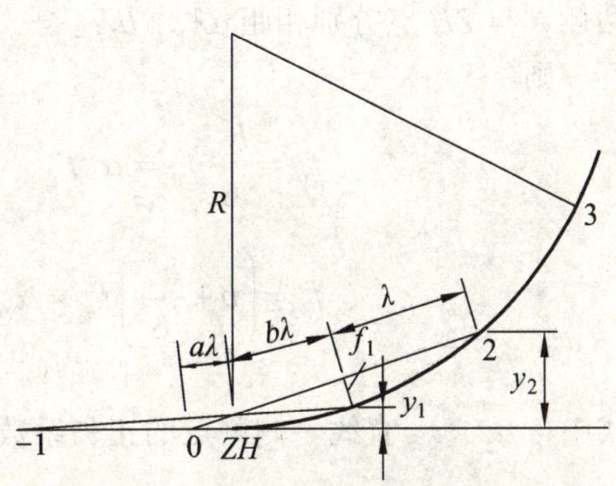

图 2-22　测点不在 ZY 或 YZ 点时的计划正矢计算

设：0、1 测点的正矢分别为 f_0、f_1。

则

$$\begin{aligned} f_0 &= \frac{b^2}{2} f_y = \alpha_z f_y \\ f_1 &= (1 - \frac{a^2}{2}) f_y = \alpha_y f_y \end{aligned} \tag{2-28}$$

式中　α_z ——直线一侧测点的正矢系数，$\alpha_z = \frac{b^2}{2}$；

α_y ——圆曲线一侧测点的正矢系数，$\alpha_y = 1 - \frac{a^2}{2}$。

当 a=0、b=1 时，0 测点为圆曲线始点 ZY 点，此时，$f_0 = \frac{1}{2} f_y, f_1 = f_y$，即圆曲线始点位于测点时，其正矢为圆曲线正矢的二分之一。

当 a、b 为任一数值时，可分别计算正矢系数 α_z 和 α_y，再用式（2-28）计算 f_0 和 f_1。

【例 2－5】　圆曲线计划正矢 $f_y = 100$ mm, $a = 0.15$, $b = 0.85$。求：f_0 和 f_1。

$$\alpha_z = \frac{b^2}{2} = \frac{0.85^2}{2} = 0.361\,25$$

$$\alpha_y = 1 - \frac{a^2}{2} = 1 - \frac{0.15^2}{2} = 0.988\,75$$

$$f_0 = \alpha_z f_y = 0.361\,25 \times 100\text{ mm} = 36.13\text{ mm}$$

$$f_1 = \alpha_y f_y = 0.988\,75 \times 100\text{ mm} = 98.88\text{ mm}$$

2．缓和曲线上的正矢

（1）缓和曲线中间各测点的正矢。

所谓缓和曲线中间各测点是这样一些点：当测点正矢的弦线两端所在的测点为缓和曲线

上的点时，弦线中央所对的测点即为缓和曲线的中间测点。

如果用 f_i 表示缓和曲线中间各测点的正矢，则

$$f_i = N_i \frac{f_y}{n} = N_i f_d \tag{2-29}$$

式中　　N_i——测点距缓和曲线始点的段数（缓和曲线长按 10 m 的分段数，例如，60m 长的缓和曲线，其分段数为 6）；

　　　　n——缓和曲线全长的分段数；

　　　　f_d——缓和曲线正矢递变率，$f_d = \dfrac{f_y}{n}$。

（2）缓和曲线始点（ZH、HZ）相邻测点的正矢。

如图 2-23 所示，设 0，1 两测点分别在 ZH 点两侧，与 ZH 点分别相距 $a\lambda$，$b\lambda$。

则

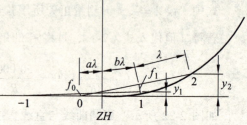

图 2-23　测点不在 ZH 点时的正矢

$$f_0 = \frac{b^3}{6} f_d = \alpha_z f_d \tag{2-30}$$

$$f_1 = \left(b + \frac{a^3}{6} \right) f_d = \alpha_{H-1} f_d \tag{2-31}$$

式中　　α_z——直线一侧测点的正矢系数，$\alpha_z = \dfrac{b^3}{6}$；

　　　　α_{H-1}——缓和曲线一侧测点的正矢系数，$\alpha_{H-1} = b + \dfrac{a^3}{6}$。

当缓和曲线始点（ZH）位于 0 点时，此时 $a = 0, b = 1, \alpha_z = \dfrac{b^3}{6} = \dfrac{1}{6}, \alpha_{H-1} = b + \dfrac{a^3}{6} = 1$

则

$$f_0 = \alpha_z f_d = \frac{1}{6} f_d$$

$$f_1 = \alpha_{H-1} f_d = f_d$$

即当缓和曲线始点位于测点时，其正矢为缓和曲线正矢递变率的六分之一。当缓和曲线始点不在测点时，其两侧测点的正矢，可通过计算正矢系数 α_z 和 α_{H-1} 再利用式（2-30）、式（2-31）求算 f_0 和 f_1 的值。

【例 2-6】 缓和曲线正矢递变率 $f_d = 30$ mm，0 测点和 1 测点距 ZH 点分别为 $a = 0.75$ 段，$b = 0.25$ 段，求 f_0 和 f_1。

解：$\alpha_z = \dfrac{b^3}{6} = \dfrac{0.25^3}{6} = 0.002\ 6$

　　　$\alpha_{H-1} = b + \dfrac{a^3}{6} = 0.25 + \dfrac{0.75^3}{6} = 0.320\ 3$

　　　$f_0 = \alpha_z f_d = 0.002\ 6 \times 30 = 0.078$ mm

　　　$f_1 = \alpha_{H-1} f_d = 0.320\ 3 \times 30 = 9.6$ mm

（3）缓和曲线终点（HY、YH）相邻两测点的正矢。

如图 2-24 所示，n 和 n+1 为与缓圆点相邻的两个测点，距缓圆点分别为 $b\lambda$ 和 $a\lambda$。

$$f_n = f_y - \left(b + \frac{a^3}{6}\right)f_d = f_y - \alpha_{H-2}f_d \qquad （2-32）$$

$$f_{n+1} = f_y - \frac{b^3}{6}f_d = f_y - \alpha_y f_d \qquad （2-33）$$

式中　α_{H-2} ——与 HY（或 YH）点相邻的缓和
曲线一侧测点的正矢系数，

$$\alpha_{H-2} = b + \frac{a^3}{6}；$$

α_y ——与 HY（或 YH）点相邻的圆曲线

上测点的正矢系数，$\alpha_y = \frac{b^3}{6}$；

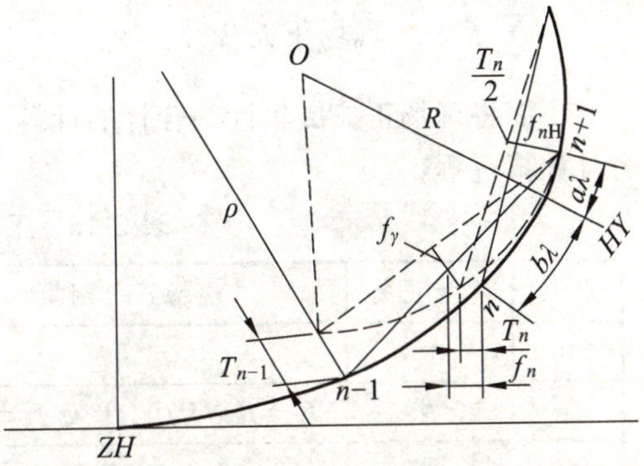

图 2-24　测点不在 HY 或 YH 时的正矢计算

当缓和曲线终点位于 n 时，$a=1$，$b=0$，则 $\alpha_{H-2} = b + \frac{a^3}{6} = \frac{1}{6}$，$\alpha_y = \frac{b^3}{6} = 0$

故　　　　　　$f_n = f_y - \frac{1}{6}f_d$　　　　$f_{n+1} = f_y$

即当缓和曲线终点位于测点时，其正矢为圆曲线正矢减缓和曲线正矢递变率的六分之一。

当 a，b 为任一值时，可先分别计算正矢系数 α_{H-2} 和 α_y，再利用式（2-32）、式（2-33）求得 f_n 和 f_{n+1}。

【例 2-7】　圆曲线计划正矢 f_y=90 mm，缓和曲线正矢递变率为 30 mm，设 n 测点距 HY 点 0.75 段，n+1 测点距 HY 点 0.25 段，求 f_n 和 f_{n+1}。

解：　$\alpha_{H-2} = b + \frac{a^3}{6} = 0.75 + \frac{0.25^3}{6} = 0.752\,6$

$\alpha_y = \frac{b^3}{6} = \frac{0.75^3}{6} = 0.070\,3$

$f_n = f_y - \alpha_{H-2}f_d = 90 - 0.752\,6 \times 30 = 67.422$ mm

$f_{n+1} = f_y - \alpha_y f_d = 90 - 0.070\,3 \times 30 = 87.891$ mm

2.5.3　曲线拨量计算

1. 确定曲线主要桩点的位置

曲线轨道经过一段时间的运营，其平面形状已经产生较大变化，为了减少曲线整正中的拨道量，并尽量照顾曲线的现状，应对曲线主要桩点的位置重新进行确定。

（1）计算曲线中央点的位置。

$$X_{QZ} = \frac{\sum\limits_{n}^{1}\sum\limits_{n}^{1} f}{\sum\limits_{1}^{n} f}（段） \qquad （2-34）$$

式中　$\sum\limits_{n}^{1}\sum\limits_{n}^{1}f$——现场正矢倒累计的合计；

　　　　$\sum\limits_{1}^{n}f$——现场正矢合计。

　　下面将现场正矢倒累计的合计的计算过程列成表 2-15，以便读者能确切地掌握倒累计的合计计算过程。

表 2-15　正矢倒累计合计计算表

测点	现场正矢	现场正矢倒累计	现场正矢倒累计合计
0	0		
1	f_1	$f_n + f_{n-1} + f_{n-2} + \cdots + f_3 + f_2 + f_1$	$n f_n + (n-1) f_{n-1} + (n-2) f_{n-2} + \cdots + f_3 + f_2 + f_1$
2	f_2	$f_n + f_{n-1} + f_{n-2} + \cdots + f_3 + f_2$	$(n-1) f_{n-1} + (n-2) f_{n-2} + \cdots + f_3 + f_2 + f_1$
3	f_3	$f_n + f_{n-1} + f_{n-2} + \cdots + f_3$	$(n-2) f_{n-2} + \cdots + f_3 + f_2 + f_1$
⋮	⋮	⋮	⋮
$n-2$	f_{n-2}	$f_n + f_{n-1} + f_{n-2}$	$3 f_n + 2 f_{n-1} + f_{n-2}$
$n-1$	f_{n-1}	$f_n + f_{n-1}$	$2 f_{n-1} + f_{n-2}$
n	f_n	f_n	f_n

　　如果测量始点为 0 测点，则 X_{QZ} 的值表示的是曲线中央点所在的测点号。

　　（2）设置缓和曲线前圆曲线长度。

　　设置缓和曲线前的圆曲线长度为：

$$L_y = \frac{\sum\limits_{1}^{n} f}{f_y} \text{（段）} \tag{2-35}$$

式中　f_y——圆曲线正矢，可用曲线中部测点的现场正矢平均值或用式 $f_y = \dfrac{50\,000}{R}$ 求之。

　　（3）确定缓和曲线长度。

　　缓和曲线的长度，按不同条件，可通过以下几种方法确定：

　　① 求出曲线两端现场正矢递变率的平均值，用圆曲线平均正矢除以正矢递变率，即得到缓和曲线长度（以段为单位）。

　　② 根据正矢变化规律来估定缓和曲线长度。当曲线方向不是太差时，缓和曲线始点正矢只有几毫米，终点正矢接近圆曲线正矢，中间各点近似于均匀递变。掌握这个规律，缓和曲线的长度便很容易确定。

　　③ 查阅技术档案或现场调查曲线标来确定缓和曲线长度。另外，还可以根据现场超高顺坡长度来进行估定。

　　（4）确定曲线主要桩点的位置。

　　圆曲线加设缓和曲线时，是将缓和曲线的半个长度设在直线上，另外半个长度设在圆曲线上，如图 2-25 所示。在加设缓和曲线前，圆曲线的直圆点（ZY）和圆直点（YZ）是缓和曲线的中点。因此，曲线主要桩点的位置可以根据曲线中央点的位置 X_{QZ}、设缓和曲线之前的圆曲线长度 L_y 及缓和曲线长度 l_0 来计算确定。

$$ZH = x_{QZ} - \frac{L_y}{2} - \frac{l_0}{2} \qquad (2\text{-}36)$$

$$HY = x_{QZ} - \frac{L_y}{2} + \frac{l_0}{2} \qquad (2\text{-}37)$$

$$YH = x_{QZ} + \frac{L_y}{2} - \frac{l_0}{2} \qquad (2\text{-}38)$$

$$HZ = x_{QZ} + \frac{L_y}{2} + \frac{l_0}{2} \qquad (2\text{-}39)$$

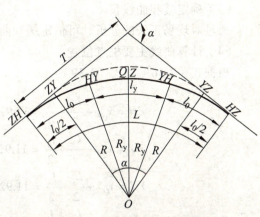

图 2-25　曲线头尾桩点里程计算

经过以上计算，重新确定了曲线主要桩点的位置，然后再编制计划正矢，就可以比较接近现场曲线的实际形状，使拨量较小。

2．拨量计算

获得现场正矢和有关限界、控制点、轨缝、路基宽度及线间距等调查资料后，即可进行曲线整正的内业计算。现结合实例说明计算过程和计算方法。

设有一曲线，共有 23 个测点，其现场正矢列于表 2-16 的第三栏。

（1）计算曲线中央点的位置。

由式（2-34）可知，曲线中央点位置为现场正矢倒累计的合计除以现场正矢合计。表 2-16 中最下一行第二栏中的数值为 $\sum\limits_{n}^{1}\sum\limits_{n}^{1} f$ 的值，第三栏中的数值为 $\sum\limits_{1}^{n} f$ 的值。

$$X_{QZ} = \frac{\sum\limits_{n}^{1}\sum\limits_{n}^{1} f}{\sum\limits_{1}^{n} f} = \frac{23\ 745}{1\ 992} = 11.92（段）$$

上值表示曲线中央点位于第 11 测点再加 9.20 m 处。

（2）计算加设缓和曲线前的圆曲线长度。

经过对现场正矢的分析，可以初步估定圆曲线大致在第 8 测点至第 16 测点之间。

圆曲线平均正矢　$f_y = \dfrac{\sum\limits_{23}^{8} - \sum\limits_{23}^{17}}{17 - 8} = \dfrac{1\ 553 - 416}{9} = 126 \text{ mm}$

根据式（2-35）计算加设缓和曲线前的圆曲线长度

$$L_y = \frac{\sum\limits_{1}^{n} f}{f_y} = \frac{1\ 992}{126} = 15.81（段）$$

（3）确定缓和曲线长。

通过对现场正矢的分析，可估定缓和曲线为 6 段，即 $l_0 = 6$。

（4）计算曲线主要桩点位置。

根据式（2-36）~式（2-39）

$$ZH = x_{QZ} - \frac{L_y}{2} - \frac{l_0}{2} = 11.92 - \frac{15.81}{2} - \frac{6}{2} = 1.015 \text{（段）}$$

$$HY = x_{QZ} - \frac{L_y}{2} + \frac{l_0}{2} = 11.92 - \frac{15.81}{2} + \frac{6}{2} = 7.015 \text{（段）}$$

$$YH = x_{QZ} + \frac{L_y}{2} - \frac{l_0}{2} = 11.92 + \frac{15.81}{2} - \frac{6}{2} = 16.825 \text{（段）}$$

$$HZ = x_{QZ} + \frac{L_y}{2} + \frac{l_0}{2} = 11.92 + \frac{15.81}{2} + \frac{6}{2} = 22.825 \text{（段）}$$

（5）确定各测点的计划正矢。

① 圆曲线的计划正矢。

采用圆曲线的平均正矢 $f_y = 126 \text{ mm}$。

② 缓和曲线的计划正矢。

曲线各主要桩点的位置如图 2-26 所示，计算中要注意曲线头尾位置系数 a、b 的取值顺序。

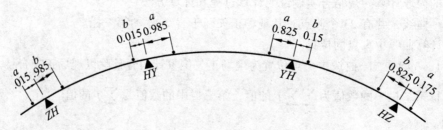

图 2-26　曲线主点桩位置

第一，求缓和曲线正矢递变率：

$$f_d = \frac{f_y}{m_0} = \frac{126}{6} = 21 \text{mm}$$

第二，求第一缓和曲线上 ZH、HY 左右两相邻测点的正矢系数：

因为　　　　　$a_1 = 0.015$,　　　$b_1 = 0.985$

所以　　　　　$\alpha_z = \frac{b_1^3}{6} = \frac{0.985^3}{6} = 0.159$

$$\alpha_{H-1} = b_1 + \frac{a_1^3}{6} = 0.985 + \frac{0.015^3}{6} = 0.985$$

因为　　　　　$a_2 = 0.985$,　　　$b_2 = 0.015$

所以　　　　　$\alpha_y = \frac{b_2^3}{6} = \frac{0.015^3}{6} = 0$

$$\alpha_{H-2}=b_2+\frac{a_2^3}{6}=0.015+\frac{0.985^3}{6}=0.174$$

第三，求第一缓和曲线上各测点的正矢。

$f_1=\alpha_z f_d=0.159\times21=3.3$，取 3。

$f_2=\alpha_{H-1}f_d=0.985\times21=20.7$，取 21。

$f_3=（3-1.015）\times21=41.7$，取 42。

$f_4=（4-1.015）\times21=62.7$，取 63。

$f_5=（5-1.015）\times21=83.7$，取 84。

$f_6=（6-1.015）\times21=104.7$，取 105。

$f_7=f_y-\alpha_{H-2}f_d=126-0.174\times21=122.3$，取 122。

$f_8=f_y-\alpha_y f_d=126-0=126$，取 126。

第四，求第二缓和曲线上 YH、HZ 左右两相邻测点的正矢系数。

因为　　　　　　$a_1=0.175,\qquad b_1=0.825$

所以　　　　　　$\alpha_z=\frac{b_1}{6}=\frac{0.825^3}{6}=0.094$

　　　　　　　　$\alpha_{H-1}=b_1+\frac{a_1^3}{6}=0.825+\frac{0.175^3}{6}=0.826$

因为　　　　　　$a_2=0.825,\qquad b_2=0.175$

所以　　　　　　$\alpha_y=\frac{b_2^3}{6}=\frac{0.175^3}{6}=0.001$

　　　　　　　　$\alpha_{H-2}=b_2+\frac{a_2^3}{6}=0.175+\frac{0.825^3}{6}=0.269$

第五，求第二缓和曲线上各测点正矢。

$f_{16}=f_y-\alpha_y f_d=126-0.001\times21=125.9$，取 126。

$f_{17}=f_y-\alpha_{H-2}f_d=126-0.269\times21=120.4$，取 120。

$f_{18}=（22.825-18）\times21=101.3$，取 101。

$f_{19}=（22.825-19）\times21=80.3$，取 80。

$f_{20}=（22.825-20）\times21=59.3$，取 59。

$f_{21}=（22.825-21）\times21=38.3$，取 38。

$f_{22}=\alpha_{H-1}f_d=0.826\times21=17.3$，取 17。

$f_{23}=\alpha_z f_d=0.094\times21=1.9$，取 2。

（6）检查计划正矢是否满足曲线整正前后曲线两端的直线方向不变的要求。

要使曲线整正前后其两端直线方向不变，它的控制条件是曲线上各测点的正矢差的合计为零。即现场正矢总和减去计划正矢总和等于零（$\sum f-\sum f'=0$），此题中现场正矢为 1 992，计划正矢为 1 991。$\sum f-\sum f'=1992-1991=1$，现场正矢总和比计划正矢总和多 1 mm，不满足曲线上各测点的正矢差的合计为零的要求。调整计划正矢时，每个测点计划正矢的调整值不宜大于 2 mm。此例中，拟将第 7 测点增加 1 mm，即 $f_7=123$ mm。

将各测点的计划正矢值，填入表 2-16 的第四栏，以便进行拨正计算。

（7）计算拨量。

由式（2-26）$e_n = 2\sum\limits_{0}^{n-1}\sum\limits_{0}^{n-1} df$，曲线上任一测点的拨量，等于到前一点为止的全部正矢差累计合计的 2 倍。故计算拨量应首先计算正矢差，再计算差累计，最后计算拨量。

表 2-16　曲线整正计算表（点号差法）

测点	现倒场累正计矢	现场正矢	计划正矢	正矢差	正累矢差计	半拨量	正矢修正	修计正划后正矢	修正正矢后差	修差正累后计	修半正拨后量	拨量	拨后正矢	注
一	二	三	四	五	六	七	八	九	十	十一	十二	十三	十四	十五
1	1 992	4	3	1	1	0		3	1	1	0	0	3	ZH=1.015
2	1 988	21	21	0	1	1	−1	20	1	2	2	2	20	
3	1 967	46	42	4	5	2		42	4	6	3	6	42	
4	1 921	56	63	−7	−2	7		63	−7	−1	9	18	63	
5	1 865	84	84	0	−2	5		84	0	−1	8	16	84	
6	1 781	107	105	2	0	3		105	2	1	7	14	105	
7	1 674	121	123	−2	−2	3		123	−2	−1	8	16	123	HY=7.015
8	1 553	123	126	−3	−5	1	−1	125	−2	−3	7	14	125	
9	1 430	125	126	−1	−6	−4		126	−1	−4	4	8	126	
10	1 305	126	126	0	−6	−10		126	0	−4	0	0	126	
11	1 179	133	126	7	1	−16		126	7	3	−4	−8	126	
12	1 046	128	126	2	3	−15		126	2	5	−1	−2	126	
13	918	125	126	−1	2	−12		126	−1	4	4	8	126	
14	793	122	126	−4	−2	−10		126	−4	0	8	16	126	
15	671	131	126	5	3	−12	+1	127	4	4	8	16	127	
16	540	124	126	−2	1	−9		126	−2	2	12	24	126	
17	416	114	120	−6	−5	−8		120	−6	−4	14	28	120	YH=16.825
18	302	102	101	1	−5	−13		101	1	−3	10	20	101	
19	200	83	80	3	−1	−17		80	3	0	7	14	80	
20	117	55	59	−4	−5	−18		59	−4	−4	7	14	59	
21	62	40	38	2	−3	−23		38	2	−2	3	6	38	
22	22	19	17	2	−1	−26	+1	18	1	−1	1	2	18	
23	3	3	2	1	0	−27		2	1	0	0	0	2	HZ=22.825
24														
Σ	23 745	1 992	1 992	+30 −30	+17 −44			1 992	+29 −29	+28 −28			1 992	

① 计算各测点的正矢差。

曲线上各测点的正矢差等于现场正矢减去计划正矢，$df = f - f'$，将各测点第三栏的值减去第四栏的值，再把差值填入第五栏中即可。

② 计算正矢差累计。

某测点的正矢差累计等于到该测点为止的以前各测点正矢差的合计。因此，可按表 2-16 中第五、六栏箭头所示，用"斜加平写"的方法进行累计。

第六栏最后一测点的正矢差累计必为零，否则说明计算有误。读者可从 $\sum_0^n df = 0$ 这一条件展开证明此结论。

③ 计算半拨量。

由式（2-26）可知，某点的半拨量等于该点所有测点正矢差累计的合计（不包括该测点）。因此，可按表 2-16 中第七栏箭头所示，用"平加下写"的方法进行计算。

半拨量的符号为正时，表示该测点应向外拨（上挑），半拨量的符号为负时，表示该测点应向内拨（下压）。

为了不使曲线两端直线发生平移，由式（2-26）得知，应使 $e_n = 2\sum_0^{n-1}\sum_0^{n-1} df = 0$，亦即必须使最后一测点的半拨量为零。而在表 2-16 第七栏中，最后第 23 测点的半拨量为 −27，这表示曲线终端直线要向内拨移（下压）2×27 mm，显然，此方案违背了整正曲线的基本原理，必须重新修正计划正矢，通过使最后一测点的半拨量为零，来满足曲线两端直线位置不变的要求。

④ 使终点半拨量调整为零。

终点半拨量不为零且数值不大时，通常采用点号差法对计划正矢进行修正。

从半拨量的计算过程可知，如果在某测点上，将计划正矢减少 1 mm，同时下边相距为 M 个点号的测点上，将计划正矢增加 1 mm（计划正矢在上一测点减 1 mm，在下一测点加 1 mm，简称"上减下加"），结果将导致下一测点以后的各测点的半拨量增加 1×M（mm）。反之，如果在相距为 M 个点号的一对测点上，对其计划正矢进行"上加下减"的修正，其结果将使下一测点以后各测点的半拨量减少 1×M（mm）。由于计划正矢的修正是在一对测点上进行的，修正值为 1，且符号相反，故不会影响曲线整正的原则，即 $\sum df = 0$ 这一条件，仍能保证使曲线两端直线方向不变的要求。

以上调整半拨量的方法，是通过在一对相距为 M 个点号的测点上，分别调整 1 mm 的计划正矢，而使这对测点以后该测点的半拨量变化 1×M（mm），由于 M 为这对测点的点号之差，故称此法为点号差法。

（8）使用点号差法调整半拨量时需注意的事项。

① 点号之差 M 值应尽可能的大。

② 如果一对测点的调整量不足以达到所需调整的值时，可以酌情使用几对测点。

③ 选择测点时，应考虑该点计划正矢的修正历史，避免在曾经修正过计划正矢的测点发生同号重复修正的情况。

④ "先加后减"的各对测点，最好安排在负半拨量最大的点号之后，"先减后加"的各对测点，最好安排在正半拨量最大的点号之后，以避免使某些点的半拨量增大，对拨道不利。

⑤ 曲线的始点和终点不要进行正矢修正，以保证曲线始、终点的半拨量为零。

⑥ 在修正值的正值与负值之间，最好间隔二个测点以上，以保证曲线的圆顺。

在表 2-16 的实例中，曲线最后一点的半拨量为 – 27，且负半拨量最大值位于最后一点，因此，用点号差法，以两对测点，采用"先减后加"模式进行正矢修正。将计划正矢修正值填入表 2-16 的第八栏。第九栏至第十二栏的计算方法与第四至第七栏相同。

第十三栏为拨量，其值为第十二栏各点半拨量的 2 倍。

第十四栏的值是通过曲线上各点拨道量和拨后正矢的关系，即通过式（2-24）

$$f_n' = f_n + e_n - \frac{e_{n-1} + e_{n+1}}{2}$$ 计算的。其目的是为了检查计算是否有误，各测点的拨后正矢应与各点修正后的计划正矢（在第九栏）相吻合，否则应重新复核。

2.5.4 拨量调整方法

1. 差累计修正法

差累计修正是在点号差法的基础上，直接用"梯形数列"对正矢差累计直接进行的修正，使其总和为零。

（1）梯形数列的构成。

根据点号差法所用计划正矢修正值的几种主要类型，可以推算出正矢差累计梯形修正数列的一般构成规律。

① 正矢差累计修正数列，是以 1 为渐变量，逐点渐变的梯形数列。

如：

"0，1，2，3，3，2，1，0" ……………………………………………（1）

"0，1，1，1，2，2，2，1，1，0" …………………………………（2）

但 "0，1，2，3，2，1，0" 不是梯形数列，是三角形数列。

而 "0，1，2，4，4，2，1，0" 虽是梯形数列，但相邻两个数 "2" 和 "4" 的递变量为 2，大于 1 这一点也不符合要求。

② 梯形数列的中部至少应有两个相邻的数相等，且数值最大。

如上例中的数组（1）和（2）。

③ 梯形数列可以对称排列，也可以不对称排列。

如数列（1）为对称排列，而数列（2）就是不对称排列。

④ 可以只用一个梯形数列，也可以同时用几个梯形数列，但相邻梯形数列间，至少要间隔一个测点。这是为避免地曲线上相邻两点正矢变化率超过 1 mm。

⑤ 梯形数列的上端不得伸入曲线始点，下端不得超出曲线终点。这样才能满足曲线始终点拨量为零的要求。

⑥ 梯形数列的合计数应等于正矢差累计的合计数，且符号相反。目的是使最后一点拨量为零。

（2）差累计修正示例。

表 2-17 中前五栏的计算与表 2-16 相同。

第六栏为差累计修正所用的梯形数列，其和为 + 27 以抵消第五栏中差累计合计值 – 27。

第七栏中的值为第五、六、七栏的值平加写在下一点的格子里，即"平加下写"。

第十栏的值为第六栏的值，上点减本点所得之差，该栏的合计必为零。此外从该栏计划正矢修正值的排列位置，也可以判别第六栏中的梯形数组是否合理，即利用点号差法对计划正矢修正值的要求来判定。

本例也可以利用两个数组对差累计进行修正，这里不再赘述。

表 2-17　差累计修正法计算表

测点	现场正矢	计划正矢	正矢差	正矢差累计	差累计修正	半拨量	拨量	拨正后矢	计矢划修正正	注
一	二	三	四	五	六	七	八	九	十	十一
1	4	3	1	1 →	+ 0 →	0	0	3		ZH = 1.015
2	21	21	0	1	+ 1	1 ↓	2	20	− 1	
3	46	42	4	5	+ 1	3	6	42		
4	56	63	− 7	− 2	+ 1	9	18	63		
5	84	84	0	− 2	+ 1	8	16	84		
6	107	105	2	0	+ 1	7	14	105		
7	121	123	− 2		+ 1	8	16	123		HY = 7.015
8	123	126	− 3	− 5	+ 2	7	14	125	− 1	
9	125	126	− 1	− 6	+ 2	4	8	126		
10	126	126	0	− 6	+ 2	0	0	126		
11	133	126	7	1	+ 2	− 4	− 8	126		
12	128	126	2	3	+ 2	− 1	− 2	126		
13	125	126	− 1	2	+ 2	4	8	126		
14	122	126	− 4	− 2	+ 2	8	16	126		
15	131	126	5	3	+ 1	8	16	127	+ 1	
16	124	126	− 2	1	+ 1	12	24	126		
17	114	120	− 6	− 5	+ 1	14	28	120		YH = 16.825
18	102	101	1	− 5	+ 1	10	20	101		
19	83	80	3	− 1	+ 1	7	14	80		
20	55	59	− 4	− 5	+ 1	7	14	59		
21	40	38	2	− 3	+ 1	3	6	38		
22	19	17	2	− 1	+ 0	1	2	18	+ 1	
23	3	2	1	0		0	0	2		HZ = 22.825
24										
Σ	1 992	1 992	+ 30 − 30	+ 17 − 44 − 27	+ 27			1 992		

2．半拨量修正法

曲线上如遇有明桥、平交道口或线路两旁有固定设备或建筑物的，除了应使曲线终点的半拨量为零外，还需满足以上各控制点的拨量为零或限制在某一数值之内的要求。用半拨量修正法直接修正半拨量，直观性强，且易于控制各点的拨量，尤其对于复杂的曲线，利用半拨量修正法能获得极佳的设计方案。

表 2-18　半拨量修正法计算表

测点	现场正矢	计划正矢	正矢差	正矢差累计	半拨量	差累计修正	半拨量修正	修正后半拨量	修正后拨量	拨正后矢	计划正矢修正	注
一	二	三	四	五	六	七	八	九	十	十一	十二	十三
1	4	3	1	1	0	→	↓	0	0	3		ZH = 1.015
2	21	21	0	1	1	1	0	1	2	20	−1	
3	46	42	4	5	2	1	1	3	6	42		
4	56	63	−7	−2	7	2	2	9	18	62	−1	
5	84	84	0	−2	5	2	4	9	18	83	−1	
6	107	105	2	0	3	3	7	10	20	105		
7	121	123	−2	−2	3	3	10	13	26	123		HY = 7.015
8	123	126	−3	−5	1	2	13	14	28	127	+1	
9	125	126	−1	−6	−4	1	15	11	22	127	+1	
10	126	126	0	−6	−10		16	6	12	127	+1	
11	133	126	7	1	−16	−1	16	0	0	127	+1	钢桥
12	128	126	2	3	−15	−1	15	0	0	126		钢桥
13	125	126	−1	2	−12		14	2	4	125	−1	
14	122	126	−4	−2	−10		14	4	8	126		
15	131	126	5	3	−12		14	2	4	126		
16	124	126	−2	1	−9	1	14	5	10	125	−1	
17	114	120	−6	−5	−8	2	15	7	14	119	−1	YH = 16.825
18	102	101	1	−5	−13	3	17	4	8	100	−1	
19	83	80	3	−1	−17	3	20	3	6	80		
20	55	59	−4	−5	−18	2	23	5	10	60	+1	
21	40	38	2	−3	−23	1	25	2	4	39	+1	
22	19	17	2	−1	−26	1	26	0	0	17		
23	3	2	1	0	−27		27	0	0	3	+1	HZ = 22.825
24												
Σ	1 992	1 992	+30 −30	+17 −44 −27		+27				1 992	0	

半拨量修正与差累计梯形数列修正法的原理完全相同。下面以表 2-18 所示实例来说明如何使用半拨量修正法进行说明。

在表 2-18 中，第六栏为各测点的半拨量，终点的半拨量为 -27。

表 2-19　拨量调整数列

第一组									第二组								
测点	计划正矢修正	正矢差修正	差累计修正	半拨量修正	拨量修正	调整数列			测点	计划正矢修正	正矢差修正	差累计修正	半拨量修正	拨量修正	调整数列		
						1	2	3							1	2	3
1	+1	-1	-1	0	0	0			1	-1	+1	+1	0	0	0		
2	+1	-1	-2	-1	-2	-2	0		2	-0.5	+0.5	+1.5	+1	+2	+2	0	
3			-2	-3	-6	-4	-2		3	-0.5	+0.5	+2	+2.5	+5	+4	+1	
4			-2	-5	-10	-6	-4		4			+2	+4.5	+9	+6	+3	
5	-1	+1	-1	-7	-14	-8	-6		5	+1	-1	+1	+6.5	+13	+8	+5	
6	-1	+1	0	-8	-16	-10	-6		6	+1	-1	0	+7.5	+15	+10	+5	
7			0	-8	-16	-10	-6		7	+1	-1	-1	+7.5	+15	+10	+5	
8	-1	+1	+1	-8	-16	-10	-6		8	+1	-1	-2	+6.5	+13	+8	+5	
9	-1	+1	+2	-7	-14	-8	-6		9			-2	+4.5	+9	+6	+3	
10			+2	-5	-10	-6	-4		10	-0.5	+0.5	-1.5	+2.5	+5	+4	+1	
11			+2	-3	-6	-4	-2		11	-0.5	+0.5	-1	+1	+2	+2	0	
12	+1	-1	+1	-1	-2	-2	0		12	-1	+1	0	0	0	0		
13	+1	-1	0	0	0	0			13								

第三组									第四组								
测点	计划正矢修正	正矢差修正	差累计修正	半拨量修正	拨量修正	调整数列			测点	计划正矢修正	正矢差修正	差累计修正	半拨量修正	拨量修正	调整数列		
						1	2	3							1	2	3
1	-0.5	+0.5	+0.5	0	0	0			1	-0.5	+0.5	+0.5	0	0	0		
2	-0.5	+0.5	+1	+0.5	+1	+1	0		2	-0.5	+0.5	+1	+0.5	+1	+1		
3			+1	+1.5	+3	+2	+1		3			+1	+1.5	+3	+3		
4			+1	+2.5	+5	+3	+2		4	+0.5	-0.5	+0.5	+2.5	+5	+5		
5	+0.5	-0.5	+0.5	+3.5	+7	+4	+3		5	+0.5	-0.5	0	+3	+6	+6		
6	+1	—1	-0.5	+4	+8	+5	+3		6	+1	-1	-1	+3	+6	+6		
7	+0.5	-0.5	-1	3.5	+7	+4	+3		7			-1	+2	+4	+4		
8			-1	2.5	+5	+3	+2		8			-1	+1	+2	+2		
9			-1	1.5	+3	+2	+1		9	-1	+1	0	0	0	0		
10	-0.5	+0.5	-0.5	+0.5	+1	+1	0		10								
11	-0.5	+0.5	0	0	0	0			11								

第七栏为差累计修正，在这一栏中使用了三个梯形数列，前两个数列是为了使位于钢桥上的第 11、12 测点的半拨量调整为零，所以第一个数列的数值和应为 + 16，位于钢桥所在测点之前。第七栏中的三个数列之和应为 + 27，这样才满足控制点对拨量的要求，又能把曲线终点 – 27 个半拨量调整为零。

第八栏是按"平加下写"的规律，按箭头所示方向进行计算的。

第九栏为第六栏与第八栏的和，即修正后半拨量 = 半拨量 + 半拨量修正。

第十二栏的计算方法同表 2-17 中第十栏。

3．拨量调整法

拨曲线时，向上挑时轨缝被拉大，向下压时轨缝被挤小。对于无缝线路，由于曲线钢轨没有轨缝，上挑时钢轨被拉伸，下压时，钢轨被压缩，而钢轨长度的改变会影响锁定轨温。为了避免钢轨内应力的非正常变化，要求无缝线路的拨道方案必须保证正负拨量相等。因此，对于无缝线路的曲线整正计算，除了利用差累计修正法，使曲线终点的半拨量为零外，还可利用拨量调整法来调整拨量，以达到正负拨量相等的目的。

拨量调整法实质上是点号差法的延伸。由于点号差法修正了计划正矢，进而对拨量产生影响。所以，只要知道点号差法影响拨量数列的构成规律，则可以直接用此数列（称为拨量调整数列）对拨量进行修正调整。

（1）拨量调整数列的构成。

① 每个数列都是由中部向两端递减至零的。

② 数列两端以 2 mm 递减时，第一个数列的中部至少要有两个同值的相邻数，其后的各数列正对前一数列中部位置处至少增加两个同值的相邻数，且比前一数列中部的同值相邻数至少小 4 mm（如表 2-19 中的第一组）。

③ 当数列的两端以 1 递减时，第一数列的中部有无同值的相邻数皆可，但其后的各数列正对前一数列中的中部位置处至少应增加两个同值的相邻数，且比前一数列中部的同值相邻数至少小 2 mm（如表 2-19 中的第三组）。

④ 在数列组合中，用单数组成数列或双数组成数列都是可以的（如表 2-19 中的第二组）。在一个数列内一端用双数另一端用单数也是可行的（如表 2-19 中的第四组）。

其实，无论哪种调整数列，其构成都遵循一个规律，即使测点的计划正矢修正量不超过1 mm。由拨后正矢计算公式很容易推出计划正矢修正量公式：

$$某点计划正矢修正量 = 该点拨量调整量 - \frac{前点拨量调整量 + 后点拨量调整量}{2}$$

这样，由上面的公式也可以直接构成拨量调整数列，只要使各点的拨量调整量按上式计算使计划正矢修正量不超过 1 mm 即可。

例如数列：0，2，6，12，20，28，34，38，40，40，38，35，31，25，17，11，7，5，3，1，0

就满足条件。

由于无缝线路的拨量调整数一般较大，故经常使用若干组调整数列来进行拨量调整。

设计调整数列时，应使调整数列在各测点的值之和等于拨量合计值的相反数。

表 2-20 为无缝线路曲线整正计算示例。

表中第一栏至第九栏与表 2-17 相同。

第十栏和第十一栏各选用一组双数数列,使其和等于第九栏中的拨量合计值而符号相反,从而使正负拨量相等。在设计数列时,应努力减少各点的拨量以利拨道。注意勿使调整数列伸入曲线的始、终点。

表 2-20 无缝线路曲线拨道计算表

测点	现场正矢	计划正矢	正矢差	正矢差累计	差累计修正	计划正矢修正	半拨量	拨量	拨量调整			计划正矢修正	调整后拨量	拨后正矢	注
									数列1	数列2	数列合计				
一	二	三	四	五	六	七	八	九	十	十一	十二	十三	十四	十五	十六
1	4	3	1	1	0		0	0			0		0	3	ZH = 1.015
2	21	21	0	1	0		1	2		0	0	+1	2	22	
3	46	42	1	5	0		2	4		−2	−2		2	42	
4	56	63	−7	−2	1	−1	7	14		−4	−4		10	62	
5	84	84	0	−2	1		6	12		−6	−6	−1	6	83	
6	107	105	2	0	1		5	10		−6	−6		4	105	
7	121	123	−2	−2	1		6	12		−6	−6		6	123	HY = 7.015
8	123	126	−3	−5	1		5	10		−6	−6	−1	4	125	
9	125	126	−1	−6	1		1	2		−4	−4		−2	126	
10	126	126	0	−6	1		−4	−8		−2	−2	+1	−10	127	
11	133	126	7	1	1		−9	−18	0	−2	−2		−20	126	
12	128	126	2	3	2	−1	−7	−14	−2		−2	+1	−16	126	
13	125	126	−1	2	2		−2	−4	−4		−4		−8	126	
14	122	126	−4	−2	2		2	4	−6		−6		−2	126	
15	131	126	5	3	2		2	4	−8		−8		−4	126	
16	124	126	−2	1	2		7	14	−10		−10	−1	4	125	
17	114	120	−6	−5	2		10	20	−10		−10		10	120	YH = 16.825
18	102	101	1	−4	2		7	14	−10		−10	−1	4	100	
19	83	80	3	−1	2		5	10	−8		−8		2	80	
20	55	59	−4	−5	2		6	12	−6		−6		6	59	
21	40	38	2	−3	1	+1	3	6	−4		−4		2	39	
22	19	17	2	−1	0	+1	1	2	−2		−2		0	18	
23	3	2	1	0			0	0	0		0	+1	0	3	HZ = 22.825
24															
Σ	1992	1992	+30 −30	+17 −44 −27	+27		+76 −22 54	+152 −44 108	−70	−38	−108	0	+62 −62	1992	

第十二栏为调整数列 1 和调整数列 2 的合计。

第十三栏为第十二栏中拨量调整数列合计对各点计划正矢的影响值，其值是根据曲线整正这一基本前提即"曲线某测点上挑或下压一拨量，其相邻两点的正矢将相应减小或增大此拨量的一半"来进行计算得到的。即曲线上某点的计划正矢修正值，应等于该点拨量调整数减去相邻两点拨量调整数之和的一半。

为保证拨量后曲线的圆顺，要求计划正矢修正值在同一测点上，应避免与第七栏中的计划正矢修正值出现同号叠加的现象。

第十四栏的值为第九栏的值加第十二栏的值。

第十五栏的值是利用式（2-25）即 $f'_n = f_n + e_n - \dfrac{e_{n-1} + e_{n+1}}{2}$ 计算的。

各测点在第十五栏中的值，应等于该点修正后的计划正矢（第三栏＋第七栏＋第十三栏），否则说明计算有误。

2.6　缩短轨的配置

【学习目标】

（1）能回答设置缩短轨的目的。

（2）能正确确定新线曲线缩短轨的类型和数量，并正确配置。

（3）能回答出既有线曲线缩短轨的配置方法。

（4）能正确进行曲线成段更换钢轨的空搭头计算。

2.6.1　曲线缩短轨计算

1. 缩短轨类型的确定

曲线地段外股轨线比内股轨线长，为保证两股钢轨接头采用对接方式，内股钢轨宜采用厂制缩短轨，为此需进行缩短轨的计算。我国厂制缩短轨，对于 12.5 m 标准轨有缩短量为 40 mm、80 mm、120 mm 这三种类型，对于 25 m 标准轨有缩短量为 40 mm、80 mm、160 mm 这三种类型。选用缩短轨类型时，缩短轨的长度可利用下式确定：

$$L_0 < L\left(1 - \frac{S_1}{R}\right) \tag{2-40}$$

式中　L_0——标准缩短轨长度（m），按计算结果选用缩短量较小的缩短轨；

　　　L——标准钢轨长度，25 m 或 12.5 m；

　　　S_1——两股钢轨中心距离，一般用 1.5 m；

　　　R——曲线半径（m）。

另外，还可以根据半径，参照表 2-21 进行选用。

表 2-21　标准缩短轨选择参照表

曲线半径（m）	25 m 钢轨		125 m 钢轨	
	缩短轨长（m）	缩短量（mm）	缩短轨长（m）	缩短量（mm）
4000~1 000	24.96 24.92	40 80	12.46	40
800~500	24.92 24.84	80 160	12.46	40
450~250	24.84	160	12.42	80
200	—	—	12.38	120
附　　注	1. 按表列缩短量宜选较小的一种。 2. 为了不影响直线接头的质量，允许在曲线尾按实际情况插入个别相应的缩短轨。			

　　曲线上内外股钢轨接头的相错量，在正线和到发线上，容许为 40 mm 加所用缩短轨缩短量的一半；在站线、次要线和使用非标准长度钢轨的线路上，容许再增加 20 mm。

　　2．曲线内股轨线缩短量的计算

　　圆曲线和缓和曲线内股缩短量的计算公式如下：

　　（1）圆曲线内股的缩短量用 ε_y 表示：

$$\varepsilon_y = \frac{S_1 L}{R} \tag{2-41}$$

式中　S_1 ——两股钢轨中心距离，采用 1 500 mm（近似值）；

　　　　L ——圆曲线长度（m）；

　　　　R ——圆曲线半径（m）。

　　（2）缓和曲线内股的缩短量用 ε_H 表示：

$$\varepsilon_H = \frac{S_1 l_0}{2R} \tag{2-42}$$

式中　l_0 ——一端缓和曲线长度（m）。

　　如果两端缓和曲线长度不等，则按上式分别计算缩短量。复心曲线要根据不同半径分别进行计算。

　　（3）缓和曲线内股任意一点的缩短量用 ε_h 表示：

$$\varepsilon_h = \frac{S_1 l_n^2}{2R l_1} \tag{2-43}$$

式中　l_n ——缓和曲线起点至计算点的缓和曲线长度。

　　（4）整个曲线的总缩短量用 $\varepsilon_总$ 表示，

$$\varepsilon_总 = \varepsilon_y + 2\varepsilon_H = \frac{S_1 L_y}{R} + 2\frac{S_1 l_0}{2R} = \frac{S_1(L_y + l_0)}{R} \tag{2-44}$$

式中　　L_y——圆曲线全长。

3. 缩短轨数量的计算

缩短轨所需根数 N 的计算公式如下：

$$N = \frac{\varepsilon_{总}}{K} \qquad\qquad (2\text{-}45)$$

式中　　$\varepsilon_{总}$——总缩短量（mm）；

　　　　K——曲线选用缩短轨的缩短量（mm）。

外股轨线所需标准轨的根数 N_0 为：

$$N_0 = \frac{2l_1 + L}{l_{标} + \delta} \qquad\qquad (2\text{-}46)$$

式中　　$l_{标}$——标准轨长度；

　　　　δ——轨缝。

显然，曲线里股铺设的缩短轨根数 N 不应大于曲线外股轨线上铺设的标准轨的根数 N_0，即

$$N \leqslant N_0$$

否则，应选用缩短量更大的缩短轨。一般来说，$R > 500$ m，可选用 $K = 40$ mm 的缩短轨，R 在 250～450 m 时，可选用 $K = 80$ mm 的缩短轨。

2.6.2　缩短轨的配置

1. 既有线缩短轨配置

在既有线上，可采用现场丈量的办法布置缩短轨。如图 2-27 所示，其步骤如下：

（1）根据所使用的缩短轨类型及算出的缩短轨根数配齐轨料。

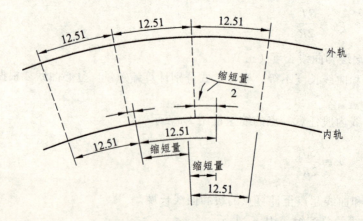

图 2-27　丈量法布置缩短轨

（2）在现场用钢尺从曲线头附近的钢轨接头量起，在外股量一根标准轨长加一轨缝值，里股也量同样长度。然后，将外股丈量终点用方尺方到里股，则里股丈量终点比外股方过来

的点，要超前一个量值，称此值为应有缩短量。

（3）继续丈量，当应有缩短量大于缩短轨缩短量的一半时，即在里股此根轨上作一记号，表示此轨要换成缩短轨。

（4）将里股丈量起点向丈量始点方向退一缩短轨缩短量的长度，再按前述方法继续丈量，直至定出所有缩短轨的位置为止。

2. 新线缩短轨配置

在新线铺轨或线路大修组装轨排工程中，只能通过计算来配置缩短轨。配置的方法是从曲线始点开始，计算外股轨线每一钢轨接头处里股应有的缩短量。当里股应有缩短量与实际缩短量之差大于缩短轨缩短量的一半时，就应在该处布置一根缩短轨，以使里外股接头错距不大于缩短轨缩短量的一半。

利用表格计算进行非常方便，现举例如下。

【例 2-8】 圆曲线半径 $R = 600$ m，圆曲线长 $L_y = 45$ m，缓和曲线长 $l_0 = 60$ m，直线上最末一节钢轨进入曲线的长度 $Z = 4.8$ m，标准轨长 $l_标 = 12.5$ m，轨缝 $\delta = 10$ mm，试确定缩短轨的铺设位置。

（1）确定缩短轨的缩短量 K。

$$L_0 < L\left(1 - \frac{S_1}{R}\right) = 12.5 \times \left(1 - \frac{1.5}{600}\right) = 12.468\ 7 \text{ m}$$

选用 $L = 12.46$ m 的缩短轨，即 K=40 mm。

（2）计算里股轨线总缩短量。

由式（2-43），里股轨线总缩短量为：

$$\varepsilon_总 = S_1 \frac{l_0 + L_y}{R} = 1500 \times \frac{60 + 45}{600} = 262 \cdot 5 \text{ mm}$$

（3）计算所需缩短轨根数

$$N = \frac{\varepsilon_总}{K} = \frac{262.5}{40} = 6.56 \text{ 根，采用 7 根}$$

外股轨线所需标准轨的根数为：

$$N_0 = \frac{2l_0 + L}{l_标 + \delta} = \frac{2 \times 60 + 45}{12.51} = 13.2 \text{ 根}$$

$N_0 \geq N$　故缩短轨选型合理。

（4）填表计算缩短轨的铺设位置。

表 2-22 第一栏中的 "Z" 代表直线上最末一节钢轨伸入曲线的长度。"5_1""5_2""9_1""9_2""13_1""13_2"分别表示第 5 根钢轨被 "HY" 点所分的两段轨，第 9 根钢轨被 "YH" 点所分的两段和第 13 根钢轨被 "HZ" 点所分的两段轨的顺号。

表 2-22　曲线缩短轨配置计算表

钢轨顺号	钢轨长度(含轨缝)(m)	曲线始点至计算点距离(m)	计算点位置	应有缩短量计算(mm)	判定是否铺缩短轨	钢轨类型	实际缩短量的累计(mm)	接头直角错距(mm)
一	二	三	四	五	六	七	八	九
Z	4.80	4.80	H_1	$\varepsilon_z = \dfrac{1\,500}{2 \times 600 \times 60} \times 4.8^2 \approx 0$	$0 < \dfrac{40}{2}$		0	0
1	12.51	17.31	H_1	$\varepsilon_1 = 0.020\,8 \times 17.31^2 \approx 6$	$6 < 20$	B	0	+6
2	12.51	29.82	H_1	$\varepsilon_2 = 0.020\,8 \times 29.82^2 \approx 18$	$18 - 0 < 20$	B	0	+18
3	12.51	42.33	H_1	$\varepsilon_3 = 0.020\,8 \times 42.33^2 \approx 37$	$37 - 0 > 20$	S	40	−3
4	12.51	54.84	H_1	$\varepsilon_4 = 0.020\,8 \times 54.84^2 \approx 63$	$63 - 40 > 20$	S	80	−17
5_1	5.16	60.00	HY	$\varepsilon_{HY} = 0.020\,8 \times 60^2 \approx 75$				
5_2	7.35	67.35	Y	$\varepsilon_5 = 75 + (67.35 - 60) \times \dfrac{1\,500}{600} \approx 93$	$93 - 80 < 20$	B	80	+13
6	12.51	79.86	Y	$\varepsilon_6 = 75 + (79.86 - 60) \times 2.5 \approx 125$	$125 - 80 > 20$	S	120	+5
7	12.51	92.37	Y	$\varepsilon_7 = 75 + (92.37 - 60) \times 2.5 \approx 156$	$156 - 120 > 20$	S	160	−4
8	12.51	104.88	Y	$\varepsilon_8 = 75 + (104.88 - 60) \times 2.5 \approx 187$	$187 - 160 > 20$	S	200	−13
9_1	0.12	105.00	YH	$\varepsilon_{YH} = 75 + (105 - 60) \times 2.5 \approx 187$				
9_2	12.39	117.39	H_2	$\varepsilon_9 = 262.5 - 0.020\,8 \times (165 - 117.39)^2 = 215$	$215 - 200 < 20$	B	200	+15
10	12.51	129.90	H_2	$\varepsilon_{10} = 262.5 - 0.020\,8 \times (165 - 129.90)^2 = 237$	$237 - 200 > 20$	S	240	−3
11	12.51	142.41	H_2	$\varepsilon_{11} = 262.5 - 0.020\,8 \times (165 - 142.41)^2 = 252$	$252 - 240 < 20$	B	240	+12
12	12.51	154.92	H_2	$\varepsilon_{12} = 262.5 - 0.020\,8 \times (165 - 154.92)^2 = 260$	$260 - 240 = 20$	S	280	−20
13_1	10.08	165.00	HZ	$\varepsilon_{HZ} = \varepsilon_{总} = 263$				
13_2	2.43	167.43	Z	$\varepsilon_{13} = 263$	$263 - 280 < 20$	B	280	−17

第二栏填写外股轨线上所铺设的标准轨长或曲线标桩点至铺于标桩点处的那根钢轨两端的距离。

第三栏填写外股轨线上各接头或标桩点至曲线始点的距离。

第四栏填写各接头或标桩点在曲线上所处的位置。"H_1"代表第一缓和曲线，"HY"代表缓圆点，"Y"代表圆曲线，"YH"代表圆缓点，H_2代表第二缓和曲线，"HZ"代表缓直点。

第五栏为各接头处应有缩短量的计算。

① 在第一缓和曲线上共有五个接头，根据各接头至缓和曲线始点的距离，按式（2-43）计算。第 5 号钢轨有 5.16 m 在第一缓和曲线上，有 7.35 m 在圆曲线上，故第 5 号钢轨接头处的应有缩短量为第一缓和曲线总缩短量加 7.35 m 长的圆曲线缩短量。

② 圆曲线范围内各接头处的应有缩短量，为第一缓和曲线总缩短量加圆曲线范围内各接头的缩短量。

③ 第二缓和曲线各接头处的应有缩短量，是通过将整个曲线的总缩短量减去第二缓和曲

线上各接头距第二缓和曲线始点（HZ）这段曲线长度范围内的应有缩短量来获得的。这是因为缓和曲线应有缩短量的计算公式（2-41）的使用条件，是必须从缓和曲线头来计算缓和曲线上某点的应有缩短量。

第六栏是用以判定是否铺设缩短轨的。当接头处应有缩短量减去此接头以前实际缩短量的累计值大于等于标准缩短轨缩短量的一半时，即需要铺设缩短轨。

第七栏中"B"表示标准轨，"S"表示缩短轨。

第八栏中填写的是布置缩短轨后实际缩短量的累计值。

第九栏是用以检查布置缩短轨后，接头的直角错距，它等于应有缩短量（第五栏）减去实际缩短量的累计值（第八栏）。正号表示里股钢轨接头超前，负号表示里股钢轨接头错后。

在曲线里股铺设一定数量的缩短轨后，仍不可避免地存在里股钢轨接头超前或错后的现象。按缩短轨缩短量的不同，最大超前或错后量可达 20 mm、40 mm、60 mm 或 80 mm。因此必须利用单根钢轨的长度误差来进行调整。一般应在曲线内两股钢轨上配轨调整，有困难时可在就近直线上配轨调整。

切不可用增减轨缝尺寸的方法调整接头相错量，因轨缝本身已有一定的误差，如再额外增减，势必导致轨缝误差扩大，技术状态不良。

除调整接头相错量的轨节外，应按钢轨长度误差量配对使用钢轨，每对钢轨相差量一般不得大于 3 mm，并在前后左右互相抵消。配轨有困难时，一对钢轨的相差量虽可大 3 mm，但在两股钢轨上的累计相差量必须控制在 15 mm 以内。这是考虑加上钢轨窜动、一股微量爬行及其他误差以后，接头相错量不致太大（例如正线、到发线维修验收标准要求，接头相对的直线误差不大于 40 mm，曲线误差不大于 40 mm 加缩短量的一半）。

2.6.3　曲线成段更换钢轨的空搭头计算

在运营线上，随着运量的增加，行车速度与轴重也不断提高，导致原有的钢轨类型不能满足要求，或因为曲线钢轨严重磨耗等原因，须用较重型或新钢轨更换原有旧轨。人工更换钢轨时一般不动轨枕，只更换钢轨和联结零件。为缩短封锁施工的时间，应先把新轨联接成一定长度的轨组，并在轨组的轨缝中夹入轨缝片。《普速铁路工务安全规则》（铁总运[2014]272号）规定：普通线路木枕地段。可放在道床肩上或木枕头上，直线地段可放在道心里。放在道床肩部时，道砟应预先整平；放在木枕头上时，两端至少各钉两个道钉，中间适当用道钉卡住；放在道心时，两端应弯向中心并用道钉固定，中间适当用道钉卡住。新旧轨头间隔应不少于 150 mm，如果新轨轨面比旧轨轨面高，其高出的值不应大于 25 mm，如图 2-28（1）所示。普通线路混凝土枕地段，应放在道床肩上。直线地段也可放在道心里，两端用卡子卡在轨枕上或穿入木枕钉固，如钢轨组较长，中间适当穿入木枕钉固，直线地段可放在道心里，新旧轨头间隔应不少于 300 mm，如新轨轨面比旧轨轨面高，其高出值应不大于 25 mm，如图 2-28（2）所示。

为避免大量串动钢轨，新旧轨组之间须留空、搭头。如图 2-29 所示。

新轨组长度可根据曲线半径大小进行选定。如半径 $R \geqslant 800$ m 时，钢轨组长度可为 100 m；如半径 $R \leqslant 400$ m 时，钢轨组长度可为 50 m。如新钢轨的高度大于旧钢轨时，钢轨组宜放在旧轨外侧；反之则放在旧轨内侧。

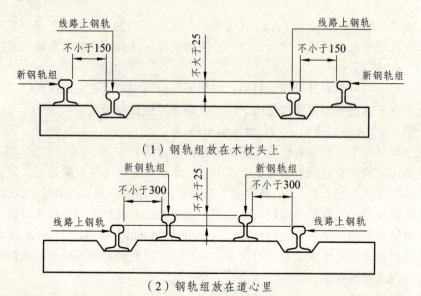

（1）钢轨组放在木枕头上

（2）钢轨组放在道心里

图 2-28　钢轨组堆放位

放在旧轨外侧的外股钢轨组与放在旧轨内侧的内股钢轨组间拉开的一段距离，称为空头；放在旧轨外侧的内股钢轨组与放在旧轨内侧的外股钢轨组间重叠的一段距离，称为搭头，如图 2-29 所示。

应该注意的是，联结钢轨组时，相对的钢轨组中的钢轨长度公差要搭配好；轨缝应按轨温计算；新旧钢轨间的净距一定要留对，这是影响空头与搭头的关键。

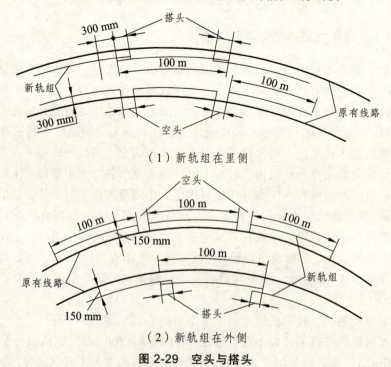

（1）新轨组在里侧

（2）新轨组在外侧

图 2-29　空头与搭头

各轨组间空头或搭头的大小，可根据曲线上内外股轨线长度差的原理并通过下式进行确定：

$$\Delta l = \frac{l}{R}\left(d + \frac{b_1 + b_2}{2}\right)$$ （2-47）

式中　Δl ——新旧轨组直角错距；

　　　l ——新轨组长；

　　　R ——曲线半径；

　　　d ——新旧轨组轨头间的净空；

　　　b_1，b_2 ——分别为新旧轨头宽。

计算缓和曲线上的新旧轨组直角错距时，可取缓和曲线长度的一半代入上式进行计算。新轨组间空头和搭头值分别为：

$$空头 = \Delta l + \delta$$
$$搭头 = \Delta l - \delta$$

式中　Δl ——新旧轨组直角错距；

　　　δ ——预留轨缝值。

【例 2-9】 曲线半径为 800 m，曲线全长 300 m，两端缓和曲线各为 50 m，欲用 60 kg/m 的新轨更换曲线上 50 kg/m 的旧轨，新轨组长 100 m，布置于枕木头，与旧轨间距为 150 mm，预留轨缝 10 mm，计算新轨组之间空头、搭头的长度。

如图 2-29（2）所示，整个曲线上下股各布置三组新轨组，中间一组为圆曲线，两端的新轨组中各有 50 m 的缓和曲线和 50 m 的圆曲线，新轨轨头宽 73 mm，旧轨轨头宽 70 mm。

第一、三轨组的新旧轨组直角错距：

$$\Delta l = \frac{\left(\dfrac{50}{2} + 50\right)}{800} \times \left(150 + \frac{73 + 70}{2}\right) \approx 20.77\ \text{mm}$$

空头 = 20.77 + 10 ≈ 30.8 mm，搭头 = 20.77 − 10 ≈ 10.8 mm。

第二轨组的新旧轨组直角错距：

$$\Delta l = \frac{100}{800}\left(150 + \frac{73 + 70}{2}\right) \approx 27.69\ \text{mm}$$

空头 = 27.69 + 10 ≈ 37.8 mm，搭头 = 27.69 − 10 ≈ 17.8 mm。

外股新轨组间的空头分别是：

第一、二轨组间为 30.8 mm；第二、三轨组间为 37.8 mm。

内股新轨组间的搭头分别是：

第一、二轨组间为 10.8 mm；第二、三轨组间为 17.8 mm。

2.7　曲线轨道加强

在线路曲线地段，尤其是小半径曲线地段，列车通过时，横向水平力比直线段大，可能导致轨距扩大，轨道框架横移，平面位置歪曲，轨枕挡肩损坏，养护维修工作量增加。因此，必须对小半径曲线段予以加强，加强办法有：

（1）增加轨枕配置，提高轨道框架横向稳定性。对于混凝土枕轨道 R≤800 m 的曲线（包括缓和曲线），每千米增加的轨枕根数见表 1-12。

（2）安装轨撑或轨距杆（图 2-30），提高钢轨水平方向的稳定性，防止轨距扩大。

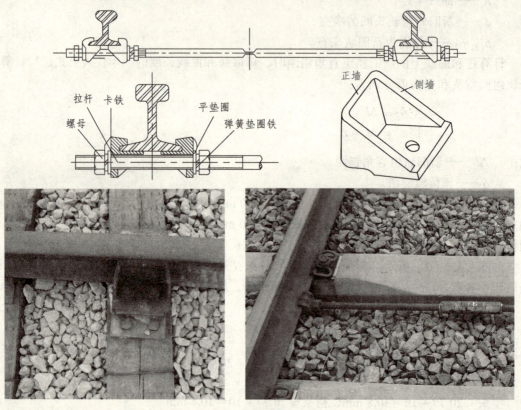

图 2-30　轨距杆、轨撑

轨撑安装在钢轨外侧以顶住轨下颚和轨腰，防止钢轨外倾。轨距杆是一端扣住外轨轨底，另一端扣住里轨轨底的拉杆，作用是防止钢轨位移，保持轨距。实践证明，轨撑、轨距拉杆都是能比较有效地防止轨距扩大、车轮脱轨的重要手段。表 2-22 为木枕线路正线半径 R≤800 m 和站线半径 R≤350 m 的曲线轨道需要安装的轨距杆或轨撑的数量。

表 2-22　轨距杆或轨撑安装数量

曲线半径（m）	轨 距 杆（根）		轨 撑（对）	
	25 m 钢轨	12.5 m 钢轨	25 m 钢轨	12.5 m 钢轨
R≤350	10	5	14	7
350<R≤450	10	5	10	5
450<R≤600	6～10	3～5	6～10	3～5
600<R≤800	根据需要安装			

对于半径 $R \leqslant 350$ m 的曲线和道岔导曲线，可根据需要安装轨距杆和轨撑两种加强设备。

铺混凝土枕的线路，在行驶电力机车的区段，且在半径 $R \leqslant 600$ m 的曲线上，其他区段 $R \leqslant 350$ m 的曲线，可根据需要比照表 1~17 安装轨距杆或轨撑，或采用轨距保持能力较强的弹性扣件。

轨距杆有普通轨距杆和绝缘轨距杆两种，在有轨道电路的线路上，应当采用绝缘轨距杆。

（3）堆高曲线外侧砟肩石砟，以增加曲线道床横向阻力，也是曲线加强的一项有效措施。

习题与思考题

1. 曲线轨道有哪些特点？

2. 小半径曲线轨距为什么要加宽？加宽标准是怎样规定的？

3. 曲线轨道为什么要设外轨超高？如何设置？

4. 什么是欠超高？什么是过超高？有什么规定？

5. 外轨最大超高是怎样规定的？

6. 什么是缓和曲线？为什么设置缓和曲线？我国铁路常用缓和曲线采用什么线型？

7. 缓和曲线长度是根据什么条件确定的？

8. 什么是曲线正矢？怎样测量曲线正矢？

9. 单线铁路曲线半径 R=800 m，一昼夜通过该曲线的各次列车次数、列车重量及实测速度如下表所示，试确定该曲线的实设超高，并检算未被平衡的超高是否满足要求？

顺号	列车种类	列车重量（kN）	列数	实测速度（kin/h）
1	特快旅客列车	8 000	4	95，94，88，85
2	直快旅客列车	9 000	4	90，89，86，83
3	普通旅客列车	7 000	2	73，69
4	直达货物列车	33 000	13	69，68，64，63，70，63，67，65，65，61，60，58，57
5	区段货物列车	22 000	5	72，67，70，69，56
6	排空货物列车	11 000	6	73，67，71，66，68，69

10. 某曲线的圆曲线半径 R=800 m，缓和曲线长 l_0 =70 m，圆曲线长 L_y =125.53 m，铺设标准轨长度 L=25 m，第一根钢轨进入曲线的长度为 8.5 m，试确定缩短轨类型、数量，并布置缩短轨。

11. 已知一曲线半径 R=600m，两端缓和曲线长 l_0 =50 m，第9点为小桥，该点不允许拨动曲线，实测正矢见下表，试用绳正法进行曲线整正计算。

测点号	1	2	3	4	5	6	7	8	9	10	11
实测正矢	0	5	10	40	45	75	77	81	101	91	86
测点号	12	13	14	15	16	17	18	19	20	21	22
实测正矢	90	76	97	71	73	82	43	40	10	11	0

12. 某曲线现场正矢资料如下，试分别用点号差法、差累计修正法、半拨量修正和拨量修正法进行曲线整正计算。

测点号	1	2	3	4	5	6	7	8	9	10	11
实测正矢	1	7	9	10	17	20	26	30	32	38	44
测点号	12	13	14	15	16	17	18	19	20	21	22
实测正矢	44	48	53	58	60	60	60	60	57	60	62
测点号	23	24	25	26	27	28	29	30	31	32	33
实测正矢	60	62	60	56	53	49	45	42	37	34	31
测点号	34	35	36	37	38	39	40				
实测正矢	25	22	18	14	9	5	2				

13. 某曲线的曲线半径为 800 m，曲线全长 420 m，其中圆曲线长 320 m。每端缓和曲线长为 50 m。旧钢轨为 43 km/h，新轨为 50 km/h，25 m 钢轨，换轨时轨温为 20 ℃，最高轨温为 60 ℃，最低轨温为 − 10 ℃。

求：（1）选择新轨放置距旧轨距离。

（2）计算各组的搭头及空头量。

模块三　无缝线路

模块	学习内容	参考学时
无缝线路	3.1 无缝线路基本原理	
	3.2 轨道强度计算	
	3.3 无缝线路结构设计	
	3.4 无缝线路铺设	
	3.5 无缝线路养护维修	

3.1　无缝线路基本原理

【学习目标】

（1）能说出无缝线路的定义及分类。

（2）能正确计算钢轨自由伸缩量和受约束时的温度应力、温度力。

（3）能解释无缝线路长轨条可以无限长的理论依据。

（4）能解释轨温、锁定轨温、设计锁定轨温、施工锁定轨温、实际锁定轨温的含义。

（5）能说出线路阻力的种类及各种阻力的作用。

（6）能说出影响道床横向阻力的因素。

（7）能画出无缝线路基本温度力图并解释伸缩区、固定区的含义。

（8）能正确计算无缝线路伸缩区长度及长轨和标准轨一端的伸缩量。

（9）能说出影响无缝线路稳定性的因素。

（10）能正确应用统一公式计算无缝线路临界温度压力。

3.1.1　概述

1. 铺设无缝线路的意义

无缝线路是钢轨连续焊接或胶接超过两个伸缩区长度的轨道。它是当今轨道结构的一项重要的新技术，世界各国竞相发展无缝线路技术。

在普通线路上，钢轨接头是轨道的薄弱环节之一，由于接缝的存在，列车通过时发生冲击和振动，并伴随有打击噪声，冲击力可达到非接头区的三倍以上。接头冲击力影响行车的平稳性和旅客的舒适性，并促使道床破坏、线路状况恶化、钢轨及连接零件的使用寿命缩短、维修劳动费用的增加。在铺设 12.5 m 标准轨的线路上，养护线路接头区的费用占养护总经费的 35%以上；钢轨因轨端损坏而抽换的数量较其他部位大 2~3 倍；钢轨重伤 60%发生在接头区。随着列车轴重、行车速度和密度的不断增长，上述缺点更加突出，更不能适应现代高速重载运输的需要。

为了改善钢轨接头的工作状态，人们从本世纪三十年代开始至今，一直致力于这方面的研究与实践，采用各种方法将钢轨焊接起来构成无缝线路。这中间首先遇到了接头焊接质量问题；其次就是长轨在列车动力和温度力共同作用下的强度和稳定问题；最后还有无缝线路设计、长轨运输、铺设施工、养护维修等一系列理论和技术问题。随着上述一系列问题的逐步解决，无缝线路在世界各国得到了广泛的运用。

随着我国铁路的快速发展，高速、重载成为我国铁路的发展趋势，为消除钢轨接头的不利影响，我国铁路相关单位开展了一系列的无缝线路理论研究、试验及现场测试，形成了一套完整的无缝线路设计理论、施工工法、运营管理和维修标准体系，并成功研制出了小阻力扣件、胶接绝缘接头、钢轨伸缩调节器、无缝道岔等轨道部件。目前我国已经成功地在大跨度桥梁、小半径曲线、大坡道地段及寒冷地区铺设了无缝线路。2007 年至今，我国先后在已建成通车的各高速客运专线及各电气化等改建既有线铁路上成功实现了一次铺设跨区间无缝线路。

2. 无缝线路的分类

无缝线路根据处理钢轨内部温度应力方式的不同，可分为温度应力式和放散温度应力式两种。

温度应力式无缝线路是由一根焊接长钢轨及其端 2~4 根标准轨组成的，并采用普通接头的形式。无缝线路铺设锁定后，焊接长钢轨因受线路纵向阻力的抵抗，两端的自由伸缩受到一定的限制，中间部分完全不能伸缩，因而在钢轨内部产生很大的温度力，其值随轨温变化而异。温度应力式无缝线路结构简单，铺设维修方便，因而得到了广泛应用。对于直线轨道，铺设 50 kg/m 和 60 kg/m 钢轨，每千米设置 1 760 根和 1 667 混凝土枕时，铺设温度应力式无缝线路允许轨温差分别为 100 ℃ 和 104 ℃。

放散温度应力式无缝线路，又分为自动放散式和定期放散式两种，适用于年轨温差较大的地区。自动放散式是为了消除和减少钢轨内部的温度力，允许长轨条自由伸缩，在长轨两端设置钢轨伸缩接头。为了防止钢轨爬行，在长轨中部使用特制的中间扣件。由于结构复杂，已不使用。定期放散温度应力式无缝线路的结构形式与温度应力式相同。根据当地轨温条件，把钢轨内部的温度应力每年调整放散 1~2 次。放散时，松开焊接长钢轨的全部扣件，使它自由伸缩，放散内部温度应力，应用更换缓冲区不同长度调节轨的办法，保持必要的轨缝。每次放散应力需要耗费大量劳动力，作业很不方便。放散温度应力式无缝线路曾在当时的苏联和我国年温差较大的地区使用，目前已再不使用。

根据无缝线路铺设位置、设计要求的不同，可分为路基段无缝线路（有砟和无砟轨道）、桥上无缝线路、长大隧道内无缝线路、岔区无缝线路等。

根据无缝线路轨条长度及是否跨越闭塞分区，可分为普通无缝线路、区间无缝线路和跨区间无缝线路。

3.1.2　基本原理

1. 钢轨温度力、伸缩位移与轨温变化的关系

无缝线路的特点是轨条长，当轨温变化时，钢轨要发生伸缩，但由于有线路阻力的约束

作用，不能自由伸缩，在钢轨内部要产生很大的轴向温度力。为保证无缝线路的强度和稳定，需要知道长轨条内温度力及其变化规律。为此首先要分析温度力、伸缩位移与轨温变化及阻力之间的关系。

一根长度为 l 可自由伸缩的钢轨，当轨温变化 $\Delta t \, ^\circ C$ 时，其伸缩量为

$$\Delta l = \alpha \cdot l \cdot \Delta t \tag{3-1}$$

式中　α —— 钢轨的线膨胀系数，取 $11.8 \times 10^{-6} / \, ^\circ C$；

　　　l —— 钢轨长度（mm）；

　　　Δt —— 轨温变化幅度（$^\circ C$）。

如果钢轨两端完全被锁定，不能随轨温变化而伸缩，则将在钢轨内部产生温度应力。根据虎克定律，温度应力 σ_t 为

$$\sigma_t = E \varepsilon_t = E \frac{\Delta l}{l} = E \cdot \alpha \cdot \Delta t \tag{3-2}$$

式中　E —— 钢轨的弹性模量，$E = 2.1 \times 10^5 \, MPa$；

　　　ε_t —— 钢轨被锁定而限制的单位长度伸缩量（温度应变）。

将 E、α 之值带入式（3-2），则温度应力为：

$$\sigma_t = 2.1 \times 10^5 \times 11.8 \times 10^{-6} \Delta t = 2.50 \Delta t \, (MPa) \tag{3-3}$$

一根钢轨所受的温度力 P_t 为：

$$P_t = \sigma_t \cdot F = 2.50 \Delta t \cdot F \, (N) \tag{3-4}$$

式中　F —— 一根钢轨的断面积（mm^2）。

公式（3-1）（3-2）（3-4）即为无缝线路温度应力和温度力计算的基本公式。由此可知：

（1）由（3-1）式可知无缝线路钢轨伸长量与轨温变化幅度 Δt，轨长 l 有关，与钢轨断面积无关。

（2）由（3-2）式可知在两端锁定的钢轨中所产生的温度应力，仅与轨温变化幅度 Δt 有关，而与钢轨本身长度无关。因此，从理论上讲，钢轨可以焊成任意长（跨区间无缝线路），且对钢轨内温度应力没有影响，控制温度应力大小的关键是对轨温变化幅度 Δt 的控制。

（3）由（3-4）式可知对于不同类型的钢轨，因为钢轨横截面积不同，所以同一轨温变化幅度产生的温度力大小不同。如轨温变化 $1 \, ^\circ C$ 所产生的温度力。对于 75 kg/m、60 kg/m、50 kg/m 钢轨分别是 23.8 kN、19.3 kN、16.5 kN。

2．轨温、锁定轨温和轨温变化幅度

（1）轨温。

这里的轨温是指钢轨的温度，简称"轨温"。一般指钢轨断面的平均轨温，亦称有效轨温。轨温对无缝线路的设计、铺设、养护维修至关重要。轨温通过专用的轨温计来量测，目前使用的有吸附式轨温计和红外数字轨温计等。

轨温不完全与气温相同，实测资料表明，冬季两者相接近，夏季高温季节的轨温比气温高，最大值相差为 18 ~ 25 $^\circ C$，轨温数据大小还受气候、风力大小、日照强度和测量钢轨部

位等影响。一年内最高、最低轨温变化曲线如图 3-1 所示。我国地域辽阔，轨温变化差异大，表 3-1 列出了各地历年最高轨温 T_{max} 和最低轨温 T_{min}。

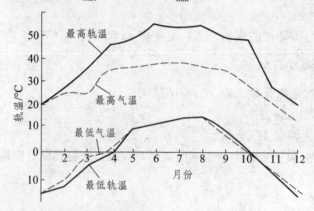

图 3-1　一年内最高、最低轨温变化曲线

最高轨温和最低轨温的平均值被称为中间轨温，中间轨温 t_z 定义为

$$t_z = \frac{T_{max} + T_{min}}{2}$$

（3-5）

表 3-1　全国主要地区最高和最低轨温

地区	最高轨温 （℃）	最低轨温 （℃）	中间轨温 （℃）	地区	最高轨温 （℃）	最低轨温 （℃）	中间轨温 （℃）
北京	62.6	−27.4	17.6	包头	59.5	−32.8	13.4
天津	65.0	−22.9	21.1	赤峰	62.5	−31.4	15.6
石家庄	62.7	−26.5	18.1	集宁	55.7	−33.8	11.0
承德	61.5	−23.3	19.1	沈阳	59.3	−33.1	13.1
张家口	60.9	−26.2	17.4	本溪	57.3	−32.3	12.5
唐山	63.3	−22.6	20.4	丹东	57.8	−31.9	13.0
保定	63.3	−23.7	19.8	锦州	61.8	−24.7	18.6
邢台	61.8	−22.4	19.7	大连	56.1	−21.1	17.5
太原	61.4	−29.5	16.0	长春	59.5	−36.5	11.5
大同	58.0	−30.5	13.8	四平	56.6	−38.7	9.0
运城	65.0	−18.9	23.1	延吉	60.3	−37.1	11.6
呼和浩特	58.0	−36.2	10.9	通化	55.5	−36.3	9.6
满洲里	58.7	−46.9	5.9	哈尔滨	59.1	−41.4	8.9
二连浩特	59.9	−40.2	9.9	齐齐哈尔	60.1	−39.5	10.3
佳木斯	56.4	−39.6	8.4	兰州	59.1	−23.3	17.9
牡丹江	57.2	−39.7	8.8	玉门	56.7	−28.2	14.3
安达	59.5	−44.3	7.6	酒泉	58.4	−31.6	13.4
嫩江	58.1	−47.3	5.4	天水	58.2	−19.2	19.5

地区	最高轨温 (℃)	最低轨温 (℃)	中间轨温 (℃)	地区	最高轨温 (℃)	最低轨温 (℃)	中间轨温 (℃)
加格达奇	57.3	-45.4	6.0	西宁	53.5	-26.6	13.5
宜宾	59.5	-3.0	28.3	格尔木	53.1	-33.6	9.8
昆明	52.3	-5.4	23.5	银川	59.3	-30.6	14.4
西昌	59.7	-6.0	26.9	中卫	58.5	-29.2	14.7
贵阳	61.3	-7.8	26.8	乌鲁木齐	60.7	-41.5	9.6
遵义	58.7	-7.1	25.8	塔城	61.3	-39.2	11.1
安顺	54.3	-7.6	23.4	克拉玛依	62.9	-35.9	13.5
桐梓	57.5	-6.9	25.3	吐鲁番	67.6	-28.0	19.8
济南	62.5	-19.7	21.4	哈密	63.9	-32.0	16.0
德州	63.4	-27.0	18.2	库尔勒	60.0	-28.1	16.0
青岛	56.6	-20.5	18.1	喀什	60.1	-24.4	17.9
兖州	61.0	-19.0	21.0	成都	60.1	-5.9	27.1
南京	63.0	-14.0	24.5	资阳	59.2	-4.0	27.6
徐州	63.3	-22.6	20.4	内江	61.1	-3.0	29.1
上海	60.3	-12.1	24.1	锦阳	57.1	-2.3	27.4
杭州	62.1	-10.5	25.8	重庆	64.0	-2.5	30.8
金华	61.2	-9.6	25.8	广州	58.7	-0.3	29.2
合肥	61.0	-20.6	20.2	韶关	62.0	-4.3	28.9
安庆	64.7	-12.5	26.1	深圳	58.7	0.2	29.5
福州	59.8	-2.5	28.7	湛江	58.1	2.8	20.5
厦门	58.5	-2.0	28.3	郴州	61.3	-9.0	26.2
九江	61.0	-10.0	25.5	衡阳	61.3	-7.9	26.7
郑州	63.0	-17.9	22.6	长沙	63.0	-11.3	25.9
开封	63.0	-16.0	23.5	南宁	60.4	-2.1	29.2
安阳	61.7	-21.7	20.0	桂林	59.7	-5.0	27.4
许昌	61.9	-17.4	22.3	柳州	59.2	-3.8	27.7
洛阳	64.2	-20.0	22.1	河口	60.9	1.9	31.4
南阳	63.2	-21.2	21.0	拉萨	49.4	-16.5	16.5
信阳	62.0	-20.0	21.0	日喀则	58.2	-25.1	16.6
宜昌	63.9	-9.8	27.1	台北	58.6	-2.0	28.3
武昌	61.3	-18.1	21.6	台南	59.0	2.0	30.5
西安	65.2	-20.6	22.3	香港	56.1	0.0	28.1
延安	59.7	-25.4	17.2	蚌埠	64.5	-19.4	22.6
汉中	58.0	-10.1	24.0	邵武	60.4	-7.9	26.3
宝鸡	61.6	-16.1	22.8	南昌	60.6	-9.3	25.7

中间轨温意味着，由中间轨温 t_2 升至最高轨温 T_{max} 和降至最低轨温 T_{min} 时的轨温差幅值相等。也就是说，若在中间轨温 t_2 时锁定钢轨，当轨温分别升到最高轨温 T_{max} 或降至最低轨温 T_{min} 时，钢轨内产生的温度压力和温度拉力大小是相等的。这样可保证钢轨不承受过大的拉力或过大的压力。

（2）锁定轨温。

① 锁定轨温的定义。

无缝线路的锁定是通过拧紧长钢轨两端的接头螺栓和上紧钢轨扣件实现的，因此将无缝线路锁定时的轨温称为锁定轨温。

要使夏季长钢轨内部的温度压力和冬季的温度拉力都不过大，必须选择一个合适的锁定轨温，无缝线路刚刚锁定时，轨温变化幅度 $\Delta t = 0$，根据温度应力的定义式（3-3），钢轨内的温度力为零，因此锁定轨温又称零应力轨温。

② 设计锁定轨温。

设计锁定轨温亦称中和轨温。它是根据线路结构的具体条件，通过轨道强度和稳定性的检算所确定的零应力轨温。在无缝线路的铺设施工中，很难在某一设计锁定轨温下把整段长轨条锁定。因此，这就需要决定一个既满足强度条件，又满足稳定条件的锁定轨温允许范围。一般按设计锁定轨温 $t \pm 5$ ℃ 进行设定，被称为设计锁定轨温范围。

③ 施工锁定轨温。

施工锁定轨温指的是施工锁定时的轨温。施工中一段长轨条的锁定需要一定的时间，所以大修施工规定把长轨条始终端落槽就位时的轨温平均值作为施工锁定轨温，同时要求始终端就位时的轨温必须在设计锁定轨温的允许范围之内。

④ 实际锁定轨温所强调的是"实际"二字。它既用以区别施工锁定轨温所表示的名义上的零应力轨温，又说明零应力轨温在运营过程中是可能发生变化的。

无缝线路铺设锁定之后，要想保持某一长度钢轨范围内锁定轨温不变，就必须保持该段钢轨长度不变。因某种原因，如果钢轨伸长了，就意味着锁定轨温升高了；钢轨缩短了，则意味着锁定轨温降低了，因此运营中的无缝线路实际锁轨定轨温较施工锁定轨温就发生了变化，这就是实际锁定轨温。

据测算，每 100 m 长的无缝线路钢轨，每伸长 1.2 mm，相当于锁定轨温升高了 1 ℃；每缩短 1.2 mm，相当于锁定轨温降低了 1 ℃。

3. 线路各种阻力

线路上的各种阻力是无缝线路设计、铺设及其养护的重要参数。无缝线路能保持正常的工作状态，离不开这些线路阻力。各种线路阻力所起的作用各不相同，其中线路纵向阻力与钢轨内的纵向力分布、线路爬行、钢轨伸缩等有关，而横向和竖向阻力与无缝线路的稳定性有关，充分认识并掌握这些线路阻力是非常必要的。图 3-2 是线路阻力分类树状图。

（1）接头阻力。

在钢轨接头处，两根钢轨端部由夹板通过螺栓和螺帽拧紧，由此产生的阻止钢轨端部伸缩变化的摩阻力称为接头扣件阻力，简称接头阻力。

接头阻力由钢轨与夹板之间的摩阻力和螺栓抗剪力提供，为了安全，我们只考虑摩阻力。

摩阻力大小主要取决于接头螺栓拉力和钢轨与夹板接触面之间的摩擦系数。

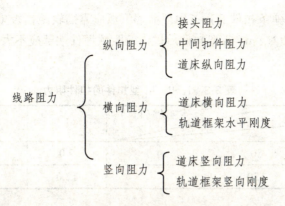

图 3-2　线路阻力类型

为了保持必要的接头阻力，一、二、三级螺栓的扭力矩分别不应低于 900 N·m、700 N·m 和 400 N·m 对钢轨接头阻力，北京交通大学通过大量试验，测得在不同技术条件下的钢轨的接头阻力值，并根据试验分析结果，提出表 3-2 所示的建议值。

表 3-2　接头螺栓的扭力矩与接头阻力

接头阻力（kN） 钢轨类型	扭矩（N·m） 600	700	800	900	1000	备注
50 kg/m	300	370	430	490		高强度螺栓
60 kg/m			490	510	570	高强度螺栓
75 kg/m	350	430	500	550		高强度螺栓

近年来，一些铁路局还研制出了高摩擦阻力的接头（又称 MG 接头）。该接头的最高接头阻力可达 1 900 kN，平顺性和整体性好，对抵抗钢轨纵向温度力有足够的强度。

（2）中间扣件阻力。

中间扣件阻力是指中间扣件及防爬设备抵抗钢轨沿轨枕纵向移动的阻力。为了防止钢轨沿轨枕爬行，无缝线路有砟轨道除采用小阻力扣件外，扣件纵向阻力应大于道床纵向阻力。

扣件阻力由钢轨与其下垫板面之间的摩阻力和扣件与轨底表面之间的摩阻力所形成。摩阻力大小取决于扣件扣压力的大小和相关接触面的摩擦系数值。

扣件阻力的大小与扣件的类型有关，每种扣件都应达到规定的阻力值。扣件阻力可通过试验进行测定。图 3-3 是北京交通大学经试验测得的Ⅰ、Ⅱ、Ⅲ型弹条扣件阻力与位移关系曲线，表 3-3 给出了在指定扭矩下的Ⅰ、Ⅱ、Ⅲ型弹条扣件阻力。Ⅲ型弹条扣件是无螺栓扣件，其扣件阻力与螺母无关。实际上，由于列车的振动，扣件阻力会不断下降，因此，《铁路线路修理规则》规定：扣板（弹片）扣件扭矩应保

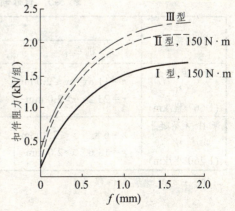

图 3-3　扣件阻力与位移关系曲线

持在 80~140 N·m。弹条扣件的弹条中部前端下颚应靠贴轨距挡板（离缝不大于 1 mm）或扭矩应保持在 80~150 N·m。Ⅲ型扣件后拱内侧距预埋件端部应不大于 10 mm，扣压力应保持在 8~13.2 kN。

表 3-3　Ⅰ、Ⅱ、Ⅲ型扣件的扣件阻力

扣件类型　　扣件阻力（kN） 螺母扭矩（N·m）	Ⅰ	Ⅱ	Ⅲ
80	9.0	9.3	16.0
150	12.0	15.0	

表 3-4 列出了其他常用扣件的阻力值。

表 3-4　常用扣件的扣件阻力

扭矩 每组扣件阻力（N） 扣件类型	初始状态		垫板压缩 1 mm		以往采用值（N）	建议采用值（N）
	70~80（N·m）	140~150（N·m）	70~80（N·m）	140~150（N·m）		
70 型	12 500	19 000	4 220	6 750	3 000	4 000
67 型	10 100	18 000	6 230	9 800	5 500	6 000
K 型	7 500	15 000			7 500	7 500
道钉混合式扣件	500				400	500
防爬器	16 000				20 000	15 000

（3）道床纵向阻力。

道床纵向阻力是指道床抵抗轨道框架纵向位移的阻力。一般以每根轨枕的阻力或每延长米（或毫米）阻力表示。它是抵抗钢轨伸缩，防止线路不均匀爬行的重要参数。道床抵抗轨道框架纵向位移的阻力由轨枕与道床之间的摩阻力和轨枕盒内道砟抗剪力组成。其大小是通过试验测得的，根据《铁路无缝线路设计规范》（TB10015—2012），有砟轨道采用Ⅲ型混凝土轨枕或新Ⅱ型混凝土轨枕时，单位长度道床纵向阻力可按表 3-5 进行取值。

表 3-5　有砟轨道道床纵向阻力（kN/m/轨）

轨枕类型	有载		无载	图示
	机车下	下辆下		
Ⅲ型混凝土轨枕（1 667 根/km）	$r = 11.6x$　$x \leqslant 2.0$ mm $r = 23.2$　$x > 2.0$ mm	$r = 7.5x$　$x \leqslant 2.0$ mm $r = 15.0$　$x > 2.0$ mm	$r = 7.5x$　$x \leqslant 2.0$ mm $r = 15.0$　$x > 2.0$ mm	图 3-4
新Ⅱ型混凝土轨枕（1 760 根/km）	$r = 6.8x$　$x \leqslant 2.0$ mm $r = 13.6$　$x > 2.0$ mm	$r = 4.4x$　$x \leqslant 2.0$ mm $r = 8.8$　$x > 2.0$ mm	$r = 4.4x$　$x \leqslant 2.0$ mm $r = 8.8$　$x > 2.0$ mm	图 3-5

注：x 为轨枕纵向位移。

图 3-4、3-5 分别是铺设Ⅲ型和新Ⅱ型混凝土轨枕时有砟轨道道床纵向阻力与位移关系曲

线。由该图可以看出，道床纵向阻力值随位移的增加而增大，当位移达到一定值后，轨枕盒内的道砟颗粒之间的结合被破坏，在此情况下，即使位移再增加，阻力也不再增大，在正常的轨道条件下混凝土枕位移在 2 mm 以内，道床纵向阻力呈斜线增长，表明道床处于弹性工作范围内，位移超过该限界值后，纵向阻力基本不再增加，道床进入破坏阶段。

从理论上讲，道床处于弹性工作范围时，一旦撤掉外力，轨道框架应恢复原位，但实际上，卸载后轨道框架会留有一定的残余变形。如果轨道框架的位移超过了道床的弹性范围，轨道便产生爬行，造成钢轨纵向力的不均匀分布，危及轨道的稳定。因此，在无缝线路的设计中，纵向道床阻力应以轨枕位移 2 mm 为依据（表 3-5）。

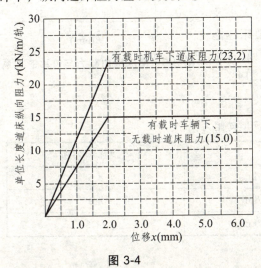

图 3-4

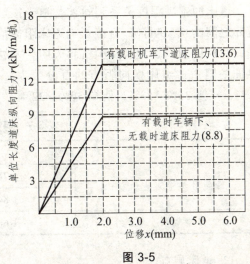

图 3-5

道床纵向阻力值与道砟的材质、粒径级配和尺寸、道床断面形状、道床的脏污程度以及密实程度等因素有关，其中与道床的密实程度关系最为显著。北京交通大学对道床清筛前后的纵向阻力做了对比试验。见表 3-6。

表 3-6　线路清筛后与清筛前道床纵向阻力的比值

作业项目	清筛前	筛边挖盒	方枕后	方枕后挖盒	综合捣固	筛后第三天	筛后第七天	筛后半个月	筛后一个月
纵向阻力（N/根）	13 800	6 780	2 500	3 700	6 800	8 350	8 800	9 700	12 600
比值（%）	100	49.1	18.1	26.8	49.2	60.5	63.8	70.2	91.0

清筛等线路作业会使道床的纵向阻力下降，容易引起线路爬行，导致钢轨纵向力分布不均匀，危及轨道的稳定。因此，作业后夯实道床以增强阻力的工作非常重要。

（4）道床横向阻力。

道床横向阻力是指道床抵抗轨道框架横向位移的阻力。它是防止胀轨跑道，保持无缝线路轨道稳定的重要因素。

道床横向阻力由轨枕的两侧及底部与道床接触面之间的摩阻力和轨枕端部的抗剪力组

成。经试验测得宽轨枕、混凝土轨枕、木枕的横向阻力与位移的关系曲线如图 3-6 所示。其弹性工作范围亦为 2 mm 左右。

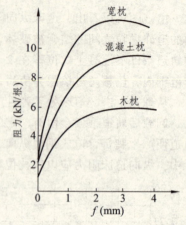

图 3-6　道床横向阻力与位移的关系

国内相关单位对 II 型和 III 型钢筋混凝土轨枕的有砟轨道横向阻力进行了大量的现场实测，确定的等效道床横向阻力值见表 3-7。

影响道床横向阻力的因素有：

① 道床的饱满程度。

道床的饱满程度关系到轨枕与道砟接触面的大小及道砟之间的相互啮合，直接影响道床阻力值。道床越饱满，其横向阻力越大。试验资料表明，木枕与道砟各接触面的阻力占道床横向阻力的百分数为：枕底 14% ~ 22%，枕侧 35% ~ 53%，枕端 30% ~ 32%。

表 3-7　等效道床横向阻力

轨枕类型		等效道床横向阻力
新 II 型混凝土轨枕	1 760 根/km	8.5
	1 840 根/km	8.9
III 型混凝土轨忱	1 667 根/km	11.5

② 道床肩宽。

道床肩部所承担的道床横向阻力约占道床总横向阻力的 1/3。其阻力形成在于轨枕产生位移时扰动道砟使棱体滑动，构成滑动面，该滑动面上的剪力即为这部分阻力，如图 3-7 所示。滑动体的大小直接影响轨枕端部的阻力，滑动体的顶宽 b 为：

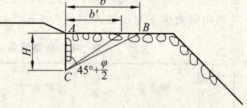

图 3-7　轨枕端部破裂面

$$b = H \cdot \tan\left(45° + \frac{\varphi}{2}\right)$$

式中　H ——轨枕端部高度；

　　　φ ——道砟摩擦角，$\varphi=35° \sim 50°$。

以 II 型混凝土枕为例，$H=200$ mm，$\varphi=50°$，则 $b=549$ mm。试验也表明，道床肩宽从 300 mm 增加到 550 mm，总阻力增加 16%，若再加宽，阻力值就不再加大了。这说明适当的肩宽可能提供一定的横向阻力，但并不是肩宽愈大，横向阻力就愈大。

③ 道床肩部堆高。

由图 3-7 看出，在滑动棱体内堆高道砟，加大了滑动体的重量，因此增加了横向阻力，试验表明：在肩宽 550 mm 的端部道床堆高 185 mm 的梯形棱体，道床横向阻力比不堆高时要增加 12%，比肩宽 300 mm 的道床增大 34%。国内外无缝线路广泛使用肩部堆高道砟，见图 3-8。

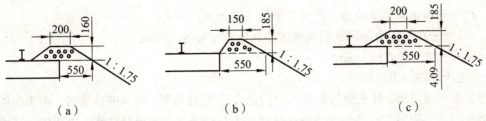

图 3-8　道床肩部堆高（单位：mm）

④ 道砟的种类及粒径。

不同材质的道砟，它们之间的摩阻力也不同。如砂砾石道床，砾石棱角圆滑，阻力值比碎石道床低 30%～40%。道砟粒径应有一定的级配，德国试验表明：粒径级配由 25～65 mm 减少到 15～30 mm，道床横向阻力降低 20%～40%。

⑤ 线路维修作业的影响。

线路维修作业如起道捣固、清筛等都影响道砟之间的咬合和接触状况，从而导致道床阻力下降。

表 3-8 为混凝土枕线路，当轨枕位移为 2 mm 时各种作业后的阻力降低的比值。

表 3-8　线路维修作业后道床横向阻力降低的比值

作业项目	作业前	扒砟	捣固	回填	夯拍	逆向拨道 10 mm
道床横向阻力（N/根）	8 480	7 520	5 440	6 000	6 400	2 480
比值（%）	—	11	36	29	25	71

⑥ 行车条件的影响。

列车经过时，迫使两转向架之间的轨道框架向上抬起，以及列车经过时引起的振动都会使道床阻力下降。

4. 长钢轨温度力分布及轨端伸缩量计算

温度力沿长钢轨的纵向分布，常用温度力图来表示，所以温度力图实质是钢轨内力图。温度力图的横坐标轴表示钢轨长度，纵坐标轴表示钢轨的温度力（拉力为正，压力为负）。钢轨内部温度力和钢轨外部阻力随时保持平衡是温度力纵向分布的基本条件。一根焊接长钢轨沿其纵向的温度力分布并不是均匀的。它不仅与阻力和轨温变化幅度等因素有关，而且还与轨温变化的过程有关。

（1）约束条件。

① 接头阻力的约束。

为简化计算，通常假定接头阻力 P_H 为常量。无缝线路长轨条锁定后，当轨温发生变化，由于有接头的约束，长轨条不产生伸缩，只在钢轨全长范围内产生温度力 P_t，这时有多大温度力作用于接头上，接头就提供相等的阻力与之平衡。当温度力 P_t 大于接头阻力 P_H 时，钢轨才能开始伸缩。因此在克服接头阻力阶段，温度力的大小等于接头阻力，即

$$P_t = P_H = 2.5 \Delta t_H F \tag{3-6}$$

式中　P_t ——钢轨的温度拉力，此处等于接头阻力 P_H（N）；

　　　Δt_H ——接头阻力能阻止钢轨伸缩的轨温变化幅度（℃）；

　　　F ——钢轨断面积（mm²）。

② 道床纵向阻力的约束。

当轨温继续下降，接头阻力所能达到的最大值 P_H 被克服，钢轨开始缩短，由于扣件阻力大于道床阻力，钢轨与轨枕组成的轨道框架产生与道床之间的相对位移，道床阻力开始阻止钢轨缩短。钢轨内温度拉力继续增长，因为道床的纵向阻力体现在道床对轨枕的位移阻力，所以随着轨温下降，温度力按顺序从轨端开始克服每根轨枕下的道床纵向阻力。轨温降得愈多，需要被克服阻力的轨枕也愈多，相应的温度力也按一定的斜率逐渐增加。道床阻力愈大，斜率也越大。

（2）基本温度力图。

无缝线路锁定以后，轨温单向变化时，温度力沿钢轨纵向分布的规律，称为基本温度力图。先以降温为例进行说明，图3-9即为基本温度力图。

① 当轨温 t 等于锁定轨温 t_0 时，钢轨内部无温度力，即 $P_t=0$，如图中 A-A' 线（横轴）。

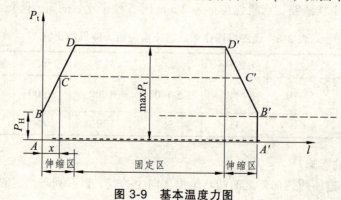

图3-9　基本温度力图

② 当 $t-t_0 \leqslant \Delta t_H$ 时，轨端无位移，温度力在整个长轨条内均匀分布，$P_t=P_H$，图中 B-B' 线。

③ 当 $t-t_0 > \Delta t_H$ 时，道床纵向阻力开始发挥作用，轨端开始产生收缩位移，同时在 x 长度范围内释放部分温度力，图中 BC、B'C' 范围内任意截面的温度力 $P_t=P_H+r \cdot x$，x 为产生伸缩变形的长度。

④ 当 t 即将达到最低轨温 $T_{\min}$ 时，钢轨内产生最大温度拉力 $\max P_t$（拉），这时 x 达到最大值，即为伸缩区的长度。如图中 D—D' 线。此时 $\max P_t$（拉）和 l_s 可按下式计算。

$$\max P_t(拉) = 2.5 F \Delta t_{\max} = P_H + r l_S \tag{3-7}$$

$$l_s = \frac{\max P_t - P_H}{r} = \frac{2.5 F \Delta t_{\max} - P_H}{r} \tag{3-8}$$

式中　$\max P_t$(拉) ——轨温由锁定轨温降到当地最低轨温时钢轨的最大温度拉力，反之为最大温度压力；

　　　$\Delta t_{\max}$ ——最大降温幅度；

　　　r ——单位道床纵向阻力（N/mm）；

　　　l_s ——伸缩区长度。

图 3-9 中，无缝线路长轨条两侧，在温度力作用下发生限制伸缩的区段叫伸缩区，而在无缝线路长轨条中部，因为不存在道床纵向阻力克服温度力的问题，最大温度力只是均衡地积存于钢轨内部，所以轨道框架并不发生纵向位移，我们把这一段叫做固定区。图中变量 x 是任意轨温时轨端的伸缩长度，可以称之为实际伸缩区长度。与实际伸缩区长度这个概念相对应的是设计伸缩区长度 l_s，其计算依据的是最高、最低轨温（式 3-8）。

很明显，实际伸缩区长度是一个变量，它随轨温和线路条件的变化而变化；实际伸缩区和固定区之间，其实是没有一个固定分界点的。

但在养护维修工作中，为管理和维修方便，我们则把伸缩区和固定区明确地加以区分，以便于观测、检查；另外，为应对出现历史最高和最低轨温这种最不利情况，伸缩区长度应留有相当的余地，所以实际设置的伸缩区长度要比用最高、最低轨温计算出来的伸缩区长度长一些，一般为 50～100 m，钢筋混凝土枕地段多为 50～75 m，木枕地段多为 75～100 m。

（3）轨温反向变化时的温度力图。

上面分析了轨温从 t_0 下降到 $T_{\min}$ 时，温度力纵向变化的情况。实际上轨温是要随气温循环往复变化的，这时温度力的变化会与前述正向变化有所不同，且与锁定轨温 t_0 的取值有关。t_0 可能有大于、等于或小于当地中间轨温 t_z 这三种情况，则温度力分布图也会有三种不同情况。

现以常见的 $t_0 > t_z$ 情况进行分析。如图 3-10 所示，轨温由 t_0 下降到 $T_{\min}$ 时，温度力图为 $ABCDD'$（由于温度力图左右对称，图中仅画出了左侧部分）。当轨温开始回升时，温度力的变化情况如下。

① 当 $T_{\min} - t \leqslant \Delta t_H$ 时，这时轨温回升，钢轨要伸长，首先仍然受到接头阻力的抵抗，钢轨全长范围内温度拉力减小，温度力图的折线开始平行下移，至 P_{II} 值时接头处的温度拉力变为零。温度力分布如图中 AEE'。

② 当 $\Delta t_H \leqslant T_{\min} - t \leqslant 2\Delta t_H$ 时，这时接头阻力反向起作用，温度力图继续平行下移 P_H 值，此时接头处承受温度压力，固定区仍为温度拉力，如图中 FGG' 所示。

③ 当 $T_{\min} - t \geqslant 2\Delta t_H$ 时，正、反接头阻力已被完全克服，钢轨要开始伸长，这时道床纵向阻力起作用，使得部分长度上温度力梯度反向，在伸缩区温度压力以斜率 r 增加，如图中 FT 所示。

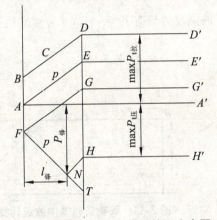

图 3-10　轨温反向变化时的温度力图

④ 当 $t = T_{\max}$ 时，固定区温度压力达到 $\max P_t$ 后。这时由于 $\Delta t_{拉\max} > \Delta t_{压\max}$，固定区温度力平行下移到 HH'，则在 HN 与 FT 的交点，出现了温度压力峰 $P_峰$，其值大于固定区的温度压力。温度压力峰等于固定区最大温度拉力与最大温度压力的平均值，即

$$P_峰 = \frac{1}{2}(\max P_{t拉} + \max P_{t压}) \tag{3-9}$$

上式说明，温度压力峰的大小与锁定轨温无关。

$$l_峰 = \frac{2.5F(\Delta t_{拉\max} + \Delta t_{压\,\max}) - 2P_H}{2r} = \frac{2.5F\Delta t_z - P_H}{r} = l_z \tag{3-10}$$

上式说明，温度压力峰的位置相当于中间轨温锁定时的伸缩区终点。

在取锁定轨温等于或小于中间轨温时，不会在伸缩区出现温度压力峰。

（4）轨端伸缩量的计算。

从温度力图中可知，无缝线路长轨条中部承受大小相等的温度力，钢轨不能伸缩，称为固定区。在两端，温度力是变化的，在克服道床纵向阻力阶段，钢轨有少量的伸缩，称为伸缩区（图3-9）。伸缩区两端的调节轨称为缓冲区。在设计中要对缓冲区的轨缝进行计算，因此需对长轨及标准轨端的伸缩量进行计算。

① 长轨一端的伸缩量。

由温度力图3-11可见，其中阴影部分为克服道床纵向阻力阶段释放的温度力，通过其实现了钢轨伸缩。由材料力学可知，轨端伸缩量$\lambda_长$与阴影线部分面积的关系为：

$$\lambda_长 = \frac{\Delta ABC}{EF} = \frac{rl_s^2}{2EF} = \frac{(\max P_t - P_H)}{2EFr} \tag{3-11}$$

②标准轨一端的缩量

标准轨轨端伸缩量$\lambda_短$计算方法与$\lambda_长$基本相同。标准轨的温度力图如图3-12所示。由于标准轨长度短，随着轨温的变化，在克服完接头阻力后，在克服道床纵向阻力时，由于轨枕根数有限，很快被全部克服，以后，钢轨可以自由伸缩，温度力得到释放。在标准轨内最大的温度力只有$P_H + \frac{1}{2}rl$（l为标准轨长度）。

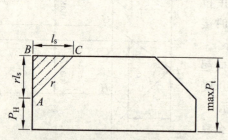

图3-11　长轨条轨端伸缩量计算图

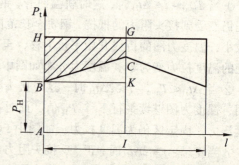

图3-12　标准轨轨端伸缩量计算图

标准轨一端释放的温度力等于阴影线部分的面积BCGH。同理，可得到轨端伸缩量$\lambda_短$的计算公式：

$$\lambda_短 = \frac{BKGH}{EF} - \frac{\Delta BKC}{EF} = \frac{(\max P_t - P_H) \cdot l}{2EF} - \frac{rl^2}{8EF} \tag{3-12}$$

式中，$\max P_t$为从锁定轨温到最低或最高轨温时所产生的温度力。

其他符号意义同前。

5. 无缝线路稳定性计算

（1）胀轨跑道的三个阶段。

无缝线路最大特点是夏季高温季节在钢轨内部存在巨大的温度压力，容易引起轨道横向变形。在列车动力或人工作业等干扰下，轨道弯曲变形有时会突然增大，这一现象常被称为胀轨跑道，根据压杆稳定理论被称为丧失稳定。这将严重危及行车安全。从大量的室内模型轨道和现场实际轨道的稳定试验以及现场事故观察分析，轨道胀轨跑道的发展过程基本上可分为三个阶段，即持稳阶段、胀轨阶段和跑道阶段，如图 3-13 所示。图中纵坐标为钢轨温度压力，横坐标为轨道弯曲变形矢度 $f_0 + f$，f_0 为初始弯曲矢度。胀轨跑道总是从轨道的薄弱地段（即具有原始弯曲的不平顺）开始的。在持稳阶段（AB），轨温升高，温度压力增大，但轨道不变形。胀轨阶段（BK），随着轨温的增加，温度压力也随之增加，此时轨道开始出现微小变形，此后，温度压力的增加与横向变

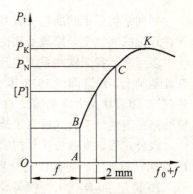

图 3-13 无疑线路胀轨跑道过程

形之间呈非线性关系。当温度压力达到临界值时，这时轨温稍有升高或稍有外部干扰时，轨道将会突然发生腾曲，道砟抛出，轨枕裂损，钢轨发生较大变形，轨道受到严重破坏，此为跑道阶段（KC），至此稳定性完全丧失。

（2）影响无缝线路稳定性的因素。

对无缝线路进行大量调查后表明，很多次的胀轨跑道事故并非温度压力过大所致，而是由于对无缝线路起稳定作用的因素认识不足，在养护维修中破坏了这些因素而导致的。因此，我们必须研究丧失稳定与保持稳定两方面的因素，注意发展有利因素，克服、限制不利因素，防止胀轨跑道事故的发生，以充分发挥无缝线路的优越性。

① 保持稳定的因素。

从上述对胀轨跑道三个阶段的分析，我们不难得出保持无缝线路稳定的主要因素是道床横向阻力和轨道框架刚度。

道床横向阻力是保持轨道框架不失稳的主要条件，但受很多因素影响，在线路阻力一节已作详细介绍。

轨道框架刚度是指钢轨与轨枕通过中间扣件连接而成的框架结构的整体刚度，它表示轨道抵抗弯曲变形的能力。轨道框架刚度分垂直平面内的轨道框架刚度 EI_x 和水平面内的轨道框架刚度 EI'_y，水平面内的轨道框架刚度 EI'_y 是 2 根钢轨在水平面内对垂直轴的刚度（即 $2EI_y$，I_y 一根钢轨对垂直中性轴的惯性矩）和轨道框架节点扭矩的总和。水平面内轨道框架刚度愈大，横向弯曲变形就愈小，所以是保持轨道稳定的另一因素。

② 丧失稳定因素。

丧失稳定的主要因素是温度压力与轨道初始弯曲。由于温度升高引起的钢轨轴向温度压力是导致无缝线路稳定出现问题的根本原因，而初始弯曲是影响稳定的直接因素，胀轨跑道多发生在轨道的初始弯曲处。因而控制初始弯曲的大小，对保证轨道稳定有着重要作用。初始弯曲一般可分为弹性初始弯曲和塑性初始弯曲。现场调查表明，大量塑性初始弯曲矢度为 $3 \sim 4$ mm，测量的波长为 $4 \sim 7$ m。

（3）无缝线路稳定性计算。

无缝线路稳定性计算的主要目的是研究轨道胀轨跑道的发生规律，分析其产生的力学条件及主要影响因素的作用，计算出保证线路稳定的允许温度压力。因此，稳定性分析对无缝线路的设计、铺设及养护维修具有重要的理论和实践意义。

判别结构稳定的准则一般有能量法和静力平衡法。无缝线路的稳定分析大多采用能量法，弹性理论的能量变分原理是理论基础。

多年来，我国铁路系统地开展了无缝线路稳定性研究、试验工作，取得了丰硕的成果。在此基础上，铁道部于 1978 年发布了"统一焊接长钢轨轨道（无缝线路）稳定性计算公式的建议"。随着铁路大规模铺设 60 kg/m 钢轨及Ⅲ型混凝土轨枕，中南大学于 1996 年对统一无缝线路稳定性计算公式进行了改进。

该公式假定变形波长与初始波长相等（图 3-14），并取变形为 2 mm 时对应的温度压力 P_N 作为计算压力，再除以安全系数 K，即为允许温度压力[P]。

20 世纪 80 年代末，铁科院结合理论研究以及现场测试结果，运用势能驻值原理提出了"变形波长与初弯波长不等（图 3-15）"的稳定性计算模型，简称不等波长稳定性计算公式。

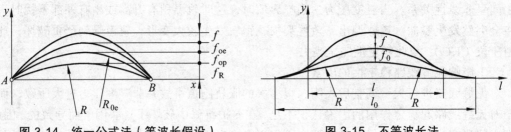

图 3-14 统一公式法（等波长假设）   图 3-15 不等波长法

本书只简要介绍统一公式，不等长波长计算公式请参考相关专业书籍或《铁路无缝线路设计规范（TB10015—2012）》。

统一公式是在如下的假设基础上推导出来的。

① 假设道床为均匀介质，轨道框架为铺设于均匀介质中的梁；梁的水平刚度代表轨道框架的水平面内刚度 βEI_y（EI_y 为一股钢轨的水平刚度，是一常量）。

② 假定在温度压力作用下，梁的变形曲线为正弦曲线则：

$$y_f = f \sin \frac{\pi x}{l} \tag{3-13}$$

式中 f ——变形曲线矢度（mm）；

l ——轨道弯曲变形半波长（mm）；

y_f ——轨道横向变形量（mm）。

③ 轨道的初始不平顺由弹性初弯和塑性初弯组成。假定弹性初弯的线形为正弦曲线，塑性初弯为圆曲线，并认为在变形过程中变形曲线的两端点无位移。弹性初弯方程及曲线为：

$$y_{oe} = f_{oe} \sin \frac{\pi x}{l_0} , \quad \frac{1}{\rho} = \frac{\pi^2 f_{oe}}{l_0^2} \tag{3-14}$$

式中 f_{oe} ——弹性初弯矢度（mm）；

l_0 ——轨道原始初弯曲半波长（mm）；

$\dfrac{1}{\rho}$ ——弹性初弯曲曲率（mm^{-1}）。

塑性初弯的线形为圆曲线，其近似式为：

$$y_{op} = \frac{(l_0 - x)x}{2R_{op}}, \quad \frac{1}{R_{op}} = \frac{8f_{0p}}{l^2} \tag{3-15}$$

式中　l_0 ——轨道塑性初弯半波长（mm）；

　　　f_{op} ——塑性初弯矢度（mm）；

　　　R_{op} ——塑性初弯的曲线半径（mm）。

④ 处在半径为 R 的圆曲线上时，圆曲线的线形用下式表示：

$$y_R = \frac{(l - x)x}{2R} \tag{3-16}$$

圆曲线曲率和塑性初弯的合成曲率为：

$$\frac{1}{R'} = \frac{1}{R} + \frac{1}{R_{op}} \tag{3-17}$$

无缝线路原始弯曲（即轨道方向不良）的形成原因较为复杂，其几何形状具有很强的随机性。钢轨焊接的几何缺陷、线路方向不良以及轨道升温效应、列车横向力作用都将形成无缝线路的原始弯曲。原始弯曲由塑性弯曲和弹性弯曲两部分组成。

中南大学于 1999 年对我国主要干线的 5 个地区的 60 kg/m 钢轨无缝线路冬夏两季原始弯曲进行了现场实测调查，提出了 60 kg/m 钢轨无缝线路原始弯曲参数的取值：原始弯曲的矢长平方比为 2.103×10^{-6}，其中塑性弯曲占 83%，弹性弯曲占 17%。《铁路轨道设计规范（TB10082—2005）》和《铁路无缝线路设计规范（TB10015—2012）》给出的统一临界温度压力计算公式是对我国 1978 年原铁道部发布的无缝线路稳定性统一计算公式的改进型，但一些专家也对该公式中轨道弯曲半波长计算公式的缺陷提出质疑，即在一定的条件下 l^2 计算式 3-19 的分母将出现零值或负数，无法求得 l 值的实数解。

⑤ 道床横向阻力用等效道床横向阻力 Q 代替，Q 值的物理意义是：变形矢度为 f 时，在变形弦长 l 范围内，平均的道床横向力分布阻力。我们应根据实测资料进行数理统计分析确定 Q 值。Q 值与道床状况、轨枕类型及配置根数、行车状况等因素有关，我国正线新铺设轨道已不再使用 I 型和旧 II 型轨枕，表 3-7 是现行《铁路无缝线路设计规范（TB10015—2012）》给出的数值，其他情况下的 Q 取值请查阅当时相关技术手册或设计规范。

⑥ 1999 年"统一计算公式"。

统一公式的推导可参考相关专业书籍或《铁路无缝线路设计规范（TB10015—2012）》，这里只列出规范给出的公式，并介绍应用方法。

$$P = \frac{2\beta E I_y \pi^2 \cdot \dfrac{f + f_{oe}}{l^2} + \dfrac{4}{\pi^3}Ql^2}{f + f_{oe} + \dfrac{4l^2}{\pi^3 R'}} \tag{3-18}$$

$$l^2 = \frac{\omega + \sqrt{\omega^2 + \left(\dfrac{4Q}{\pi^3} - \dfrac{\omega t}{f}\right) \times 2f\beta E I_y \pi^2}}{\dfrac{4Q}{\pi^3} - \dfrac{\omega t}{f}} \tag{3-19}$$

$$\omega = 2\beta EI_y \pi^2 \cdot \left(t + \frac{4}{\pi^3 R'} \right)$$

式中　β——轨道框架刚度系数，有砟轨道可取 1.0；

　　　l——轨道弯曲变形半波长（cm），$l = l_0$；

　　　f——轨道弯曲变形矢度，取 0.2 cm；

　　　f_{oe}——轨道原始弹性弯曲矢度（cm），根据现场调查资料统计分析，轨道原始弯曲相

　　　　　对曲率 $\dfrac{f_0}{l^2} = 2.103 \times 10^{-6}$，其中塑性弯曲占 83%，弹性弯曲占 17%，即轨道原始

　　　　　塑性弯曲的相对曲率 $\dfrac{f_{op}}{l^2} = 0.83 \times \dfrac{f_0}{l^2} = 0.83 \times 2.103 \times 10^{-6} = 1.745\,49 \times 10^{-6}$，轨道原

　　　　　始弹性弯曲的相对曲率 $\dfrac{f_{oe}}{l^2} = 0.17 \times \dfrac{f_0}{l^2} = 0.17 \times 2.103 \times 10^{-6} = 3.575 \times 10^{-7}$；

　　　Q——等效道床模向阻力（N/cm），见表 3-7（计算时注意要统一单位）；

　　　R——曲线半径（cm）；

　　　R_{op}——钢轨原始塑性弯曲半径（cm），$\dfrac{1}{R_{op}} = 8 \times \dfrac{f_{op}}{l^2} = 1.396\,39 \times 10^{-5}$；

　　　t——轨道原始弹性弯曲的相对曲率，$t = \dfrac{f_{oe}}{l_0^2}$。

⑦ 1978 年"统一计算公式"。

1978 年和 1999 年公式的区别在于变形曲线波长 l 的计算公式不同：

$$l^2 = \frac{1}{Q}\left[\frac{2\beta EI_y \pi^2}{R'} + \sqrt{ \left(\frac{2\beta EI_y \pi^2}{R'} \right)^2 + 2\beta EI_y \pi^2 \frac{\pi^3}{4}(f + f_{oe})Q } \right] \tag{3-20}$$

在 1978 年统一公式中，初始弯曲的线形以 f_{oe}、f_{op}、l、R_{0p} 作为变量，f_{oe} 和 f_{op} 的值是通过现场调查用 400 cm 的弦长（$l_0 = l = 400$ cm）测量得出的特征值。计算时先假定 $l_0 = l = 400$ cm，依此计算 $\dfrac{1}{R_{op}} = \dfrac{8 f_{op}}{l_0^2}$，进而求出 $\dfrac{1}{R'}$，并代入（3-20）式后反求 l_1，再由 l_1 计算得到 f'_{oe}：$f'_{oe} = l_1^2 \dfrac{f_{oe}}{4\,000^2}$，将 f'_{oe} 代入（3-20）式再计算 l_2，若 l_2 和 l_1 相等或接近，则将 f'_{oe} 和 l_2 代入（3-18）式计算 P。

算例：

已知：60 kg/m 钢轨，Ⅱ型混凝土枕，曲线半径 $R = 600$m。弦长 $l_0 = 4$m 时，塑性初弯矢度 $f_{op} = 2.5$ mm；弹性弯曲矢度 $f_{oe} = 2.5$ mm，允许轨道变形矢度 $f = 2$ mm。等效道床阻力取 $Q = 8.4$ N/mm。求：轨道框架临界温度压力 P。

① 计算换算曲率：

假定 $l = l_0 = 4\,000$ mm，

$$\frac{1}{R'} = \frac{1}{R} + \frac{1}{R_{op}} = \frac{1}{R} + \frac{8 f_{op}}{l^2} = \frac{1}{600\,000} + \frac{8 \times 2.5}{4\,000^2} = 2.917 \times 10^{-6}$$

$$2\beta EI_y\pi^2 = 2 \times 1.0 \times 2.1 \times 10^5 \times 524 \times 10^4 \times 3.141\ 59^2 = 2.172 \times 10^{13}$$

② 第一次试算：

$$l^2 = \frac{1}{8.4}\left[2.172 \times 10^{13} \times 2.917 \times 10^{-6} + \sqrt{(2.172 \times 10^{13} \times 2.917 \times 10^{-6})^2 + 2.172 \times 10^{13} \times \frac{\pi^3}{4}(2 + 2.5) \times 8.4}\right]$$

$$= 19.670 \times 10^6\ (\text{mm}^2)$$

所以　$l_1 = 4\ 435$ mm。

计算得到的 l_1 与原假定的 $l_0 = 4\ 000$ mm 不符。

③ 第二次试算。

$$f'_{oe} = l_1^2 \frac{f_{oe}}{4\ 000^2} = 4\ 435^2 \frac{2.5}{4\ 000^2} = 19.670 \times 10^6 \times 2.5/4\ 000^2 = 3.07\ \text{mm}$$

将 $f'_{oe} = 3.07$ mm 代入（3-20）式，再次试算 l_2，求得：

$$l_2^2 = 20.133 \times 10^6\ \text{mm}^2$$
$$l_2 = 4\ 487\ \text{mm}$$

l_2 与第二次计算的 $l_1 = 4\ 435$ mm 不符，继续试算。

④ 第三次试算。

$$f''_{oe} = l_2^2 \frac{f_{oe}}{4\ 000^2} = 4\ 487^2 \frac{2.5}{4\ 000^2} = 3.15\ \text{mm}$$

以此继续试算得

$l_3 = 4\ 494$ mm 与 $l_2 = 4\ 487$ mm 相接近，因此取 $l = 4\ 494$ 作为变形曲线长，取 $f_{oe} = 3.15$ mm 作为弹性弯曲初弯矢度。

⑤ 计算轨道临界压力 P。

$$P = \frac{2\beta EI_y\pi^2 \cdot \dfrac{f + f_{oe}}{l^2} + \dfrac{4}{\pi^3}Ql^2}{f + f_{oe} + \dfrac{4l^2}{\pi^3 R'}}$$

$$= \frac{2.172 \times 10^{13} \times \dfrac{2 + 3.15}{4\ 494^2} + \dfrac{4}{\pi^3} \times 8.4 \times 4\ 494^2}{2 + 3.15 + \dfrac{4}{\pi^3} \times 2.917 \times 10^{-6} \times 4\ 494^2} = 2\ 150\ 910\ \text{N}$$

3.2 轨道强度计算

【学习目标】

（1）能说出轨道结构竖向受力静力计算模型。

（2）能解释钢轨支点刚度、钢轨基础弹性模量的含义。

（3）能用计算器或电子表格函数或查表计算影响线函数 η、μ 值。

（4）能正确计算多载作用下的钢轨静挠度、静弯矩和静反力。

（5）能说出速度系数、偏载系数和横向水平力系数的含义并正确选用或计算其值大小。

（6）能正确计算钢轨动弯矩并参考算例或相关文献、规范完成钢轨强度检算。

轨道强度计算包括钢轨、轨枕、道床三部分。其中钢轨强度计算还为确定无缝线路设计锁定轨温提供理论依据，这里只介绍钢轨强度的计算。

3.2.1 轨道结构竖向受力的静力计算

1. 基本假设

（1）轨道与机车车辆均处于正常良好状态，符合铁路技术管理规程和有关的技术标准。

（2）钢轨视为支承在弹性基础上的等截面无限长梁；轨枕视为支承在连续弹性基础上的短梁。基础或支座的沉落值与它所受的压力成正比。

（3）轮载作用在钢轨的对称面上，而且两股钢轨上的荷载相等；基础刚度均匀且对称于轨道中心线。

（4）不考虑钢轨、扣件及轨枕本身的自重。

2. 计算模型与计算参数

目前，轨道结构竖向受力的静力计算模型有：连续弹性基础梁模型（图 3-16（1））和连续弹性点支承模型（图 3-16（2））。

我国《铁路无缝线路设计规范（TB10015—2012）》中，对无缝线路钢轨强度的检算使用的是连续弹性基础梁模型。

轨道基础的弹性一般用钢轨支座刚度 D 和钢轨基础弹性模量 u 表述。

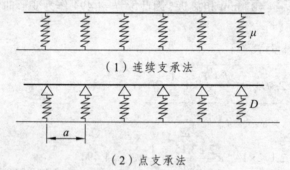

（1）连续支承法

（2）点支承法

图 3-16 轨道结构静力计算模型

（1）钢轨支点刚度 D。

钢轨支点刚度表示了钢轨支点的弹性特征。是使钢轨支点顶面产生单位下沉时所必须施加于支点顶面上的钢轨压力。

① 有砟轨道钢轨支点刚度应按下式计算：

$$\frac{1}{D} = \sum_i \frac{1}{D_i} \tag{3-21}$$

式中 D_i ——分别为轨下垫板、枕下垫板、道床、砟下弹性垫层和路基等部件刚度（kN/mm）。

《铁路轨道设计规范（TB10082—2005）》中钢轨支座刚度 D 值见表3-9。

表 3-9　有砟轨道钢轨支座刚度 D 值

轨枕类型	轨下胶垫刚度（kN/mm）	D（kN/mm）
Ⅱ型混凝土枕	110	30
	80	27.2
Ⅲ型混凝土枕	80	33

② 无砟轨道钢轨支点刚度应根据不同的无砟轨道类型和结构特点，通过用分层串联的弹簧系统计算确定。

无砟轨道钢轨支点刚度 D 主要取决于轨下胶垫刚度，计算时可取轨下胶垫刚度。对于板式无砟轨道应考虑板下 CA 砂浆垫层刚度，减振型无砟轨道还应考虑减振垫的刚度。根据 WJ-7、WJ-8 型扣件系统技术条件和设计说明，其轨下垫板刚度和扣件系统节点静刚度值见表 3-10。

表 3-10　WJ-7、WJ-8 型扣件轨下垫板刚度和扣件系统刚度值

扣件类型	轨下胶垫刚度（kN/mm）	扣件系统节点刚度（kN/mm）
WJ-7A	35±5	35~50
WJ-7B	23±3	25~35
WJ-8A	35±5	35~50
WJ-8B 型、WJ-8C 型	23±3	25~35

（2）钢轨基础弹性模量 u 。

将钢轨视为连续弹性基础上的等截面无限长梁时，钢轨基础弹性模量 u 表示了该基础的弹性特征。基础弹性模量 u 是使钢轨基础产生单位弹性下沉时，施加于单位长度钢轨基础上的均布压力，即

$$u = \frac{D}{a} \tag{3-22}$$

式中　u ——钢轨基础弹性模量（kN/mm^2）；

　　　D ——钢轨支点刚度（kN/mm）；

　　　a ——轨枕间距（mm）。

3. 轨道结构静力计算

轨道结构静力计算按连续支承法计算，视钢轨为连续弹性基础上的无限长梁。

（1）单个车轮作用下的计算。

均匀连续弹性基础上的钢轨在单个车轮荷载 P 作用下的挠曲线如图 3-17 所示。

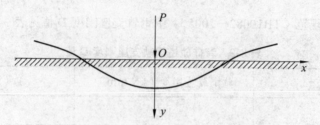

图 3-17　钢轨竖向受力及变形

单个轮载 P 作用下，计算截面的挠度 $y(x)$、弯矩 $M(x)$、反力 $R(x)$ 如下列算式：

$$y(x) = \frac{P\,k}{2u}\,\mathrm{e}^{-kx}(\cos kx + \sin kx) \tag{3-23}$$

$$M(x) = \frac{P}{4k}\,\mathrm{e}^{-kx}(\cos kx - \sin kx) \tag{3-24}$$

$$R(x) = \frac{Pka}{2}\,\mathrm{e}^{-kx}(\cos kx - \sin kx) \tag{3-25}$$

式中　k——钢轨基础弹性模量与钢轨抗弯刚度的相对比值，称为刚比系数，其值为

$$k = \sqrt[4]{\frac{u}{4EI_x}} = \sqrt[4]{\frac{D}{4EI_x\,a}} \tag{3-26}$$

设

$$\left.\begin{array}{l}\eta\,(\,kx) = \mathrm{e}^{-kx}(\cos kx + \sin kx)\\[4pt]\mu\,(kx) = \mathrm{e}^{-kx}(\cos kx - \sin kx)\end{array}\right\} \tag{3-27}$$

η、μ 都是 kx 的函数，称为文克尔（winkler）地基梁的解函数或分布函数，因其具有影响线的性质，又称为影响线函数。因此，式（3-23）、（3-24）和（3-25）可写成：

$$\left.\begin{array}{l}y(x) = \dfrac{Pk}{2u}\eta(kx)\\[8pt]M(x) = \dfrac{P}{4k}\mu(kx)\\[8pt]R(x) = \dfrac{Pka}{2}\eta(kx)\end{array}\right\} \tag{3-28}$$

式（3-27）中的 $\eta(x)$、$\mu(x)$ 值可查表 3-11 或用计算机直接计算。

表 3-11　$\eta(kx)$，$\mu(kx)$ 影响系数表（连续基础梁计算使用）

kx	η	μ	kx	η	μ	kx	η	μ
0.0	1.000 0	1.000 0	2.4	− 0.005 6	− 0.128 2	4.8	− 0.007 5	0.008 9
0.1	0.990 7	0.810 0	2.5	− 0.016 6	− 0.114 9	4.9	− 0.005 9	0.008 7
0.2	0.965 1	0.639 8	2.6	− 0.025 4	− 0.101 9	5.0	− 0.004 6	0.008 4
0.3	0.926 7	0.488 8	2.7	− 0.032 0	− 0.089 5	5.1	− 0.003 3	0.008 0
0.4	0.878 4	0.356 4	2.8	− 0.036 9	− 0.077 7	5.2	− 0.002 3	0.007 5
0.5	0.823 1	0.241 5	2.9	− 0.040 3	− 0.066 6	5.3	− 0.001 4	0.006 9
0.6	0.762 8	0.143 1	3.0	− 0.042 3	− 0.056 3	5.4	− 0.000 5	0.006 4
0.7	0.699 7	0.059 9	3.1	− 0.043 1	− 0.046 9	5.5	0.000 0	0.005 8

续表

kx	η	μ	kx	η	μ	kx	η	μ
0.8	0.635 4	− 0.009 3	3.2	− 0.043 1	− 0.038 3	5.6	0.000 5	0.005 2
0.9	0.571 2	− 0.065 7	3.3	− 0.042 2	− 0.030 6	5.7	0.001 0	0.004 6
1.0	0.508 2	− 0.110 8	3.4	− 0.040 8	− 0.023 7	5.8	0.001 3	0.004 1
1.1	0.447 5	− 0.145 7	3.5	− 0.038 9	− 0.017 7	5.9	0.001 5	0.003 6
1.2	0.389 9	− 0.171 6	3.6	− 0.036 6	− 0.012 4	6.0	0.001 7	0.003 1
1.3	0.335 1	− 0.189 7	3.7	− 0.034 1	− 0.007 9	6,1	0.001 8	0.002 6
1.4	0.284 9	− 0.201 1	3.8	− 0.031 4	− 0.004 6	6.2	0.001 9	0.002 2
1.5	0.238 4	− 0.206 8	3.9	− 0.028 6	− 0.000 8	6.3	0.001 9	0.001 8
1.6	0.195 9	− 0.207 7	4.0	− 0.025 8	0.001 9	6.4	0.001 8	0.001 5
1.7	0.157 5	− 0.204 7	4.1	− 0.023 1	0.004 0	6.5	0.001 8	0.001 2
1.8	0.123 4	− 0.198 5	4.2	− 0.020 4	0.005 7	6.6	0.001 7	0.000 9
1.9	0.093 2	− 0.189 9	4.3	− 0.017 9	0.007 0	6.7	0.001 6	0.000 6
2.0	0.066 7	− 0.179 4	4.4	− 0.015 5	0.007 9	6.8	0.001 5	0.000 4
2.1	0.043 9	− 0.167 5	4.5	− 0.013 2	0.008 5	6.9	0.001 4	0.000 2
2.2	0.024 4	− 0.154 8	4.6	− 0.011 1	0.008 9	7.0	0.001 3	0.000 1
2.3	0.008 0	− 0.141 6	4.7	− 0.009 2	0.009 0			

（2）多个轮载作用下的钢轨变形与受力计算。

在计算单个车轮作用下钢轨变形与受力的基础上，可以利用力的叠加原理计算多个轮载作用下钢轨的变形与受力。

当有多个轮载同时作用在轨道上时，考虑轮群作用的办法是：如要计算某一截面处的钢轨弯矩 M，则将弯矩分布函数 $\mu(kx)$ 的坐标原点 O 置于该截面处，称该截面为计算截面，如图 3-17 所示。然后分别计算各轮载对该计算截面的弯矩影响值，再将这些影响值叠加起来，即为各机车轮载在该截面所共同引起的弯矩。对钢轨挠度及枕上压力的计算办法也如此，具体计算公式如下：

$$
\left.\begin{array}{l}
y(x) = \dfrac{k}{2\mu}(P_1\eta_1 + P_2\eta_2 + \cdots + P_n\eta_n) = \dfrac{k}{2u}\sum P\eta(kx) \\[2mm]
M(x) = \dfrac{1}{4k}(P_1\mu_1 + P_2\mu_2 + \cdots + P_n\mu_n) = \dfrac{1}{4k}\sum P\mu(kx) \\[2mm]
R(x) = \dfrac{ka}{2}(P_1\eta_1 + P_2\eta_2 + \cdots + P_n\eta_n) = \dfrac{ka}{2}\sum P\eta(kx)
\end{array}\right\}
\qquad（3\text{-}29）
$$

由于相邻轮载的影响有正有负，各种机车的轮重、轴距也不尽相同，因此对于多个车轮的机车，应分别将不同的轮位作为计算截面，考虑左右轮载对其的影响，从中找出最大的 $\sum p\eta(kx)$ 和 $\sum p\mu(kx)$ 的轮位，即最不利轮位，将其处的 Y、R、M 作为计算依据，用以检算轨道的变形和强度。表 3-12 列出了我国常用机车类型的计算参数。

表 3-12　我国常用机车类型的计算参数

机车种类	机车型号	轮轴名称		静轮重 (kN)	轮距 (cm)	构造速度 (km/h)
内燃机车	NDs	第一转向架	I	106	255	118
			II	106	180	
			III	106	820	
		第二转向架	I	106	180	
			II	106	255	
			III	106		
	东风₄ (DF₄)	第一转向架	I	112.8	180	客 120 货 100
			II	112.8	180	
			III	112.8	840	
		第二转向架	I	112.8	180	
			II	112.8	180	
			III	112.8		
	东风₁₁ (DF₁₁)	第一转向架	I	112.8	200	客 160
			II	112.8	200	
			III	112.8	790	
		第二转向架	I	112.8	200	
			II	112.8	200	
			III	112.8		
电力机车	韶山₁ (SS₁)	第一转向架	I	112.8	230	90
			II	112.8	230	
			III	112.8	580	
		第二转向架	I	112.8	230	
			II	112.8	230	
			III	112.8		
	韶山₃ (SS₃)	第一转向架	I	112.8	230	100
			II	112.8	200	
			III	112.8	720	
		第二转向架	I	112.8	230	
			II	112.8	200	
			III	112.8		
	韶山₄ (SS₄)	第一转向架	I	112.8	300	100
			II	112.8	520	
		第二转向架	I	112.8	300	
			II	112.8	520	
		第三转向架	I	112.8	330	
			II	112.8	520	
		第四转向架	I	112.8	300	
			II	112.8		
	韶山₈ (SS₈)	第一转向架	I	107.8	290	160
			II	107.8	610	
		第二转向架	I	107.8	290	
			II	107.8		

3.2.2 轨道强度准静态计算

由于机车车辆的振动作用，作用在钢轨上的动荷载要大于静荷载，引起动力增值的主要因素是行车速度、钢轨偏载和列车通过曲线的横向力，分别结合速度系数 α、轨道横向水平力系数 f 和偏载系数 β 加以考虑，统称为荷载系数。

1. 速度系数

列车在轨道上运行时，由于车轮和轨道不平顺等原因，作用在钢轨上的动荷载 P_d 要比静荷载 P 大，其增量随行车速度增加而增大，用"速度系数 α"来表示：

$$P_d = (1+\alpha)P \tag{3-30}$$

式中　P_d——动荷载（N）；

　　　α——速度系数。

速度系数 α 与轨道状态，机车类型等有关，可以通过大量试验确定。各国所采用的速度系数公式不尽相同，一般都是经验公式，大多与行车速度成线性或非线性关系。我国《铁路无缝线路设计规范（TB10015—2012）》采用的计算式如表 3-13 所示。

表 3-13　速度系数值

速　度	牵引类型	电力牵引	内燃牵引
$v \leqslant 160$ km/h		$0.6v/100$	$0.4v/100$
$v > 160$ km/h		1.0	

注：v 为设计速度（km/h）。

2. 轨道横向水平力系数

直线地段转向架的蛇行运动和曲线地段的轮缘导向作用，可在轮轨之间产生横向水平力及垂直力的偏心作用，使钢轨承受横向水平弯曲和扭转，由此而引起的轨头及轨底的边缘应力相对于其中心应力的增量用横向水平力系数 f 表示。不同曲线半径的 f 值见表 3-14。

表 3-14　横向力水平系数 f 值

直线	曲线半径（m）					
	300	400	500	600	800 ~ 2 000	≥ 2 000
1.25	2.00	1.80	1.70	1.60	1.45	1.30

3. 偏载系数

列车通过曲线时，未被平衡的超高可导致内、外轨偏载，由此引起的钢轨附加荷载用偏载系数 β 表示。

$$\beta = \frac{2 \cdot \Delta h \cdot H}{S^2} \tag{3-31}$$

式中　Δh——未被平衡超高（mm）；

H ——机车或车辆重心高度，可取 2 300 mm；

S ——内、外股钢轨中心距，可取 1 500 mm。

将 H、S 代入式 3-31 可得：

$$\beta = 0.002\Delta h \qquad\qquad (3\text{-}32)$$

4. 准静态法的 y_d、M_d、R_d 的计算

检算轨道各部件强度时，车轮荷载采用当量静荷载最大可能值。考虑速度、偏载和横向水平力等因素的影响，根据上述分析，动载情况下钢轨动挠度 y_d、动弯矩 M_d、动压力 R_d 可用下式表示：

$$\begin{aligned}
y_d &= (1+\alpha+\beta)y_0 \\
M_d &= (1+\alpha+\beta)fM_0 \\
R_d &= (1+\alpha+\beta)R_0
\end{aligned} \qquad\qquad (3\text{-}33)$$

式中 y_0、M_0、R_0 是根据式（3-29）计算所得的静载值。

　　　　f ——轨道横向水平力系数。

5. 钢轨强度检算

钢轨应力包括基本应力、附加应力、局部应力和残余应力等。其中基本应力主要包括列车荷载作用下钢轨产生的动弯应力和钢轨承受的温度力。

（1）在列车荷载作用下钢轨产生的动弯应力。

根据上面计算的最不利轮位处的钢轨动弯矩 M_d，可以求得轨底边缘最大可能拉应力 $\sigma_{\text{底}d}$ 和轨头边缘最大可能压应力 $\sigma_{\text{头}d}$。

轨头边缘最大可能动弯应力：

$$\sigma_{\text{头}d} = \frac{M_d}{W_{\text{头}}} \qquad\qquad (3\text{-}34)$$

轨底边缘最大可能动弯应力：

$$\sigma_{\text{底}d} = \frac{M_d}{W_{\text{底}}} \qquad\qquad (3\text{-}35)$$

式中 $\sigma_{\text{头}d}$，$\sigma_{\text{底}d}$ ——分别为轨头、轨底边缘最大可能动弯应力（MPa）；

　　　　$W_{\text{头}}$，$W_{\text{底}}$ ——分别为轨头、轨底的截面系数（mm），见表1-2。

（2）钢轨最大温度拉应力。

无缝线路固定区钢轨最大温度拉应力 σ_t 按 3-2 和 3-3 式进行计算：

$$\sigma_t = E\alpha\Delta t_{\max} = 2.5\Delta t_{\max} \qquad\qquad (3\text{-}36)$$

式中 σ_t ——钢轨最大温度拉应力（MPa）；

　　　　α ——钢轨钢线膨胀系数，取 $1.18\times10^{-5}/\,°\text{C}$；

　　　　$\Delta t_{\max}$ ——无缝线路相对于锁定轨温的最大降温幅度（°C）。

（3）钢轨最大附加拉应力。

桥上无缝线路除承受温度力作用外，还承受因梁温度变化和列车荷载作用而产生的附加纵向力；无缝道岔导轨的伸缩通过联结件和岔枕对基本轨施加附加纵向力。桥上无缝线路和无缝道岔强度检算应考虑钢轨最大附加拉应力。具体计算参考相关文献。

（4）钢轨强度检算。

无缝线路设计应进行钢轨强度检算，作用在钢轨上的应力应满足式（3-37）要求：

$$\sigma_{底d} + \sigma_t + \sigma_f + \sigma_z \leq [\sigma] = \frac{\sigma_s}{K} \tag{3-37}$$

式中　$\sigma_{底d}$——轨底边缘动弯应力（MPa）；

　　　σ_t——钢轨最大温度拉应力（MPa）；

　　　σ_f——钢轨最大附加应力（MPa）；

　　　σ_z——钢轨牵引（制动）应力（MPa），一般按 10 MPa 计算；

　　　$[\sigma]$——钢轨容许应力（MPa）；

　　　σ_s——钢轨钢屈服强度（MPa），见表 3-15；

　　　K——安全系数，取 1.3。

表 3-15　我国主要钢种钢轨钢屈服强度（MPa）

钢种	U71Mn、U71MnG	U75V、U75VG、U76CrRE、U77MnCr、U78CrV
σ_s	457	472

6. 算例

已知：某地区最高轨温 60.1 ℃，最底轨温 –39.5 ℃，锁定轨温 15 ℃，铺设 60 kg/m，U71M$_n$G 钢轨；Ⅱ型混凝土枕，1 667 根/km，a=60 cm；曲线半径 R=600 m；机车类型：韶山 8 型电力机车；线路设计速度 $v_{max} = 200$ km/h，要求进行钢轨强度检算。

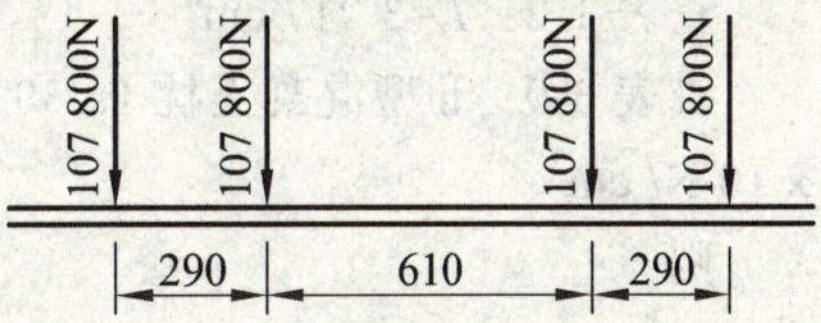

图 3-18

解：

（1）钢轨强度检算。

查表 3-12，韶山 8 型电力机车前后有两个转向架，每个转向架为 2 个轴，共 4 个轴，前后转向架最近轴距为 610 cm，如图 3-18 所示。

本算例将机车的 4 个轴都考虑为计算轮，从其中选取最不利轮位，计算见表 3-16。

表 3-16　韶山 $_8$ 电力机车最不利轮位计算（$\sum P\mu$）

计算轮	项目	轮　位				$\sum P\mu$(N)
		动 1	动 2	动 3	动 4	
动 1	P(N)	107 800	107 800	107 800	107 800	105 129.8
	x(cm)	0	290	900	1 190	
	kx	0	3.384	10.505	13.890	
	μ	1	– 0.024 8	$1.125\ 9 \times 10^{-5}$	$– 6.729 \times 10^{-7}$	
	$P\mu$(N)	107 800	– 2 671.3	1.2	– 0.072 5	

| 计算轮 | 项目 | 轮　位 | | | | $\sum P_\mu$ (N) |
		动 1	动 2	动 3	动 4	
动 2	P(N)	107 800	107 800	107 800	107 800	105 123.6
	x(cm)	290	0	610	900	
	kx	3.384	0	7.120	10.505	
	μ	− 0.024 8	1	− 5.88×10⁻⁵	1.125 9×10⁻⁵	
	P_μ (N)	− 2 671.3	107 800	− 6.34	1.2	
动 3	P(N)	1 07 800	107 800	107 800	107 800	105 123.6
	x(cm)	900	610	0	290	
	kx	10.505	7.120	0	3.384	
	μ	1.125 9×10⁻⁵	− 5.88×10⁻⁵	1	− 0.024 8	
	P_μ (N)	1.2	− 6.34	107 800	− 2 671.3	
动 4	P(N)	107 800	107 800	107 800	107 800	105 129.8
	x(cm)	1 190	900	290	0	
	kx	13.890	10.505	3.384	0	
	μ	− 6.729×10⁻⁷	1.125 9×10⁻⁵	− 0.024 8	1	
	P_μ (N)	− 0.072 5	1.2	− 2 671.3	107 800	

① 计算刚比系数 k 值。

查表 1-2：I_x=3 217 cm⁴。

查表 3-9：Ⅱ型混凝土枕 D=30 kN/mm=300 000/cm，由式（3-2），得 E=2.1 × 10⁵ MPa=2.1 × 10⁷N/ cm²，

则

$$k = \sqrt[4]{\frac{D}{4EI_x a}} = \sqrt[4]{\frac{300000}{4 \times 2.1 \times 10^7 \times 3217 \times 60}} = 0.01167 / \text{cm}$$

② 计算 $\sum P\mu$。

分别以动 1、动 2、动 3、动 4 轮置于计算截面，计算 $\sum P\mu$。μ 值可以按式 3-27 直接计算或通过查表 3-11 得到。现以动 2 轮为主轮位计算为例，说明式 3-27 和表 3-11 的应用。

如图 3-19 所示，计算截面为 O，则 $x_1 = 290$，

$x_2 = 0$，$x_3 = 610$，$x_4 = 610 + 290 = 900$；

$kx_1 = 0.011\ 67 \times 290 = 3.384\ 3$

$\mu_1 = e^{-kx_1}\left(\cos kx_1 - \sin kx_1\right)$

　　$= e^{-3.384\ 3}\left(\cos 3.384\ 3 - \sin 3.384\ 3\right)$

　　$= 0.033\ 9[-0.970\ 7 - (-0.240\ 3)]$

　　$= -0.024\ 8$

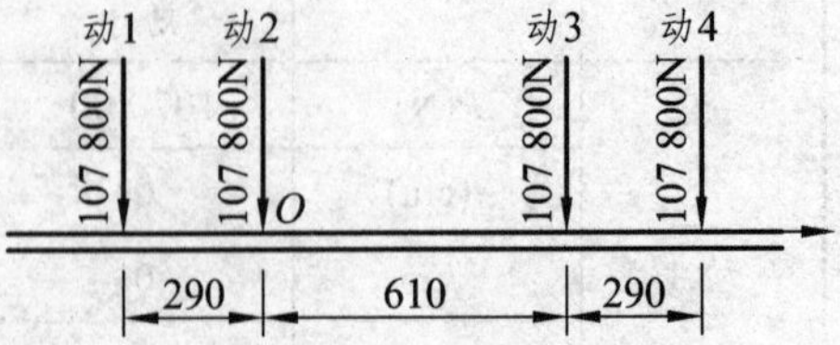

图 3-19

三角函数计算单位为弧度（rad），在用计算器计算时，要注意切换到弧度（rad）模式。

查表计算，要用内插法，如表 3-11，找到 kx =3.3 和 3.4 两个数值对应的 μ 值，内插计算如下：

$$\mu(3.384\ 3) = -0.030\ 6 + \frac{-0.023\ 7 - (-0.030\ 6)}{3.4 - 3.3} \times (3.384\ 3 - 3.3) = -0.024\ 8$$

重复上述步骤，可求得在动 2′ 轮为主计算轮位下，动 2、动 3 和动 4 在计算截面 O 的影响系数 μ_2（μ_2=1）、μ_3 和 μ_4。

同理，可求得将动 1、动 3 和动 4 分别置于计算截面情况下，各轮载在计算截面的影响系数和 $\sum P\mu$，见表 3-16。

由计算表 3-16 可以看出，动 1（或动 4）轮 $\sum P\mu$ 值为最大，也为最不利轮位，以它的计算弯矩为检算依据。

③　计算静弯矩 M_0。

$$M_0 = \frac{1}{4k} \sum P\mu = \frac{1}{4 \times 0.011\ 67} \times 105\ 129.8 = 2\ 252\ 138\ \text{N·cm}$$

④　计算动弯矩 M_d。

根据已知条件，查表 3-13 得速度系数 α =1.0；查表 3-14 得横向水平力系数 f =1.45；未被平衡欠超高按 90 mm 计算，按式 3-31，则偏载系数 β = 0.002Δh =0.002×90=0.18，所以：

$$M_d = (1 + \alpha + \beta)fM_0 = (1 + 1.0 + 0.18) \times 1.45 \times 2\ 252\ 138 \approx 7\ 119\ 008\ \text{N}$$

⑤　计算动弯应力。

查表 1-2 得，60 kg/m 新钢轨轨底和轨头的断面系数 $W_底$ =396 cm^3，$W_头$ =339 cm^3，则

轨底动弯应力 $\sigma_{底d} = \dfrac{M_d}{W_底} = \dfrac{7\ 119\ 008}{396} = 17\ 977\ \text{N/cm}^2 = 179.8\ \text{MPa}$（拉）

轨头动弯应力 $\sigma_{头d} = \dfrac{M_d}{W_头} = \dfrac{7\ 119\ 008}{339} = 21\ 000\ \text{N/cm}^2 = 210.0\ \text{MPa}$（压）

⑥　钢轨强度检算。

钢轨最大温度拉应力和压应力可由式 3-36 直接计算得出。

$$\sigma_{t拉} = 2.5\Delta t_{降\max} = 2.5 \times [15 - (-39.5)] = 136.25\ \text{MPa}$$
$$\sigma_{t压} = 2.5\Delta t_{升\max} = 2.5 \times (60.1 - 15) = 112.75\ \text{MPa}$$

查表 3-15，U71M$_n$G 钢的屈服强度 σ_s =457 MPa 不计附加应力安全系数取 1.3，则允许应力为：

$$[\sigma] = \frac{\sigma_s}{k} = \frac{457}{1.3} = 351.5\ \text{MPa}$$

轨底拉应力：$\sigma_底 = \sigma_{底d} + \sigma_t$ =179.8+136.25=316.05 MPa<[σ]=351.5 MPa

轨头压应力：$\sigma_头 = \sigma_{头d} + \sigma_t$ =210+112.75=322.75 MPa<[σ]=351.5 MPa

所以韶山 8 型电力机车通过该曲线时，无缝线路钢轨强度满足要求。

3.3　无缝线路结构设计

【学习目标】

（1）能正确回答下列问题：

① 我国钢轨的定尺长度是怎样规定的？

② 小半径曲线地段无缝线路钢轨为什么适宜采用热处理钢轨或高强度钢轨？

③ 为什么连续长大坡道不宜设置钢轨伸缩调节器和钢轨接头？

（2）能解释中和轨温计算公式中各项的含义。

（3）能绘图说明预留轨缝计算公式的推导过程并能应用公式正确计算预贸轨缝。

（4）能参考算例或相关文献、规范完成普通无缝线路结构设计。

（5）能说出跨区间无缝线路采用单元轨条结构设计的理由。

（6）能说出跨区间无缝线路锁定轨温的有关要求。

（7）能说出跨区无缝线路长轨布置的技术要求。

（8）能正确布置无缝线路位移观测桩。

（9）能说出桥上无缝线路的受力特点、结构特点和养护维修要求。

（10）能说出无缝道岔的受力特点和检算内容。

（11）能说出桥上无缝道岔布置的有关要求。

（12）能说出无缝道岔养修的技术要点。

（13）能说出隧道内无缝线路的特点。

无缝线路设计包括路基上无缝线路设计（通常也称为普通无缝线路设计）和跨区间无缝线路设计。其实无论是路基上无缝线路设计还是跨区间无缝线路设计，其核心问题都是要确定合适的锁定轨温，以保证无缝线路在强度和稳定性方面达到要求。跨区间无缝线路设计由区间无缝线路和无缝道岔组成。区间无缝线路的设计基本上与普通无缝线路相同，因此跨区间无缝线路的特殊性在于无缝道岔的设计。

3.3.1　普通无缝线路结构设计

1. 设计基本要求及轨道结构标准

（1）无缝线路钢轨的抗拉强度不应低于 880 MPa。钢轨定尺长可为 100 m、75 m、50 m 或 25 m。

长定尺钢轨平直度好，减少了焊接接头数量。我国 60 kg/m 钢轨标准轨定尺长度为 12.5 m、25 m、100 m。75 kg/m 钢轨标准轨定尺长度为 25 m、75 m、100 m，目前受钢轨制造工艺等方面的限制，75 kg/m 钢轨 100 m 长定尺轨的批量生产还有待深入研究。为减少铁路线路钢轨焊接接头数量，提高线路平顺性，60 kg/m 钢轨应优先采用 100 m 长定尺轨，75 kg/m 钢轨应优先采用 75 m 长定尺轨。

（2）道岔、钢轨伸缩调节器、胶接绝缘接头等是轨道的薄弱环节，为保障其强度与正线钢轨匹配，规定道岔、钢轨伸缩调节器、胶接绝缘接头钢轨应与相连钢轨同轨型、同钢种。小半径曲线地段钢轨磨耗及疲劳伤损影响钢轨使用寿命。列车在曲线上运行，附加动压力与曲线半径呈负相关关系，因此曲线半径越小，钢轨磨耗及疲劳伤损越严重。全长淬火钢轨的耐磨性能和使用寿命比普通碳素钢钢轨强 1～2 倍，相比较全长淬火钢轨出厂价格比普通钢轨仅高出 8%左右，根据相关铁路局在小半径曲线上的使用经验，小半径曲线地段采用全长淬火钢轨具有明显的技术经济效益。因此，半径不大于 800m 的曲线地段及大坡道地段，宜采用热处理钢轨或高强度钢轨。

（3）根据《无缝线路铺设及养护维修办法》TB/T2096—2007，允许铺设无缝线路的最小曲线半径为 300 m。

（4）在连续长大坡道、制动地段及行驶重载列车坡段铺设无缝线路，必要时应采取轨道加强措施。连续长大坡道不宜设置钢轨伸缩调节器和有缝钢轨接头。

铺设无缝线路的坡度可不受限制，但轨条全长在连续长大坡道（≥12‰）、制动坡段及行驶重载列车坡段，为了防止发生钢轨不均匀爬行，满足无缝线路轨道的强度和稳定性要求，应确保道砟密实、砟盒饱满；当铺设Ⅱ型混凝土轨枕时，应增加轨枕铺设根数。

当钢轨伸缩调节器铺设在连续长大坡道上时，容易引起尖轨爬行，造成轨道几何形位变化，影响轨道平顺性。当钢轨接头设置在连续长大坡道上时，容易引起钢轨爬行和接头病害。因此在连续长大坡道不宜设置钢轨伸缩调节器和钢轨接头。

（5）在最大轨温变化幅度超过 100 ℃的严寒地区铺设无缝线路时应单独设计，加强轨道结构，可采用大调高量扣件。

严寒地区轨温变化幅度较大，冬季或夏季无缝线路所承受的温度拉力或压力较大，钢轨折断及胀轨跑道的几率增大，因此严寒地区铺设无缝线路时，应采取增加道床肩宽、堆高砟肩、加设防胀挡板等加强轨道结构的措施，并合理确定设计锁定轨温，保证无缝线路的强度和稳定性能满足要求。为减少无缝线路养护维修时的起道捣固工作量，宜采用大调高量扣件，在线路出现局部竖向不平顺时可通过垫板调整整平，以减少扰动道床的机会。

（6）选线设计应考虑钢轨伸缩调节器与桥梁孔跨、结构的关系，预留设置条件。

（7）无缝线路设计应根据线路、运营、气候条件及轨道类型等因素进行轨道强度、稳定性、断缝安全性等检算。

（8）钢轨应采用工厂化焊接，工厂化焊接长轨条长度不宜小于 500 m。钢轨焊接宜采用闪光焊接。

工厂化焊接是指利用固定在工厂（基地）焊轨车间的焊轨机，将标准长度钢轨焊接成一定长度的长轨条。工厂化焊接采用流水线作业，外界干扰少，有利于提高钢轨焊接效率、保持钢轨焊接质量、降低生产成本。因此标准长度钢轨应采用工厂化焊接。

采用工厂化焊接的长轨条越长，现场联合接头越少，越利于减少钢轨薄弱环节，提高轨道平顺性。目前，大型焊轨基地均可实现 500 m 长规条焊接，因此规定工厂化焊接长轨条最小长度不宜小于 500 m。

钢轨焊接的主要方法有闪光焊、气压焊和铝热焊。闪光焊和气压焊的抗拉强度、屈服强度、疲劳强度均能达到钢轨母材的 90%以上；铝热焊屈服强度与闪光焊和气压焊接近，但其抗拉强度只能达到母材的 70%左右，疲劳强度仅达到母材的 45%～70%。气压焊在焊接时对接头断面的处理要求很严格，焊接质量受外部环境和操作人员技术影响较大。因此，钢轨焊接应优先采用闪光焊。

2. 设计锁定轨温（中和轨温）

对于温度应力式无缝线路来说，钢轨锁定后，轨温升高或下降的幅度直接影响钢轨内部温度力的变化，如何根据当地气象条件选择铺轨时的锁定轨温，以保证夏季高温时不跑道、冬季低温时钢轨不折断是无缝线路设计的核心问题。中和轨温就是根据当地最高、最低轨温和无缝线路允许温升、允许温降，并考虑实际施工要求通过计算所得的无缝线路锁定轨温。实际施工时，很难在设计锁定轨温完成线路锁定，所以在满足强度和稳定性要求的前提下，一般将设计锁定轨温规定一个上限和下限，施工时应在该设计锁定轨温范围内对线路进行锁定，一般把长钢轨始终端落槽就位时的轨温平均值称为施工锁定轨温。

（1）根据强度条件确定允许的温降幅度 $[\Delta t_d]$。

强度条件要求作用在钢轨上的各种应力总和不超过钢轨的允许应力 $[\sigma]$，即：

$$\sigma_d + \sigma_t + \sigma_f \leqslant [\sigma] \tag{3-38}$$

式中　σ_d——钢轨动弯应力（MPa），计算方法参见 3.2 轨道强度计算，取轨底拉应力为计算值；

σ_t——钢轨温度应力（MPa）；

$[\sigma]$——钢轨允许应力；

σ_f——钢轨附加应力（MPa），如桥上的伸缩应力和挠曲应力（计算时取其较大者）、无缝道岔基本轨附加应力、列车制动等引起的附加应力等。普通无缝线路设计时，如只考虑路基上由制动引起的附加应力，可取 σ_t=10 MPa；路基上非制动区段 σ_t=0，取附加拉应力为计算值。

由各种原因引起的附加应力 σ_f 计算方法不同，请参考相关专业书籍。

允许温降幅度 $[\Delta t_d]$ 可由下式计算：

$$[\Delta t_d] = \frac{[\sigma] - \sigma_d - \sigma_f}{E\alpha} \tag{3-39}$$

若将式中的 σ_d、σ_f 分别取为轨头动压力和最大附加压应力，可得出强度条件允许的温升幅度，但一般该值大于下面所提到的稳定性条件允许的温升幅度 $[\Delta t_c]$，因此强度条件并不控制允许温升。

（2）根据稳定性条件确定允许的温升幅度 $[\Delta t_c]$。

根据稳定性计算求得的轨道框架允许温度压力 $[P]$，可计算出允许的温升幅度 $[\Delta t_c]$：

$$[\Delta t_c] = \frac{[P] - 2P_f}{2EF\alpha} \tag{3-40}$$

式中　P_f——一根钢轨的纵向附加压力（N），路基上非制动区段 P_f=0。若是桥上无缝线路，P_f 取伸缩和挠曲附加压力中的最大值；若是无缝道岔，P_f 为基本轨最大附加压力。

其他符号同前面式中的意义相同。

（3）确定设计锁定轨温。

根据图 3-20，中和轨温

$$t_e = \frac{T_{\max} + T_{\min}}{2} + \frac{[\Delta t_d] - [\Delta t_c]}{2} \pm \Delta t_k \tag{3-41}$$

式中　Δt_k ——修正值，一般为 0 ~ 5 ℃。主要考虑各地区年轨温幅度的差异和缓冲区轨缝计算等因素；

Δt_d ——保证轨道满足强度条件的允许降温幅度（℃）；

Δt_c ——保证轨道稳定的允许升温幅度（℃）。

其他符号同前。

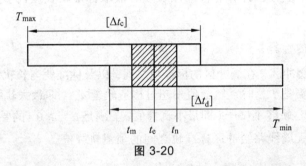

图 3-20

控制无缝线路长钢轨内不产生过大的温度压力，设计锁定轨温确定要根据中间轨温，所以式 3-41 的第一项为中间轨温，一般 $\Delta t_d > \Delta t_c$，式 3-41 的第二项是表示中间轨温有所提高的部分，目的是更好地防止胀轨跑道。

为了施工方便，设计锁定轨温范围一般为 10 ℃，桥上无缝线路或寒冷地区，当 $[\Delta t_d] + [\Delta t_c] - (T_{\max} - T_{\min}) < 10$ ℃，即允许升降温幅度与最大轨温差之差小于 10 ℃ 时，锁定轨温范围也不应小于 6 ℃。

《铁路无缝线路设计规范（TB10015—2012）》规定宜按下式直接计算无砟轨道设计锁定轨温：

$$t_e = \frac{T_{\max} + T_{\min}}{2} \pm \Delta t_k \tag{3-42}$$

式中　Δt_k ——设计锁定轨温修正值，一般为 0 ~ 5 ℃。

因此判断能否铺设温度应力式无缝线路的条件是：

$$[\Delta t_d] + [\Delta t_c](T_{\max} - T_{\min}) + 10(或6)$$

例如：某地区 $T_{\max}$=62.6 ℃，$T_{\min}$=－22.8 ℃，通过轨道强度计算得 $[\Delta t_d]$ = 65.6 ℃，稳定性计算得 $[\Delta t_c]$ = 49 ℃，要判断能否铺设温度应力式无缝线路，即判断 65.6 ℃+49 ℃ 是否大于等于 62.6 ℃+22.8 ℃+10 ℃，现：

65.6 ℃+49 ℃>（62.6 ℃+22.8 ℃）+10 ℃

因此，可以铺设温度应力式无缝线路。

在计算出设计锁定轨温 t_e 后，可给出设计锁定轨温的上、下限，即：

设计锁定轨温上限：$t_m = t_e + (3 ~ 5)$℃

设计锁定轨温下限：$t_n = t_e + (3 ~ 5)$℃

设计锁定轨温上、下限应满足下面的条件：

$$t_m - T_{min} \leqslant [\Delta t_d]$$
$$T_{max} - t_n \leqslant [\Delta t_c]$$

跨区间无缝线路和区间无缝线路，相邻单元轨节之间的锁定轨温之差不应大于 5 ℃，同一区间内单元轨节的最高与最低锁定轨温之差不应大于 10 ℃，左右股钢轨锁定轨温之差，速度大于 160 km/h 时不应大于 3 ℃，速度为 160 km/h 及以下时不应大于 5 ℃。

无缝线路锁定后，长轨节两端的伸缩区长度可通过式 3-8 计算，在式中 Δt_{max} 取 $T_{max} - T_{sf}$ 或 $T_{sf} - T_{min}$ 中最大的一个值进行计算。伸缩区长度一般取标准轨长度的整数倍，一般为 50 ~ 100 m。

3. 预留轨缝 a_0 的计算。

若无缝线路设置缓冲区，在缓冲区的标准轨之间，以及标准轨与长轨之间要预留轨缝。预留轨缝应满足冬季轨温达 T_{min} 时，轨缝值不超过构造轨缝 a_g（即最大轨缝值 a_{max} 满足 $a_{max} \leqslant a_g$），夏季轨温达 T_{max}，轨缝不挤严（即最小轨缝值 a_{min} 满足 $a_{min} \geqslant 0$）的要求，如图 3-21 所示。

（1）普通线路或无缝线路缓冲区标准轨之间的预留轨缝值。

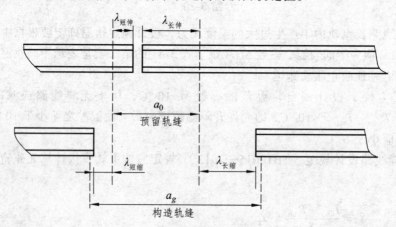

图 3-21 预留轨缝计算

由图 3-21，求标准轨之间的预留轨缝，需假定 $\lambda_{长伸} = \lambda_{短伸}$，$\lambda_{长缩} = \lambda_{短缩}$，则由夏季最高轨温时轨缝不挤严，冬季最低轨温时轨缝拉开不超过构造轨缝的条件得：

$$a_0 - 2\lambda_{短伸} \geqslant 0$$
$$a_0 + 2\lambda_{短缩} \leqslant a_g$$

因此得：

$$2\lambda_{短伸} \leqslant a_0 \leqslant a_g - 2\lambda_{短缩}$$

取平均值作为预留轨缝，则：

$$a_0 = \frac{a_g + 2\lambda_{短伸} - 2\lambda_{短缩}}{2} = \frac{a_g}{2} + \lambda_{短伸} - \lambda_{短缩} \tag{3-43}$$

式中 $\lambda_{短伸}$、$\lambda_{短缩}$ 按式 3-12 计算：

$\lambda_{短伸} = \dfrac{(\max P_{t压} - P_H) \cdot l}{2EF} - \dfrac{rl^2}{8EF}$，其中 $\max P_{t压}$ 为从锁定轨温到最高轨温时所产生的温度压力；

$\lambda_{短缩} = \dfrac{(\max P_{t拉} - P_H) \cdot l}{2EF} - \dfrac{rl^2}{8EF}$，其中 $\max P_{t拉}$ 为从锁定轨温到最低轨温时所产生的温度拉力，l 为标准轨长度，计算时要注意统一计算单位。

（2）无缝线路缓冲区标准轨与长轨之间的预留轨缝值。

根据同样的条件由图 3-21 得到：

$$a_0 - (\lambda_{短伸} + \lambda_{长伸}) \geq 0$$
$$a_0 + (\lambda_{短缩} + \lambda_{长缩}) \leq a_g$$

则：

$$(\lambda_{短伸} + \lambda_{长伸}) \leq a_0 \leq a_g - (\lambda_{短缩} + \lambda_{长缩})$$

取

$$a_0 = \frac{1}{2}(a_g + \lambda_{短伸} + \lambda_{长伸} - \lambda_{短缩} - \lambda_{长缩}) \tag{3-44}$$

4．防爬设备的布置

有砟轨道道床除特殊设计的桥上小阻力扣件之外，为防止钢轨沿垫板相对轨枕纵向移动，要求扣件阻力要大于道床纵向阻力，若此条件不满足时，则须要在伸缩区增设防爬设备，为此，应满足：

$$P_{防} + nP_{扣} \geq nR \tag{3-45}$$

式中　$P_{防}$ ——一对防爬器提供的阻力（N），见表 3-3；

　　　$P_{扣}$ ——一根轨枕上中间扣件的阻力（N），见表 3-2、表 3-3；

　　　R ——一根轨枕提供的道床纵向阻力（N），可参见下表 3-17；

　　　n ——配置一对防爬器的轨枕根数。

表 3-17　一根轨枕提供的道床纵向阻力

轨枕类型	木枕	I	II	III
单枕道床阻力（N/根）	7 000	9 000	10 000	14 000

采用弹条 I 、II 、III 型扣件时，一般可不安装防爬器。

在缓冲区，为了减少缓冲区标准轨的轨缝值，也可参照伸缩区的办法设置防爬设备。在制动地段及大坡道地段，也应按伸缩区布置。

5．长轨条的长度及布置

（1）长轨条长度不应小于 200 m。

（2）下列地段宜单独布置长轨条，并在其两端设置缓冲区：

① 车站内线路；

② 设有普通绝缘接头的每个自动闭塞区间；

③ 小半径曲线地段；

④ 其他特殊地段。

（3）长大隧道长轨条接头宜设在距隧道口内侧 50 m 处；隧道群的长轨条宜连续布置，每座隧道距离隧道口内侧不超过 50 m，应按伸缩区要求加强锁定。

3.3.2　跨区间无缝线路结构设计

跨区间无缝线路不论是在新线或在运营线结合大修铺设，其线路平纵面设计与普通无缝线路设计一样。

跨区间无缝线路与普通无缝线路不同的是轨条贯通整个区间或区段，其长轨条不可能一次性铺成，为此将长轨条分成若干个单元轨条，然后分次焊联铺入。一般单元轨条含有胶接接头时，要把胶接接头设置在离单元轨条端 200 m 外。单元轨条长度多长为合理，需要进行设计。此外还包括单元轨条的锁定轨温、轨条位移观测桩的设置、道岔区温度纵向力分布、轨道稳定和强度检算等内容。

1. 单元轨条长度设计

跨区间无缝线路长轨条长度的设计，与普通无缝线路不同，跨区间无缝线路长轨条的设计是一次铺入长度的设计，即单元铺设长度的设计。单元轨条长度的合理定量，就是单元铺设长度设计的主要内容。跨区间无缝线路按单元轨节和单组道岔划分管理单元，单元轨节长度应根据线路条件、工点情况、施工工艺等因素综合研究确定。从施工工艺的角度来说，单元轨节过长，施工时用于应力放散及锁定的时间长，期间轨温变化大，拉轨、垫滚筒、撞轨、钢轨落槽等不同施工工艺之间的协调难度大，尤其是将受到滚筒阻力和拉轨器最大拉伸量的限制，锁定轨温不易控制，从而影响铺轨质量；从养护维修的角度来说，单元轨节过长，也不利于运营中的应力放散和应力调整。另一方面，单元轨节过短将导致单元轨节数量过多，增加养护维修中管理的复杂程度；同时单元轨节过短将在长轨条中形成较大的不均匀温度应力。根据我国多年的无缝线路施工和养护维修经验，一般单元轨节长度为 1 000 ~ 2 000 m，最短长度不应短于 200 m。

2. 锁定轨温和单元轨条之间焊连温度的选择

跨区间无缝线路设计锁定轨温，应综合考虑路基、桥梁、隧道及道岔区等地段无缝线路的允许温升和允许温降，确定线路统一的设计锁定轨温；为便于跨区间无缝线路的管理，一条铁路某个区间范围内路基、桥梁、隧道、道岔区宜采用一致的方法设计锁定轨温。但遇到一些特殊情况时，也可分级采用不同的设计锁定轨温，如在长大隧道内，线路区域十分广阔（如京沪线）且轨温差别明显，无法采用相同的设计锁定轨温时，也可分段采用不同的设计锁定轨温，两区段间设计锁定轨温一般相差 3 ~ 5 ℃，同时还要满足相邻单元轨节之间的锁定轨温之差不应大于 5 ℃，同一区间内单元轨节的最高与最低锁定轨温之差不应大于 10 ℃；左右股钢轨锁定轨温之差，设计速度为 160 km/h 及以下铁路不应大于 5 ℃，160 km/h 以上铁路不应大于 3 ℃。

因无砟轨道稳定性相对较好，根据我国武广高速铁路、沪宁城际轨道交通、郑西高速铁路等高速铁路铺设无砟轨道无缝线路设计情况及运营经验，无缝线路取当地的中间轨温，并根据实际情况，适当考虑修正值 Δt_k。在北方地区，最低轨温出现次数较多，低温季节持续时间长，锁定轨温可选偏低值；南方地区最高轨温出现次数多，高温季节持续时间长，锁定轨温可选择偏高值。

3. 跨区间无缝线路和区间无缝线路长轨条布置

（1）单元轨节的布置，应根据线路条件、工点情况、施工工艺及养护维修等因素进行综合研究确定。区间单元轨节长度宜为 1 000～2 000 m，最短不应小于 200 m。

（2）下列地段宜单独设计为一个或多个单元轨节：

① 无缝道岔、钢轨伸缩调节器及其前后线路；

② 长大桥梁及两端线路护轨梭头范围之内；

③ 长度超过 1 000 m 的隧道；

④ 小半径曲线地段。

（3）焊接接头位置应符合以下要求：

① 左右股单元轨节锁定焊接头相错量不宜超过 100 mm；

② 由道岔前端和辙叉跟端接头焊缝确定的道岔全长偏差不得超过±20 mm；

③ 铝热焊焊缝距枕边的距离不得小于 100 mm；

④ 单元轨节起止点不应设置在不同轨道结构过渡段或不同线下基础过渡段范围内。

⑤ 联合接头焊接质量应符合《钢轨焊接第 1 部分：通用技术条件（TB/T 1632.1）》的规定。

⑥ 联合接头位置不得设置在桥墩上和钢桁梁伸缩纵梁上，并要求距桥台边墙或桥墩的距离不小于 2 m。

（4）绝缘接头应满足以下技术要求：

绝缘接头应符合《铁路钢轨胶接绝缘接头技术条件（TB/T 2975）》的规定。

左右两股钢轨绝缘接头应相对铺设，且绝缘接头轨缝绝缘端板距轨枕边不宜小于 100 mm。

胶接绝缘接头宜采用现场胶接。胶接绝缘接头与焊接接头间距不应小于 20 m，道岔间困难条件下不应小于 12 m。

（5）以秦沈客运专线跨区间无缝线路长轨条布置为例。

秦沈客运专线从山海关站外至皇姑屯站外，全长 375.6 km 铺设 CHN60 钢轨跨区间无缝线路，包括 6 处车站、18 号和 38 号可动心轨无缝道岔 49 组，181 座大中桥，均铺设无缝线路。无缝线路贯通全线，仅 DK183+556.02 跨阜锦公路特大桥和 DK211+613.43 跨兴闾公路特大桥的连续梁中跨跨中设有双向钢轨伸缩调节器，轨条在调节器处断开，基本轨接头与轨条焊联。全线布置了 3 段长轨条，无缝线路轨条最长为 200.918 km，轨条布置如图 3-22 所示：

图 3-22　秦沈客运专线轨条布置示意图

4. 位移观测桩布置

（1）无缝线路钢轨位移观测与锁定轨温变化。

为了掌握运营中无缝线路钢轨是否发生了不正常位移，判断无缝线路在长期养护维修中是否锁定牢固，以及在各种施工作业中是否改变了原锁定轨温，应定期对无缝线路钢轨进行位移观测。通过对位移观测数据的分析，判定无缝线路的锁定状态，如发现有不正常位移，应及时采取措施予以整治。

当无缝线路钢轨铺设锁定后，就作上标记，然后定期对位移观测桩进行观测。如果各位移观测桩的爬行量及爬行方向均一样，说明各点的纵向力没有变化；如果在固定区各观测点爬行量不一样，则说明纵向力已重新分布，各处的锁定轨温不一样。当不考虑线路阻力时，锁定轨温改变值可通过下式计算：

$$\Delta t = \frac{\Delta L}{\alpha L} \tag{3-46}$$

式中 ΔL —— 两位移观测桩爬行量之差（mm）；

     α —— 钢轨钢线膨胀系数，取 $1.18 \times 10^5/\,°C$；

     L —— 两位移观测桩之间的距离（m）。

观测误差的大小与观测方法、观测手段等因素有关。准直仪的观测误差为 1 mm，两位移观测桩的累计误差为 2 mm，为了控制因观测误差而造成过大的实际锁定轨温误差，宜适当增大位移观测桩的间距。位移观测桩的设置宜保证桩距不小于 45～50 m，否则将会由于桩间距离过短，造成检测误差过大从而失去了指导无缝线路养护维修作用。

（2）无缝线路位移观测设置。

① 跨区间无缝线路、区间无缝线路按单元轨节等距离设置位移观测桩，且桩间距离不宜大于 500 m。单元轨节位移观测桩可按图 3-23 设置，单元轨节长度不足 500 m 的整倍数时，可适当调整桩间距离。距长轨条起、终点 100 m 处应分别设置一组位移观测桩。

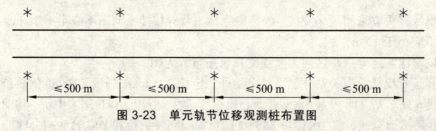

图 3-23 单元轨节位移观测桩布置图

② 普通无缝线路的长轨条长度不大于 1 200 m 时，可按图 3-24 设置五组位移观测桩；长轨条长度大于 1 200 m 时，应适当增设位移观测桩且桩间距离不宜大于 500 m。

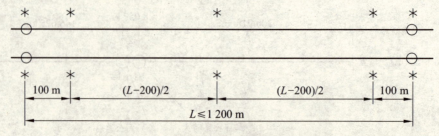

图 3-24 普通无缝线路位移观测桩布置图

③ 无缝道岔宜按图 3-25 分别在岔头、限位器（或间隔铁）、岔尾（含直、曲股）、道岔前后 50 m 和 200 m 处，当岔区道岔间距大于 50 m 时设一对钢轨位移观测桩。18 号及以上的大号码道岔宜在心轨处加设一组位移观测桩。

图 3-25　无缝道岔位移观测桩布置图

④ 钢轨伸缩调节器两端及前后 50 m 和 200 m 处应设置一组位移观测桩。双向调节器在中间增设 1 对位移观测桩。

⑤ 长大桥梁两端、长大隧道的洞口应设置一组位移观测桩。

⑥ 新建铁路可选择在线路一侧或两侧设置位移观测桩。

⑦ 位移观测桩应预先埋设牢固，或设置在线路两侧的固定构筑物上，并在单元轨节两端就位后立即进行标记。

通过位移观测桩和标定轨长的观察与换算，分析研究锁定轨温有无变化，钢轨纵向力的分布是否均衡，这对跨区间无缝线路来说是十分重要的。上述是《铁路无缝线路设计规范（TB10015—2012）》规定的观测桩设置方法，但也有如某工务段采用桩距为 85 m 的布置方法：轨端一对，每隔 85 m、2×85 m 设两对，再每隔 3×85 m 即间隔 2×3×85 m 又设两对，则中间两对桩的距离为 L=13×85 m。其设置根据是当钢轨 85 m 发生 1 mm 变化时相当于检算轨温变化 1 ℃，以便于计算管理。

5．无缝道岔

无缝道岔作为跨区间无缝线路中一个重要的轨道结构，其受力与变形均十分复杂，铺设中通常是将岔内所有接头先焊接，在合适的锁定轨温范围内再与区间长轨条焊连，此时可将无缝道岔视作一个特殊的单元轨节；此外，无缝道岔也是跨区间无缝线路中的重点观测对象，在岔头、岔尾及辙跟处均设置有位移观测桩，虽然其长度达不到 200 m，但也应作为一个单元轨节进行管理。因此在跨区间无缝线路中均是将单组无缝道岔作为一个单元轨节进行设计的。

6．跨区间无缝线路两端的结构处理

主要采用下面三种方式：

（1）锚固式：在车站尽头线，把长轨条两段锚固在混凝土站台内。

（2）缓冲区式：形成与普通无缝线路相同的轨道结构形式。

（3）伸缩调节器式。

3.3.3　特殊地段无缝线路设计

1．桥上无缝线路

（1）桥上无缝线路的优点：

① 可以减轻列车车轮对桥梁的冲击。

② 改善列车和桥梁的运营条件。

③ 延长设备使用寿命。

④ 减少养护维修工作量。

这些优点在行车速度提高时尤为显著。

（2）桥上无缝线路的受力特点。

桥上无缝线路不同于一般铺设在路基上的无缝线路。桥跨结构因温度变化而伸缩，同时受到列车荷载作用而发生挠曲，因此，桥上轨道框架除受机车车辆荷载、轨温变化和列车制动作用外，还将受到桥跨结构伸缩变形引起的伸缩附加力和挠曲变形引起的挠曲附加力。与此同时，轨道框架也对桥跨结构施加大小相等方向相反的反作用力。桥上无缝线路钢轨一旦断裂，不仅危及行车安全，也将对桥跨结构造成断轨附加力，所有这些附加力均将通过桥跨结构而作用于墩台上。

（3）桥上无缝线路设计的一般规定。

① 轨道结构设计时，需考虑桥上无缝线路纵向附加力的影响，满足强度、稳定性及断缝安全性的检算要求。铁路桥梁墩台设计时，需考虑无缝线路与桥梁间的相互影响，计算无缝线路作用在桥梁墩台上的纵向力，结合桥梁设计荷载，进行桥梁墩台设计的检算。

② 桥上无缝线路的设计锁定轨温宜与桥梁两端的无缝线路设计锁定轨温一致。若以上条件不满足，则可将设计锁定轨温范围减小至 $6 \sim 8\ ^{\circ}\text{C}$ 后再次检算，若还不满足，可改变路基上单元轨节的设计锁定轨温或根据需要在桥上采取铺设小阻力扣件、钢轨伸缩调节器等措施。

③ 桥上铺设无砟轨道无缝线路时，无缝线路纵向力作用于无砟轨道结构上，可导致无砟轨道结构损伤或破坏，因此无砟轨道结构设计应考虑无缝线路纵向力的影响。

④ 由于桥梁地段 CRTS Ⅱ 型板式无砟轨道为底座板连续铺设的结构，且底座和梁面间设置有"两布一膜"滑动层，它的主要特点是将桥梁与轨道间的纵向滑动面由既有"轨道板和扣件"之间转移至"梁面和底座板"之间，改变了传统梁轨相互作用的力学传递机理，因此，相比于传统桥上无缝线路而言，桥上 CRTS Ⅱ 型板式无砟轨道无缝线路有其特殊性，需单独进行设计。

（4）桥上无缝线路的设计特点。

一般按跨度的不同分为两类：即中、小跨度（60 m 以下）桥上无缝线路的设计和大跨度（60 m 及以上）桥上无缝线路设计。

中小跨度桥铺设无缝线路时，应将桥上无缝线路设计为固定区，伸缩区及缓冲区设在两端线路上。铺设跨区间无缝线路时，桥上长轨条要同桥梁两端无缝线路焊联。为防止长轨条爬行，可将长轨条分段锁定或在长轨条的两端锁定。锁定区的线路纵向阻力，一般不低于区间无缝线路伸缩区的纵向阻力值，或按单独设计确定。

中、小跨度桥多为简支梁，为减小梁轨相互作用力和钢轨折断时的断缝值，要选好桥上钢轨扣件的纵向阻力值和布置方式。钢结构桥上钢轨扣件的布置，可采取均匀降低螺帽扭矩，以降低扣压力，或采取有松有紧的布置序列。桥上钢轨扣件的松紧序列一般采用 1—n—1，即每隔一个扣紧轨底的扣件，放松 n 个不扣紧轨底的扣件。桥上轨道使用的扣件，有 K 型分开式扣件和其他专门设计的扣件。桥用 K 型扣件如图 3-26 所示。

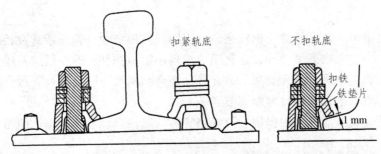

图 3-26　桥用 K 型扣件松紧示意图

预应力混凝土梁桥无砟轨道宜使用小阻力扣件。秦沈客运专线箱形梁桥无砟轨道采用了两种小阻力扣件：一种是 WJ—2 型弹条小阻力扣件，其调高量为 30 mm，调轨距量为±12 mm；另一种是弹性分开式小阻力扣件，其调高量为 30 mm，调轨距量为 $^{+8}_{-12}$ mm。

大跨度桥的梁跨结构，有下承式简支钢梁、连续钢桁梁、预应力钢筋混凝土连续梁，以及各种新型结构的梁等。由于跨度大，桥跨的伸缩变形也就大，伸缩力、挠曲力都大于中小跨度桥。为消减纵向力的作用，大跨度桥上无缝线路的设计，需要合理地布置长轨条、扣件及伸缩调节器，以减小梁轨之间的相互作用，并防止线路爬行。

大跨度桥上无缝线路的结构设计，关键在于合理地设置钢轨伸缩调节器、扣件和长轨条，及对其结构的选择。

为减小梁轨之间相互作用力，钢梁桥上的扣件可采用 K 型分开式扣件、分段扣紧轨底的布置方式，即 K 型扣件松紧交替的布置方式。扣件螺母扭矩一律按 80～120 N·m 拧紧。在伸缩纵梁开口处、拱上结构的伸缩缝处，以及在长轨条直接跨越端支座处，应采用不扣轨底的 K 型扣件。在梁内的其他部位或梁外，应采用扣紧轨底的 K 型扣件。扣紧的数量应足以防止钢轨爬行。根据我国桥上无缝线路设计和运营的经验，扣紧扣件的部位，其总长度一般不小于梁上长轨条长度的 1/3。

混凝土有砟桥和无砟桥的梁上，根据设计的线路纵向阻力来选用低阻力类型的扣件。

（5）小阻力扣件的设置。

桥上无缝线路设计时，通过在困难地段适当地设置小阻力扣件可有效降低轨道和桥梁所承受的纵向力，以保证轨道和桥梁检算满足要求。我国钢轨伸缩调节器主要采用基本轨伸缩、尖轨锁定的结构形式，钢轨伸缩调节器在温度变化时伸缩量较大，为保证道床的稳定并降低相邻桥梁墩台上的伸缩力，在基本轨一端宜设置小阻力扣件。如果钢轨伸缩调节器采用尖轨伸缩、基本轨锁定的形式，则宜在尖轨一端设置小阻力扣件。

小阻力扣件的铺设位置、长度应通过计算进行确定，桥上无缝线路固定区设置小阻力扣件地段应进行钢轨断缝的检算。

我国有石龙桥有砟轨道小阻力扣件，WJ-1、WJ-2、WJ-6 型无砟轨道小阻力扣件等。

（6）钢轨伸缩调节器设置。

钢轨伸缩调节器是轨道的薄弱环节，因钢轨伸缩调节器尖轨与基本轨间的结构不平顺，列车在该处产生较大的冲击力，直接影响线路质量和列车运行的平顺性和舒适性，且增加了设备费用和维修费用。在调节器两端，存在较长的伸缩区，伸缩区桥梁将承受较大的伸缩力。从行车的平顺性、舒适性及线路少维修的角度考虑，轨道结构设计应尽量避免设置钢轨伸缩调节器。

在大跨度桥梁上，若经检算，钢轨强度、无缝线路稳定性、钢轨断缝及桥梁墩台受力无法满足要求时，通过采取调整设计锁定轨温、设置小阻力扣件、改变梁跨及梁型、优化墩台刚度等措施后，仍无法满足设计要求，或在致使墩台结构尺寸明显增大，墩台的圬工量明显增加的情况下，可考虑设置钢轨伸缩调节器。

设置钢轨伸缩调节器时应根据桥梁及线路实际情况，合理地确定钢轨伸缩调节器的设置位置及数量。

钢轨伸缩调节器的布置应符合下列规定：

① 钢轨伸缩调节器应设置在直线地段。

② 钢轨伸缩调节器不应设置在不同轨下构筑物和轨道结构过渡段范围内。

③ 钢轨伸缩调节器基本轨始端和尖轨跟端焊接接头与梁缝、钢梁横梁、支座中心的距离不应小于 2 m。

④ 铺设钢轨伸缩调节器时，应考虑设置伸缩预留量，伸缩预留量应考虑温度变化产生的梁体、钢轨伸缩量，伸缩预留量通过计算确定。

（7）桥上无缝线路养护维修技术要求：

① 应按设计要求，保持扣件布置方式和扣件紧固程度，尤其应加强温度跨度大的桥上的无缝线路小阻力扣件养护。

② 在高温和低温季节，应加强温度跨度大的桥上的无缝线路结构和状态检查，加强连续梁活动端或桥台附近的线路状态的检查，发现问题应及时处理。

③ 单根抽换桥枕的作业应在实际锁定轨温+10 ～ –20 °C 范围内进行，起道量不应超过60 mm。

④ 上盖板油漆、更换铆钉或成段更换、方正桥枕等需要起道作业时，应在实际锁定轨温+5 °C ～ –15 °C 范围内进行。

⑤ 对桥上钢轨焊缝应加强检查，发现伤损应及时处理。

⑥ 对桥上伸缩调节器的伸缩量应定期进行检查，发现异常应及时分析原因并整治。伸缩调节器的尖轨与基本轨出现肥边，应及时打磨。

⑦ 桥上无缝线路应定期测量轨条的位移量，并做好记录。固定区位移量超过 10 mm 时，应分析原因，及时整治。

2．无缝道岔

我国无缝道岔结构的发展经历了第一代提速道岔、第二代提速道岔、250 km/h 高速铁路道岔、350 km/h 高速铁路道岔四个阶段。

无缝道岔的轨下基础包括有砟轨道和无砟轨道。道岔区有砟轨道道床厚度不应小于350 mm，直向速度 200 km/h 及以上时应采用特级道砟，道床应饱满密实，道床质量状态参数应达到与区间线路同等要求。道岔区无砟轨道包括轨枕埋入式和板式两种。道岔区轨枕埋入式无砟轨道由混凝土岔枕（钢筋桁架）、道床板、支承层（路基）或底座（桥上）组成。道岔区板式无砟轨道由轨道板、填充层（沥青水泥砂浆或自密实混凝土）、钢筋混凝土底座组成。为保证道岔区无砟轨道的安全、平稳、舒适、耐久，其设计、施工、验收应满足相关技术要求。

（1）无缝道岔的受力特点。

无缝道岔是把道岔中各个接头焊接或胶接起来，并把道岔两端与区间的无缝线路长轨条焊连在一起。无缝道岔是跨区间无缝线路的技术难点。

若道岔的直、侧股都与无缝线路长轨条焊连，被称为全焊无缝道岔。若只有道岔直股与无缝线路长轨条焊连，则称其为半焊无缝道岔。无缝道岔的受力状况如图 3-27 所示。

由图 3-27 可知，无缝道岔直股基本轨承受的温度力是自行平衡的。道岔里股钢轨（辙叉、连接轨及尖轨）只在一端承受温度力（同伸缩区）。该力将使道岔里股钢轨产生伸缩位移，释放出一部分温度力，同时一部分力也将通过道岔的有关部件（限位器、岔枕和钢轨扣件）传给基本轨，形成基本轨附加温度力。而半焊道岔的侧股基本轨也相当于无缝线路伸缩区的钢轨。

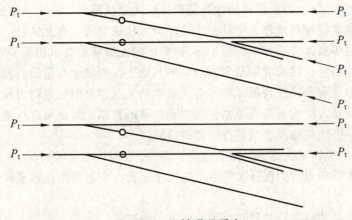

图 3-27 无缝道岔受力

造成道岔里轨产生伸缩位移和基本轨承受附加力的根本原因是道岔里轨末端承受着很大的温度力，这一温度力首先使里轨产生伸缩位移，与此同时，又会通过辙跟结构（限位器）、岔枕的弯曲刚度、钢轨扣件的阻矩把一部分温度力传给基本轨，在传力过程中当然也会受到道床阻力的影响，最终形成道岔基本轨的附加温度力。显然道岔基本轨的附加温度力受道岔里股钢轨伸缩位移的影响，设计时应当首先计算出里股钢轨伸缩位移，之后，才能确切地知道限位器的接触状况、岔枕的弯曲变形，进而求得道岔基本轨的附加温度力及道岔其他部件的受力情况。

图 3-28 是根据"当量阻力法"计算所得的 12 号可动心轨道岔的基本轨附加温度力图。由此可以看出，无缝道岔基本轨的最大附加力出现在辙跟处。当轨温升高或降低时，辙跟处分别出现最大的附加压力和拉力。对这一点应在无缝道岔的设计、铺设和养护时予以充分的重视。

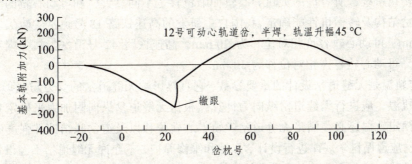

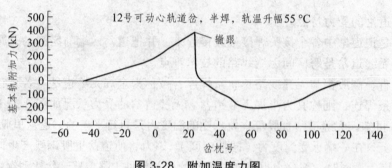

图 3-28 附加温度力图

（2）无缝道岔的设计内容。

① 无缝道岔钢轨纵向力和位移的计算是跨区间无缝线路设计的一项重要内容。随着我国既有线铁路的六次大提速和新建合宁铁路、京津城际轨道交通、合武铁路、武广高速铁路、沪宁城际轨道交通等高速铁路相继的通车运营，跨区间无缝线路技术积累了宝贵的实践经验。在总结国内外理论研究、试验成果及实践经验的基础上，形成了当量阻力参数法、两轨相互作用法、广义变分法和非线性有限元法等有代表性的无缝道岔附加纵向力和位移计算理论及方法。采用上述计算方法均可得到道岔钢轨力和位移的数据，据此可进行道岔钢轨强度、稳定性、尖轨位移、心轨位移及联结部件强度的检算。

② 限位器和间隔铁是无缝道岔的关键联结部件，在温度变化较大时，无缝道岔限位器和间隔铁将承受较大纵向力。为保证无缝道岔的安全运营，应进行限位器或间隔铁联结螺栓强度的检算工作。

无缝道岔限位器和间隔铁必要时可采取以下加强措施：

a. 对于已经上道的无缝道岔，将间隔铁、限位器与钢轨进行胶粘。这种加强措施在大秦、京包、京广线上得到使用，实践证明效果良好。根据铁科院的试验结果，采取加强措施后单个间隔铁的抗剪能力由 420 kN 提高到 750 kN。

b. 间隔铁材料采用铸钢实心间隔铁结构。

c. 联结螺栓采用直径为 27 mm 的高强度螺栓，以提高螺栓的抗剪切能力；采用大扭矩防松螺母联结，以提高限位器及间隔铁的摩阻力。

③ 尖轨、心轨相对基本轨、翼轨位移的检算是为了保证尖轨、心轨上各牵引点处伸缩位移不超过转换设备的允许值。尖轨、心轨相对基本轨、翼轨位移过大可能产生无缝道岔转换卡阻、尖轨侧拱、心轨爬台等病害，为保证道岔结构及转辙机械满足正常功能要求，应检算无缝道岔尖轨尖端、可动心轨尖端的位移。

不同的转换系统，所容许的尖轨和心轨伸缩位移也不同。尖轨和可动心轨的允许伸缩位移应根据道岔结构及转辙机性能确定，我国自主研发的高速铁路 18 号道岔尖轨尖端容许相对位移为 30 mm、可动心轨容许相对位移为 20 mm，高速铁路 42 号道岔尖轨尖端容许相对位移为 40 mm、可动心轨容许相对位移为 30 mm。

④ 锁定轨温是无缝道岔设计的重要参数，它直接影响无缝道岔的受力与变形。确定无缝道岔的锁定轨温，应进行无缝道岔纵向力计算，根据无缝道岔纵向附加力来确定允许温升和允许温降。锁定轨温还必须满足无缝道岔尖轨、心轨位移以及道岔联结部件强度的要求。

无缝道岔应遵循科学规律进行设计、焊铺和维修养护，不允许无缝道岔不经设计计算而随意焊铺。无缝道岔是个承受巨大温度力的结构，其设计锁定轨温需要一定时间的运营检验。

（3）桥上无缝道岔。

高速铁路线路桥梁占比很大，我国客运专线桥梁总长占比达到 50%以上，京沪高速桥梁的这一比例更是达到 90%以上，所以在高速铁路桥梁上铺设无缝道岔是不可避免的。

桥上无缝道岔应采用梁轨相互作用原理进行检算。道岔与桥梁相互作用力包括伸缩力、挠曲力、牵引（制动）力和断轨力，计算时应考虑道岔导轨与基本轨、道岔与桥梁之间的相互作用。

① 铺设无缝道岔的桥梁结构应符合下列规定：

a. 桥梁宜采用刚度大、整体性和稳定性好的上部结构型式，例如采用等跨连续梁结构，其动力特性、轨道稳定性和平顺性较好，有利于高速列车的安全运行和旅客的乘坐舒适。

b. 桥梁与轨道结构应系统设计，根据不同的轨道结构型式，桥面应预留连接装置和设备安装位置，并设置性能良好的防、排水设施。

c. 正线道岔区桥梁梁部应采用连续结构，孔跨宜采用等跨布置，最大跨度不宜大于 48 m，大于 48 m 时应进行单独设计。相邻两联连续梁桥之间宜设置一孔及以上简支梁桥。

d. 站线道岔区桥梁梁部宜采用连续结构。

② 桥上道岔布置应符合下列规定：

a. 正线道岔不应跨越梁缝，道岔始端、终端至梁缝的距离不应小于 18 m。

根据国内外研究成果及有关工程实践，道岔下部桥梁采用连续结构的话对道岔受力和变形最为有利。道岔与桥梁伸缩缝之间的最小距离直接影响道岔和桥梁的受力和变形，是桥上无缝道岔设计的一个关键控制指标。

铁科院等单位在《京沪高速铁路高架桥车站无缝线路设计原则（暂行）》规定了"尖轨尖端、心轨尖端、心轨跟端都应离开梁端至少 18 m；尖轨跟端应离开梁端至少 40 m。"

b. 由于站线上道岔数量较多，道岔和桥梁布置要满足正线上的要求相对困难，考虑站线列车通过速度较低，困难条件下道岔导曲线部分可设置梁缝，但道岔转辙器和辙叉部分不能跨越梁缝。道岔尖轨、心轨至梁缝的最小长度应满足道岔和桥梁结构强度、变形、变位的要求，同时应保证道岔转换设备的正常使用。为满足设备正常转换和锁闭，在伸缩力和制动力作用下转辙机处梁轨的相对位移量不大于 5 mm。

（4）无缝道岔养修。

① 无缝道岔单元范围内的综合维修，作业轨温范围为实际锁定轨温±10 ℃。

a. 严格按作业轨温允许范围（锁定轨温±10 ℃）安排养护维修作业。由于提速道岔内的焊接一般在线外预铺时焊接，提速道岔与前后无缝线路的焊接也是不同步的，故提速道岔的锁定轨温与前后无缝线路的锁定轨温不一定相同。为此，对在无缝道岔单元范围内的作业，锁定轨温的确定可按照：夏季，以道岔及前后线路的最低锁定轨温作为控制作业的锁定轨温；冬季，以道岔及前后线路的最高锁定轨温作为控制作业的锁定轨温。

b. 由于尖轨和心轨可自由伸缩，故转辙部分及心轨部分按无缝线路的伸缩区控制作业，其他按无缝线路的固定区控制作业。

c. 加强道岔区薄弱处所的养护和维修，注重道床阻力的保持，注意方向、轨距的变化，加强道岔扣件及前后扣件的复紧。

d. 在无缝道岔区估算实际锁定轨温时，应根据观测桩的位置、距离，合理选择参与计算的桩点，尽量使用一个较长的区段，使测算出来的实际锁定轨温更符合实际状况。

② 由于无缝道岔在曲基本轨和直尖轨处不连续，在温度的作用下，曲基本轨和直尖轨之间产生相对位移，密贴关系发生变化，会引起转辙器部分轨距的变化。尽管变化量不大，但由于变化的距离短，很容易形成轨距递变率的超限，进而引起车体的晃动。

关注道岔轨距变化，严格控制无缝道岔爬行，可以大幅度降低道岔区的晃车频次，进而提高快速列车通过道岔区的平稳度和安全性。

为减少道岔区因轨距递变率问题引起的晃车，必须加强对曲基本轨及其前后钢轨的锁定；加强对直尖轨跟部、内轨及叉心的锁定；经常保持扣件齐全有效，保证足够的扣压力，尽可能减少二者之间的相对位移。除采用在尖轨跟后增加第二限位器办法外，还可采取以下措施。

a. 曲基本轨跟部、导轨、主轨及与渡线连接处采用焊接或冻结接头。现场一般对无缝道岔直轨的焊接、胶接或冻结比较重视，曲轨往往容易忽略，而实际上对曲基本轨、导轨、主轨及渡线钢轨的焊接、胶接或冻结也非常重要，《跨区间无缝道岔焊接、冻结技术条件》对曲基本轨包括渡线、岔线钢轨的焊接、胶接或冻结提出明确要求，应认真执行，以控制曲基本轨的爬行。

b. 岔后曲轨渡线或岔线轨枕应更换为混凝土枕，使用弹性扣件，并保持规定的扭矩，以有效地减小道岔曲基本轨的爬行，保持曲基本轨与直尖轨的良好密贴。

c. 为控制曲基本轨和直尖轨之间的相对位移，应加强对以下维修作业的控制。

首先，要严格按照无缝线路作业的轨温规定安排无缝道岔的维修作业，并按规定进行爬行观测；

其次，改道等需要松开扣件的作业，必须严格控制一次松开的数量，即使是在封锁点内作业，也必须禁止在曲基本轨及其前后一定距离内一次性松开大量扣件。

3. 隧道内无缝线路

隧道内无缝线路的特殊性在于炎热季节隧道内凉爽的小气候环境改变了正常的轨温变化关系。

（1）隧道内外轨温与气温的关系。

隧道外轨温与气温的关系，随周围自然条件的变化而变化。根据对长大隧道气温与轨温的观测资料，距离隧道洞口 50～60 m 左右，沿隧道方向气温变化趋于稳定。炎热夏季，隧道外在日照条件下，最高轨温一般不超过最高气温加 20 ℃，而隧道内最高轨温与洞外区别较大，隧道内有时轨温比气温低 1～2 ℃，因此隧道内距洞口大于 200 m 范围无缝线路最高轨温可采用当地历年最高气温。严寒冬季隧道内轨温比气温高 2 ℃ 左右，因此隧道内最低轨温采用当地历年最低气温。

（2）隧道内无缝线路锁定轨温。

长大隧道内距洞口 200 m 范围内无缝线路的设计锁定轨温宜与洞外相邻区间无缝线路的设计锁定轨温一致，隧道内相邻单元轨节的设计锁定轨温按锁定轨温差不大于 5 ℃ 的方式控制，并逐渐过渡。洞口轨温过渡段应加强锁定。长大隧道内单元轨节锁定轨温与同一区间隧道外单元轨节的锁定轨温差宜控制在 10 ℃ 以内。

4. 其他特殊地段无缝线路

如小半径曲线地段、长大坡道地段和寒冷地区等地段的无缝线路。这部分内容已在本模块 3.3.1 "无缝线路设计一般规定"中介绍，故不再赘述。

3.4　无缝线路铺设

【学习目标】

（1）能说出钢轨焊接的常用方法及基本含义。

（2）能说出既有线无缝线路铺设的基本工序。

（3）能说出"连入铺设法"和"插入铺设法"的异同。

（4）能说出一次性铺设无缝线路的主要工序及 14 种工法。

（5）能说出单枕连续铺设法的特点和主要作业程序。

3.3.1　既有线无缝线路的铺设

我国铁路的普通无缝线路每段长轨条的长度一般为 1 500 ~ 2 500 m。超长无缝线路虽不受这一限制，但一次铺入的单元长轨条长度也与此相近。长轨条是由厂焊长钢轨连焊而成，再单独铺入。以缓冲区与相邻长轨条相连就是普通无缝线路；超长无缝线路通过长轨条依次连焊铺入的方法构成。铺设施工由长钢轨装卸、运输、焊联、换轨、线路整修、旧轨回收等工序组成。

1. 钢轨的焊接

铺轨基地主要采用闪光焊；现场联合接头焊接主要有闪光焊、气压焊、铝热焊和电弧焊等，其中铝热焊、电弧焊为填充焊。

（1）闪光焊。

这是将钢轨形成对接接头，通电并使其端面逐渐移近，达到局部接触，利用电阻热加热这些接触点（产生闪光），使端面全部熔化，直至端部在一定深度范围内达到预定温度时，迅速施加顶锻力完成的焊接（图 3-29）。

图 3-29　闪光焊

焊接之前，应根据无缝线路设计图编制配轨表，按配轨顺序焊接。焊接厂内按工艺流程组织生产：钢轨的选配 —— 钢轨焊接前检查 —— 矫直钢轨 —— 焊前除锈 —— 焊接和推凸 ——

—粗磨 —— 焊后热处理 —— 焊接接头矫直 —— 外形精整及平直度检验 —— 超声波探伤。经对焊头的探伤检查，确认质量良好后，即可送上存轨台等待装车运输。

闪光焊是各国铁路焊接钢轨的最主要方法，其工厂焊接质量稳定可靠。

（2）气压焊。

气压焊是用气体（乙炔-氧气）燃烧的火焰加热轨端，当温度为 1 200 ℃ 左右时（轨端呈塑性状态），在预施压力挤压下把钢轨焊接在一起。其工艺流程基本上与接触焊相同，尤其需注意轨端磨光之后不得有任何污染。

气压焊是目前我国用于现场联合接头的焊接方法之一。目前存在的主要问题是焊接质量不稳定，断头率较高，同时气压焊很难保证焊接后接头的平顺性。

（3）铝热焊。

铝热焊是利用焊剂中的铝在高温条件下与氧有较强的化学亲和力，从重金属氧化物中夺取氧，使重金属还原，同时释放出热量，将金属熔成铁水，浇铸施焊而成。

铝热焊剂由还原金属（铝）、氧化金属（氧化铁）、铁合金和铁钉头配制而成。为提高铝热焊质量，可按需要在铝热焊剂中掺入少量合金元素，如锰、钛、铂、硅等。以及加入石墨，调整碳的含量。

现以法国拉伊台克公司（Railtech International）生产的 QPCJ 钢轨铝热焊为例介绍铝热焊法。铝热焊法是将已配制好的铝热焊剂，放入特制的一次性坩埚中，用高温火柴引燃焊剂，产生强烈的化学反应，得到高温的钢水和熔渣，待反应平静后，将高温的钢水注入扣紧钢轨且经过预热的砂型中，将砂型中对接好的钢轨端部熔化，冷却后去除砂型，并及时对焊好的接头整形，两节钢轨即焊接成一体。铝热焊示意图如图 3-30 所示。

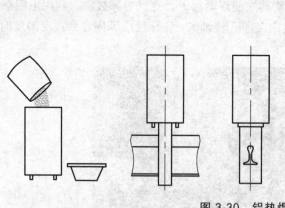

图 3-30　铝热焊

使用 QPCJ 铝热焊接工艺时，钢轨接头的焊接可分为以下步骤，并且此各个步骤必须遵照以下特定顺序：

① 准备工作。

分为到焊接现场前和在焊接现场的准备工作。出发到焊接现场之前，依据标准清单，检查并落实是否已备齐铝热焊接所必需的所有工具、材料、设备以及资料。

在焊接现场的准备工作包括务必对任何可能导致火灾或安全事故的隐患进行清除；采取

适当的防护措施，避免钢轨在对接、对正以及焊接的过程中发生位移；仔细检查钢轨端头，并做好焊接前的清理工作，使其达到铝热焊接应具备的条件。

② 钢轨端头的对正。

做好轨端的间隙设定、垂直对正和水平对正，消除钢轨端头间的不等倾斜。

③ 砂模的准备。

检查并确定砂模的所有部件都已齐全，将其正确安装至钢轨端头，涂上封箱泥。

④ 预热。

按规定时间对砂模和钢轨端头进行加热，50 kg/m 和 60 kg/m 钢轨预热时间分别为 4 min 和 5 min。

⑤ 焊药包的准备。

将焊药按要求装入 QPCJ 坩埚内。

⑥ 浇注。

将 QPCJ 坩埚正确放置于砂模的正中位置上，点燃焊药并监视焊药的浇注过程。

⑦ 拆模与推瘤。

浇注完毕，等待一定的时间后，拆除砂模、推瘤。

⑧ 打磨。

包括热打磨和冷打磨。

推瘤后立即进行打磨（热打磨），使焊接接头断面接近钢轨外形，打磨接头的轨内和轨外表面。

冷打磨：浇注 1 小时后，即可进行冷打磨作业，打磨接头处的焊接隆起，并打磨至与钢轨的运行表面齐平。

⑨ 收尾工作。

检查焊好的接头，做好焊接记录并贴上标记；将轨道恢复至标准状态；清理焊接现场。

由于铝热焊施工方便以及较易保证焊接接头的平顺性等特点，世界很多国家均采用铝热焊进行钢轨的现场焊接，如法国高速铁路 TGV，其联合接头均采用铝热焊。我国自从引进法国、德国铝热焊技术至今，铝热焊接头在线路上的使用无论从数量和质量上均有较大幅度的提高。工地钢轨焊接采用铝热焊，不仅操作简便，而且焊接质量高，目前在我国已得到广泛应用。

（4）电弧焊。

电弧焊是一种熔化焊的方法，这种方法对焊接工艺和焊工技术水平要求很高。目前，只有日本采用电弧焊进行新干线钢轨的焊接。

2．长钢轨的运输

长轨运输使用长钢轨运输列车，如图 3-31。其装载长钢轨的车辆设 4 层承轨架，每层可装 14 根长钢轨，全车最大容量为 56 根长钢轨，轨长 500 m，总装载量为 14k m。

列车在运输途中，为使车上装载的长钢轨在列车制动、行车速度改变、上下坡道、通过小半径曲线或道岔时仍能保持轨位正常，既不串动也不横移，就必须利用车上分层设置的间隔器（间隔器每隔一车设一组）把钢轨隔开，使钢轨各就各位，同时还要利用列车中部设置的长钢轨锁定器，将长轨分层锁定。锁定器分别编在列车中部的 1、2、3、4 号车上，1 号车装在一层，锁定一层长钢轨，2号车装在二层支架上，锁定二层长钢轨，3号、4号车装在三、四层支架上，分别锁定三、四层长钢轨；承轨架上满装滚筒，利于长钢轨下卸，利于运行中伸缩。装车时为使长钢轨的起吊与下落同步，以及防止长钢轨吊起后摆动和弯扭，可采用长梁吊车，或采用同步起落技术，这些都可较好地改善装车作业效率和质量。

图 3-31　长钢轨运输列车

长钢轨运输列车由间隔车、装轨车、锁定车、作业车组成。定量装载，既不偏载也不超载，只要认真按规定装载操作，设好间隔器和锁定器，运行就是安全平衡的。中途停站，应下车检查，发现钢轨异常串动应及时处理，以确保运行安全。列车应按规定速度开行。

列车到达卸车地点，应按卸车顺序依次松开锁定器。先用车装钢轨引拉器把待卸的长钢轨拉到有驱动装置的平台上。开始卸轨时，开动驱动装置，将长钢轨推送到车尾出轨口处，轨端接地后对位。而后，再开动驱动器，列车以相应速度向前开行。长钢轨落地 50 m 后，驱动器停车，列车可快速开行。在前一根钢轨下卸的同时，应引拉后续钢轨尾随而至，停于钢轨驱动台旁，待前一根钢轨的尾端到达后，后续钢轨随即跟下，如此依次卸下，直至到点或卸完为止。长钢轨卸在轨枕两端的砟肩上。

3. 无缝线路的铺设

铺设无缝线路的前提是，前期工程已经完成，线路的平面及其纵断面也已校正，道床、路基稳定。

工地的联合接头焊接作业组将卸下的长钢轨及时焊接成长轨条，或先将 500 m 长的钢轨拨入承轨槽后再进行焊接。铺设长轨条的作业方式有两种：一种是采用换轨小车组作业；另一种是采用新型组合式换轨车作业。

（1）采用换轨小车组换轨作业。

换轨小车组由拨入新轨小车和拨出旧轨小车组成。作业时由轨道车牵引，拨入新轨小车在前，拨出旧轨小车在后，两小车之间用钢丝绳连挂。平时换轨小车组放在平板车上，作业时由平板车上卸下，作业完毕再回放到平板车上，由轨道车回送到邻站或换轨队宿营地。作业时拨入新轨小车在前，走行在旧轨上；拨出旧轨小车在后，走行在刚拨入的新轨上，见图3-32。

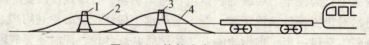

图 3-32　换轨小车组示意图

1—拨出旧轨小车；2—旧轨；3—拨入新轨小车；4—新轨

这种换轨小车组，在作业之前和之后的间接工时较长，影响封锁时间的利用，作业前小车组要从平板车上卸下来，再连挂；拨出旧轨小车的就位，要等到旧轨人工拨开，新轨人工引入之后，进入新轨，同时将旧轨引入小车的拨旧轨龙口，才能开始前进；与此同时拨新轨小车进入旧轨，由人工将新轨引入小车的拨轨龙口，并前行一段，使新轨落入槽，为拨旧轨小车提供轨体回收平板车上约 5 min，间接时间一卸一收约 20 min。作业中断、旧钢轨交叉。有时互相碰挂，阻碍前进。行走在曲线上时，由于上、下股钢轨间存在长度差，有时会造成卡车现象，同时，在这种情况下，由于车轻轮小，有时甚至发生掉道。如此种种，作业时只能配合撞轨，解决卡车等现象，以前换铺 50 kg/m 时采用换轨小车，现在我国铁路正线基本上均换铺 60 kg/m 及以上钢轨，换轨小车已不再使用，现广泛采用新型组合式换轨车进行换轨作业。

（2）采用新型组合式换轨车换轨作业。

组合式换轨车是对换轨小车组的成功改进，它完全克服了换轨小车组在作业中被发现的缺点。它将新、旧钢轨分体作业改为一体化作业；它将新、旧钢轨交叉交换改为平行交换；它改平板车和装换轨设备取代小车组；它将人工引轨改为机械引轨，不仅间接工时大大缩减，并且走行平稳，较小车作业效率提高。

组合式换轨车将拨新、旧轨的功能合组于一车，用 30 t 平板车改装而成，见图 3-33。引入新轨的龙口装在平板车的两侧，拨旧轨的龙口装在车尾悬臂梁的梁端下部，在悬臂梁的梁端上部装有新轨的导向龙口。悬臂梁可升高或降低，由卷扬机控制。悬臂梁亦可转动，其转轴设在平板车的端梁上，区间运行时，将悬臂梁落在另一平板车上，且平板车的另一端装有平衡悬臂梁的平衡重。组合式换轨车可与其他连挂运行，调转运行方便。

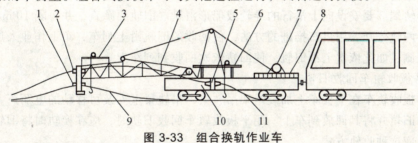

图 3-33 组合换轨作业车

1—旧轨拨轮；2—新轨导轮；3—起旧轨吊架；4—悬臂梁；5—新轨拨轮；6—起新轨吊架；
7—卷扬机；8—配置；9—旧轨；10—组合车；11—新轨

组合式换轨车在作业中走行平稳，拨动钢轨的力度较强，新、旧轨的拨入与拨出的通路上、下平行，互不干扰。在曲线上作业时，悬臂梁可适当转一角度定位，使新、旧轨走向与线路中线吻合。

组合式换轨车进入工位后，甩掉托运平板车，之后落下悬臂梁，使拨旧轨的龙口略高于轨面，再分别用钢轨起吊装置将新、旧轨引入各自的龙口，换轨随车缓慢起动，待新、旧轨开始落地后，换轨车即可按规定速度行进，每小时可更换 2～3 km。

在运营线上铺设无缝线路时，要在封锁线路的条件下进行。施工作业程序分为封锁前、封锁中和封锁后三个阶段。

① 封锁前。

封锁前主要应做好一切准备工作，最大限度地减少封锁时间内的工作量。

a. 做好长轨条始终点的合拢测温等准备工作；

b. 做好工具、备品的检查工作，并安排到位；

c. 做好各种配件的预卸准备工作；

d. 在施工之前，按设计要求预先埋好位移观测桩。

② 封锁中。

给点后先将材料车放入施工区间，散布扣件及大小胶垫；随后将换轨车开到换轨作业的起点开始换轨作业，拨出旧轨，拨入新轨。与此同时，更换大小胶垫及扣件，测定起点轨温，做好位移观测标记等。封锁时间后期，应抓紧进行线路恢复工作。恢复扣件，使之达到紧、密、靠、正的要求；消灭超限轨距；拨正线路方向；拧紧接头螺栓；捣固被方动的轨枕等。必须在施工天窗内使线路达到开通条件。

③ 封锁后。

线路开通后，通过列车的辗压和振动，再度拧紧扣件和接头螺栓。一般开通线路后，通过 3 趟慢行列车，随后即可恢复列车的正常速度。

线路恢复正常速度之后，工务段应组织技术人员测量钢轨所设测标，作为原始数据，为以后观测时能作为比较之用，以检验该处有无变异。同时亦可作为核对大修队提供的锁定轨温之用。

在整修线路之前，必须先把换下的旧轨回收到整修基地。收旧轨的工作要在封锁时间内进行，一般通过下列方法回收。

a. 用长轨运输列车回收旧轨。

用长轨运输列车回收时，旧轨要拨入道心，在长轨列车的尾部要装设旧轨回收滑道，在被回收的旧轨端部要安设向上滑行的导轮或船形滑靴。旧轨要顺直，并每隔 10 m 装一轨卡，以防滑行中两轨分开。用机车推进的方法，使回收的旧轨滑上列车，车上作业人员将滑上的钢轨拨向两侧，如此依次上滑旧轨，使旧轨依次回收到列车上。

b. 用平板收轨车回收旧轨。

专用平板收轨车在平板车上加装两架吊轨梁，吊轨梁上安装可移动的电葫芦，用以起吊线路两侧的旧轨并将其回放到车上。用平板收轨车回收旧轨时，应在换轨时将旧轨拨向线路两侧，以适应这种收轨方式。

4. 全区间和跨区间无缝线路的铺设

全区间或跨区间无缝线路是以一次铺入锁定的长轨节为单元，依次分段铺设而成。施工方法有以下两种可供选择：一种叫做"连入法"，用于作业轨温与设计轨温范围相符的情况；另一种叫做"插入法"，用于作业轨温与设计锁定轨温范围不符的情况。

（1）连入铺设法。

全区间或跨区间无缝线路采用连入法铺设时，长轨节的始端要用焊接法与上次铺入的长轨节终端焊联。也就是说，在续铺的始端，新旧钢轨引入换轨车龙门，换轨车随即缓慢前进，待新轨稳定落地之后，即开始进行始端的连入焊接，此时，边连入焊，换轨车边前进，直至终端，新铺入的长轨节的终端与线路上的旧轨用临时联结器联结。

在不同轨温条件下，采用铝热焊法进行连入焊时有如下要求：

① 施工过程中轨温比较平稳时。

要根据工艺要求把焊缝预留好。但现行施工方法很难做到使预留轨缝准确到位。因此，预留轨缝宁小勿大，待新轨拨入后，先把新轨端部 25 m 一段锁定，然后用砂轮锯轨机把多余钢轨锯掉，随即进行焊接。

② 在升温情况下进行连入焊。

若施工过程中轨温处于上升阶段，在此情况下，预留轨缝可稍大一些。待新轨拨入后，立即将新轨始端 25 m 一段锁定。如轨缝过大，可利用撞轨法予以调整，随即按铝热焊的工艺程序进行焊接工作。

③ 在降温情况下进行连入焊。

若施工过程中轨温处于下降阶段，在此情况下，预留轨缝值可稍小一些。利用宽臂距拉伸机拉伸，拉伸到位后可在保压状态下进行铝热焊。

④ 终端的联结。

a. 普通夹板联结。

单元长轨节的终端落槽后与线路上旧轨端之间的联结与普通无缝线路的铺设无甚差别。但采用夹板联结时，要在准备工作中预先钻好螺栓孔。次日继续铺轨时，在线路封锁之后，先把带孔端轨头锯下，再进行连入焊，预留开口量时，要考虑这一锯下的长度。

b. 夹紧器联结。

用夹紧器联结时，长轨节终端落槽与线路上既有轨合拢后，旧轨一端利用夹板螺栓固定，而新轨（长轨条终端）一端则用 U 形夹紧器固定。U 形夹紧器定位于螺栓孔处，它靠夹紧夹板所产生的摩阻力固定新轨终端。无需钻孔是其优点，但缺点是昼夜温差较大时将难以平衡钢轨的伸缩力。

（2）插入法铺设。

铺设时的轨温与设计允许的铺设轨温范围不符时，多采用插入法进行铺设。采用此法铺设长轨条时，可在任意轨温条件下，先依次分段铺设，在两单元轨节之间插入一根缓冲轨，待轨温适宜时放散应力。而后将缓冲轨拆除，并锯下长轨节的有孔端，插入一段焊接轨进行终焊。

施工注意事项如下：

① 虽然原则上可在任何轨温条件下铺设，但实际操作时还是要尽量选择在设计轨温范围内铺设，或靠近设计轨温范围的轨温条件下进行铺设。

② 终焊最好选在较低温度下进行，采用拉伸法，放散应力与终焊并举。

③ 终焊采用铝热焊时，要采用宽臂距拉伸机，拉伸到位后保压施焊。

④ 放散应力时，必须采用轨下支垫滚筒与撞轨相结合的方法进行。

（3）无缝道岔的焊接与铺设。

跨区间无缝线路的长轨节与车站内无缝道岔的焊联，要在设计的轨温条件下进行。

① 施工程序：

a. 铺设区间无缝线路；

b. 铺设站内无缝道岔；

c. 区间无缝线路的长轨节与站内无缝道岔的联结以焊接为主，不能焊接的接头采用冻结。

② 无缝道岔的铺设：

a. 无缝道岔的焊缝必须经过严格的探伤检查，不合格的焊缝要重焊。

b. 道岔内的绝缘接头必须采用胶接绝缘接头。

c. 60 kg/m 钢轨 12 号 AT 尖轨道岔，除整铸辙叉前后四个接头和绝缘接头分别采用高强度冻结接头和胶结绝缘接头外，其余接头全部焊接。

d. 可动心轨道岔的岔内接头，除绝缘接头采用胶结绝缘接头外，其余接头全部焊接。

e. 无缝道岔的铺设，最好采用岔外搭设平台组装，一次要点推进就位的施工方法。就位时的轨温要求接近中和轨温，并将其作为无缝道岔的铺设锁定轨温。

f. 无缝道岔的铺设，要求做到结构牢固稳定，纵不爬，横不移。

③ 无缝道岔与区间和站内长轨节的焊联。

无缝道岔与长轨节的焊联，是跨区间无缝线路的一道关键工序，要求做到：

a. 焊接必须在设计锁定轨温范围内进行。对焊接工艺要从严要求，焊后要进行探伤检查。

b. 辙叉后过渡的焊接：

（a）整铸辙叉后过渡轨的焊接。按伸缩区长度松开长轨节一端的扣件，锯掉端头有孔部分，并撞击振动，之后与过渡轨的无孔端对焊。过渡轨的有孔端与辙叉跟端用高强度冻结接头联结。

（b）可动心轨辙叉后过渡轨的焊接。可动心轨辙叉后的过渡轨，应在铺道岔时即与辙跟焊联，与道岔同时铺入线路。过渡轨的另一端与区间长轨节用插入短轨连通。短轨一端与过渡轨焊联，另一端与长轨条焊联。

（c）道岔基本轨与区间或站内长轨节的终焊。采用插入短轨的焊联方法。焊接之前先锯掉各焊接轨的有孔端，而后将插入的短轨焊入道岔基本轨与长轨节之间。

3.3.2 一次性铺设无缝线路

1. 概述

新建铁路要实现设计速度的高目标值，就要求轨道工程施工达到高平顺性和刚度的均匀性，为此铺轨作业必须采取一次铺设无缝线路的施工方法。一次性铺设长轨改变了传统的先铺25 m 轨再换长轨的方法，是在铺轨方法上一次的重大科技进步，它不仅效率高，而且大大减轻了劳动强度，是当前铁路提速和高速铁路铺轨的方向。

新建铁路一次铺设跨区间无缝线路综合施工方法共分 4 个部分，分别为基地长钢轨焊接、单枕长轨铺设、分层上砟整道、工地单元轨焊接及应力放散锁定焊接。这 4 个部分由 14 种技术方法组成，分别为轨道部件现场检验方法，300 m（500 m）长钢轨基地接触焊接方法，底层道砟摊铺方法，长轨条及轨枕装车方法，长钢轨及单枕铺设方法，工地钢轨焊接方法，分层上砟整道方法，应力放散、钢轨锁定焊接方法，正线道岔铺设、养护、锁定的方法，钢轨伸缩调节器铺设方法，板式无砟轨道板布放焊接长钢轨及轨道方向高低调整方法，板式无砟道床施工方法，线路钢轨打磨方法，轨检小车检测方法。

在施工中，只有铺设技术方法被充分利用，才能达到无缝线路各阶段、各方面的施工要求，也只有由这些方法构成的综合施工技术的综合使用，才能达到无缝线路的最终设计要求。其中最主要的施工方法为长钢轨的接触焊接生产、底层道砟摊铺、长钢轨铺设、单元轨焊接、分层上砟整道、放散锁定单元轨焊接。而其他的施工方法作为一次铺设跨区间无缝线路的配套施工方法，构成了无缝线路施工的完整体系。

2. 基本要求

对于新建铁路一次性铺设无缝线路技术的要求非常严格，其主要技术组成如下：

（1）路基和道床设计标准、施工技术、监测技术。

（2）跨区间无缝线路设计和铺设技术。

（3）焊接长钢轨、混凝土枕铺设技术。

（4）大号码道岔设计标准、制造工艺、焊接、组装、运输及铺设技术。

（5）各种条件下钢轨焊接方式的优选。

（6）大型施工机械的选型、引进、开发和运用。

（7）高平顺性轨道作业技术及钢轨预打磨技术。

（8）轨道承载力、轨道几何形位、钢轨和焊缝质量检测技术。

（9）一次铺设跨区间无缝线路的施工组织设计。

可见，新建铁路一次性铺设无缝线路在技术方面的复杂性。诸如轨道结构、路基的构筑、施工装备和工艺，都有更高的标准和更严格的要求。新建铁路一次性铺设无缝线路归纳起来，应具备以下三个条件：

（1）稳固的基础；

（2）先进的施工装备和施工技术；

（3）平顺的轨道几何形位。

3. 施工方法

新建铁路一次性铺设无缝线路的主要施工工序有基地长钢轨接触焊、铺设底层道床、铺设长钢轨、单元轨焊接、分层上砟整道、钢轨应力放散及锁定焊接等。

（1）基地长钢轨接触焊。

无缝线路所需的长轨条，通过铺轨基地的接触焊轨生产线来完成。经检验合格的成品长轨存放在专门的长轨存放台位上，由设在长轨存放台位上的固定门吊将长轨条吊放在运轨运枕双层列车上，由运轨运枕双层列车运送至铺轨现场。

（2）铺设底层道床。

在铺轨前应先在路基、桥梁、道岔区摊铺底层道砟。如采用摊铺机铺设底层道砟，可以在左、右线分别进行或两线同时进行。道床摊铺为使道床密度达到规定要求，应使用振动压路机压实。压实后的道床要及时进行几何尺寸、表面平整度、砟顶标高及密实度检查，达到标准后可进行铺轨作业。

（3）铺设长钢轨。

按照施工组织和机械配备的不同，可分为单枕连续铺设法和长轨排铺设法。完成铺轨作业后，再分层补足道砟，分层捣固和动力稳定，应力放散和线路锁定。

① 单枕连续铺设法。

单枕连续铺设法是铺设无缝线路常采用的一种施工方法，也是目前最先进的轨道施工作业方法之一。主要特点是：长钢轨先按一定间距拖卸在道床上，轨枕由布枕机械沿线路中心方向行进，按规定间距单根连续铺设，并逐渐收拢长钢轨至轨枕槽，形成轨道。

单枕连续铺设法即单根轨枕作业法，其中最为典型的是使用奥地利普拉塞-陶利尔公司的SVM1000型铺轨车（图3-34）或使用PK1—20ES型轨枕铺放机连续完成铺枕、铺轨作业。美国NTC公司的P811型铺轨机和瑞士的TCM60型铺轨机的作业也属此类工法。

图 3-34　SVM1000 型铺轨机

SVM1000 型铺轨机由一台铺轨车、数辆轨枕运输车以及一部或多部在轨枕运输车上的龙门吊组成。当路基顶面完成，轨下道砟摊铺后，即可进行铺轨作业，铺轨作业效率平均为 1 500 m/d。

作业主要程序如下：

a. 卸放长钢轨：将长钢轨传送至铺轨车的前端，并用拖拉机向前牵引，将长钢轨在铺轨车前按约 3 m 的轨距摆开。

b. 铺枕：由铺轨车中部的轨枕铺设机械铺放轨枕。

c. 钢轨就位固定：铺轨车液压式滚轮夹钳将长钢轨收放在轨枕承轨槽上，并安装紧固扣件。

（2）长轨排铺设法。

此种铺设工法不像单根轨枕铺设法那样获得广泛认可，但自 20 世纪 70 年代以来，德国在新建或改建线铺设无缝线路时，一直沿用此种工法，由最初铺设长 90、120 m 长轨排，发展至 ICE 铺轨作业时铺设的长度为 180 m 轨排。这种铺设方法在曲线地段的铺设圆顺性欠佳，且铺架设备经常往返于工地和临时组装基地，耗费工时和轨料。长轨排铺设法的铺轨作业效率平均为 750 m/d。

4．单元轨焊接

轨道框架在路基上形成后，可将长轨条间焊接形成 1 500 m 长的单元轨。因最终的单元轨在锁定时要先进行零应力放散，因此铺完轨后，可以紧接着进行单元轨焊接，避免轨缝处形成低头等现象。

5．分层上砟整道

该作业过程由 K13 风动卸砟车及机械化整道作业车组（MDZ 车组）共同完成。MDZ 车组由起道、拨道、捣固车、动力稳定车，配砟整形车组成。单元焊接完成以后，随即进行分层上砟整道作业，考虑到道床刚度及纵横向阻力的要求，上砟整道次数应为 4 次，但无论进行几次整道作业，最后一次整道作业后，道床的纵横向阻力都应满足设计的规定值。轨道形成无缝线路之后，道床进入稳定期，如道床仍不能满足规定的稳定指标，MDZ 车组应进行强化道床整修作业。

6．钢轨应力放散及锁定焊接

整道作业完成以后，轨道的几何形位已达到规定要求，可进行放散锁定作业，该作业在轨温等于或低于设计锁定轨温时进行。该作业过程共分放散、拉伸锁定、焊接三个部分进行。在单元轨拉伸锁定焊接以前，首先应进行应力放散，使单元轨达到即时零应力状态，然后通过拉伸使单元轨达到设计锁定轨温并进行锁定、焊接。

（1）锁定轨温的确定。

① 临时锁定轨温未知：由于低温焊铺无缝线路道岔时未准确测量施工锁定轨温，或未及时设置位移观测桩标志，施工后线路又未及时锁定，无法准确确定临时锁定轨温，故放散应力前，只能预估放散量。放散应力时，将单元轨锯切后搁置在"摩擦对"上，并用撞轨器反复撞击轨条，使之处于无应力状态。测量轨温后，张拉轨条达到预估放散量，钢轨液压拉伸器保压，及时完成铝热焊。预估放散量应偏小些，放散量不足时可二次锯轨，不应偏大，以免重新配轨。

② 临时锁定轨温已知：若原锁定轨温已知，放散应力后要求将锁定轨温定为 t，并据此计算放散量。放散应力时，将轨条锯切后搁置在"摩擦对"上，用钢轨液压拉伸器长拉钢轨，并辅以撞轨，当终点位移测点测得位移量达到后，终止张拉和撞轨，钢轨液压拉伸器保压，及时完成铝热焊，并锁定无缝线路。

（2）钢轨放散和锁定的注意事项。

① 在线路上划出钢轨锯切量。

② 封锁线路后，按照划定锯切量锯切钢轨。若放散量仅为 15 mm 只需锯切直、曲基本轨；若基本轨放散量很大，而通过限位器与基本轨联结的尖轨和导轨的放散量都很小时，则应锯切导轨。

③ 每隔 10 m 在轨下搁置一套厚 20 mm 的"摩擦对"（原有轨下胶垫不必抽出）。

④ 与基本轨连接的钩锁器螺栓必须拆卸，以免影响应力放散。

⑤ 安装钢轨张拉器，张拉钢轨，并辅助撞轨。同时测量轨温个各测点钢轨位移量，当终点测点位移量达到预定放散量，且断口宽度与预留轨缝宽度相等时，立即停止张拉和撞击钢轨。

⑥ 若导轨也锯切，且受基本轨牵动纵向位移量很大，放散后导轨的切口超出铝热焊的预留轨缝宽度，则必须切去一段导轨，插入一段较长钢轨。重焊时，注意保持尖轨的方正，相错量不得超过 4 mm，限位器子母块位置尽可能居中。

⑦ 钢轨拉伸器保压，开始铝热焊。

⑧ 曲基本轨用钢轨拉伸器张拉后，若正矢改变，可用改道器整正曲线正矢，使之达到规定标准。

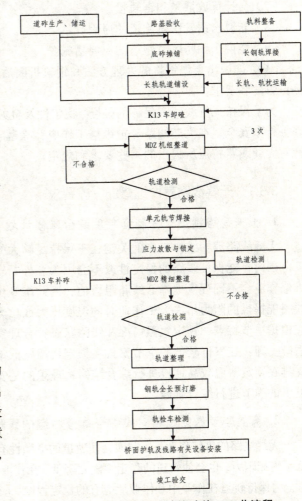

图 3-35　一次铺设无缝线路施工工艺流程

⑨ 上紧全部扣件和钩锁器的螺栓，恢复并检查线路。

一次铺设无缝线路施工工艺流程可汇总如图 3-35。

3.5 无缝线路养护与维修

【学习目标】

（1）能说出无缝线路养护维修的一般要求。

（2）能熟练说出"一准、二清、三测、四不超、五不走"的内容。

（3）能读懂作业轨温条件表。

（4）能说出无缝线路维修的季节性重点工作。

（5）能说出引起锁定轨温变化的原因。

（6）能说出应力放散和应力调整的含义和作业方法。

（7）会计算放散量和锯轨量。

（8）能说出诱发胀轨跑道的原因。

（9）能说出预防胀轨跑道的主要措施。

（10）能说出重伤钢轨的处理方法和钢轨折断后的紧急处理、临时处理、永久处理的具体操作方法和要求。

为了保持无缝线路有足够的强度、稳定性及良好的轨道状态，防止胀轨跑道和断轨事故，确保行车安全，在无缝线路养护维修工作中，除遵守普通线路有关规定的要求外，还须遵守针对无缝线路特点所提出的一些要求和规定。

3.5.1 无缝线路养护维修的一般要求

1. 根据线路锁定轨温制订年度综合维修计划

无缝线路养护维修工作的关键在于保持足够大的线路阻力值，使其在设计最大升降温幅度范围内，能保证线路的稳定性或不会因为意外断轨使轨缝拉得过大影响行车安全。而线路维修作业会不同程度地降低线路阻力值，因此维修作业要选择在合适的温度环境下进行，使线路能提供的阻力始终大于作业时的温度压力或拉力。所以对工务维修部门来说，综合维修应根据季节特点、锁定轨温情况和线路状态，合理安排全年计划，使维修作业与轨温条件相适应。即：在气温较低的季节安排在锁定轨温较低地段进行综合维修；在气温较高的季节，安排在锁定轨温较高地段进行综合维修；理想的是安排在轨温接近实际锁定轨温（零应力轨温）的季节进行综合维修。

2. 高温季节原则上不安排综合维修和影响线路稳定的作业

无缝线路的维修作业，一方面会使轨道的平顺性有所改善，但另一方面由于扰动了道床，降低了道床阻力，也会使轨道的稳定性随之降低，在作业之后道床阻力需经过一段时间才能恢复正常。为保持轨道在作业中和作业后应有的稳定程度，应按不同的作业项目和作业范围，严格掌握作业轨温条件。因此，高温季节应不安排综合维修和影响线路稳定性的作业。如必须进行综合维修或成段经常保养等影响线路稳定的作业时，应有计划地先放散后作业，保持线路稳定。

在高温季节应结合季节特点、生产组织等具体情况合理统筹安排一些重点维修工作和工作量较大的单项工作，如矫直钢轨硬弯、打磨钢轨、焊补钢轨等工作。更换钢轨或夹板的工作可在低温季节进行。

3. 无缝线路综合维修计划，宜以单元轨条为单位安排作业

普通无缝线路是"长轨条+缓冲区"的结构，因此综合维修计划应以每段长轨条为单位安排作业。区间和跨区间无缝线路设计和施工是以单元轨条为单位，每个单元轨条线路质量状态和锁定轨温基本一致，其综合维修的周期也大致相同，所以跨区间及全区间无缝线路应以单元轨条为单位安排计划。长轨条或单元轨条遇到跨工区管理时，由两工区协同安排。长轨条或单元轨条较长时可依次逐月安排。

4. 掌握实际锁定轨温，严格按轨温条件作业

在无缝线路上进行维修作业时，必须处理好锁定轨温与作业轨温之间的关系。为此必须严密监测与掌握轨温的变化和钢轨的位移情况，分析锁定轨温有无变化，根据实际锁定轨温制订作业对策，这样才能保证作业中轨道状态无异状和作业之后线路状态能确实得到改善。同时要严格执行"维修作业半日一清、临时补修作业一撬一清"和"作业前、作业中、作业后测量轨温"制度，并注意做好以下各项工作：

（1）在维修地段要备足道砟，为维修中起道、堆高砟肩和补充缺砟之用，目的在于保持道床阻力和轨道稳定。

（2）起道之前应先拨正或改正线路方向，以保证起道作业之后线路状态稳定。

（3）起拨道机不得安放在铝热焊焊缝处，以防断轨。

（4）列车通过之前，起道地段要顺坡捣固，拨道地段要顺撬拨顺，这是为了保证作业中通过列车时，轨道具有一定的平顺性，以防过车时诱发胀轨跑道，从而确保行车安全。

（5）扒开的道床，要及时回填夯实，以保证作业后的道床具有足够的阻力，以防作业后因轨温上升而胀轨。

"一准、二清、三测、四不超、五不走"的作业经验是铁路工务维修部门在多年的养护维修工作实践中总结出的，在保证无缝线路稳定性方面起到了很好的作用，应坚持贯彻执行。

一准：要准确掌握实际锁定轨温。

二清：综合维修、成段保养的作业半日一清；零星保养、临时补修一撬一清。

三测：作业前、作业中、作业后测量轨温。

四不超：作业不超温，扒砟不超长，起道不超高，拨道不超量。

五不走：扒开道床未回填不走，作业后道床未夯拍不走，未组织回检不走，线路质量未达到作业标准不走，发生异常情况未处理好不走。

5. 无缝线路作业轨温条件

（1）《铁路线路修理规则》规定，在无缝线路作业时，必须遵守表 3-18 和表 3-19 的作业轨温条件；《高速铁路有砟轨道线路维修规则（试行）》规定的高速铁路有砟轨道作业轨温条件则是表 3-18 除 R<800 m 线路条件和表 3-19 顺号为"2"和"7"作业项目；《高速铁路无砟轨道线路维修规则（试行）》规定的高速铁路无砟轨道作业轨温条件见表 3-20。

表 3-18 混凝土枕无缝线路维修作业轨温条件表

作业项目及作业量 线路条件	连续扒开道床不超过25 m，起道高度不超过30 mm，拨道量不超过10 mm	连续扒开道床不超过50 m，起道高度不超过40 mm，拨道量不超过20 mm	扒道床、起道、拨道与普通线路相同
直线及 R≥2 000 m	+20 ℃	+15 ℃ −20 ℃	±10 ℃
800 m≤R<2 000 m	+15 ℃ −20 ℃	+10 ℃ −15 ℃	±5 ℃
400 m≤R<800 m	+10 ℃ −15 ℃	+5 ℃ −10 ℃	

注：作业轨温范围按实际锁定轨温计算。

（2）混凝土枕（含混凝土宽枕）无缝线路，当轨温在实际锁定轨温减30 ℃以下时，伸缩区和缓冲区禁止进行维修作业；

（3）木枕地段无缝线路作业轨温按表3-18和表3-19规定减5 ℃，当轨温在实际锁定轨温减20 ℃以下时，禁止在伸缩区和缓冲区进行维修作业；

（4）在跨区间无缝线路上的无缝道岔尖轨及其前方25 m范围内进行综合维修，作业轨温范围为实际锁定轨温±10 ℃。

表 3-19 混凝土枕无缝线路维修作业轨温条件表

顺号	作业项目	按实际锁定轨温计算				
		−20 ℃以下	−20~−10 ℃	−10~+10 ℃	+10~+20 ℃	20 ℃以上
1	改道	与普通线路同	与普通线路同	与普通线路同	与普通线路同	禁止
2	松动防爬设备	同时松动不超过25 m	同左	与普通线路同	同时松动不超过12.5 m	禁止
3	更换扣件或涂油	隔二松一，流水作业	同左	同左	同左	禁止
4	方正轨枕	当日连续方正不超过2根	隔二方一，方后捣固，恢复道床，逐根进行（配合起道除外）	与普通线路同	隔二方一，方正后捣固，恢复道床，逐根进行（配合起道除外）	禁止
5	更换轨枕	当日不连续更换	当日连续更换不超过2根（配合起道除外）	与普通线路同	当日连续更换不超过2根（配合起道除外）	禁止
6	更换接头螺栓或涂油	禁止	逐根进行	同左	同左	禁止
7	更换钢轨或夹板	禁止	同左	与普通线路同	禁止	禁止
8	不破底清筛道床	逐孔倒筛夯实	同左	同左	同左	禁止
9	处理翻浆冒泥（不超过5孔）	与普通线路同	同左	同左	禁止	禁止
10	矫直硬弯钢轨	禁止	同左	同左	与普通线路同	同左

表 3-20　高速铁路无砟轨道作业轨温条件

作业项目	线路平面条件	最多连续松开扣件个数（按实际锁定轨温计算）				
		−10 ℃及以下	−10～0 ℃	0～+10 ℃	+10～+20 ℃	+20 ℃以上
改道、垫板作业	R<2 000	9	40	15	9	禁止
	R≥2 000 或直线	15	40	20	9	禁止
更换扣件或涂油	—	隔一松一、流水作业				禁止

（5）使用大型养路机械作业时，一次起道量小于 30 mm，一次拨道量小于 10 mm 时，作业轨温不得超过实际锁定轨温 ±20 ℃：一次起道量在 31～50 mm，一次拨道量在 11～20 mm 时，作业轨温不得超过实际锁定轨温 −20 ℃～+15 ℃。

3.5.2　无缝线路维修的季节性重点工作

1. 春秋季节作业重点

一般说来，春秋季节气温比较适中而稳定，可供工作的时间较长，作业的限制条件较少，适宜进行各种线路作业，是无缝线路养护维修的大好季节。在此季节中，应重点做好以下工作：

（1）在春秋季节要抓紧进行有计划的预防性综合维修。

（2）对需要进行应力放散或调整的单元轨条，要做好计划安排，组织实施。

（3）要做好缓冲区的养护工作。重点做好接头轨缝的调整、绝缘接头的综合整治、一般接头的综合整治、拧紧扣件和夹板螺栓、更换失效的轨枕和胶垫、扣件以及夹板螺栓涂油，必要时更换调节轨。

（4）春末、夏初，要做好胀轨跑道的预防工作；秋末、冬初，要做好钢轨折断的预防工作。在此期间，要逐段整修防爬设备，全面拧紧扣件及夹板螺栓，检查和整修不良的绝缘接头，全面进行扣件涂油，整修好道床断面，矫直硬弯钢轨，拨正不良轨向，消灭三角坑、暗坑和吊板，综合整修焊缝。

（5）在北方寒冷地区，春初要做好春融乱道的预防工作。春融解冻，道床松软，线路质量容易变化，因此要勤检查，勤整修，及时消灭超限处所。

（6）要抓紧做好断轨的焊接修复工作。

2. 夏季作业重点

夏季要着重做好防止胀轨跑道的工作。

（1）要加强巡道，必要时在高温时间内应加班巡道。发现胀轨预兆，要及时采取措施进行处理，并及时向上级报告。

（2）根据当地气候，调整工作时间。严格掌握作业轨温条件及允许进行的作业项目。作业时应密切注意线路状态和行车情况，如发现起道省力、线路方向不良、碎弯增多、拨道拨不动或拨好一处邻近又复臌出、高低水平不好、连续空吊板、轨枕一端石砟离缝等胀轨的先兆，应立即停止作业，设置防护，采取降温措施，防止线路发生胀轨跑道。

高温期，如无特别需要，应停止维修作业。尤其是缓冲区、伸缩区及其附近 200 m 的线路，一般以不动为好，可以做些有利于巩固无缝线路稳定性的工作，如均匀补充道砟、夯实道床、拧紧扣件及夹板螺栓、打紧防胀一侧的防爬器、整修路基及其排水设备等。

（3）焊补擦伤、揭顶钢轨以及低凹焊缝，打磨接头及焊缝，在合适轨温条件下进行断轨焊接修复工作。

（4）在允许的作业轨温下，捏直死弯钢轨。作业后要拧紧扣件，并按规定做好复拧工作。

（5）加强线路检查和位移观测的分析工作，发现危及线路稳定性的处所要及时消除。

（6）对一些锁定轨温较低，尚未进行应力放散的单元轨条，要尽快完成放散工作。

3. 冬季作业重点

冬季轨温急剧下降，防止钢轨折断便成为这一季节的工作重点。

冬季各地区的轨温差异很大，具体工作内容应根据地区的差别而有所不同，但都是围绕防止断轨进行。

（1）要加强夜间，尤其是黎明前后的巡道工作。在一天之中，这一时刻轨温最低，容易发生钢轨折断。在寒流来临期间，应加班巡道。巡道人员要熟悉断轨急救的处理方法。

（2）加强线路检查，重点检查轨缝、焊缝及有伤钢轨。对大轨缝，可在当天的高温时刻，利用轨缝的缩小，通过及时拧紧扣件及夹板螺栓进行调整。

（3）综合整治接头及焊缝病害，消除不平顺接头及焊缝。

（4）加强钢轨探伤工作，一旦发现伤损钢轨，应根据情况及时进行处理。

（5）打紧防缩一侧的防爬器，全面拧紧扣件及接头螺栓。

（6）及时消灭三角坑、暗坑、吊板等超限处所。

3.5.3　应力放散与调整

无缝线路在运营过程中，要想改变原锁定轨温，就要在轨温适当时将中间扣件、防爬设备松开，采取措施使钢轨伸缩，释放内部应力，再重新锁定，这一作业称为无缝线路应力放散；在某种情况下，固定区的温度应力不一定均匀，为使其均匀，就需要在固定区或局部地段松开扣件及防爬设备，使钢轨内部应力相互调整，这一作业称为无缝线路应力调整。

无缝线路放散和调整应力的工作需要制订施工计划及安全措施，组织人力，备齐料具，充分作好施工准备并要注意下面两点：

（1）在制订施工计划时，要按照原锁定轨温、位移观测记录、缓冲区状态，以及计划锁定轨温等，计算长轨条两端的放散量（伸长或缩短），检算缓冲区的预留轨缝值。

（2）缓冲区应使用标准轨或厂制缩短轨。因此，在设计锁定轨温范围以外铺设长轨条或放散应力时，缓冲区应临时利用长度不同的钢轨过渡，以便日后更换为标准轨或厂制缩短轨。

1. 需进行应力放散或调整的几种情况

（1）由于条件限制未能在设计锁定轨温范围内锁定，或左右两条长轨节的实际锁定轨温超过 5 ℃；跨区间和全区间无缝线路两相邻单元轨条的锁定轨温差超过 5 ℃，同一区间内，单元轨条最低最高轨温相差 10 ℃以上。

（2）冬季断轨再焊，改变了原锁定轨温。

（3）由于铺设和作业不当，使固定区和无缝道岔严重不均匀位移，改变了原锁定轨温。

（4）长轨条产生不正常的伸缩。

（5）由于处理线路故障或施工需要，改变了原锁定轨温。

（6）由于各种原因，原锁定轨温不清楚或不准确。

（7）夏季轨向严重不良，碎弯较多。

2. 应力放散方法

无缝线路的应力放散要改变长轨条的长度，就必须通过长轨条克服阻力，自由伸缩来实现。一般采用滚筒配合撞轨法，或滚筒结合拉伸配合撞轨法。

轨下支垫滚筒是为减小阻力，分段撞轨是为促使钢轨释放温度力，拉伸是为补偿温差。在轨温低于锁定轨温的情况下放散时，为把轨温提高到设计锁定轨温的水平，就要使用拉伸器拉伸长轨条。放散时究竟采用哪种放散方法，要视具体情况而定。沿钢轨全长范围内放散量要均匀，总放散量要达到计算数值，确保放散之后所定的锁定轨温准确可靠。

（1）滚筒配合撞轨法。

是在设计锁定轨温范围内封锁线路，拆除扣件，每隔 5～6 m 撤除枕上橡胶垫板，同时垫入滚筒，配合适当撞轨，使长轨条正常伸缩，达到自由状态，然后撤出滚筒，装好橡胶垫板、扣件，锁定线路。

（2）滚筒结合拉伸器配合撞轨法。

是在轨温低于锁定轨温时，用滚筒配合撞轨法放散，使长轨条达到自由状态，然后使用钢轨拉伸器拉伸长轨条，拉伸到位后锁定线路。滚筒宜采用有轴承结构的滚筒，根据计算和现场实际观测，使用轴承式滚筒放散，每 1 km 对锁定轨温的影响为 0.7 ℃左右。

跨区间或全区间无缝线路的应力放散，应按管理单元进行，按计划开口，然后用上述方法放散应力。临时恢复线路时，可插入不短于 6 m 的钢轨，用冻结接头过渡，在适当轨温条件下，按设计锁定轨温恢复原结构。

3. 应力调整

无缝线路的应力调整，一般采用碾压法，即在调整地段适当松动扣件和防爬器，利用列车慢行碾压，将应力调整均匀。这种方法简单易行，适用于单元轨节内一部分应力大、一部分应力小的局部调整，通过调整使应力正负抵消达到平衡。应力调整无需改变原轨条长度，故需在轨温接近实际锁定轨温的条件下进行。有条件时，也可采用滚筒调整法，即封锁线路，在调整地段松开扣件和防爬器，长轨条垫入滚筒，用撞轨器振动钢轨使应力调整均匀。在进行应力调整前，应将长轨条两端伸缩区牢固锁定，使之形成如同预施应力之锚固端，在应力调整中不得改变伸缩区的应力分布状况。

放散应力时，应每隔 50～100 m 设一位移观测点，观测长轨条位移情况，发现障碍及时排除，使长轨条在放散过程中的位移情况正常。若各点位移量与各点计划位移量都不接近，但各点位移量在坐标图上的连线呈直线状，亦属放散正常。坐标图以位移量为纵坐标，以放散长度为横坐标，以放散的起点为零点（参见图 3-36）。

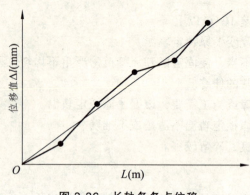

图 3-36　长轨条各点位移

无缝线路的技术资料，是无缝线路科学管理的技术基础，放散应力之后必须及时修订有关资料，重新建立档案。因此，无缝线路应力放散和调整后，应按实际锁定轨温及时修改技术资料和位移观测标记。长轨条上设有测标者，应重新记录测标数据，作为零应力读数。

3．应力放散计算

应力放散计算包括：放散量、预留轨缝及锯轨量。预留轨缝按式 1-1 计算，放散量为：

$$\Delta L = \alpha L\left(t_2 - t_1\right) \tag{3-47}$$

式中　ΔL ——放散量；

　　　α ——钢的线膨胀系数；

　　　L ——需要放散的钢轨长；

　　　t_1 ——预计放散后的锁定轨温；

　　　t_2 ——原锁定轨温。

这里关键是如何确定 t_2。因为经列车长时间碾压后，钢轨爬行，不仅要考虑原锁定轨温不均匀爬行量的影响，还有可能因钢轨长时间碾压后，出现塑性变形，使原锁定轨温降低。

$$t_2 = t_{原锁} \pm \Delta t \tag{3-48}$$

式中　$t_{原锁}$ ——原铺设时的锁定轨温；

　　　Δt ——固定区始、终点爬行量差值换算的轨温变化，其值为

$$\Delta t = \frac{l_{始} - l_{终}}{\alpha L'} \tag{3-49}$$

式中　L' ——固定区长度；

　　　$l_{始}$、$l_{终}$ ——固定区始（以列车运行方向为始端）、终点爬行量。

$l_{始} > l_{终}$ 说明由于纵向拉力使钢轨拉长了，原锁定轨温 t_2 提高了；反之 $l_{终} > l_{始}$，t_2 下降了。

为了调整轨缝，需要在缓冲区换上适当的钢轨，因为备用轨多为标准轨，因此，需要锯轨，其锯轨量为：

$$\lambda = \Delta L + \left(\sum a_{预} - \sum a_{原}\right) \pm b \tag{3-50}$$

式中　$\sum a_{预}$，$\sum a_{原}$ ——缓冲区预留轨缝总和、原轨缝总和；

　　　b ——整治线路爬行时钢轨的移动量，如与应力放散方向相反，b 为正，反之为负。

4．无缝线路应力调整

无缝线路应力调整是指固定区出现严重的不均匀位移（例如每 100 m 内出现 10 mm 以上的不均匀位移），或在伸缩区出现过大过小的轨缝或伸缩不正常，但对整段无缝线路来说，长度没有改变，这种局部应力不均的情况，只需在接近或略高于实际锁定轨温条件下局部松开扣件和防爬器，用列车碾压或滚筒法便可进行应力调整。对伸缩区过大、过小轨缝或伸缩不正常时，可利用松开接头螺栓、扣件螺栓，利用轨温差进行调整。

3.5.4　胀轨跑道原因及其防止措施

1．诱发胀轨跑道的原因

无缝线路的稳定性是建立在温度压力与线路阻力的相互平衡基础上的。温度压力增加，轨道的原始不平顺增大，或道床横向阻力和轨道框架刚度下降，都可能导致胀轨跑道。主要诱发胀轨跑道的因素有以下几点：

（1）钢轨不正常的收缩及严重不均匀位移，使局部实际锁定轨温过低。

（2）在进行线路修理时，超温、超长、超高等违章作业，或是作业后的道床阻力、结构强度未能恢复到应有程度。据统计分析，在过去的胀轨跑道中，70%以上都发生在作业中或作业后的当天及第二天。

（3）线路设备状态不良，尤其是道床不符合标准，阻力严重下降。

（4）扣件压力不足，道钉浮离，造成轨道框架刚度降低。

（5）线路方向严重不良，钢轨碎弯多，增加了轨道原始的不平顺。

2．预防胀轨跑道的主要措施

（1）在铺设和日常维修养护工作中，要加强防爬锁定，扣件、接头螺栓扭矩应经常达到规定标准，保证轨道结构质量和框架刚度，使实际锁定轨温准确、均匀、可靠。

（2）未能在设计锁定轨温范围铺设的线路，必须在夏季到来之前进行应力放散，使锁定轨温符合设计锁定轨温范围。

（3）严格执行作业中各项作业规定，禁止超温、超高、超长、超量等违章作业；并要坚持"维修作业半日一清，临时补修作业一撬一清"和"作业前、作业中、作业后测量轨温"的制度。

（4）经常保持道床饱满、坚实、清洁、无坍塌、无缺少、无翻浆。道床断面符合规定标准。对有破坏道床稳定的作业，必须在作业后夯实道床，保持其应有的阻力。

（5）做好位移观测的观测分析工作，定期分析实际锁定轨温的变化，对计算实际锁定轨温过低、过高的地段及时采取相关措施。

（6）经常保持直线平直、曲线圆顺。在方向出现不良时，一定要及时进行整修，使无缝线路的方向始终处于良好和受控的状态。及时控制了方向，在一定程度上，也就控制了胀轨跑道事故。

（7）在作业中或作业后，当发现线路轨向不良时，用长 10 m 弦测量两股钢轨的轨向偏差，当左右股钢轨的轨向平均值达到 10 mm 时，必须设置慢行信号，并采取夯实道床、填满枕盒道砟、堆高砟肩等措施，防止发生胀轨跑道。当两股钢轨轨向偏差的平均值达到 12 mm 时，在轨温不变的情况下，过车后线路弯曲变形突然扩大，必须立即设置停车信号，及时通知车站，并采取降温及加强轨道阻力等有效措施，消除故障后再放行列车。

一旦发生胀轨跑道后，将严重地威胁行车安全，必须采取紧急处理：

（1）首先设停车信号防护，通知附近工区进行处理，并对胀轨两端线路加强锁定。

（2）浇水降温，拨回原位（曲线地段只能上挑，不宜下压），并补充道砟、夯实，必要时做成特种断面。

（3）如果附近没有水源，或者浇水降温后仍然无效时，可切断钢轨，放散应力，插入短轨处理，也可以拨成半径不小于 200 m 的曲线，并夯实道床，允许列车以 5 km/h 的速度通过。

3.5.5 钢轨折断及其处理

在低温季节，断缝处钢轨向两端收缩. 严重时可形成 100 ~ 200 mm 的断缝，对行车安全威胁极大，必须予以重视。

1．钢轨断裂的原因

（1）焊缝缺陷，尤其是铝热焊，容易出现夹砂、夹碴、气孔等缺陷，使强度下降而折断，这几乎占线路上钢轨总折断率的 80%。

（2）焊缝处疲劳强度和断裂性能低，特别是铝热焊后其强度只有母材的 70% 左右，随着铺设时间的增长和通过总重量的增大，疲劳断裂增多。

（3）焊缝处外观尺寸不符合标准，加大了列车的附加冲击。例如，左右、高低错牙，或者经过一段时间运行后，出现鞍形磨损或低焊缝等，造成焊缝附近不平顺，加速了焊缝的断裂。

（4）线路不均匀爬行，造成局部锁定轨温过高，加大了温度拉应力。

（5）养护维修不当，造成空吊板、暗坑等病害，增加了附加动力影响。

（6）超过大修换轨周期，钢轨疲劳，强度减弱。

2．预防焊缝断裂的措施

（1）提高焊接工艺，采用新技术，提高铝热焊质量，做好焊后的热处理。

（2）加强线路养护，做好防爬锁定，提高轨道的设备质量。

（3）做好钢轨维修养护，对不良焊缝要有计划地进行打磨、修补和综合整治。

（4）做好钢轨的检查探伤工作，及时发现轻、重伤钢轨并及时进行处理，尽量减少断轨的出现。

3．对重伤钢轨及钢轨折断的处理

（1）重伤钢轨的处理。

探伤检查发现钢轨重伤时，应及时切除重伤部分，实施焊复。探伤检查发现钢轨焊缝重伤时，应及时组织加固处理或实施焊复。发现重伤不待其断裂即切除重焊，这是非常重要的，因钢轨的重伤部位随时有折断的可能，不及时处理将危及行车安全。对重伤焊缝的焊复工作需要一定的准备工作，一般不能在发现后立即完成，因此对重伤焊缝可进行加固处理。加固处理一般使用臌包夹板进行，按照臌包夹板的孔距在钢轨腹部中和轴上钻孔，然后安装臌包夹板，若要恢复正常速度，必须保证不少于 4 个螺栓，并使螺栓扭力矩达到 900 N·m。

（2）钢轨折断后的处理。

一旦发现钢轨折断（包括焊缝），应设置停车信号防护，及时通知车站，根据具体情况分三级处理：

① 紧急处理。

当钢轨断缝不大于 50 mm 时，应立即进行紧急处理。在断缝处上好夹板或臌包夹板，用急救器固定，在断缝前后各 50 m 拧紧扣件，并派人看守，限速 5 km/h 放行列车。如断缝小于 30 mm 时，放行列车速度为 15～25 km/h。有条件时应在原位焊复，否则应在轨端钻孔，上好夹板或臌包夹板，拧紧接头螺栓，然后可适当提高行车速度。

② 临时处理。

钢轨折损严重或断缝大于 50 mm，以及紧急处理后，不能立即焊接修复时，应封锁线路，切除伤损部分，两锯口间插入长度不短于 6 m 的同型钢轨，轨端钻孔，上接头夹板，用 10.9 级螺栓拧紧。在短轨前后各 50 m 范围内，拧紧扣件后，按正常速度放行列车，但不得大于 160 km/h。

临时处理或紧急处理时，应先在断缝两侧轨头非工作边做出标记，标记间距约为 8 m，并准确丈量两标记间的距离和轨头非工作边一侧的断缝值，做好记录。

③ 永久处理。

对紧急处理或临时处理的处所，应及时插入短轨进行焊复，恢复无缝线路轨道结构。

采用小型气压焊或移动式接触焊时，插入的短轨长度应等于切除钢轨长度加上 2 倍顶锻量。先焊好一端，焊接另一端时，先张拉钢轨，使断缝两侧标记的距离等于原丈量距离减去断缝值加顶锻量后再焊接。

采用铝热焊时，插入短轨长度等于切除钢轨长度减去 2 倍预留焊缝值。先焊好一端，焊接另一端时，先张拉钢轨，使断缝两侧标记的距离等于原丈量距离减去断缝值后再焊接。在线路上焊接时的轨温不应低于 0 ℃，放行列车时，焊缝处轨温应降至 300 ℃ 以下。

习题与思考题

1. 无缝线路一般分为哪几种类型？
2. 什么情况下钢轨才能产生温度力？
3. 为什么说无缝线路钢轨可以无限长？
4. 举例说明什么是轨温、中间轨温、锁定轨温、设计锁定轨温、施工锁定轨温、实际锁定轨温？
5. 绘图说明线路阻力的分类。
6. 试分别说明线路纵向阻力和线路横向阻力的分类、作用及影响因素。
7. 绘制基本温度力图并解释什么是伸缩区和固定区。
8. 无缝线路变形发展分为几个阶段？
9. 保持无缝线路稳定性和丧失稳定性的因素都有哪些？
10. 应用统一公式计算无缝线路稳定性的前提是什么？
11. 表征轨道弹性的参数有哪些？它们之间的关系如何？

12. 由轨道静荷载计算动荷载需要考虑哪些系数？

13. 钢轨强度检算中，钢轨附加应力都包括哪些？

14. 普通无缝线路长轨条和距区间无缝线路长轨条布置各有什么要求？

15. 标准轨地段发生胀轨跑道的原因及预防措施是什么？

16. 无缝线路胀轨跑道的原因有哪些？有什么规律？如何预防？

17. 桥上无缝线路与路基地段无缝线路相比有什么特点？

18. 沈阳地区某段无缝线路，采用 60 kg/m 钢轨、直径 24 mm 一级螺栓、6 孔夹板、接头扭力矩为 900 N·m，铺设新 Ⅱ 型混凝土枕，1 760 根/km。锁定轨温 24 ℃，计算最高最低轨温时的伸缩区长度。

19. 某型钢轨拉伸器油缸的最大拉力为 700 kN，试计算 60 kg/m 钢轨的最大可拉伸温差和最大可拉伸钢轨长度。

20. 某段无缝线路锁定轨温为 27 ℃，由于破底清筛，线路产生爬行，左股钢轨观测资料如下表，试计算各观测桩之间钢轨的实际锁定轨温。

爬行量（mm）	28	6	30	2	8
桩号	1	2	3	4	5
桩距（m）		100	574	574	100

模块四　道　岔

模块	学习内容	参考学时
道岔	4.1 道岔设备的认知	
	4.2 单开道岔构造及主要部件识别	
	4.3 单开道岔各部尺寸检查	
	4.4 提速道岔与高速道岔	
	4.5 其他道岔	

4.1　道岔设备的认知

【学习目标】

（1）能准确回答道岔设备的作用。

（2）能归纳道岔的种类并绘出平面示意图。

（3）能说出各型道岔的结构特点。

在铁路线路中，使机车车辆出一条线路转向另一条线路的轨道连接设备称作道岔。道岔具有数量多、构造复杂、使用寿命短、限制列车速度、行车安全性低、养护维修投入大等特点，道岔与曲线、钢轨接头并称为铁路轨道的三大薄弱环节。

4.1.1　道岔的分类

道岔有多种类型，我国习惯上把和道岔相关的交叉设备归属在道岔中。因此，在我国铁路上铺设和使用的标准道岔有：普通单开道岔、双开道岔、三开道岔、交叉渡线和交分道岔，其他道岔均为个别情况下使用，可个别设计，不列为标准道岔一类，具体见图4-1。

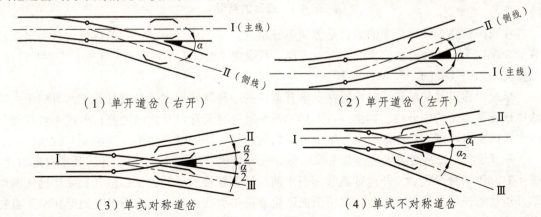

（1）单开道岔（右开）　　　　　　（2）单开道岔（左开）

（3）单式对称道岔　　　　　　（4）单式不对称道岔

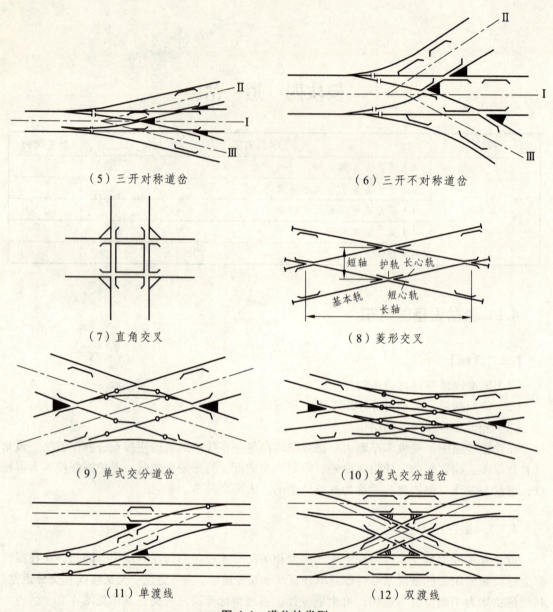

（5）三开对称道岔 　　　　（6）三开不对称道岔

（7）直角交叉 　　　　（8）菱形交叉

（9）单式交分道岔 　　　　（10）复式交分道岔

（11）单渡线 　　　　（12）双渡线

图 4-1　道岔的类型

在我国铁路上使用最多的道岔是普通单开道岔，简称单开道岔，它的数量占各类道岔总数的 90% 以上。这种道岔的主线为直线方向，侧线由主线向右（右开道岔）或左（左开道岔）侧分支，如图 4-1（1）和 4-1（2）。

单式对称道岔和单式不对称道岔是单开道岔的一种特殊形式，单式对称道岔对称于主线的中线或辙叉角的中分线，如图 4-1（3），列车通过时无直向及侧向之分；单式不对称道岔自主线向左右两侧不对称岔出，一侧的辙叉角大，另一侧的辙叉角小，如图 4-1（4）。

三开道岔，按照两侧线是否与主线对称分三开对称道岔，图 4-1（5）和三开不对称道岔，图 4-1（6）两种形式。三开对称道岔相当于两组异侧顺接的单开道岔，但其长度却远比两组单开道岔的长度之和短。因此，常用于铁路轮渡桥头引线、驼峰编组场以及地形狭窄又有特殊需要的地段。

交叉设备是指两条轨道在同一平面上相互交叉，由于没有转辙设备，所以机车车辆不能通过交叉设备由一股道转入另一股道。交叉分直角交叉，如图 4-1（7）；菱形交叉，如图 4-1（8）。

交分道岔有单式、复式之分，如图 4-1（9）和图 4-1（10）。复式交分道岔相当于两组对向铺设的单开道岔，实现不平行股道的交叉，但具有道岔长度短、开通进路多及两个主要行车方向均为直线等优点，因而能节约用地，提高调车能力并改善列车运行条件。交分道岔由菱形交叉、转辙器和连接曲线等部分组成。菱形交叉一般是直线与直线的交叉，由二副锐角辙叉、二副钝角辙叉和连接钢轨组成。

交叉渡线分为单渡线，见图 4-1（11）和双渡线，见图 4-1（12）。双渡线由 4 组类型和号数相同的单开道岔、一组菱形交叉，以及连接钢轨组成，用于平行股道之间的连接，仅在个别特殊场合下使用。

单开道岔常以它的钢轨每米质量及辙叉号数来分类。目前我国的钢轨有 75 kg/m、60 kg/m、50 kg/m 和 43 kg/m 等类型，标准道岔号数（用辙叉号数来表示）有 6、7、9、12、18、24、30、38 和 42 号等。其中 6、7 两个号仅用于厂矿企业内部铁路或驼峰下，9 号一般用于站线，12 号一般用用于正线和到发线，18 号以上多用于高速铁路。

4.1.2　道岔的编号与号码

道岔编号表示了一组道岔在站场中的具体位置。在道岔上进行维修作业前，必须准确地辨认道岔编号，并做好防护，以免发生事故。道岔的编号一般在道岔或电务设备上做有标记。

道岔编号有如下几种情况：

（1）用阿拉伯数字从车站两端由外而内，由主（接发列车）而次（调车）依次编号，上行列车到达端用双数，下行列车到达端用单数，如图 4-2 所示。

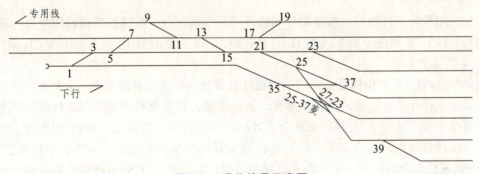

图 4-2　道岔编号示意图

（2）如车站一端衔接两个方向以上（有上行也有下行），道岔应按主要方向编号。

（3）每一道岔均应为单独编号，渡线道岔，交叉渡线道岔及交分道岔等处的联动道岔，应编为连续的单数或双数。

（4）站内道岔，一般以信号楼中心线或车站中心线作为划分单数编号与双数编号的分界线。

（5）当车站有几个车场时，每一车场的道岔必须单独编号，并使用三位数字表示，百位数字表示车场编号，个位和十位数表示道岔编号，如 107，表示一场的 7 号道岔。应当避免在同一车站内有相同的道岔编号。

道岔号码是道岔的基本技术参数之一，我国采用辙叉号码表示，详细见 4.2.2 辙叉及护轨的相关内容。道岔编号表示了道岔在站场中的具体位置，道岔号码表示单开道岔主侧线的交叉角度大小，号码越大交叉角度越小，号码越小，交叉角度越大，是道岔的主要技术参数之一。

4.1.3 单开道岔种类与设计（制造）图号

1．单开道岔的种类

单开道岔的种类一般按以下几个方面进行划分：

（1）按钢轨类型划分：如 43 kg/m、50 kg/m、60 kg/m 和 75 kg/m。

（2）按辙叉号划分：9 号、12 号、18 号、30 号、38 号和 42 号等。

（3）按道岔尖轨和辙叉的平面形状划分：① 直线尖轨、直线辙叉（如普速 9 号道岔），② 曲线尖轨、直线辙叉（如 9 号提速道岔、大部分 12 号、18 号道岔等），③ 曲线尖轨、曲线辙叉（一般用于高速道岔）。

（4）按转辙器分类：

① 按尖轨断面划分：普通钢轨和特种钢轨断面（现在大量采用 AT 尖轨）。

② 按跟端结构分：间隔铁式（活接头）（一般用于 9 号普速道岔），可弯式（间隔铁式、限位器和普通钢轨接头联接）。

（5）按辙叉划分：固定型辙叉和可动辙叉（可动心轨、可动翼轨）。

（6）按岔枕划分：木岔枕和钢筋混凝土岔枕。

（7）按轨下基础划分：有砟和无砟。

（8）按设计年限划分：55 型、57 型、62 型、75 型、92 型和 99 型等。

（9）按过岔速度划分：普速、提速、高速（客专）道岔等。

2．单开道岔的图号

道岔的图号有设计图号、制造图号和铺设图号等的区分。我国铁路道岔图号分为标准图（如 TB399-75）、通用图（如专线 4141）、设计图 （如专线 4151）、制造图（如 CB 642—4）及 GLC（工联岔）等。

例如"叁标线"是当年铁道部第三勘测设计院设计的标准图号的简称，后来道岔的设计转到铁道部专业设计院，就用"专线"简称，依此类推，铁道部科学研究院设计的图纸图号就称为"研线"或"铁研线"，铁道部联合设计组设计的就用"铁联线"，由中国铁路工程总公司联合设计的道岔则简称为"工联岔"，SC 是中铁山桥生产的道岔（生产自主研发道岔），CZ 是中铁宝桥生产的道岔（生产自主研发和法国技术道岔），CN 是新铁德奥的本地设计、铁建重工生产的道岔（生产自主研发道岔）。

造成道岔图设计图号繁多的原因是原铁道部体制改革后，打破了原有的铁路科研、设计、施工体系，使原来由铁道部统一规划设计的格局被分离出来的具有相应资质的各个独立实体所代替，因而也就出现了由原来"图出一门"变成现在的图出"多门"的现状。

另外，随着我国六次铁路大提速和高速客运专线的建设运营，也从客观上促进了道岔设备的技术更新。以 P60AT12 号单开道岔为例，随着技术的提升，现场有了新 12 号、提速道岔、提速改进型道岔和提速改乙型道岔等叫法。但现在由于单开道岔的型号（图号）不断增加，同号码道岔之间的区别有的较大，有的较小，单凭肉眼很难辨别，再用原来的俗称来称呼道岔的型号，已不适用，也不便于交流，因此道岔只能用其唯一标志即图号来进行区分。

准确地区分单开道岔的型号（图号）是维修养护的关键。图号应以设备台账（表4-1）中的图号为准，但要与现场设备特征认真核对。获取道岔型号（图号）的主要途径有下面两种：

（1）查阅设备台账。线路维修管理部门都建有各类设备台账，如表 4-1 为某线路设备台账中的道岔台账。从表中可查得该道岔图号为 SC325。

（2）查看设备上的出厂或施工竣工时所做的标记。道岔出厂时在尖轨或辙叉上往往印有出厂型号标志；施工或维修单位在道岔铺设或维修时为了以后维修便利往往也在道岔主要部位做上型号、编号、日期等信息标记。但有时道岔轨件上的图号与设备台账中的图号不一致，可能的原因是轨件上使用的是制造图号，设备台账中使用的是铺设图号，也有可能是设备台账中的图号没有及时更新，这时就要经多方核实确认，以避免给维修作业造成困难。

表 4-1 道岔台账

单位编号	线编号	行别	车站名	车站编号	线别	运营状态	道岔编号	道岔类型	轨距类型	种类	交分标记	左右开	轨型	辙叉号	辙叉构造	辙叉长	尖轨类型
××	××	下	ＸＸ	××	正线	运营	1	Ⅰ型	标准轨	单开		右	60中	12	动心	13192	AT弹

左尖轨长	右尖轨长	道岔全长	扳道器种类	联锁类别	木岔枕根数	普枕根数	混凝土枕根数	不符技规	尖轨尖里程	直向速度	侧向速度	铺设年度	设计总图号
14 200	14 200	43 200	电动	电气集中	0	0	87		×××	200	50	2005	SC325

4.2 普通单开道岔构造及主要部件识别

【学习目标】

（1）能说出单开道岔由哪几部分组成及解释清楚岔头、岔尾、左右开、顺向过岔和逆向过岔等概念。

（2）能在现场辨认单开道岔转辙器的主要组成部件，并说明其作用。

（3）能绘图说明普通钢轨尖轨顶面与特种断面钢轨尖轨顶面与基本轨顶面之间的高低关系，并从轮轨受力关系的角度解释之。

（4）仔细观察尖轨的间隔铁式跟端结构和弹性可弯式根端结构或阅读相关示意图，说明主要组成部件及两者之间的异同。

（5）能熟练绘出辙叉的平面示意图，并说明其主要组成尺寸。

（6）能在现场用最方便可靠的方法确定辙叉号。

（7）能在现场准确指认咽喉、有害空间、辙叉理论尖端、实际尖端、辙叉趾端、辙叉跟端、护轨开口段、缓冲段、平直段等部位。

（8）能回答出木岔枕和混凝土岔枕的长度分级与布置等技术要求。

单开道岔由转辙器、辙叉及护轨、连接部分和岔枕组成，如图4-3所示。

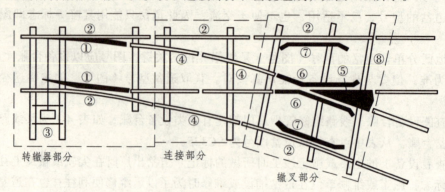

转辙器部分　　　　　连接部分　　　　　　　辙叉部分

图4-3　单开道岔的组成

① 尖轨；② 基本轨；③ 转辙器；④ 导轨；⑤ 心轨；⑥ 翼轨；⑦ 护轨；⑧ 岔枕

单开道岔是一种最常见的道岔，为便于分析理解，将几个基本概念解释如下：

道岔始端（或称岔头）与道岔终端（或称岔尾）：尖轨尖端前基本轨轨缝中心处称道岔始端，而辙叉跟端轨缝中心处则称为道岔终端。对于无缝道岔，则已将整组道岔与前后轨道基本轨焊连成一个整体，所以现场是看不到轨缝的，但可以通过焊缝位置判断。

左开道岔与右开道岔：站在岔头面向岔尾（在直股面向尖轨尖端），凡侧线位于直线左方的称左开道岔，位于直线右方的称右开道岔。

顺向过岔与逆向过岔：列车通过道岔时，凡由道岔终端驶向道岔始端的，称顺向通过道岔，反之由始端驶向终端的，称逆向通过道岔。

4.2.1　单开道岔的转辙器

转辙器是引导机车车辆沿主线方向或侧线方向行驶的线路设备，由两根基本轨、两根尖轨、各种联结零件及道岔转换设备组成，指道岔前端（岔头）至尖轨跟端的范围。如图 4-4所示。

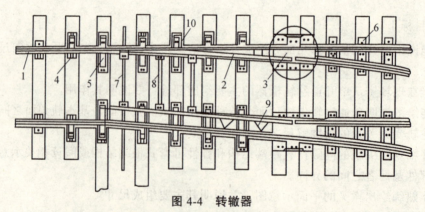

图4-4　转辙器

1—基本轨；2—尖轨；3—跟端结构；4—辙前垫板；5—滑床板；6—辙后垫板；
7—拉杆；8—连接杆；9—顶铁；10—轨撑

1．基本轨

道岔中的基本轨是指直股或侧股中保持道岔基本几何形位的钢轨。基本轨由标准断面的普通钢轨制成，通常采用与区间线路相同材质、相同型号的钢轨。主股为直线；侧股按转辙器各部分的轨距在工厂事先弯折成规定的折线型，侧向过岔速度较高时，可采用曲线型来保证转辙器各部分侧股轨距相同。

　　普通道岔中不设轨底坡，道岔前后二至三根轨枕上实现与区间线路轨底坡的过渡。为改善钢轨的受力条件及行车平稳性，提速及高速道岔中的基本轨设有 1 : 40 轨底坡。

　　基本轨除承受车轮的垂直压力外，还与尖轨共同承受车轮的横向水平力。为防止基本轨产生横向移动，可在其外侧设置一定数量的轨撑。为增加钢轨表面硬度，提高耐磨性并保持与尖轨良好的密贴状态，基本轨轨头顶面一般还进行淬火处理。

　　在与尖轨密贴的区段，75 型及以前各型道岔尖轨采用贴尖式（即爬坡式，图 4-8），基本轨轨头不刨切；92 型及以后设计的道岔基本轨轨头下腭作 1 : 4 或 1 : 3 的斜切，配合尖轨相应剖面构成藏尖式结构（图 4-9），以提高列车逆向运行的安全性及加强尖轨尖端附近断面。

　　2. 尖轨

　　尖轨是转辙器中的重要部件，依靠尖轨的扳动，将列车引入正线或侧线方向。

　　（1）尖轨的平面形状。

　　尖轨在平面上可分为直线型和曲线型，如图 4-5。

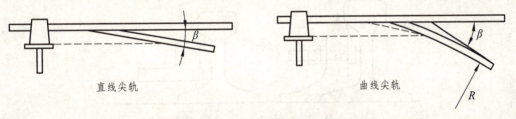

图 4-5　直尖轨与曲尖轨

　　我国铁路大部分 12 号及 12 号以下的道岔，均采用直线型尖轨。直线型尖轨制造简单，便于更换，尖轨前端的刨切较少，横向刚度大，尖轨的摆度和跟端轮缘槽较小，可用于左开或右开，但这种尖轨的转辙角较大，列车对尖轨的冲击力大，尖轨尖端易于磨耗和损伤。

　　我国新设计的 12 号及以上道岔直向尖轨为直线型，侧向尖轨为曲线型。这种尖轨导曲线半径大，列车进出侧线比较平稳，有利于机车车辆的高速通过。但曲线型尖轨制造比较复杂，前端刨切较多，并且左右开不能通用。

　　（2）尖轨的断面。

　　尖轨可用普通断面或特种断面钢轨制成。用普通断面钢轨制成的尖轨，一般在尖轨前端增设补强板以增加其横向刚度，如图 4-6。

（a）不补强　　　　（b）补强　　　　（c）特殊补强

图 4-6　普通断面钢轨尖轨

用特种断面钢轨制成的尖轨,其断面粗壮、整体性强、刚度大,稳定性比普通断面钢轨好。与基本轨高度相同的被称为高型特种断面,较矮者称为矮型特种断面,如图 4-7 所示。特种断面尖轨还有对称与不对称、设轨顶坡和不设轨顶坡之分。为便于在跟端与连接部分联结,特种断面尖轨跟部要加工成普通钢轨断面。我国已广泛推广使用矮型特种断面钢轨(简称 AT 型)尖轨,取消了普通钢轨尖轨 6 mm 的抬高量,减小了列车过岔时的垂直不平顺,有利于提高过岔速度,同时可采用高滑台扣住基本轨轨底,增加基本轨的稳定性和道岔整体性。

尖轨的长度随道岔号数和尖轨的形式不同而异,在我国铁路上,9 号道岔的尖轨长度为 6.25 m,12 号道岔直线型尖轨长度为 7.7 m,曲线型尖轨长度为 11.3 ~ 11.5 m,18 号道岔的尖轨长度为 12.5 m。

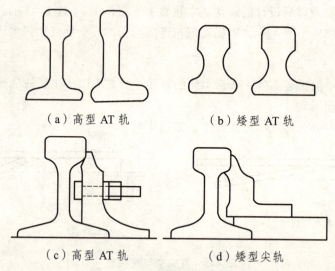

（a）高型 AT 轨　　　　　　　（b）矮型 AT 轨

（c）高型 AT 轨　　　　　　　（d）矮型尖轨

图 4-7　特殊断面钢轨及尖转

（3）尖轨的制作和处理。

为使转辙器正确引导列车的行驶方向,尖轨尖端必须与基本轨紧密贴靠。尖轨与基本轨的贴靠方式通常有两种,即爬坡式(贴尖式)与藏尖式。

当采用普通钢轨刨切尖轨时,为避免对基本轨和尖轨刨切过多,一般将头部经过刨切的尖轨置于较基本轨高出 6 mm 的滑床板上,使尖轨叠盖在基本轨的轨底,形成爬坡式尖轨,如图 4-8 所示。

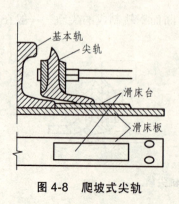

图 4-8　爬坡式尖轨

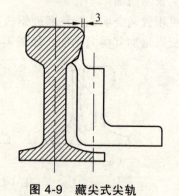

图 4-9　藏尖式尖轨

当采用矮型特种断面钢轨加工尖轨时，一般在轨头下腭轨距线以下作 1：3 的斜切，使尖轨尖端藏于基本轨的轨距线之下，形成藏尖式结构，如图 4-9 所示。这样就保护了尖轨尖端不被车轮扎伤，并使尖轨在动荷载作用下保持良好的竖向稳定性。

为保护尖轨使之具有承受车轮压力的强度，规定在尖轨顶宽 50 mm 以上部分才能完全受力。当用普通截面钢轨制作尖轨时，为减少尖轨轨底的刨切量，将尖轨较基本轨抬高 6 mm（图 4-10）。这时，尖轨尖端较基本轨顶面低 23 mm，在尖轨顶宽 20 mm 以下部分，完全由基本轨受力。尖轨顶宽为 20～50 mm 的部分为车轮荷载的过渡段。在尖轨整截面往后的垂直刨切终点处，尖轨顶面完全高出基本轨面 6 mm。

当采用高型或矮型特种断面钢轨加工尖轨时，尖轨顶宽 50 mm 以后直到尖轨跟端，尖轨与基本轨是等高的，尖轨顶宽为 20～50 mm 的这一段为过渡段，尖轨尖端低于基本轨 23 mm，如图 4-11 所示。

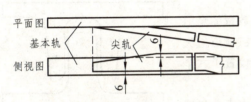

图 4-10　顶面高出基本轨的尖轨

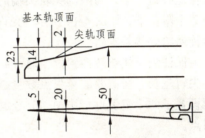

图 4-11　顶面与基本轨等高的尖轨

（4）尖轨跟端结构。

尖轨与导曲线钢轨连接的一端称尖轨跟端。尖轨的跟部结构必须保证尖轨能根据不同的转辙要求在平面上左右摆动，又要坚固稳定，制造简单，维修方便。我国的道岔主要采用间隔铁鱼尾板式和弹性可弯式跟端结构。

间隔铁鱼尾板式结构主要由大垫板、间隔铁（铁砖）、跟端夹板、跟端轨撑、防爬卡铁及联结螺栓等组成，如图 4-12 所示。在钢轨为 75 kg/m 类型的道岔中，防爬卡铁已改为内轨撑。间隔铁鱼尾板式跟端结构，零件较少，结构简单，尖轨扳动灵活，但稳定性较弹性可弯式差，容易出现病害。

在新设计的 60 kg/m 钢轨 12 号道岔及大号码道岔上采用了弹性可弯式尖轨跟部结构。尖轨跟部采用普通钢轨接头型式，通过间隔铁或支距垫板保持与基本轨的距离，并利用轨撑或扣件保持跟部位置和稳定性。当尖轨长度≤12.4 m 时，为减少扳动力，在弹性可弯中心（跟端前 2～3 根轨枕处）AT 轨的一侧或两

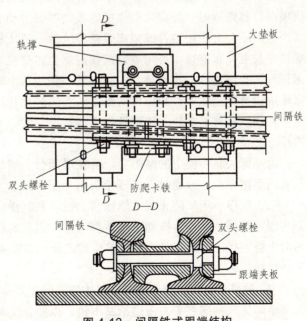

图 4-12　间隔铁式跟端结构

侧切将轨底削掉一部分，使之与轨头同宽（长度一般为 1 ~ 2 m），成为柔性点，尖轨便可在较小的扳动力扳动下围绕该点转动和弹性弯曲。弹性可弯式尖轨结构简单，坚固，易于现场维护保养，但需要的尖轨扳动力相对活接头尖轨要大。如图 4-13 所示。

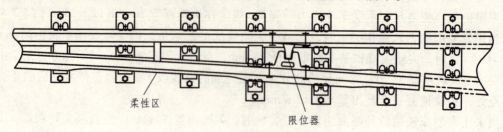

柔性区　　　　　　　　　　　　限位器

图 4-13　弹性可弯式跟端结构

在无缝道岔中，为限制尖轨尖端的伸缩位移，在尖轨跟部的基本轨和尖轨轨腰上可安装一至数个限位器，如图 4-14 所示，允许尖轨承担一定的温度力，随后再将道岔里侧钢轨的温度力传递给外侧基本轨。

为保证尖轨能够转换到位，通常需设置一定数量的牵引点，尖轨越长，所需的牵引点数量越多，如 12 号道岔尖轨便设置了两个牵引点、法国 65 号道岔尖轨上设置了六个牵引点。

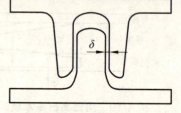

图 4-14　限位器

尖轨转换有联动和分动两种型式，联动转换中直曲尖轨通过转辙连杆形成框架结构，并与转辙机相联；分动转换中直曲尖轨分别通过转辙机相连。各牵引点动程近似与其距尖轨跟端的距离成正比。

3．转辙部分的主要零部件

（1）滑床板。是一种垫板面上焊有滑床台的垫板，可在形成基本轨内侧扣压、固定基本轨横向位移的同时，为尖轨提供横向扳动时的滑动支撑，如图 4-8 所示。有分开式和不分开式两类。不分开式用道钉或锚固螺栓将轨撑、滑床板直接与岔枕连接；分开式是轨撑由垂直螺栓先与滑床板连接，再用道钉或锚固螺栓将垫板与岔枕连接。尖轨放置于滑床板上，与滑床板间无扣件连接。普通道岔中，尖轨一侧的基本轨轨底通过滑床台扣压；提速道岔中，滑床板内设有穿销式弹性扣压件对基本轨实施弹性扣压；客运专线道岔中，滑床板通过内设"几"形弹性扣压件对基本轨实施弹性扣压，扣压力大，基本轨横向稳定性好，可取消基本轨外侧轨撑。

为降低尖轨转换中的摩阻力。可在滑床台上喷涂聚四氟乙烯、镍铬镀层等减摩材料以降低表面摩擦系数，或通过设置辊轮机构（图 4-50）实现滚动摩擦。

（2）轨撑。用来防止基本轨倾覆、扭转和纵横向移动的轨撑，安装在基本轨的外侧。可分为固定轨撑、弹性轨撑和可调轨撑三类。固定式轨撑用螺栓与基本轨相连，并用两个螺栓与滑床板连接。轨撑有双墙式和单墙式之分，如图 4-15 所示。提速道岔及客运专线道岔中由于扣件扣压力足够大，未设轨撑。

（3）顶铁。尖轨刨切部位紧贴基本轨，而在其他部位则依靠安装在尖轨外侧腹部的顶铁，将尖轨承受的横向水平力传递给基本轨，以防止尖轨受力时弯曲，并保持尖轨与基本轨的正确位置，如图 4-16 所示。

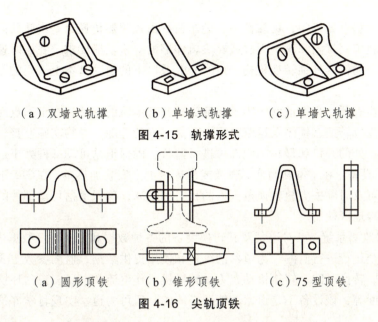

（a）双墙式轨撑　　　（b）单墙式轨撑　　　（c）单墙式轨撑

图 4-15　轨撑形式

（a）圆形顶铁　　　（b）锥形顶铁　　　（c）75型顶铁

图 4-16　尖轨顶铁

（4）辙跟部件。包括间隔铁（铁砖）、辙跟夹板、双头螺栓等。

间隔铁又称铁砖，是保持尖轨跟端轮缘槽尺寸和连接尖轨与导轨的设备，如图 4-12 所示。间隔铁为整块铸铁或铸钢，其长度取决于辙跟螺栓的数量，常用的有 4 孔和 5 孔，其构造形式有左右之分。

辙跟夹板是尖轨跟端的联结零件。它与辙跟间隔铁共同配合，将尖轨、基本轨和连接部分的钢轨连成一体。辙跟夹板前半部略向线路中心弯折，最前端离开钢轨腹部约 8 mm。为防止车轮冲击夹板，弯折段的顶部进行了刨切。

为了保证弯折后的夹板与钢轨连接稳固，在接头第一根螺栓采用异径的双头螺栓或用一般螺栓外加套管，其粗径的一端顶靠间隔铁，另一端顶靠夹板，这样的跟部结构现场又称为活接头。

（5）各种特殊形式的垫板。例如普通道岔中铺设在尖轨之前的辙前垫板和之后的辙后垫板；铺设在尖轨尖端和尖轨跟端的通长垫板；为保持导曲线的正确位置而设置的支距垫板等。

（6）道岔拉杆和连接杆。道岔拉杆连接两根尖轨，并与转辙设备相连，以实现尖轨的摆动，故又叫转辙杆。连接杆为连接两根尖轨的杆件，其作用是加强尖轨间的联系，提高尖轨的稳定性，如图 4-4 所示。

（7）转辙机械。最常用的道岔转换设备的种类有机械式和电动式。若按操纵方式分类，则有集中式和非集中式两类。机械式转换设备可以为集中式或非集中式，电动式转换设备则为集中式。道岔转换设备必须具备转换（改变道岔开向）、锁闭（锁闭道岔，在转辙杆中心处尖轨与基本轨之间，不允许有 4 mm 以上的间隙）和显示（显示道岔正位或反位）三种功能。尖轨转换有一机多点或多机多点两种模式；法国主要采用前一种转换方式，即一台转辙机通过曲拐轴连杆与各牵引点相连，总转换力较小，对各转换杆件间的配合精度要求较高；我国及德国则主要采用后一种转换方式，每个牵引点处均设置一台转辙机，造价较高。

（8）锁闭机构。有内锁和外锁两种型式，内锁是通过转辙连杆在转辙机内部锁定，因轮轨横向力由转辙机承受，故障率较高；外锁则是通过楔型燕尾锁、拐肘锁及钩型锁等实现尖轨与基本轨在牵引点处锁闭，可靠性高，列车荷载由锁闭器传递给基本轨共同承受。锁闭机构应具有使尖轨牢固锁闭和满足无缝线路尖轨伸缩的双重功能要求。我国时速 120 km 以上道岔采用的是分动钩形外锁转换机构，120 km/h 及以下的道岔基本上采用的是联动内锁转换机构。

（9）密贴检查器。高速道岔中为了保证尖轨与基本轨的密贴，在牵引点间设置了密贴检查器，对尖轨完成转换、锁闭及运营过程中可能出现的缝隙、异物实施监督，还对非工作尖轨在第一牵引点处的开口和最小间距部位进行监督，确保道岔可动部件处于最佳技术状态。

（10）融雪设备。在基本轨轨底、轨腰或滑床板上上安装加热条，在冬天下雪或下雨时启动加热设备，可及时除去尖轨转换范围内的积雪和积冰，确保道岔可动部件的正常转换，目前已在北方寒冷地区使用。

（11）道岔监测系统。可对道岔及其转换设备的各种数据和道岔环境数据进行实时、在线综合状态和安全运行进行监测，为道岔的维护和使用提供数据，监测参数主要有轮缘槽、转辙机转换阻力、转换时间、转辙机动态力、转辙机工作电流和电压、道岔环境温度和环境湿度、振动加速度等，该设备不是道岔功能所必需的，但可为道岔实现科学养护提供支持。

4.2.2　辙叉及护轨

1．辙叉的分类

辙叉是使车轮由一股钢轨越过另一股钢轨的设备，它设置在道岔侧线钢轨与道岔主线钢轨的相交处。辙叉由心轨、翼轨、护轨及联结零件组成。按平面形式分，辙叉有直线辙叉和曲线辙叉两类；按构造类型分，有固定辙叉和可动式辙叉两类。在单开道岔上，直线式固定辙叉最为常用。在提速线路上多为可动式辙叉。直线式固定辙叉分两种，即整铸辙叉和钢轨组合式辙叉。

2．辙叉的构造

（1）整铸辙叉。

整铸辙叉是用高锰钢浇铸的整体辙叉，如图 4-17 所示。高锰钢是一种锰碳含量均较高的合金钢（含锰 12.5%，碳 1.2%），具有较高的强度和良好的冲击韧性，经热处理后，在冲击荷载作用下，会很快产生硬化，使表面具有良好的耐磨性能，同时，由于心轨和翼轨同时浇铸，整体性和稳定性好，可以不设辙叉垫板而直接铺设在岔枕上。这种辙叉还具有使用寿命长，养护维修方便等优点。

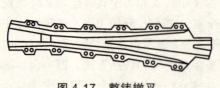

图 4-17　整铸辙叉

图 4-18　组合辙叉

（2）组合式辙叉。

钢轨组合式辙叉是用钢轨及其他零件经刨切拼装而成的，它由长心轨、短心轨、翼轨、间隔铁、辙叉垫板及其他零件组成，如图 4-18 所示。辙叉心是由长短心轨拼装而成，长心轨应铺设在正线或运量较大的线路方向上，为尽可能保持长心轨截面的完整，需将短心轨的头部和底部刨去一部分，使短心轨轨底叠盖在长心轨轨底上，以保持叉心的坚固稳定。这种辙叉仅在一些次要线路上使用。

3．辙叉组成

以组合辙叉为例，说明其组成。叉心两侧作用边之间的夹角称为辙叉角 α，辙叉心轨两个工作边的延长线的交点称辙叉理论中心（理论尖端）。由于制造工艺的原因，实际上叉心尖端有 6～10 mm 宽度，此处称为心轨的实际尖端。

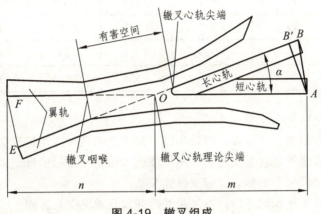

图 4-19　辙叉组成

翼轨由普通钢轨弯折刨切而成，利用间隔铁及螺栓和叉心联结在一起，以保持相互间的正确位置，并形成必要的轮缘槽，使车轮轮缘能顺利通过。翼轨工作边相距最近处称为辙叉咽喉。从辙叉咽喉至心轨实际尖端之间的轨线中断的距离叫做"有害空间"，如图 4-19 所示。道岔号数愈大，辙叉角愈小，这个有害空间愈大。车轮通过有害空间时，叉心容易受到撞击。为保证车轮安全通过有害空间，在辙叉两侧相对位置的基本轨内侧设置了护轨（图 4-3），借以引导车轮的行驶方向。

道岔号数以辙叉号数 N 来表示，道岔号数愈大，辙叉角愈小，即

$$N = \cot \alpha = \frac{OB'}{AB'}$$

（4-1）

辙叉角

$$\alpha = \arctan \frac{1}{N}$$

（4-2）

我国道岔号数与辙叉角的对应值见表 4-2。

表 4-2　道岔号数与辙叉角的关系

道岔号数	6	7	9	12	18	24	38	41
辙叉角	9°27′44″	8°07′47″	6°20′25″	4°45′49″	3°10′47″	2°23′09″	1°30′26.8″	1°23′39.8″

单开道岔中，辙叉角小于 90°，所以又将这类辙叉称为锐角辙叉。

单开道岔辙叉从其趾端到跟端的长度 FA 或 EB 见图 4-19，称为辙叉全长。从辙叉趾端到

理论中心的距离 EO 或 FO ，称为辙叉趾距（又称辙叉前长），用 n 表示，从辙叉跟端到理论中心的距离 AO 或 BO ，称辙叉跟距（又称辙叉后长），用 m 表示。辙叉趾端翼轨作用边间的距离 EF 和辙叉跟端叉心作用边间距 AB ，分别称为辙叉趾宽（前开口） P_n 及辙叉跟宽（后开口） P_m 。

表 4-3　标准辙叉尺寸（mm）

钢轨类型 kg/m	道岔号数	辙叉全长	n	m	P_n	P_m
75、60	18	12 600	2 851	9 749	285	441
75、60	12	5 927	2 127	3 800	177	317
50	12	4 557	1 849	2 708	154	225
60	9	1 309	1 538	2 771	171	308
50	9	3 588	1 538	2 050	171	228

4．道岔号的现场鉴定方法

现场鉴别道岔号数的方法很多，可采用以下较简便的几种方法进行。

（1）最直接的方法就是查看设备上的出厂或施工竣工时所做的标记。道岔出厂时在尖轨或辙叉上往往印有出厂型号的标志，前文已述及。

（2）分别量出辙叉趾端前开口，辙叉跟端后开口及辙叉全长，则

$$N = \frac{辙叉全长}{前开口＋后开口}$$

（3）在心轨上找出顶面宽 100 mm 及 200 mm 两处，并分别划上两条线，然后再量测两条线间的距离，这个距离是 100 mm 的几倍，就是几号道岔。

（4）先在辙叉心轨顶面上找出一脚长的宽度处，再由该处向前量至辙叉心轨理论尖端处，实量几脚就是几号道岔。

5．辙叉纵断面

当车轮沿翼轨向叉心方向滚动时，由于车轮踏面是锥形的，车轮逐渐下降，当车轮离开翼轨完全滚到心轨后，又恢复到原来的高度，因此，产生了垂直不平顺，如图 4-20 所示。为了消除垂直不平顺，并防止心轨在其前端断面过分削弱部分承受车轮荷载，采用了提高翼轨顶面和降低心轨前端顶面的做法，将翼轨顶面做成 1：20 的横坡，使翼轨和心轨顶面之间保持必要的相对高差。

对高锰钢整铸辙叉，翼轨顶面的提高值是根据原型车轮和磨耗车轮的踏面坡度计算值和辙叉实际的磨耗情况确定的。实践证明，翼轨的提高值在辙叉理论尖端至心轨顶面宽 40 mm 的范围内提高 3 mm 是合适的。两侧的顺坡为向前顺至咽喉，向后顺至心轨顶面宽 50 mm 处，"62 型"和"75 型"道岔就是这样设计的，如图 4-21（a）所示。

对钢轨组合式辙叉，规定叉心顶面 40 mm 及其以上部分承受全部车轮压力，而在 30 mm 及其以下部分则完全不受力。由于在工厂制作时堆焊翼轨有困难，因此，设计中未将翼轨顶面抬高，而只将心轨轨面降低，如图 4-21（b）所示。但对磨耗的辙叉进行焊修时，可将翼轨顶面焊高，如图 4-21（c）所示。

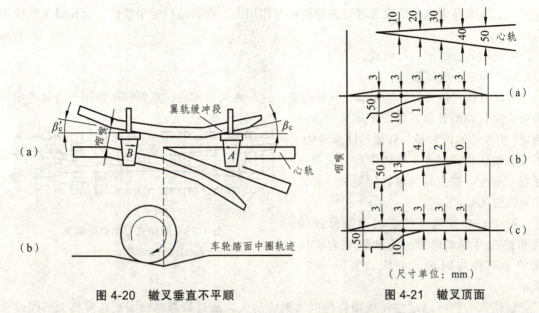

图 4-20　辙叉垂直不平顺　　　　　　图 4-21　辙叉顶面

辙叉翼轨顶面与心轨顶面之间的高差关系在不同时期、不同型号的道岔之间是不相同的，应以道岔辙叉的设计图或铺设图为准。

近几年来，针对高锰钢辙叉使用中出现的磨损和病害，铁路部门和冶金部门合作开发了超强高韧可焊贝氏体钢，用于固定式辙叉的叉心。超强高韧可焊贝氏体钢的化学成分为 C、Mn、Cr 等，适当添加 Ni、Mo、V、Ti 等微量金属，使钢材的接触疲劳性能大大提高。用贝氏体钢制成的叉心通过焊接或用螺栓联结在辙叉体上。这种叉心用于 60 kg/m 钢轨 12 号提速固定辙叉上，客车速度可达 140 km/h，货车达 100 km/h，预期的使用寿命达 200 Mt，比锰钢辙叉的使用寿命提高一倍以上。

6. 护轨

护轨设于辙叉的两侧，用于控制车轮的轮缘，使之进入设定的轮缘槽内，防止与叉心碰撞。护轨可用普通钢轨或特种截面的护轨钢轨制作而成。

护轨的防护范围，应包括辙叉咽喉至叉心顶宽 50 mm 的一段长度，并要求有适当的余裕。

在平面图中，它由中间平直段、两端缓冲段和开口段组成，如图 4-22 所示。护轨平直段是起防护作用的部分，缓冲段及开口段起着将车轮平顺地引入护轨平直段的作用。缓冲段的冲击角应按列车允许的通过速度进行设置。

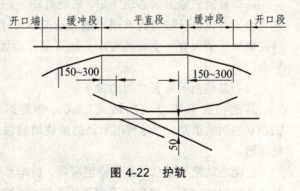

图 4-22　护轨

7. 可动辙叉

可动辙叉是指辙叉个别部件可以移动的辙叉，其作用是保证列车过岔时轨线的连续，消除固定辙叉上存在的有害空间，并可取消护轨，同时也可以大大减少辙叉在纵断面上的几何不平顺，从而显著地降低辙叉部位的轮轨相互作用力，提高运行的平稳性，延长辙叉的使用寿命。

可动辙叉有以下三种形式。

（1）可动心轨式辙叉。

可动心轨式辙叉即心轨可动，翼轨固定。这种辙叉结构的优点是列车作用于心轨的横向力能直接传递给翼轨，保证了辙叉的横向稳定。由于心轨的转换与转辙器同步联动，不会在误认进路时发生脱轨事故，故能保证行车安全。缺点是制造比较复杂，并比固定式辙叉长。

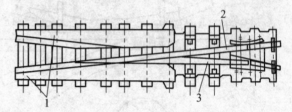

图 4-23　回转式可动心轨辙叉
1—翼轨；2—长心轨；3—短心轨

可动心轨式辙叉的心轨跟端分铰接式和弹性可弯式两种。心轨跟端为铰接式的又被称为回转式心轨，如图 4-23 所示。

铰接式心轨可通过整铸或用特种尖轨钢轨制成，通过高强螺栓固定在翼轨上的间隔铁能保证心轨与翼轨的相对位置，并传递水平力。这种辙叉便于铸造，转换力较小，可以与原有固定式辙叉的长度相同。铺设这种可动心轨辙叉不致引起车站平面的变动，因此，尤其适用于既有线大站场的技术改造。但是在辙叉范围内会出现活接头，因此不如弹性可弯式结构稳妥可靠。

另一类可动心轨辙叉的心轨为弹性可弯式。心轨用特种截面钢轨制成，心轨的一肢跟端为弹性可弯式，另一端为活动铰接式；或是心轨的两肢均为弹性可弯式，转换时长短心轨接合面上产生少量的相对滑动。这种心轨较长，并且转换力较大。前一种结构不仅联结可靠，而且构造简单，辙叉转换力也较小。我国广泛采用的可动心轨辙叉选用的就是这种形式，如图 4-24 所示。

（2）可动翼轨式辙叉。

可动翼轨式辙叉的心轨固定，翼轨可动。又分为单侧翼轨可动或双侧翼轨可动两种形式。这类辙叉可以设计成与既有固定辙叉互换的尺寸，铺设时可以避免引起站场平面的变动，同时又满足了消灭有害空间的要求。缺点是可动翼轨的横向稳定性较差，翼轨的固定装置结构复杂。

（3）其他消灭有害空间的辙叉。

其他消灭有害空间的辙叉形式，如德国的 UIC60 型钢轨道岔，就是利用滑动的滑块填塞辙叉轮缘槽。

可动心轨辙叉道岔，工作稳定可靠，机车车辆对辙叉的附加冲击及列车的摇摆显著降低，养护工作量减少，使用寿命延长，并且改善了旅客列车过岔时的舒适度。目前，我国主要干线上已大量使用 60 kg/m 钢轨 12 号可动心轨道岔。

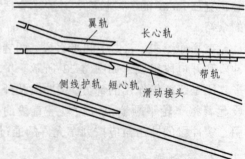

图 4-24　弹性可弯式可动心轨辙叉

4.2.3　道岔连接部分

连接部分是转辙器和辙叉之间的连接线路，它包括直股连接线和曲股连接线。直股连接线与区间线路构造基本相同，曲股连接线又称导曲线，导曲线的平面形式可以是圆曲线、缓和曲线或变曲率曲线。我国目前铁路上铺设的道岔导曲线均为圆曲线，当尖轨为曲线形时，尖轨本身就是导曲线的一部分。导曲线由于长度及界限的限制，一般不设超高和轨底坡，但在构造及条件容许的情况下可设置少量超高。我国在钢筋混凝土岔枕上铺设的导曲线设置了 6 mm 的超高，两端利用逐渐减薄厚度的胶垫进行顺坡。

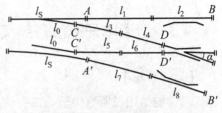

图 4-25　道岔连接部分

为防止导曲线钢轨在动荷载作用下的外倾及轨距扩张，可设置一定数量的轨撑或轨距拉杆。还可以在导曲线范围内设置一定数量的防爬器及防爬支撑，以减少钢轨的爬行。

连接部分一般配置 8 根钢轨，直股连接线 4 根，曲股连接线 4 根。配轨时要考虑轨道电路绝缘接头的位置和满足接头相对的要求，并尽量采用 12.5 m 或 25 m 长的标准钢轨。连接部分使用的短轨，一般不短于 6.25 m，在困难的情况下，不短于 4.5 m。

我国标准的 9、12 及 18 号道岔连接部分的配轨如图 4-25 所示，尺寸见表 4-4。

表 4-4　标准道岔的配轨尺寸（mm）

N	9	12	18	N	9	12	18
l_1	5 324	11 791	10 226	l_5	6 836	12 500	16 574
l_2	11 000	12 500	18 750	l_6	9 500	9 385	12 500
l_3	6 894	12 500	16 903	l_7	5 216	11 708	10 173
l_4	9 500	9 426	12 500	l_8	11 000	12 500	18 750

4.2.4　岔枕

我国道岔中岔枕过去以使用木枕为主，现在均更换成了混凝土岔枕。

木岔枕截面和普通木枕基本相同，长度分为 12 级，其中最短的为 2.60 m，最长的为 4.80 m，级差为 0.20 m。而钢轨混凝土岔枕最长者为 4.90 m，级差为 0.10 m。

在我国铁路上还存在一定数量按旧标准加工的岔枕。这类岔枕长度分为 16 级，其中最短的 2.60 m，最长的 4.85 m，级差为 0.15 m。

为使道岔的轨下基础具有均匀的弹性，岔枕间距应尽可能保持一致。转辙器和辙叉范围内的岔枕间距，通常采用（1～0.9）倍区间线路的枕木间距。设置转辙杆的一孔，其间距应当适当增大。道岔钢轨接头处的岔枕间距应与区间线路同类型钢轨接头处轨枕间距保持一致，并使轨缝位于间距的中心。

铺设在单开道岔转辙器及连接部分的岔枕，均应与道岔的直股方向垂直。辙叉部分的岔枕，应与辙叉角的角平分线垂直，从辙叉趾前第二根岔枕开始，逐渐由垂直角平分线方向转到垂直于直股的方向。岔枕的间距，在转辙器部分按直线上股计量，在导曲线及转向过渡段按直线下股计量，在辙叉部分按角平分线计量。为改善列车直向过岔时的运行条件，提速道岔及客运专线道岔中所有的岔枕均按垂直于直股的方向布置，间距均匀一致，均为 600 mm。

岔枕长度在道岔各个部位差别很大。岔枕端部伸出钢轨工作边的距离 M 应与区间线路基本保持一致。

4.3　普通单开道岔各部尺寸检查

【学习目标】

（1）能绘图说明直尖轨、曲尖轨直线型辙叉道岔的主要尺寸。

（2）能正确回答单开道岔控制部位轨距数值及轨距加宽递减的要求。

（3）记住普通单开道岔轨距检查部位及顺序，并能在现场正确测量轨距并记录。

（4）记住尖轨及辙叉、护轨部分主要间隔尺寸及误差要求。

（5）能绘图说明查照间隔"91""48"，并解释其误差要求。

（6）能正确计算导曲线支距。

（7）能回答出提高道岔侧、直向速度的主要措施。

4.3.1　道岔各部分轨距

1. 道岔各部轨距

直线轨道的轨距为 1 435 mm，曲线轨道应根据曲线半径、运行速度及机车车辆的通过条件等因素来决定。

（1）尖轨尖端轨距。

尖轨尖端轨距是按正常强制内接，在机车最大固定轴距的中间轮对正对着尖轨尖端时计算出的，见表 4-5。

（2）尖轨跟端轨距是按正常强制内接，在机车最大固定轴距有 2/3 进入导曲线，处于 2/3 部位的轮对正对着尖轨跟端时计算出的，见表 4-6。

（3）导曲线中部轨距按标准图设置。

（4）辙叉部分轨距，直、侧向均为 1435 mm。

表 4-5　尖轨尖端轨距

尖轨种类	尖轨长度（mm）	轨距 mm）	附　注
直线型尖轨	6 250 以下	1 453	
	6 250～7 700 以下	1 450	
	7 700	1 445	
12 号道岔 AT 弹性可弯尖轨		1 437	道岔允许速度大于 120 km/h 时为 1 435 mm
其他曲线型尖轨		按标准图办理	无标准图时按设计图办理

表 4-6　尖轨跟端轨距

尖轨种类	直向（mm）	侧向（mm）	附　注
直线型尖轨	1 439	1 439	
12 号道岔 AT 弹性可弯尖轨	1 435	1 435	尖轨轨头刨切范围内 曲股轨距构造加宽除外
其他曲线型尖轨	1 435	按标准图办理	无标准图时按设计图办理

2. 轨距加宽递减

道岔各部分的轨距加宽，应有适当的递减距离，以保证行车的平稳性。

（1）尖轨尖端的轨距加宽，容许速度不大于 120 km/h 的线路按不大于 6‰的递减率向尖轨外方递减至基本轨接头。

（2）尖轨尖端与尖轨跟端轨距的差数，直尖轨在尖轨全长范围内均匀递减，曲尖轨按标准图或设计图办理。

（3）尖轨跟端直向轨距加宽，向辙叉方向递减，距离为 1.5 m。

（4）导曲线中部轨距加宽，直尖轨时，向两端递减至尖轨跟端 3 m，至辙叉前端 4 m；曲尖轨时，按标准图或设计图办理。

（5）对口道岔尖轨尖端轨距递减：两尖轨尖端距离小于 6 m，两尖端处轨距相等时不作递减，不相等时则从较大轨距向较小轨距均匀递减；两尖轨尖端距离大于 6 m 时，容许速度不大于 120 km/h 的线路按不大于 6‰的递减率的递减，但中间应有不短于 6 m 的相等轨距段。

（6）道岔前端与另一道岔后端相连时，容许速度不大于 120 km/h 的线路，尖轨尖端轨距递减率应不大于 6‰。如不能保证最大按 6‰递减时，可将前面道岔的辙叉轨距加大为 1 441 mm；仍不能解决时，旧有道岔容许保留大于 6‰的递减率。

我国新设计的道岔中，如提速道岔，除尖轨尖端宽 2 mm 处因刨切引起的轨距构造加宽外，其余部分轨距均为标准轨距 1 435 mm。

道岔各部分的轨距应符合标准规定，如有误差，不论是正线、到发线、站线或专用线，一律不得超过 +3 mm 或 −2 mm，有控制锁的尖轨尖端不超过 ±1 mm，较一般轨道有更严格的要求。同时还需要考虑道岔轨距在列车作用下将有的 2 mm 的弹性扩张，由此可以计算出道岔各部分的最小、正常和最大轨距值。

4.3.2　转辙器部分的间隔尺寸

道岔转辙器上需要确定的几何尺寸主要有最小轮缘槽 t_{min} 和尖轨动程 d_0。

1. 尖轨的最小轮缘槽 t_{min}

当使用曲线尖轨直向过岔时，应保证在最不利的条件下，即当具有最小宽度的轮对一侧车轮轮缘紧贴直股尖轨时，另一侧车轮轮缘能顺利通过而不冲击尖轨的非工作边，如图 4-26 所示。此时，曲线尖轨在其最突出处的轮缘槽，较其他任何一点的轮缘槽要小，称为曲线尖轨的最小轮缘槽 t_{min}。要保证轮对顺利通过该轮缘槽，而不以轮对的轮缘撞击尖轨的非工作边，轮缘槽的宽度应取最不利组合时的数值。

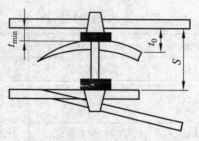

图 4-26　尖轨最小轮缘槽

我国实际采用的 $t_{min} \geqslant 68$ mm。同时 t_{min} 也是控制曲线尖轨长度的因素之一，为缩短尖轨长度，不宜规定得过宽，根据经验，t_{min} 可减少至 65 mm。

对于直线尖轨来说，t_{min} 发生在尖轨跟端。尖轨跟端轮缘槽应不小于 74 mm。如图 4-27 所示。如尖轨跟端钢轨头部的宽度为 70 mm 时，跟端支距为 144 mm。

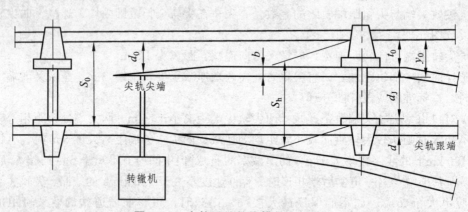

图 4-27　尖轨跟端轮缘槽与尖轨动程

2. 尖轨动程 d_0

尖轨动程指各牵引点处，尖轨非作用边与基本轨作用边之间的拉开距离，动程在尖轨（可动心轨）各牵引点中心处量取。如图 4-28。尖轨动程应保证尖轨扳开后，具有最小宽度的轮对对尖轨非作用边不发生侧向挤压和不撞击尖轨尖端。曲线尖轨的动程由 t_{min}、曲线尖轨最突出处的钢轨顶宽、曲线半径 R 等因素确定。由于目前各种转辙机的动程已定型，故尖轨的动程应与转辙机的动程配合。目前大多数转辙机的标准动程为 152 mm，因此《铁路线路修理规则》规定：尖轨在第一拉杆中心处的最小动程：直尖轨为 142 mm，曲尖轨为 152 mm；AT 型弹性可弯尖轨 12 号普通道岔为 180 mm，12 号提速道岔为 160 mm；18 号道岔在允许速度大于 160 km/h 时为 160 mm，在允许速度不大于 160 km/h 时为 160 mm 或 180 mm（具体按标准图或设计图规定办理）；其他型号道岔按标准图或设计图进行办理。

可动心轨第一拉杆中心处的动程按标准图或设计图办理。

特殊道岔不符合上述规定者，按标准图或设计图要求办理。

4.3.3　导曲线支距计算

在单开道岔上，以直股基本轨作用边为横坐标轴，导曲线上各点距此轴的垂直距离叫做导曲线支距。导曲线支距正确与否对保证导曲线的圆顺起着十分重要的作用。

计算导曲线支距有多种方法，下面以圆曲线型的曲线尖轨单开道岔为例进行计算。取直股基本轨作用边正对尖轨跟端的 O 点为坐标原点，如图 4-28 所示。这时，导曲线始点的横坐标 x_0 和支距 y_0 分别为：

$$x_0 = 0 , \quad y_0 = y_g（尖轨跟端支距）\tag{4-3}$$

在导曲线终点的横坐标 x_n 和支距 y_n 分别为：

$$x_n = R\left(\sin\gamma_n - \sin\beta\right)$$
$$y_n = y_g + R\left(\cos\beta - \cos\gamma_n\right)\tag{4-4}$$

式中　　R ——导曲线外轨半径；

　　　　γ_n ——导曲线终点所对应的偏角；

　　　　β ——转辙角。

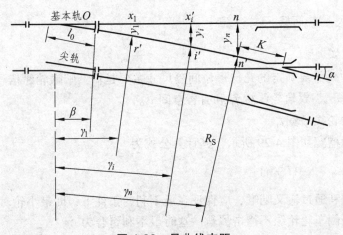

图 4-28　导曲线支距

令导曲线上各支距测点 i 的横坐标为 x_i，通常点间距为 2 m，则其相应的支距 y_i 为：

$$y_i = y_0 + R\left(\cos\beta - \cos\gamma_i\right)\tag{4-5}$$

式中的 γ_i 可用下式近似公式求得，因为

$$R\sin\gamma_i = R\sin\beta + x_i$$
$$\sin\gamma_i = \sin\beta + \frac{x_i}{R}\tag{4-6}$$

所以　　　　　$$\gamma_i = \arcsin\left(\sin\beta + \frac{x_i}{R}\right)\tag{4-7}$$

显然，在导曲线终点 $\gamma_n = \alpha$（辙叉角）。

最后计算所得的 y_n，可用下式进行校核：

$$y_n = S - K\sin\alpha\tag{4-8}$$

式中　　K ——导曲线后插直线长。

常用单开道岔从尖轨跟端开始每 2 m 为一点的导曲线支距如表 4-7。

表 4-7 常用单开道岔导曲线支距表（mm）

岔号	轨型	设计年度	Y_0	导曲线横距（m）										$X_终$	$Y_终$
				2	4	6	8	10	12	14	16	18	20		
18	75 60 50	87 84 89	177	222	271	326	385	450	519	594	674	758	848	27 578	1 233
12	75 60	86	207	280	364	495	566	685	814	956	1 108			17 416	1 233
	50	88	144	187	243	311	390	482	587	703	831	972	1 124	21 280	1 229
	60、50 43、38	81、75 62、57	144	188	243	311	391	483	587	703	831	972	1 124	21 280	1 229
9	50	88	154	212	293	397	522	670	840	1 032				15 650	1 208
	50 43 38	75 62 57	144	201	281	382	506	652	820	1 011				15 793	1 201

4.3.4 辙叉及护轨间隔尺寸计算

1. 固定辙叉及护轨

固定辙叉及护轨需要确定的几何形位间隔尺寸主要是辙叉咽喉轮缘槽 t_1、查照间隔 D_1 及 D_2、护轨轮缘槽 t_g、翼轨轮缘槽 t_w 和有害空间 l_h。

（1）辙叉咽喉轮缘槽宽 t_1

辙叉咽喉轮缘槽宽如图 4-29 所示，其计算公式为

$$t_1 = S - (T + d) \tag{4-9}$$

为保证车辆顺利通过辙叉咽喉，应保证在最不利的条件下，即最小轮对一侧车轮轮缘紧贴基本轨时，另一侧车轮轮缘不撞击翼轨。这时最不利组合为

$$t_1 \geqslant S_{max} - (T + d)_{min} \tag{4-10}$$

考虑到道岔轨距容许最大误差为 3 mm，轮对车轴弯曲后，内侧距减小 2 mm，则

$$t_1 \geqslant (1\ 435 + 3) - (1\ 350 - 2) - 22 = 68\ \text{mm}$$

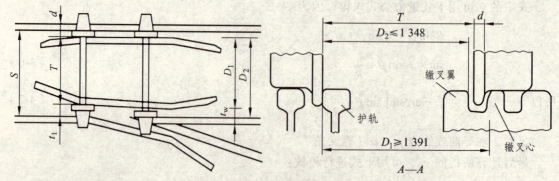

图 4-29 直照间隔与护背距离

（2）查照间隔 D_1 和护背距离 D_2。

① 护轨作用边至心轨作用边的距离称为查照间隔 D_1，由图 4-29 可知，D_1 的计算公式为

$$D_1 = T + d \tag{4-11}$$

此间隔应保证车轮轮对在最不利的条件下，最大轮对一侧轮缘受护轨的引导，而另一侧轮缘不撞击叉心，即应有

$$D_1 \geq (T + d)_{\max}$$

考虑到车轴弯曲使轮背内侧距增大 2 mm，代入具体数值后得

$$D_1 \geq (1\ 356 + 2) + 33 = 1\ 391\ \text{mm}$$

D_1 只能有正误差，容许变化范围为 1 391 ~ 1 394 mm。

② 护轨作用边至翼轨作用边的距离称为护背距离 D_2，由图 4-29 可知，D_2 的计算公式为

$$D_2 = T \tag{4-12}$$

为最小车轮通过时不被楔住，必须有

$$D_2 \leq T_{\min}$$

取较机车轮更小的车辆轮的 T 作为计算依据，并考虑车轴上弯后轮对内侧距的减小值为 2 mm，则

$$D_2 \leq 1\ 350 - 2 = 1\ 348\ \text{mm}$$

D_2 只能有负误差，容许范围为 1 346 ~ 1 348 mm。

查照间隔和护背距离的测量位置按设计图纸规定确定。

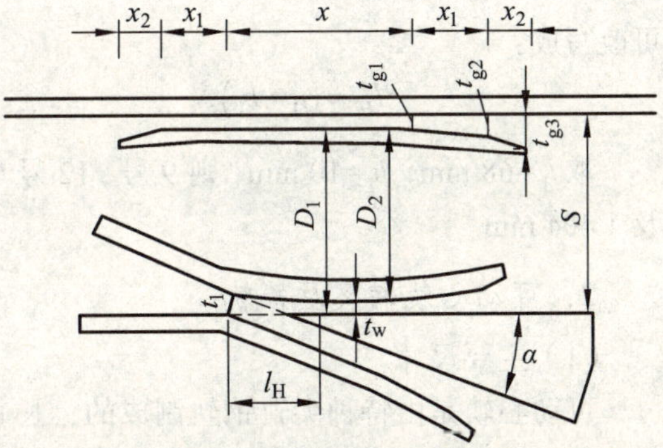

（3）护轨平直段轮缘槽宽 t_{g1}。

如图 4-31 所示，护轨平直段轮缘槽宽 t_{g1} 应确保 D_1 不超出规定的容许范围，即

图 4-30　护轨轮缘槽的宽和长

$$t_{g1} = S - D_1 - 2 \tag{4-13}$$

式中，2 为护轨侧面磨耗限度 2 mm。

取 $S = 1\ 435$ mm，$D = 1\ 391$ mm，则 $t_{g1} = 42$ mm。《铁路线路修理规则》规定，护轨平直部分轮缘槽标准宽度为 42 mm。侧向轨距为 1 441 mm 时，侧向轮缘槽标准宽度为 48 mm，容许误差为 +3 ~ - 1 mm。

为使车轮轮缘能顺利进入护轨轮缘槽内，在护轨平直段两端设置了缓冲段及开口段。缓冲段的角度与尖轨冲击角相同，其终端轮缘槽宽 t_{g2} 应保证有和辙叉咽喉轮缘槽宽 t_1 相同的通过条件，即 $t_{g2} = t_1 = 68$。在缓冲段的外端，再各设开口段，开口段终端轮缘槽 t_{g3} 为 90 mm，用把钢轨头部向上斜切的方法而得到。

护轨的平直段 x，自辙叉咽喉起至心轨顶宽 50 mm 处止，外加两侧各 100 ~ 300 mm 得到，缓冲段长 x_1 通过计算确定，开口段长度一般为 150 mm。

在我国铁路上，9 号、12 号和 18 号道岔护轨全长分别为 3.9 m、4.5 m 和 8.0 m。

（4）辙叉翼轨平直段轮缘槽宽 t_w。

根据图 4-30，为使具有最小轮背内侧距的轮对自由通过辙叉的平直段，应有

$$t_w \geq S - t_{g1} - D_2 \tag{4-14}$$

代入有关数据，得 $t_w \geq 1\,435 - 42 - 1\,348 = 45$ mm。

考虑到制造时可能出现负公差，我国定型道岔采用 46 mm，《铁路线路修理规则》规定为 45 ~ 49 mm。从辙叉心轨尖端至心轨宽 50 mm 处，t_w 均应保持此宽度，轮缘槽宽度的测量位置按标准图或设计图规定，轮缘槽宽度的量取位置与轨距量取位置相同。

辙叉翼轨轮缘槽也分过渡段和开口段。与护轨情况相同，其终端轮缘槽分别为 68 mm 和 90 mm。辙叉翼轨各部分长度及其总长，可比照护轨作相应的计算。

（5）有害空间 l_H。

从辙叉咽喉至实际尖端之间的距离，称辙叉的有害空间。有害空间的长度 l_H 可用下式求算：

$$l_H = \frac{t_1 + b_1}{\sin\alpha} \tag{4-15}$$

式中，b_1 为叉心实际尖端宽度。由于 α 很小，可近似地取 $\dfrac{1}{\sin\alpha} \approx \dfrac{1}{\tan\alpha} = \cot\alpha = N$，故式（4-15）可改写成：

$$l_H \approx (t_1 + b_1)N \tag{4-16}$$

取 $t_1 = 68$ mm，$b_1 = 10$ mm，则 9 号、12 号及 18 号道岔的有害空间分别为 702 mm、936 mm 及 1 404 mm。

2．可动心轨辙叉及护轨

（1）主要尺寸。

可动心轨是由特种尖轨钢轨制成的，长心轨为弹性可弯曲的，短心轨的一端与长心轨连接，另一端为铰接式滑动接头，与连接钢轨相连。为保证辙叉部位的心轨保持直线，设置了两根转辙杆。两根转辙杆之间的心轨在转换过程中不发生弯折。从正位转换成反位时，长心轨发生弯折，承受一定的横向弯曲应力。

可动心轨的主要尺寸有：心轨转换过程中不发生弯折的长度 l_1，弹性肢长 l_2，转辙机必须的扳动力 P，心轨角 β，第一、第二转辙杆处的心轨动程 t_1 和 t_2 等，如图 4-31 所示。

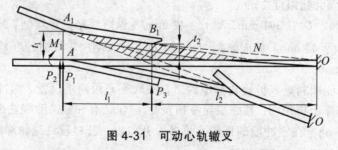

图 4-31 可动心轨辙叉

（2）可动心轨辙叉部位的间隔。

可动心轨辙叉与普通固定式辙叉不同，其咽喉宽度不能通过最小轮背距和最小轮缘厚度进行计算，应根据转辙机的参数来决定。现在电动转辙机的动程为 158 mm，调整密贴的调整杆的轴套摆度最小可达 90 mm。因此，可动心轨辙叉咽喉的理论宽度 t_1 不应小于 90 mm，并不大于 158 mm。现已使用的 60 kg/m 钢轨 12 号可动心轨辙叉，采用 $t_1 = 120$ mm。翼轨端部的轮缘槽宽度 t_2 不应小于固定式辙叉的咽喉宽度（68 mm），一般采用 $t_2 > 90$ mm。

（3）心轨摆动部分的长度。

心轨实际尖端至弹性可弯中心的一段（图 4-31 中的 AN）为心轨摆动部分。心轨摆动部分的长短与转辙机的扳动力及摆度、心轨危险截面的弯曲应力等因素有关。心轨摆动部分的长度加长，对上述各项指标有利。现有的 60 kg/m 钢轨 12 号可动心轨辙叉，心轨摆动部分的长度取 6.041 m。

（4）辙叉趾距 n。

由于可动心轨辙叉不能采用固定式辙叉的趾端接头，因此，可动心轨辙叉的最小趾距不能按构造计算的方法确定，而只能按趾端的稳定性、道岔配轨、岔枕布置等因素确定。现已使用的 60 kg/m 钢轨 12 号可动心轨辙叉，辙叉趾距为 2 548 mm。

（5）辙叉跟距 m。

辙叉跟距是指辙叉轨距线交点至辙叉跟端的距离。当辙根不设置伸缩接头时，辙叉跟距指轨距线交点至心轨跟端间的距离，这时

$$m_{\min} \geqslant L + l_n - \frac{t_1}{2\sin\dfrac{\alpha}{2}} \tag{4-17}$$

式中　L ——长心轨的尖端到可弯中心的距离；

　　　l_n ——长轨可弯中心到辙叉跟端的距离，此值不应小于 2 m；

　　　t_1 ——心轨尖端处的咽喉宽。

在 60 kg/m 钢轨 12 号可动心轨辙叉中，辙叉跟距为 5 861 mm。

4.3.5　直线尖轨、单开道岔的主要尺寸

无论在现场进行道岔的测定、铺设及更换或在室内进行站场设计以及绘制车站平面图时，都必须对道岔主要尺寸有清楚的了解和准确的应用。单开道岔主要尺寸，如图 4-32 所示。

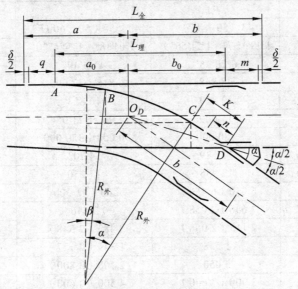

图 4-32　直线尖轨、单开道岔的主要尺寸

图中：

$L_{全}$ ——道岔全长（道岔始端至道岔终端的水平投影长度）；

$L_{理}$ ——道岔理论长度（尖轨尖端至辙叉心轨理论尖端的水平投影长度）；

O_D ——道岔中心（直线中心线与侧线中心线的交点）；

a ——道岔前部实际长度（道岔始端至道岔中心的水平距离）；

b ——道岔后部实际长度（道岔中心至道岔终端的水平距离）；

q ——尖轨前的基本轨长度；

a_0 ——道岔前部理论长度（尖轨尖端至道岔中心的水平距离）：

b_0 ——道岔后部理论长度（道岔中心至辙叉心轨理论尖端的水平距离）；

n ——辙叉趾长（辙叉前长）；

m ——辙叉跟长（辙叉后长）；

$l_{尖}$ ——尖轨长度；

$R_{外}$ ——导曲线外轨工作边的半径；

K ——导曲线终点至辙叉心轨理论尖端的直线段长度；

D ——辙叉心轨理论尖端；

S ——标准轨距；

O ——导曲线圆心；

β ——转辙角；

α ——辙叉角；

δ ——轨缝宽度。

单开道岔中的主要尺寸，一般是指道岔理论长度 $L_{理}$；道岔全长 $L_{全}$；辙叉理论尖端前的直线段 K 及导曲线半径 $R_{外}$ 等。

我国常用的单开道岔主要尺寸列于表 4-8 中。

表 4-8　单开道岔主要尺寸表

道岔号数 N	9	12	18
钢轨类型	43、50（AT）	43、50（50、60AT）	50（60、75）
转辙角 β	1°19′12.7″（1°21′56″）	1°04′18″（1°54′47″）	$\beta_0 = 0°27′10″$
辙叉角 α	6°20′25″	4°45′49″	3°10′47″
道岔全长 $L_{全}$	28 848	36 815（37 907）	54 000（56 547）
道岔前部实际长度 a	13 839	16 853	22 745
道岔后部实际长度 b	15 009	19 962（21 054）	31 255（33 802）
导曲线半径 R	180 000	330 000（350 000）	800 000
道岔前部理论长度 a_0	11 189	14 203	18 867
道岔后部理论长度 b_0	12 955	17 250	25 851
尖轨长度 $l_{尖}$	6 250（6 450）	7 700（11 300）	13 500
尖轨尖端前基本轨长度 q	2 646（2 058）	2 646	3 874
辙叉尖前直线段 K	2 115（2 058）	2 483（2 548）	3 646
辙叉趾长 n	1 538	1 849（2 127）	2 836（4 652）
辙叉跟长 m	2 050	2 708（3 800）	5 400（7 947）
护轨长度 $l_{护}$	3 900（3 600）	4 500（4 600）	7 500（7 400）
辙叉前开口	170	154（177）	157（258）
辙叉后开口	227	225（316）	300（441）

注：表中长度单位均为 mm。

辙叉理论尖端前的直线段 K 又称导曲线后插直线段,是为了减少车辆对辙叉的撞击,避免车轮与辙叉前接头相撞,并使辙叉两侧的护轨完全铺设在直线上。一般要求 K 有 2～4 m 的长度,最短不得小于辙叉趾距 n 加上夹板长度的一半。

4.3.6　曲线尖轨、单开道岔的主要尺寸

1. 转辙器平面尺寸

曲线尖轨大多为圆曲线型。其形式很多,有切线形、半切线形、割线形、半割线形等,其中以切线形最为常见。切线形中又以半切线型尖轨最为常见,如图 4-33 所示。

半切线型尖轨曲线的理论起点与基本轨相切,在尖轨顶宽为 b' 处(通常为 20～40 mm)开始,将曲线改为切线,为避免尖轨尖端过于薄弱,在顶宽 3～5 mm 处再作一斜边。这种形式的曲线尖轨的侧向行车条件较直线尖轨好,且尖轨比较牢固,加工也比较简单,是我国目前大号码道岔的标准尖轨形式。新设计的 50 kg/m 钢轨、60 kg/m 钢轨 12 号普通道岔及 60 kg/m 钢轨可动心轨道岔,均采用了这种形式的尖轨。

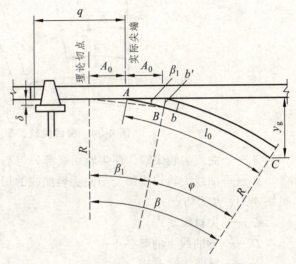

图 4-33　半切线形尖轨

曲线尖轨转辙器中的主要尺寸包括:曲线尖轨长度 l_0、直向尖轨长度 l_0'、基本轨前端长 q、基本轨后端长 q'、曲线尖轨半径 R、尖轨尖端角 β_1、尖轨转辙角 β 和尖轨跟端支距 y_g。

设侧股轨道中心线的半径为 R_0,则尖轨工作边的曲率半径 $R = R_0 + 717.5$ mm。

尖轨尖端角为曲尖轨或导曲线(直线尖轨)工作边的曲线实际起点的半径与垂直线的夹角,又称作始转辙角。

A_0 为曲尖轨实际尖端至理论切点的距离。

2. 75、60、50 型曲线尖轨 12 号单开道岔主要尺寸(如图 4-34 所示)

图中:

$L_全$ ——道岔全长(道岔始端至道岔终端的水平投影长度);

$L_理$ ——道岔理论长度(尖轨尖端至辙叉心轨理论尖端的水平投影长度);

O ——道岔中心(直线中心线与侧线中心线的交点);

a ——道岔前部实际长度(道岔始端至道岔中心的水平距离);

b ——道岔后部实际长度(道岔中心至道岔终端的水平距离);

q ——尖轨前的基本轨长度;

n ——辙叉趾长(辙叉前长);

m ——辙叉跟长(辙叉后长);

A_0 ——曲尖轨尖端至曲尖轨与基本轨理论切点之间的距离;

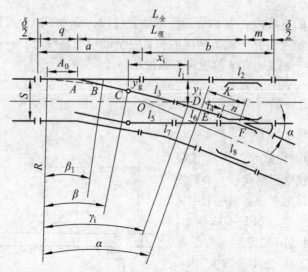

图 4-34　曲线尖轨、单开道岔的主要尺寸

A ——曲线尖轨尖端，曲尖轨切线部分与基本轨的交点；

B ——曲线尖轨切线部分与曲尖轨曲线的切点（ AB 段为曲线尖轨尖端处的切线部分，见图 4-33， B 为切点 ）；

C ——尖轨跟端；

D ——导曲线上的某一点；

E ——导曲线终点；

R ——导曲线外轨工作边的半径；

K ——导曲线终点至辙叉心轨理论尖端的直线段长度；

F ——辙叉心轨理论尖端；

S ——标准轨距；

β ——尖轨转辙角；

β_1 ——尖轨尖端角；

γ_i ——导曲线上任一点半径与初始半径间的夹角；

α ——辙叉角；

δ ——轨缝宽度。

4.3.7　过岔速度和提高过岔速度的措施

提高行车速度是提高铁路运输能力的主要措施之一。道岔的过岔速度是控制行车速度的重要因素。道岔的过岔速度有侧向过岔速度和直向过岔速度之分。

1. 过岔速度的分析

就一组单开道岔而言，侧向通过速度受转辙器、导曲线、辙叉和护轨以及岔后连接线路四个部分的通过速度制约。其中每一部分的允许通过速度都影响整个道岔的通过速度。其中，辙叉部分按目前的结构形式、强度条件和平面设计来看，其侧向过岔的允许速度常可高于转辙器和导曲线的允许速度，道岔后连接线路按规定其允许通过速度可高于道岔导曲线的允许通过速度。因此，侧向通过速度主要由转辙器和导曲线这两个部位允许的通过速度来决定。

当道岔直向运行时，辙叉部位存在着有害空间，车轮从翼轨滚向心轨时，将对心轨产生强烈的冲击。另外，当列车逆向过岔时，车轮轮缘将与辙叉上的护轨缓冲段的作用边以及辙叉咽喉至岔心尖端的翼轨缓冲段作用边相撞。而当顺向过岔时，车轮则将与护轨及翼轨的另一缓冲段作用边相撞，如图 4-35 所示。因此直向过岔速度主要取决于撞击时的动能损失值。

综上所述，道岔的过岔速度主要取决于未被平衡的离心加速度 α、未被平衡的离心加速度的增量 ψ 和撞击时的动能损失 ω 三个基本参数。

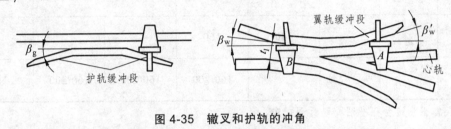

图 4-35 辙叉和护轨的冲角

结合现有各类道岔的结构情况，我国《铁路线路修理规则》规定，道岔侧向允许通过速度见表 4-9。

表 4-9 道岔侧向允许通过速度

尖轨类型	道 岔 号 数							
	8	9	10	11	12	18	30	38
普通钢轨尖轨	25	30	35	40	45	75/80		
AT 弹性可弯尖轨					50	75/80	140	140

注：具体根据道岔标准图或设计图规定。

车辆直向过岔时，虽然不存在未被平衡的离心加速度和加速度的变化的问题，但仍然存在车轮对护轨和翼轨的撞击从而造成动能损失问题。因此，也需要规定一个动能损失的容许值。

另外，要保证直向过岔时车轮不爬轨，这主要是指辙叉咽喉到岔心尖端的翼轨部分。要达到这一点，还应使撞击动能不超过容许值。

综合考虑上述因素，我国《铁路线路修理规则》规定的道岔直向允许通过速度如表 4-10所列。

表 4-10 道岔直向允许通过速度（km/h）

钢轨 kg/m	尖轨类型	辙叉类型	道 岔 号 数				
			9	12	18	30	38
43	普通钢轨尖轨	固定型	85	95	—		
50	普通钢轨尖轨	固定型	90	110	120		
50	AT 弹性可弯尖轨	固定型	—	120			

钢轨 kg/m	尖轨类型	辙叉类型	道岔号数				
			9	12	18	30	38
50	AT 弹性可弯尖轨	可动心轨	—	160	—		
60	普通钢轨尖轨	固定型	100	110	—		
60	AT 弹性可弯尖轨	固定型	—	120	—		
60	AT 弹性可弯尖轨	固定型（提速道岔）	140	160	—		
60	AT 弹性可弯尖轨	可动心轨	—	160/200	160/200	160/200	200

注：具体根据道岔标准图或设计图规定。

2. 提高道岔速度的措施

综上所述，完善道岔结构，改进道岔的平面和立面设计，是提高列车通过道岔速度的一种途径。提高过岔速度，分为提高侧向和直向速度两个方面。

（1）提高道岔侧向速度的措施。

① 加大道岔的导曲线半径，减少车轮对道岔各部位的冲击，是提高侧向通过速度的主要措施。加大道岔的导曲线半径可以通过采用大号码道岔来实现。但道岔号数增加后，道岔的长度也增加了。如我国 18 号道岔全长为 54 m，较 12 号道岔长了 17 m，较 9 号道岔长了 25 m，这需要相应的增加站坪长度，因而在使用上受到了一定的限制。

② 采用对称道岔，在道岔号数相同时，导曲线半径可以比单开道岔增大约一倍，可提高侧向过岔速度约 30% ~ 40%。但对称道岔两股均为曲线，这将使原来为直股的运行条件变差，因而仅适用于两个方向上的列车通过速度或行车密度相近的地段。

③ 以曲线尖轨取代直线尖轨或采用曲线辙叉，都可以达到加大导曲线半径的目的，进而提高侧向通过速度。

④ 采用变曲率的导曲线，可以减少车轮进入曲线时的冲角，降低轮轨撞击的动能损失，减少未被平衡的离心加速度的变化率，因而可提高侧向过岔速度。

（2）提高道岔直向通过速度的措施。

① 为提高直向过岔速度，应尽量减小各部位的冲角。

我国现有道岔的直向和侧向护轨缓冲段与直线尖轨几乎有相同的冲角，这样做的目的，是把直向和侧向护轨设计成对称的形式，以便于制作、备料和左右开道岔的通用。但也存在着直向护轨冲角与直向过岔速度不相适应的情况。因此，在直向过岔速度明显高于侧向过岔速度的道岔上有时可采用不等长护轨，适当加长直股方向护轨缓冲段的长度，以减小护轨部位的冲角，提高直向过岔速度。

翼轨和护轨一样，在其缓冲段上也存在着冲角（图 4-36）。在一般辙叉设计中，直向和侧向翼轨都做成对称的形式，冲角采用与护轨相同的数值。这样，在道岔的直向过岔速度上，也有与护轨类似的问题。

翼轨从辙叉咽喉至叉心段上的冲角，是一个控制直向过岔速度的重要因素，因为在一般最常见的道岔上，其值较其他几个冲角都大。这就影响了直向过岔速度的提高，尤其在高速行车时，它将使翼轨承受较大的水平冲击荷载，也相应地使车辆通过辙叉时产生突然的横向力。因此，国外在高速道岔的辙叉平面设计中，为减小辙叉部分的冲角，普遍采取加长翼轨及护轨缓冲段的长度，同时改变翼轨在辙叉理论中心处的外形的方式。例如将翼轨平直段的弯折点不设在辙叉理论尖端的位置，而是后移到心轨顶宽20～25 mm 处，这样就减小了车轮对翼轨的冲角，如图 4-36 所示。

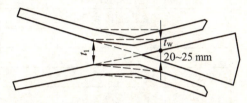

图 4-36　减小车轮对翼轨冲击的措施

② 提高道岔直向过岔速度的另一个有效措施，是采用可动部件辙叉，消灭有害空间，保证列车过岔时轨线的连续。

为减小车辆直向过岔时车轮对护轨的冲击，可以使用弹性护轨。

4.3.8　普通单开道岔检查

道岔的手工检查方法分精细检查和重点检查。精细检查时要求每根岔枕检查，重点检查是按要求位置检查。以下介绍的是重点检查内容。

1. 轨距、水平检查位置

轨距、水平的检查位置一般遵循特征点和大致等距的原则。基本方法是：先直后曲，顺时针行走。先直后曲是指在导曲线部分，如果同时要测量直股和曲股的轨距、水平时，为避免记录时出错，应先量直股，后量曲股；顺时针行走是指在辙叉部分检查时，为保证道尺的活动端位于护轨轮缘槽内，当右手拿道尺时，应按顺时针方向测量，比如右开道岔就应该先量直股，后量曲股。当左手拿道尺时，行走方向相反。

水平测量的基准股：一般以直外股和导曲线上股作为基准股，即直外股和导曲线上股高为正。现在也有的地方将正线与道岔的水平基准股统一。

提速（高速）道岔的尖轨、心轨采用 AT 轨制造，除尖轨、心轨轨顶刨切部分外，不存在构造水平，因此，水平的检查地点与轨距的检查地点相同。

在尖轨顶面宽度 5 mm 处，尖轨顶面较基本轨顶面低 14 mm，因此大号码道岔在这一范围左右到尖轨尖端量不到轨距，用道尺量到的是框架尺寸，与轨距相比有较大的差值。

CN 系列道岔使用特殊的量具测量轨距，如果使用普通的道尺测量轨距也存在与大号码道岔一样的问题。

（1）普速道岔（P43、P50—9 号、12 号及 P60—9 号道岔）。

道岔轨距的检查一般要检查 17 处（表 4-11），但在各轨距递减处，应每隔 1 m 检查 1 处，如发现递减率不合格或超限时，应在道岔检查记录簿记事栏内予以记录和说明，记录格式见表 4-12。道岔轨距（包括水平）的检查位置见图 4-37。

表 4-11　普速道岔（P43、P50 及 P60 9 号道岔）的下尺位置

序号	检查位置	说　明
S1	尖轨前顺坡终点	第 4 螺栓
S2	尖轨尖端	尖轨实际起点（距尖轨尖端 50～100 mm）
S3	尖轨中部	框架尺寸位置（竖切起点）
S4	直股尖轨跟端	第 3 螺栓
S5	曲股尖轨跟端	第 3 螺栓
S6	尖轨跟端后直股顺坡终点	距尖轨跟端 1.5 m
S7	导曲线前部	距导曲线起点 3 m
S8	直股中部	中部接头第 3、第 4 螺栓
S9	导曲线中部	中部接头第 3、第 4 螺栓
S10	直股后部	距导曲线终点 4 m
S11	导曲线后部	距导曲线终点 4 m
S12	直股辙叉前	辙叉第 3、第 4 螺栓
S13	直股辙叉中	同时量 1 391、1 348
S14	直股辙叉后	辙叉第 3 螺栓
S15	曲股辙叉后	辙叉第 3 螺栓
S16	曲股辙叉中	同时量 1 391、1 348
S17	曲股辙叉前	辙叉第 3、第 4 螺栓

表 4-12　道岔检查记录

项目			转辙部分			导曲线部分								辙叉部分					状态分级小计（处）			导曲线支距		线间距小于 5.2 m 连接曲线正矢		爬行
			前顺坡终点	尖轨尖端	尖轨中	尖轨跟端	直线 前	加1	中	加2	后	导曲线 前	加1	中	加2	后	叉心前	叉心中	1391	1348	叉心后	Ⅰ	Ⅱ	Ⅲ	计划	实测	计划	实测	记事
三全检查月日	轨距	直	×	×																									
		曲	×	×																									
	水平	直			×													×	×										
		曲	×	×	×													×	×										
	方向																												
	高低																												
	其他																					工作量小计		头 米 只					
	捣	头																											
	拔	米																					处理小计		头 米 只					
	改	只																											
	消灭																												
	签认																												

项目			转辙部分			导曲线部分										辙叉部分					状态分级小计（处）			导曲线支距		线间距小于5.2m连接曲线正矢		爬行
			前顺坡终点	尖轨尖端	尖轨中	尖轨跟端	直线				导曲线				叉心前	叉心中	1391	1348	叉心后				计划	实测	计划	实测	
							前	加1	中	加2	后	前	加1	中	加2	后						Ⅰ	Ⅱ	Ⅲ				
重点检查月日	轨距	直曲	×	×																								
	水平	直			×															×	×							
		曲	×	×	×															×	×							
	方向																											
	高低																											
	其他																					工作量小计			头米只			
	捣	头																										
	拔	米																										
	改	只																					处理小计			头米只口			
						消灭																						
	消灭签认																											

三全检查人员：
重点检查人：_____
领工员审查
_____月__

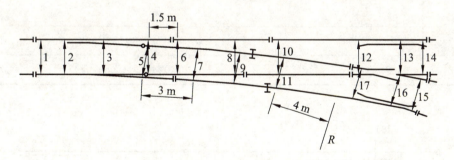

图 4-37　普速道岔（P43、P50 及 P60-9 号道岔）的下尺位置

（2）P60AT12 号（专线 4128）单开道岔（木枕）。

检查位置的特点是：逢接必量。与普速 9 号道岔相比，在尖轨中前增加一处，即半切线型尖轨最大构造加宽处，按设计图为 1 441.5 mm。这样，P60AT12 号单开道岔轨距的重点检查位置比普速 9 号道岔就多出一处，共 18 处。另外，导曲线部分逢接头要下尺测量。下尺位置见表 4-13 和图 4-38，记录格式见表 4-14。

表 4-13　P60AT12（专线 4128）号单开道岔下尺位置

序号	检查位置	说　明
S1	尖轨前顺坡终点	第 4 螺栓
S2	尖轨尖端	尖轨实际起点（距尖轨尖端 50～100 mm）
S3	尖轨中前	距尖轨尖端 2 728 mm(曲股轨距 1 442 mm)
S4	尖轨中部	框架尺寸位置（竖切起点）
S5	直股尖轨跟端	第 3 螺栓
S6	曲股尖轨跟端	第 3 螺栓
S7	尖轨跟端后直股	基本轨接头第 3、第 4 螺栓
S8	导曲线前部	基本轨接头第 3、第 4 螺栓
S9	直股中部	内配轨接头第 3、第 4 螺栓
S10	导曲线中部	内配轨接头第 3、第 4 螺栓
S11	直股后部	外配轨接头第 3、第 4 螺栓
S12	导曲线后部	外配轨接头第 3、第 4 螺栓
S13	直股辙叉前	辙叉第 3、第 4 螺栓
S14	直股辙叉中	同时量 1 391、1 348
S15	直股辙叉后	辙叉第 3 螺栓
S16	曲股辙叉后	辙叉第 3 螺栓
S17	曲股辙叉中	同时量 1 391、1 348
S18	曲股辙叉前	辙叉第 3、第 4 螺栓

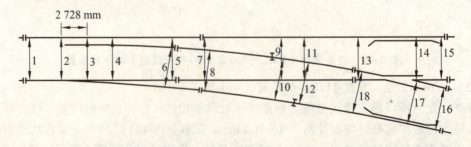

图 4-38　P60AT12（专线 4128）号单开道岔下尺位置

表 4-14 道岔检查记录

检查日期	检查项目		转辙部分						导曲线部分 导曲线			辙叉部分					支距
			前顺坡终点	尖轨尖端	尖轨中前部	尖轨中	尖轨中后部	尖轨跟端	前	中	后	叉心前	叉心中	叉心后	1 391	1 348	
月 日	轨距	直															
		曲	×	×													
	水平	直				×									×	×	
		曲	×	×		×									×	×	
	方向																
	高低																
	其他																
	捣																
	改																
	消灭签认																
月 日	轨距	直															
		曲	×	×													
	水平	直				×									×	×	
		曲	×	×		×									×	×	
	方向																
	高低																
	其他																
	消灭签认																
	消灭签认																

（3）P60AT12 号（SC330）单开道岔检查位置。

按岔枕编号下尺，位置见表 4-15，记录格式见表 4-16。

尖轨中前是构造加宽处，设计图轨距为 1 441.6 mm，尖轨中后是 AT 型尖轨轨底开始刨切处。

表 4-15 SC330 P60AT12 号单开道岔下尺位置

序号	检查位置	说　明
S1	尖轨前顺坡终点	第 1 号枕
S2	尖轨尖端	第 6 号枕
S3	尖轨中前	第 11—12 号枕（距尖轨尖端 3 508 mm，侧向轨距 1 442 mm）

续表

序号	检查位置	说　明
S4	尖轨中	第 15 号枕（距尖轨尖端 5 641 mm）
S5	尖轨中后	第 21 号枕
S6	尖轨跟端直股	第 26 号枕
S7	尖轨跟端曲股	第 26 号枕
S8	导曲部分直股前部	第 32 号枕
S9	导曲部分曲股前部	第 32 号枕
S10	内配轨接头直股	第 38 号枕
S11	内配轨接头曲股	第 38 号枕
S12	导曲部分直股后部	第 46 号枕
S13	导曲部分曲股后部	第 46 号枕
S14	直股辙叉前	第 54 号枕
S15	直股辙叉中	第 57 号与 58 号间，同时量 1 391、1 348
S16	直股辙叉后	第 63 号枕
S17	曲股辙叉后	第 63 号枕
S18	曲股辙叉中	第 57 号与 58 号间，同时量 1 391、1 348
S19	曲股辙叉前	第 54 号枕

（4）P60AT12（SC325）号可动心轨提速道岔。

按轨枕编号下尺，直曲股下尺位置不对称，见表 4-16 和图 4-39，记录格式见表 4-17。

表 4-16　P60AT12 号（SC325）可动心轨提速道岔下尺位置

编　号	检查部位	说　明
S1	尖轨前顺坡起始点	第 1 号枕
S2	尖轨尖端	第 4 号枕
S3	尖轨中前部	第 8 号枕
S4	尖轨中前部	第 12 号枕
S5	尖轨中部	第 16 号枕
S6	尖轨中后部	第 20 号枕
S7	尖轨中后部	第 24 号枕
S8	尖轨跟端直股	第 28 号枕
S9	导曲部分直股前部	第 32 号枕
S10	导曲部分直股中前部	第 36 号枕
S11	导曲部分直股中部	第 40 号枕

编 号	检查部位	说 明
S12	导曲部分直股中后部	第 44 号枕
S13	导曲部分直股后部	第 48 号枕
S14	辙叉直股前部	第 51 号枕
S15	辙叉直股中部	第 55 号枕与第 56 号枕间
S16	辙叉直股中后部	第 59 号枕
S17	辙叉直股中后部	第 63 号枕
S18	辙叉直股中后部	第 67 号枕
S19	辙叉直股后部	第 72 号枕
S20	辙叉曲股后部	第 72 号枕
S21	辙叉曲股中后部	第 67 号枕
S22	辙叉曲股中后部	第 63 号枕
S23	辙叉曲股中后部	第 59 号枕
S24	辙叉曲股中部	第 55 号枕与第 56 号枕间
S25	辙叉曲股前部	第 51 号枕
S26	导曲部分曲股后部	第 48 号枕
S27	导曲部分曲股中后部	第 44 号枕
S28	导曲部分曲股中部	第 40 号枕
S29	导曲部分曲股中前部	第 35 号枕
S30	导曲部分曲股前部	第 31 号枕
S31	尖轨跟端曲股	第 28 号枕
S32	尖轨中后部曲股	第 24 号枕
S33	尖轨中后部曲股	第 20 号枕
S34	尖轨中部曲股	第 15 号枕
S35	尖轨中前部曲股	第 9 号枕（距离尖轨尖 3 064 mm）轨距为 1 442 mm

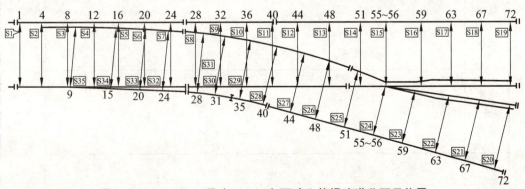

图 4-39 P60AT12 号（SC325）可动心轨提速道岔下尺位置

222　　　　　　　　　　　　铁路轨道

表 4-17　60 kg/m 钢轨 12 号（SC325）可动心轨提速道岔检查记录簿

检查日期	检查项目		转辙部分								导曲线部分					辙叉部分							记事
			尖轨前坡起始点	尖轨尖端	尖轨中前部	尖轨中前部	尖轨中部	尖轨中后部	尖轨中后部	尖轨跟端	前部	中前部	中部	中后部	后部	辙叉前部	辙叉中部	查照间隔	辙叉中后部	辙叉中后部	辙叉中后部	辙叉后部	
全面检查 月 日	轨距	直																*					
		曲	*	*		*																	
	水平	直																*					
		曲	*	*		*												*					
	轨向高低及其他																						
	作业内容及数量																						
	消灭签认																						
重点检查 月 日	轨距	直																*					
		曲	*	*		*																	
	水平	直																*					
		曲	*	*		*												*					
	轨向高低及其他																						
	作业内容及数量																						
	消灭签认																						

续表

几何尺寸超限（处）		支　距				连接曲线正矢			各部尺寸（mm）			尖轨（心轨）与滑床板离缝		
		计划	实测	支距差	差之差	计划	实测	连续差	尖轨开程	直		轨枕编号	直	曲
										曲				
超保养	超临修	298							心轨开程	直				
		383								曲				
		479							心轨咽喉宽度					
		587							护轨开口宽度					
		706							护轨缓冲端宽度					
		837							护轨平直段轮缘槽宽度					
		980							尖轨与基本轨密贴情况					
		1 133							心轨与翼轨密贴情况					
		1 234							长短心轨密贴情况					
道床翻白、翻浆冒泥									叉跟尖轨与短心轨跟端密贴情况					
钢轨肥边>1 mm						绝缘接头轨缝小于 6 mm 或大于 15 mm								
轨缝>构造轨缝														
顶铁与尖轨离缝≥2 mm 或顶弯尖轨						接头错牙>1 mm								
						限位器螺栓松动或扭力不足								
螺栓缺少	主要部位					间隔铁螺栓扭力不足								
	一般部位					岔枕大螺栓扭矩不在 250～300 N·m 以内								
	非标零配件					其他各种螺栓松动及扭矩不足								
其他零配件缺少						岔枕	接头、转换装置处失效							
							其他处连二失效							
尖趾距离偏差						道岔爬行								
两翼轨外侧用红白相间油漆标出心轨尖端相对位置														

2. 方向、高低检查

用 10 m 弦测量直处股的方向、高低。方向在钢轨非工作边测量。高低测量除要考虑高点和低点的位置外，还要考虑其相互的影响及弦线头放置的位置。

$$高低 = 板厚 - （测量结果 + 1）$$

3. 小于 200 km/h 线路道岔轨道静态几何尺寸容许偏差管理值

具体内容见表 4-18。

4．单开道岔重点检查方法

（1）检查项目

检查项目包括轨距、水平、高低、方向、支距、动程、开程、槽宽、爬行、勾画超限及超限小计。

在记录本中填入常规项目：如站名、钢轨类型、道岔号数、日期和姓名等。

（2）挑选工具和检验

道尺（检查有效期、校验水平）、支距尺（检查有效期和绝缘套）、弦线、折尺（小钢尺）、石笔、记录本和笔。

表 4-18　道岔轨道静态几何尺寸容许偏差管理值

项　　目		v_{max} >160 km/h 正线			160 km/h≥v_{max} >120 km/h 正线			v_{max}≤120 km/h 正线及到发线			其他站线		
		作业 验收	经常 保养	临时 补修	作业 验收	经常 保养	临时 补修	作业 验收	经常 保养	临时 补修	作业 验收	经常 保养	临时 补修
轨距（mm）		+2 −2	+4 −2	+5 −2	+3 −2	+4 −2	+6 −2	+3 −2	+5 −3	+6 −3	+3 −2	+5 −3	+6 −3
水平（mm）		3	5	7	4	5	8	4	6	9	6	8	10
高低（mm）		3	5	7	4	5	8	4	6	9	6	8	10
轨向（mm）	直线	3	4	6	4	4	8	4	6	9	6	8	10
	支距	2	3	4	2	3	4	2	3	4	2	3	4
三角坑（扭曲）（mm）		3	4	6	4	6	8	4	6	9	5	8	10

（3）操作步骤。

① 校验道尺。

② 看连接部分和辙叉部分的高低、方向。

③ 量轨距、水平和槽宽；量尖轨尖端轨距时量动程；量尖轨中部轨距时量开程；量直股辙跟轨距时看转辙部分高低、方向。

④ 量爬行、支距。

⑤ 量高低、方向。

⑥ 计算护轨槽宽、翼轨槽宽、划出超限并检查。

4.4　提速道岔与高速道岔

【学习目标】

（1）能说出我国铁路普通道岔的主要系列型号。

（2）能说出我国铁路提速道岔的主要型号及技术特点。

（3）能说出我国高速道岔的主要型号及技术特点。

4.4.1 我国铁路普通道岔发展概况

中华人民共和国成立前我国铁路使用的道岔主要依靠进口。据不完全统计，解放初期我国有 300 多种道岔。这些道岔由 100 多种钢轨制造，仅单开道岔就有 6 号、7 号、8 号、9 号、10 号、11 号、12 号、15 号、16 号、24 号共 10 种型号，而且即使是同一轨型同一号码的道岔也可能分为多种型式，如 40B 钢轨 8 号道岔就有 "旧型" "新型" "暂定型" "战时型" 等多种，这就给道岔的养护维修和更换带来极大不便。中华人民共和国成立后我国立即着手研制适应我国铁路具体条件的道岔。现对我国四十几年普通道岔发展情况进行如下概述。

1. "50" 型、"53" 型、"55" 型和 "57" 型道岔

铁道部于 1950 年颁发的《铁道建筑标准图集》中，规定了 8 号、10 号和 12 号三种号码，38 kg/m、43 kg/m 和 50 kg/m 钢轨三种轨型共 9 种单开道岔的型式尺寸，简称为 "50" 型道岔。

1953 年至 1957 年，当时的铁道部又先后规定了 8 号、9 号、10 号、11 号和 12 号五种号码，38 kg/m、43 kg/m 和 50 kg/m 三种钢轨共 32 种单开道岔，以及与之配套的 12 种型号的交叉渡线、对称道岔和复式交分道岔。按照设计年度区分，这些道岔分别简称为 "53" 型、"55" 型和 "57" 型道岔。其中 "53" 型道岔的转辙器基本轨为 "切轨底" 结构，投入运用后折损严重，很快就停止使用，而 "55" 型和 "57" 型道岔则大量投入使用。随着这些型号道岔的推广应用和旧型道岔的逐步淘汰，到 50 年代末，我国的道岔种类由中华人民共和国成立初期的 300 多种减少为 44 种（不包括当时进口的苏联的 P50 及 P43 型钢轨 9 号及 11 号单开道岔）。

2. "75" 型（含 "62" 型道岔）

"55" 型和 "57" 型道岔的零件强度较低，垫板及滑床板用 150 mm × 16 mm 扁钢制造，轨撑为单墙轨撑。在 20 世纪 50 年代末期我国开始使用有 5 个动轴的前进型机车并且以载重 50 t 及 60 t 的货车取代载重 30 t 的货车，"55" 型道岔及 "57" 型道岔的养护难度因为迅速增加，脱轨事故不断发生，尤其是 5 动轴机车在 8 号道岔上脱轨及 4 轴货车在交分道岔固定型钝角辙叉上脱轨，已成为当时的惯性事故。

为研制可适应轴重 21~23 t，直向容许过岔速度 80~100 km/h 的道岔，1959 年—1962 年，在铁道部科学技术委员会、工务局、基本建设总局等单位主持下，专业设计院、山海关桥梁厂、铁道部科学研究院及各铁路局共同开展了道岔标准化工作。1962 年通过了我国第一代标准型单开道岔的设计标准，简称为 "62" 型道岔，1964 年发布了 38 kg/m、43 kg/m 及 50 kg/m 钢轨的 9 号及 12 号共 6 种型号单开道岔的 49 种铁道部部颁标准（TB399-64 ~ TB448-64）。与过去各型道岔相比较，"62" 型道岔性能有了明显提高。

1972—1974 年，针对 "62" 型道岔在使用中发现的薄弱环节又进行了修改设计，如第一连接杆由扁钢改方钢，轨撑螺栓直径由 18 mm 改为 22 mm 等，于 1975 年对道岔的部标准进行修改，同时取消 38 kg/m 钢轨道岔，但保留 43 kg/m 及 50 kg/m 钢轨的 9 号和 12 号共 4 种单开道岔的部标准。至 1977 年共计颁布了 45 个部颁标准（TB399-75 ~ TB445-75、TB447-74）。

在 20 世纪 70 年代至 80 年代中期还设计和生产了与 "75" 型 9 号、12 号标准型单开道岔配套的交分道岔、交叉渡线、6 号单式对称道岔、18 号大号码道岔、三开道岔、混凝土岔枕等配套的 "75" 型系列道岔。到 20 世纪 90 年代初期，我国铁路铺设使用的 "75" 型（含 "62" 型）道岔数量超过 10 万组，占全铁路道岔总数的 80% 以上。

3．"92"型（含过渡型）道岔

随着 60 kg/m 钢轨的推广应用，我国于 70 年代末开始着手研制与 60 kg/m 钢轨配套的道岔。考虑到 60 kg/m 钢轨是供重载和较高速度行车情况下使用的，因此设计 60 kg/m 钢轨的配套道岔时，采用了比 "75"型道岔更高一级的技术标准。其主要技术标准如下。

（1）轨型为 50 kg/m 及 60 kg/m（75 kg/m）钢轨，不包括 43 kg/m 钢轨。

（2）平面布置上采用半切线型藏尖式尖轨，圆曲线型导曲线。道岔除尖轨尖端轨距加宽 2 mm 外，其余均为标准轨距，以保证高速行车时的运行平稳。

（3）在垂直于轨道的方向上，因使用矮型特种断面尖轨，消除了普通钢轨尖轨那种比基本轨抬高 6 mm 的垂直不平顺，在辙叉部分的心轨与翼轨过渡匹配也较"75"型道岔更合理，以保证高速行车时的纵向稳定。

（4）采用矮型特种断面钢轨尖轨，其中 60 kg/m 及 75 kg/m 钢轨道岔使用 60AT 钢轨、50 kg/m 钢轨道岔使用 50AT 钢轨。

（5）尖轨尖端采用藏尖式结构，12 号单开道岔尖轨跟端采用弹性可弯式结构，9 号单开道岔、9 号和 12 号交分道岔尖轨采用间隔铁式跟端结构。

（6）辙叉采用高锰钢整铸辙叉和可动心轨辙叉两种形式。其中高锰钢整铸辙叉采用前后分腿式结构，9 号和 12 号辙叉的跟距分别比 "57"型及 "75"型道岔同号辙叉长了 721 mm 和 1 092 mm。

（7）提高护轨强度和可靠度。护轨有槽型及 H 型两种。其中槽形护轨采用 UIC33 号槽钢制造，H 型护轨由低一级钢轨制造（例如 60 kg/m 钢轨的辙叉护轨用 50 kg/m 钢轨制造）。为提高护轨在高速行车时的安全度，护轨轨顶比基本轨轨顶高 12 mm。

（8）道岔扣件强度较 "75"型有较大提高。例如采用楔形可调式轨撑、刚性分开式弧型扣板式扣件，导曲线部分使用螺纹道钉，取消钩头道钉等等。

此种道岔的研制工作从 70 年代后期开始，由于有些关键技术难度较大，所以整个研制时间较长。例如特种断面尖轨跟端加工技术在 1986 年才通过技术鉴定，用于牵引弹性可弯尖轨和可动心轨的转辙机在 1991 年才通过鉴定，因此这种道岔在 1992 年才定型，故定名为 "92"型道岔。

4.4.2　提速道岔

1．提速道岔概况

提速道岔是在我国铁路上世纪 90 年代中期大提速的背景下研制而成的铁路道岔系列，包括一、二两代，为我国铁路实现六次大提速及最终实现高速铁路大发展发挥了重要作用。

（1）一代提速道岔研制背景。

1995 年底，为适应铁路提速的需要，针对我国既有繁忙干线 75 型、92 型 60 kg/m 钢轨 12 号单开道岔在设计、制造、养护中存在的问题，以及与国外同类道岔存在的差距，根据铁道部的要求，专业设计院、铁道科学研究院、北京全路通讯信号研究设计院，山海关、宝鸡、丰台桥梁厂等单位组成了"提速道岔联合设计组"。设计组经过深入的讨论和论证，引入我国高速道岔前期研究的技术，特别是结合广深线 60 kg/m 钢轨 12 号可动心轨辙叉单开道岔的设计及使用经验，提出了提速道岔的设计原则和技术标准。通过优化尖轨、心轨的断面和线型设计,调整道岔的加工工艺,提高制造精度,采用预应力混凝土岔枕,以适应提速到 160 km/h 的需要,是提速道岔的第一代。

（2）一代提速道岔结构特点:

① 在保留道岔中心和辙叉理论交点位置不变的前提下,对道岔的平面布置进行了适当调整,道岔侧股平面线型由半切线型改为切线型;

② 尖轨由 11.3 m 改为 13.88 m,固定辙叉长 5.992 m,可动心轨辙叉长 13.296 m,转辙装置杆件安装在特制的钢岔枕内,心轨设两个牵引点;

③ 直、侧向护轨不等长,直向护轨长 6.9 m,固定辙叉侧向护轨长 4.8 m,可动心轨辙叉道岔侧向护轨长 5.4 m;

④ 从轮轨关系考虑,道岔设置了 1/40 的轨底坡;

⑤ 岔枕采用木枕和预应力混凝土枕两种,并以垂直于道岔直股的方式布置,间距一律取 600 mm;

⑥ 扣件采用与区间正线相同的 Ⅱ 型或 Ⅲ 型弹条扣件;

⑦ 尖轨尖端没有构造加宽,轨距均为 1 435 mm,固定型道岔全长 37.80 m,可动心轨道岔全长 43.20 m。尖轨跟端采用限位器结构,可动心轨跟端通过间隔铁与长翼轨联结。

利用与提速 60 kg/m 钢轨 12 号道岔相同的设计原则,还研制了提速 60 kg/m 钢轨 18 号、60 kg/m 钢轨 30 号可动心轨道岔。

（3）一代提速道岔类型。

60 kg/m 钢轨 12 号提速单开道岔有如下六种类型:

① 混凝土岔枕固定型辙叉单开道岔（采用 Ⅱ 型弹条扣件）,图号:铁联线 004。

② 混凝土岔枕固定型辙叉单开道岔（采用 Ⅲ 型扣件）,图号:无标准图;

③ 混凝土岔枕可动心轨辙叉单开道岔（采用 Ⅱ 型扣件）,图号:铁联线 002;

④ 混凝土岔枕可动心轨辙叉单开道岔（采用 Ⅲ 型扣件）,图号:无标准图。

⑤ 木岔枕固定型辙叉单开道岔,图号:铁联线 003。

⑥ 木岔枕可动心轨辙叉单开道岔,图号:铁联线 001。

另外,该系列中,还有如下几种道岔:

① 60 kg/m 钢轨 9 号混凝土岔枕固定型辙叉单开道岔,图号:铁联线 051。

② 60 kg/m 钢轨 18 号混凝土岔枕可动心轨辙叉单开道岔,图号:专线 4223。

③ 60 kg/m 钢轨 30 号混凝土岔枕可动心轨辙叉单开道岔(采用 Ⅲ 型扣件),图号:专线 4263。

④ 60 kg/m 钢轨 30 号混凝土岔枕可动心轨辙叉单开道岔（采用 Ⅱ 型扣件）,图号:专线 4261。

⑤ 75 kg/m 钢轨 9 号混凝土岔枕固定型辙叉单开道岔,图号:研线 9804。

⑥ 75 kg/m 钢轨 12 号混凝土岔枕固定型辙叉单开道岔,图号:研线 9820。

（3）二代提速道岔（"99"型道岔）

一代提速道岔在运用过程中,基本满足了时速 160 km 以下线路的需要,但也暴露出尖轨使用寿命短、钢岔枕爬行引起连电、钢岔枕使道岔全长范围内弹性不均匀等问题,而且速度档次不明确。从 1999 年起研制的第二代提速道岔,也称为"99"型道岔,在全面总结一代提速道岔的基础上,对结构设计进行了多方面优化,并采用了许多新的工艺。

二代 12 号提速道岔的设计修改主要有以下几点:

① 尖轨平面线型改为半切线型，使尖轨前部宽度与 11.3 mAT 尖轨相接近，提高了尖轨的耐磨性和使用寿命。在满足转换的前提下，尖轨长度由 13.88 m 改为 12.4 m，尖轨跟端可选择间隔铁或限位器结构。

② 由于钢岔枕与道砟间的磨擦系数较小，不易捣固密实，同时钢岔枕存在偏心受载，恶化了钢岔枕的受力条件，因此将钢岔枕取消。

③ 长、短心轨末端均采用长度 810 mm 间隔铁，将翼轨与长心轨联结以便更好传递温度力，并适应铺设跨区间无缝线路要求；尖轨跟端可选择间隔铁或限位器结构。

④ 对道岔传递钢轨温度力的相关部件，如限位器、扣件等结构作了调整。

⑤ 为贯彻工务、电务设备按运行条件分级使用的技术政策，设计修改新增了适应 120 km/h 运行条件的 60-12Ⅲ型固定辙叉单开道岔，其平面尺寸与 60-12Ⅱ型道岔一致。该道岔结构上取消了轨底坡，局部扣件及垫板型式与 11.3 mAT-l2 道岔一致。同时尖轨转换系统分两个档次来选择配套：

当速度>120 km/h，采用分动外锁；

当速度≤120 km/h，采用联动内锁。

因此，"99"型 12 号道岔就可以划分为 3 类：Ⅰ型为可动心轨道岔，适应直向过岔速度 200 km/h 的要求，这就是俗称"325"的道岔；Ⅱ型和Ⅲ型道岔是以预应力混凝土枕取代木枕的道岔，两者结构和平面布置完全相同，区别在于Ⅱ型道岔采用外锁闭方式，有轨底坡，适用于直向过岔速度 160 km/h 的区段，俗称"330"道岔；Ⅲ型道岔采用内锁闭方式，无轨底坡，适用于直向过岔速度 120 km/h 的区段，见表 4-19。

表 4-19　二代提速道岔系列表

型号	直向允许速度（km/h）	结构特征	电务转换配套
Ⅰ（325）	200	1：40 轨顶坡，可动心轨辙叉	分动、外锁
Ⅱ（330）	160	1：40 轨顶坡，固定辙叉	分动、外锁
Ⅲ	>120	无轨顶坡，固定辙叉	分动、外锁
Ⅲ	≤120	无轨顶坡，固定辙叉	联动、内锁

2006 年在对 SC325 和 CZ2516 两种提速道岔进行技术整合的基础上，开发了 200 km/h、60 kg/m 钢轨 12 号提速道岔 GLC（06）01 和 18 号提速道岔 GLC（07）02，作为第二代提速道岔的升级换代产品。

2．12 号提速道岔的主要结构

由于 9 号、18 号和 30 号提速道岔是在 60 kg/m 钢轨 12 号提速道岔基础上发展的，故提速道岔的结构介绍以一代 12 号提速道岔为例。

（1）转辙器构造及主要尺寸。

60 kg/m 钢轨 12 号提速道岔是在 60 kg/m 钢轨 12 号单开道岔的基础上发展而成的，在如下构造方面与 60 kg/m 钢轨 12 号单开道岔相同：

① 尖轨用矮型特种断面钢轨制造，强度和刚度大大增加（图 4-7）。

② 尖轨尖端与基本轨采用藏尖式结构，避免了尖轨尖端被车轮撞击（图 4-9）。

③ 尖轨跟端用模压成形工艺制成 60 kg/m 钢轨断面,尖轨与辙后连接轨可采用普通接头夹板联结或焊接,大大提高了辙跟稳定性。

60 kg/m 钢轨 12 号提速道岔与 60 kg/m 钢轨 12 号单开道岔相比,在如下结构上有了改进:

① 尖轨长度由 11 300 mm 加长到 13 880 mm(二代改进后尖轨长度减至 12 400 mm),尖轨在理论可弯段轨底不作刨切,增加了尖轨强度,可避免尖轨在削弱断面处伤损。

② 两尖轨之间不设连接杆,采用分动方式转换,降低了尖轨的转换阻力,解决了长期以来 11 300 mmAT 尖轨转换阻力大和反弹等问题。

③ 在尖轨跟部设有限位器(图 4-14)。限位器的结构与作用为:

第一,限位器由两铸钢件组成,一为兀形件固定在基本轨上,一为 T 形件固定在尖轨上,限位器设置在距尖轨跟端 1 800 mm 处。

第二,对有缝道岔,容许尖轨与基本轨有一定的相对位移。当位移至极限位置时,限位器可限制尖轨与基本轨进一步的相对位移。

第三,对无缝道岔,容许尖轨与基本轨有一定的相对位移,从而部分地释放钢轨温度力。当位移至极限位置时,限位器将部分温度力向基本轨传递,并限制尖轨与基本轨发生进一步的相对位移。

第四,限位器中兀形铁和 T 形铁之间的间隙为前后各 7.0 mm。

④ 焊接在垫板上的滑床台板厚度为 27 mm。对基本轨的扣压,在作用边一侧采用弹片扣压,另一侧采用Ⅱ型(或Ⅲ型)弹条扣压,大大提高了基本轨的稳定性和安全可靠性(图 4-40)。

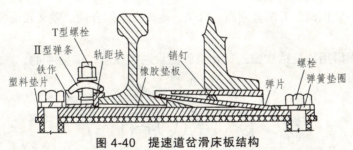

图 4-40 提速道岔滑床板结构

⑤滑床板在基本轨位置铣出 1∶40 的轨底坡,尖轨在轨顶面铣出 1∶40 的轨顶坡。为便于尖轨跟端与导曲线钢轨的联结,尖轨跟部成型段按 1∶40 扭转(图 4-41)。

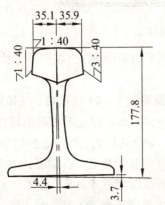

图 4-41 提速道岔尖轨跟部成型段

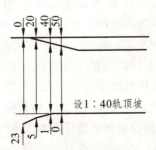

图 4-42 尖轨顶面纵坡

⑥侧向尖轨采用切线型曲线尖轨（二代改进后为半切线形）；对于侧向行车较多，尖轨侧向磨耗严重的道岔，采用特殊设计的耐磨尖轨。

⑦尖轨顶面纵坡如图 4-42 所示。

60 kg/m 钢轨 12 号提速道岔转辙器部分的主要尺寸：

① 尖轨长度为 13 880 mm。第一牵引点距实际尖端为 380 mm，动程为 160 mm；第二牵引点距第一牵引点 5 400 mm，动程为 75 mm，满足 $t_{min} \geqslant 65$ mm。

② 转辙器各部主要尺寸如图 4-43 所示。

③ 轨距除尖轨轨头刨切范围侧股轨距有不大于 13 mm 构造加宽外（轨头刨切部分中间部位侧股轨距最大加宽 13 mm，其余各部轨距均为 1 435 mm。

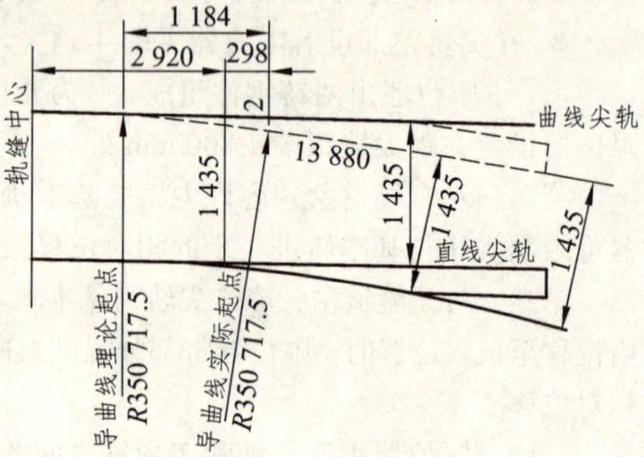

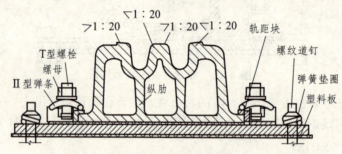

图 4-43　提速道岔转辙器各部主要尺寸

（2）辙叉构造及主要尺寸。

固定型辙叉 60 kg/m 钢轨 12 号提速道岔在如下构造方面与 60 kg/m 钢轨 12 号单开道岔基本相同：

① 采用高锰钢整铸直线型辙叉。

② 趾端和跟端接头均采用双接头夹板联结。

③ 辙叉与岔枕间设铁垫板。

④ 翼轨及心轨顶面、工作边侧面、轨端、接头夹板贴合面、辙叉底面及轨距块的贴合面要进行表面加工。

⑤ 辙叉断面沿用传统结构型式，在型腔内设两条纵肋，如图 4-44。

图 4-44　提速道岔辙叉

60 kg/m 钢轨 12 号提速道岔与 60 kg/m 钢轨 12 号单开道岔相比，在如下结构上有了改进：

① 翼轨缓冲段冲击角由原来的 46′减少为 34′。

② 锰钢辙叉心轨设 1∶20 轨顶坡，翼轨的趾、跟端设 1∶40 轨顶坡，直接铸造成型或机加工成型。不同的轨顶坡分别在距辙叉的趾、跟端各 600 mm 的范围内逐渐过渡。

③ 护轨垫板厚度为 25 mm，采用 16Mn 合金钢，安全储备大，可防止护轨垫板发生断裂。

④ 为缓和动力冲击作用，锰钢辙叉下设 5 mm 厚的橡胶垫板，在混凝土岔枕与垫板间设 10 mm 厚的橡胶垫板。由于护轨垫板厚度较辙叉垫板厚度相差 5 mm，辙叉设 1∶20 轨顶坡，护轨设 1∶40 轨底坡，高差达 1 mm，故在护轨范围内的辙叉垫板（岔枕号 51～62 号范围内）

下需增设 6 mm 厚塑料垫片找平。

⑤ 固定辙叉的心轨及翼轨顶面纵坡如图 4-45。

可动心轨辙叉的构造主要有如下特点：

① 长、短心轨均用 60AT 轨制造，长心轨与短心轨之间用间隔铁联结。长心轨为弹性可弯式，在理论弹性可弯部分轨底作刨切。长心轨跟端通过模压成形工艺制成 60 kg/m 钢轨断面，与岔后连接轨可采用普通接头夹板联结或焊接，短心轨跟端为滑动端，与叉跟尖轨联结（图 4-46）。

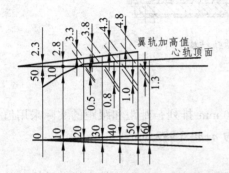

图 4-45　固定辙叉的心轨及翼轨顶面纵坡

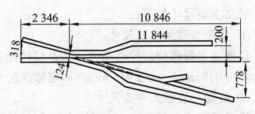

图 4-46　可动心轨辙叉

② 采用 60 kg/m 钢轨制造的加长翼轨，在长心轨跟部设三个双孔间隔铁，用 6 个 Φ27 高强螺栓与长翼轨联结，增强辙叉整体稳定性，通过间隔铁的摩阻力传递区间钢轨温度力，能有效阻止长心轨位移，以适应跨区间无缝线路的铺设。

③ 心轨转换利用两点牵引及外锁闭装置。在长心轨第一牵引点处，用热锻方式在轨底下部锻造出转换凸缘。转换杆件从翼轨下通过，与心轨联结，达到转换目的（图 4-47）。

④ 长、短心轨的顶面均刨切成 1:40 的轨顶坡，在长心轨跟端成形段的起点按 1:40 扭转，以便与区间钢轨相连接。

⑤ 翼轨采用 60 kg/m 钢轨制造，在对应长心轨转换凸缘部位，翼轨内侧轨底设有宽度为 55 mm 的切口，该切口削弱了翼轨截面。因此，在翼轨外侧轨腰处加装了厚度为 25 mm 的补强板，在下部设置了厚度为 20 mm 的桥板（图 4-48）。

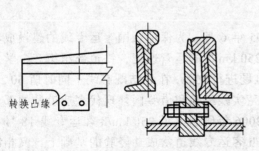

图 4-47　长心轨转换凸缘

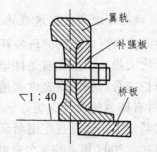

图 4-48　长心轨转换凸缘处翼轨

⑥ 翼轨与心轨密贴段之前设有 1:40 轨底坡，密贴段之后通过长度为 400 mm 的过渡段将翼轨扭转成平坡。

⑦ 叉跟尖轨由 60 kg/m 钢轨制造，设 1:40 轨底坡。短心轨跟部与叉跟尖轨非工作边相

互贴合，在心轨转换过程中，短心轨跟部可前后滑动，滑动量约为 6 mm。

⑧ 心轨顶面纵坡如图 4-49。

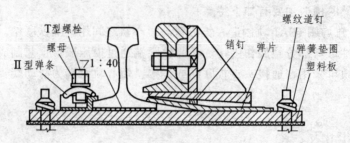

图 4-49   提速道岔护轨结构

辙叉主要尺寸如下：

① 固定型辙叉主要尺寸。

以接头夹板螺栓为控制条件，按岔枕间距为 600 mm 排列，趾距和跟距的实际采用值分别为 n=2 038 mm， m=3 954 mm，固定辙叉的全长为 $n+m$=5 992 mm。

② 可动心轨辙叉主要尺寸。

辙叉咽喉为 124 mm。长心轨实际尖端离辙叉咽喉 50 mm。长心轨长度根据转换条件、岔枕排列、跟端结构等技术要求，定为 10 796 mm。短心轨滑动端起点对应长心轨可弯中心，尖端至轨头整宽段与长心轨贴合组装，由计算得出短心轨长度为 6 588 mm。

（3）护轨构造及主要尺寸。

护轨由 50 kg/m 钢轨制造而成。采用 H 型弹性分开式结构，护轨顶面高出基本轨 12 mm，如图 4-50。

护轨主要尺寸：护轨直、侧向的通过速度不同，因此护轨采用缓冲段不等长结构。直向护轨缓冲段的冲击角由 50′改为 30′，直、侧向护轨长分别定为 6 900 mm 和 4 800 mm。

可动心轨辙叉可不设护轨，但侧向要设置长度为 5 400 mm 的防磨护轨，以防止因为心轨侧面磨耗而影响直股密贴。

4.4.3   高速道岔

1. 我国高速道岔发展概述

中国铁路高速道岔的研发开始于 2005 年 6 月。为保证我国客运专线的建设成功，及在第六次大提速中能在有条件地段实现 250 km/h 的运营速度，铁道部组织产、学、研、用等单位联合对我国高速铁路道岔技术难题进行攻关，在总结既有线不同时期 60 kg/m 钢轨 18 号有砟道岔设计、制造、试验及运营实践经验和借鉴国外现代高速道岔的部分先进技术的基础上，通过自主创新研究，于 2006 年研制出了 250 km/h 客运专线 18 号有砟和无砟道岔。2007 年，在充分吸收 250 km/h 客运专线道岔成功经验的基础上，又相继研发了我国 350 km/h 系列高速铁路道岔，使我国道岔设计理论和制造水平大幅度提高，达到世界先进水平。

至 2014 年年底，我国高速铁路正在使用的是自主研发的客运专线道岔、技术引进的 CN 道岔和 CZ 道岔共三种道岔，其中自主研发的客运专线道岔占 70%以上。自主研制的客运专线系列道岔（表4-20）成功应用于多条高速铁路，满足了铁路建设需要。

表4-20 我国自主研发的客专线道岔

轨下基础	速度（km/h）	图号		
		18号道岔	42号道岔	62号道岔
有砟	250	客专线（07）004	客专线（07）011	
	350	客专线（08）016		
无砟	250	客专线（07）001	客专线（07）006	客专线（08）013
	350	客专线（07）009		

2．高速道岔分类

（1）按直向容许通过速度可分为250 km/h 道岔和350 km/h 道岔两类。

（2）按技术类型可分为自主技术客运专线、CN、CZ 三个系列，其中自主技术客运专线系列有18号、42号和62号三种号码道岔，对应侧向容许通过速度分别为80 km/h、160 km/h和220 km/h；CN 系列有18号、39号、42号和50号四种号码道岔，对应侧向容许通过速度分别为80 km/h、160 km/h、160 km/h和220 km/h。

CZ 系列有18号、41号两种号码道岔，对应侧向容许速度分别为80 km/h和160 km/h，汇总见表4-21。

表4-21 高速道岔型号

序号	厂家	辙叉号	图号	道床类型	直向允许通过速度（km/h）	侧向允许通过速度（km/h）	备注
1	中铁山桥/宝桥	42号	客专（07）006	无砟	350	160	
2	中铁山桥/宝桥	42号	客专（07）011	有砟	350	160	
3	中铁山桥	38号	专线4272	有砟	250	140	老型号，98设计
4	中铁山桥	30号	GLC（08）06	有砟	250	120	
5	中铁山桥/宝桥	18号	客专（07）004	有砟	250	80	
6	中铁山桥/宝桥	18号	客专（07）001	无砟	250	80	
7	中铁山桥/宝桥	18号	客专（07）009	无砟	350	80	
8	中铁山桥	18号	GLC（07）02	有砟	200	80	全长69Ⅲ
9	中铁山桥	18号	GLC（07）04	有砟	200	80	
10	中铁山桥	18号	GLC（09）05	有砟	200	80	固定型辙叉
11	中铁山桥/宝桥	12号	GLC（08）01	有砟	200	50	

续表

序号	厂家	辙叉号	图　号	道床类型	直向允许通过速度（km/h）	侧向允许通过速度（km/h）	备　注
12	新铁德奥	50号	CN—6150AS	无砟	350	220	
13	新铁德奥	42号	CN—6142AS	无砟	350	160	
14	新铁德奥	42号	CN—6142AD	有砟	350	160	
15	新铁德奥	39号	CN—6139AS	无砟	350	160	
16	新铁德奥	18号	CN—6118AD	有砟	250	80	
17	新铁德奥	18号	CN—6118AS	无砟	350	80	
18	中铁宝桥	18号	客专（08）016	有砟	350	80	
19	宝桥（科吉富）	18号	CZ6001	有砟	250	80	一机多点
20	宝桥（科吉富）	18号	CZ6002	无砟	350	80	多机多点
21	宝桥（科吉富）	18号	CZ6007	有砟	250	80	多机多点
22	宝桥（科吉富）	41号	CZ6006	无砟	350	160	多机多点
23	宝桥（科吉富）	41号	CZ6011	有砟	350	160	多机多点

（3）按轨下基础类型可分为有砟道岔和无砟道岔。

① 有砟道岔的轨下基础与传统道岔相同，采用碎石道床结构。

② 无砟道岔的轨下基础结构形式分为轨枕埋入式和道岔板式两种。

轨枕埋入式道岔的轨下基础结构自下而上由混凝土支承层、现浇混凝土道床、预制混凝土岔枕（带钢筋桁架的预应力结构）组成。

板式道岔的轨下基础结构自下而上由混凝土底座、自流平混凝土填充层和预制道岔板组成。

这两种道岔的上部结构完全相同。

2．高速道岔结构组成

高速铁路道岔由转辙器、导曲线、辙叉、岔枕（轨下基础）、转辙设备、融雪设备和监测设备等部分组成。

3．高速道岔主要技术特点和参数

高速道岔具有高安全性、高平顺性、高稳定性和较高的容许通过速度的特点，保证列车平稳、舒适的运行，因此高速道岔均采用18号以上的单开道岔、可动心轨辙叉，适用于跨区间无缝线路。

（1）平面线形。

中国高速道岔系列为18号、42号和62号，设计参数及线型见表4-22。18号道岔用于正线与到发线的连接；42号道岔用于渡线和上下高速线，62号道岔主要用于上下高速线。18

号道岔采用单圆曲线线型；客货列车混运铁路 250 km/h 道岔，采用相离式（尖轨与基本轨切线相离 12 mm）半切线尖轨线型，目的在于增加尖轨尖端截面厚度，提高尖轨的耐磨性能。42 号道岔和 62 号道岔采用圆曲线+缓和曲线线型。

表 4-22　我国高速道岔设计参数及线型

道岔号数	18	42	62
道岔直向允许速度（km/h）	250/350	250/350	350
道岔侧向允许速度（km/h）	80	160	220
平面线型	单圆曲线 R1100	圆缓 R5000+三次抛物线	圆缓 R8200+三次抛物线
道岔全长（m）	69 000	157 200	201 000
道岔前长（m）	31 729	60 573	70 784
道岔后长（m）	37 271	96 627	130 216

（2）转辙器及主要钢轨件。

① 基本轨、导轨、岔跟轨用中国 60 kg/m 钢轨制造；

② 尖轨、心轨用 60D40 钢轨制造（70 kg/m），不采用中国 60AT 钢轨。其优点是高度较小，便于滑床板的结构设计，横向刚度较小，有利于减小扳动力。

③ 尖轨跟端锻压成 60 kg/m 钢轨断面，成型段长度为 450 mm，过渡段长度 150 mm，与提速道岔相同。

④ 钢轨件材质与线路钢轨相同，时速 250 km 客运专线道岔轨头顶面作淬火处理，时速 350 km 客运专线道岔不淬火，尖轨和心轨跟端淬火处理。尖轨由 60D40 钢轨制造而成，钢轨件材质为 U71Mn 或 U75V。

⑤ 尖轨跟端的基本轨内侧采用弹性夹扣压，外侧采用Ⅱ型弹条扣压。道岔按跨区间无缝线路设计，岔内钢轨件全部焊接，根据道岔所处地区的温差，尖轨跟端采用限位器或间隔铁结构。

⑥ 尖轨转换采用辊轮滑床台板，如图 4-50 所示。该设计使得尖轨后端的轨距平顺性得以保持，同时，利用弹性夹扣压基本轨内侧轨底，增强了基本轨抗横向倾翻能力，提高了道岔结构的稳定性。

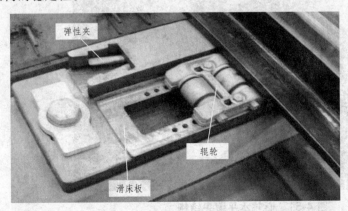
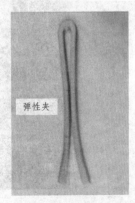

图 4-50　辊轮滑床台板及弹性夹

⑦ 尖轨降低值决定轮载在尖轨和基本轨间的过渡范围和过渡比例，和道岔平顺性直接相关，通过优化尖轨降低值能较好保证转辙器的高平顺性。18 号 350 km/h、250 km/h 客运专线道岔尖轨降低值见表 4-23，42 号道岔尖轨降低值见表 4-24。

表 4-23　18 号 350 km/h（250 km/h）道岔尖轨降低值

尖轨类型	检测位置（mm）	降低值（mm）	尖轨轨头宽度	尖轨类型	检测位置（mm）	降低值（mm）	尖轨轨头宽度
直线尖轨	尖轨尖端	23（23）	0（0）	曲线尖轨	尖轨尖端	23	0
	距尖端 575 mm（960）	14（14）	3（5）		距尖端 964 mm	14	5
	距尖端 2 889 mm（3852）	3（4）	15（20）		距尖端 3 885 mm	3	20
	距尖端 7 304 mm（8598）	0（0）	40（50）		距尖端 8 604 mm	0	50

表 4-24　42 号道岔尖轨降低值

尖轨类型	检测位置（mm）	降低值（mm）	尖轨轨头宽度	尖轨类型	检测位置（mm）	降低值（mm）	尖轨轨头宽度
直线尖轨	尖轨尖端	23	0	曲线尖轨	尖轨尖端	23	0
	距尖端 4 014 mm	14	5		距尖端 4 015 mm	14	5
	距尖端 9 190 mm	4	15		距尖端 9 192 mm	3	20
	距尖端 16 942 mm	0	40		距尖端 16 945 mm	0	50

（3）辙叉。

① 心轨。

心轨采用 60D40 钢轨组合结构，长短心轨拼接方式。该种结构具有制造简单、实现容易的特点，既有线道岔具有多年的使用经验，技术成熟。250 km/h 道岔心轨采用垂直藏尖结构，为进一步提高动车通过的平稳性，350 km /h 道岔心轨采用水平藏尖结构，如图 4-51 所示。心轨尖端水平藏入翼轨内，为保证行车安全，心轨实际尖端宽度不小于 9 mm，同时翼轨工作边要作相应的刨切。18 号道岔心轨采用拼装式结构，42 号、62 号道岔，由于侧向速度较

图 4-51　心轨水平藏尖结构

高，心轨采用双肢弹性可弯结构，取消了尖轨后端的斜接头，将短心轨直接与线路钢轨连接，优点是结构简单，改善了列车侧向通过时的运行条件，不足之处是心轨转换力会增大。心轨间采用长大间隔铁进行联结，可较好地传递岔后区间无缝线路的温度力、保持辙叉的横向稳定性和防止心轨卡阻。

② 翼轨。

初期 250 km/h 客专线 18 号道岔使用锻制翼轨，运营中发现焊缝处产生断裂及磨耗严重等缺陷，后续型号辙叉翼轨均改进为采用 60TY 特种断面轧制轨，断面见图 4-52。翼轨顶面设有 1∶40 轨顶坡，在翼轨趾端进行 1∶40 扭转，轨端 450 mm 范围内形成 1∶40 轨底坡并进行标准轨断面加工。在心轨第一牵引点处，为满足电务锁钩转换空间需要，翼轨内侧轨底需进行刨切，轨底上表面作适量的刨切，心轨轨底刨切 10 mm 并作圆弧倒角，电务锁钩宽度 25 mm。新型特种断面翼轨为转换装置的安装提供了足够的空间，使心轨第一牵引位置得以提高，有效地解决了 4 mm 检查失效的问题。

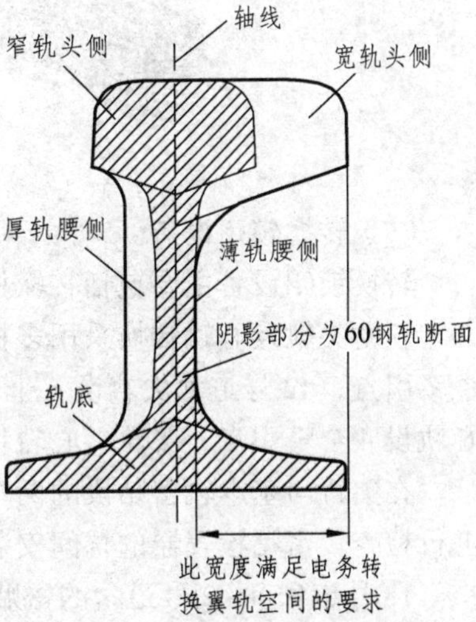

③ 护轨。

客运专线道岔侧向设置护轨，护轨为分开式，由 UIC33 槽形钢制造而成，护轨高出基本轨顶面 12 mm。采用整铸护轨垫板，基本轨内侧利用弹性夹扣压，外侧利用Ⅱ型弹条扣件扣压。

图 4-52　60TY 特种断面轧制轨

（4）高速道岔扣件系统。

高速道岔扣件采用带铁垫板的弹性分开式结构，按无螺栓扣件系统和有螺栓扣件系统两种方案进行设计。钢轨与铁垫板间设轨下橡胶垫板，铁垫板与混凝土岔枕间设弹性垫层，用于减缓轮轨冲击作用。

铁垫板与混凝土岔枕通过螺栓与预埋套管联结铁垫板，与螺栓间设置复合定位套，用以缓冲铁垫板对螺栓的横向冲击，同时使得螺栓紧固时对铁垫板不产生较大的压力，有利于充分发挥铁垫板下弹性垫层的弹性。

（5）岔区刚度匹配及均匀化。

高速道岔岔区刚度的良好匹配及均匀化，是减缓轮轨作用和轨面动态不平顺的关键。高速道岔扣件系统设计采取"上硬下软"的原则，即轨下弹性垫层刚度较大，铁垫板下弹性垫层刚度较小。

道岔刚度设计分为 7 个区段，即尖轨前端、滑床板部位、尖轨跟端支距垫板部位、导曲线部位、辙叉部位、护轨及道岔前后过渡段。

铁垫板下弹性垫层采用分块式结构，通过结构设置改变刚度。铁垫板与橡胶弹性垫层通过硫化成为一体。

（6）岔枕。

高速道岔采用混凝土岔枕，垂直于道岔直股布置，岔枕间距一般为 600 mm，转辙机两侧岔枕间距为 650 mm。

无砟道岔岔枕上宽 260 mm，下宽 290 mm，高度 130 mm。主筋为 8 根 Φ14 mm 的螺纹钢筋和 4 根 7 mm 的预应力钢丝。岔枕外形如图 4-53 所示。

有砟道岔岔枕上宽 260 mm，下宽 300 mm，高度 220 mm。主筋为 16 根 Φ7 mm 的预应力钢丝，以对称于截面形心的形式布置。

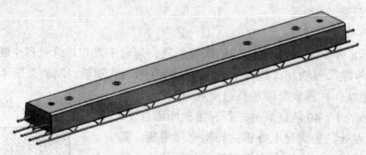

图 4-53　无砟道岔枕外形

（7）转换锁闭设备。

转换锁闭设备主要包括转辙机、外锁闭装置、密贴检查器、安装装置等。

道岔尖轨及心轨转换采用多机多点的牵引方式。18 号道岔尖轨设 3 个牵引点，心轨设 2 个牵引点；42 号道岔尖轨设 6 个牵引点，心轨设 3 个牵引点；62 号道岔尖轨设 8 个牵引点，心轨设 4 个牵引点。尖轨、心轨均为外锁闭。

在尖轨与基本轨密贴段的两牵引点中间位置，由密贴检查器对尖轨与基本轨的密贴情况进行检查。密贴检查器的枕间安装均为岔枕上安装，有利于有砟道岔的捣固作业。

18 号道岔和 42 号道岔的密贴检查器的设置位置在如表 4-25 所示。

表 4-25　密贴检查器安装位置

	密检器	所在岔枕编号
18 号道岔	1	8
	2	16
42 号道岔	1	9
	2	19
	3	29
	4	39

4.5　特种道岔

【学习目标】

（1）能说出我国铁路几种常用特种道岔的名称及适用条件。

（2）能说出对称道岔的主要技术特点。

（3）能画出三开道岔的平面示意图。

除单开道岔以外的轨道连接设备都归属于特种道岔，常用的有对称道岔、交分道岔、三开道岔及岔线、渡线、梯线和回转线等。

4.5.1 对称道岔

1．对称道岔的特点和适用范围

对称道岔是单开道岔的一种特殊形式，它的主要部件基本与单开道岔相同，如图 4-54 所示。

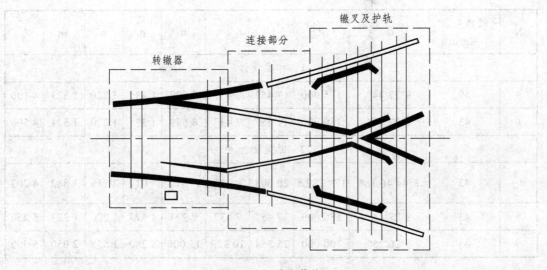

图 4-54 对称道岔

与单开道岔相比较，对称道岔具有以下特点：

（1）整个道岔对称于主线的中线或辙叉角的中分线，列车通过时无直向及侧向的一分。

（2）尖轨长度相同时，尖轨作用边和主线方向所成的交角约为单开道岔的一半。

（3）导曲线半径相等时，对称道岔的长度要比单开道岔短，其他条件相同时，导曲线半径约为单开道岔的两倍。

（4）在曲线半径和长度保持不变时，可采用比单开道岔号数更小的辙叉。

（5）在道岔长度固定的条件下，使用对称道岔可获得较大的导曲线半径，故能提高过岔速度。

（6）在保持相同的过岔速度的条件下，对称道岔能缩短道岔长度，由此能缩短站场长度，增加股道的有效长度。

对称道岔的这些特点使得它在驼峰下、三角线上得到广泛应用，并被使用于工业铁路线和城市轻轨线上。

2．对称道岔的平面布置

根据转辙器、辙叉及连接部分的平面形式，可以有多种组合型式的对称道岔。比较常见的有以下几种组合形式。

（1）直线尖轨、直线辙叉对称道岔。

（2）曲线尖轨、直线辙叉对称道岔。

（3）曲线尖轨、曲线辙叉对称道岔。

其中曲线尖轨以半切线型、割线型及半割线型为主要型式。

3．对称道岔的主要尺寸与平面布置图

图 4-55 所示为曲线尖轨对称道岔主要尺寸图，图中符号的意义同单开道岔，主要尺寸如表 4-26 所示。图 4-56 是 6 号对称道岔的总布置图。

表 4-26　对称道岔主要尺寸（mm）

N	钢轨类型（kg/m）	α	R	L	a	b	q	n	m	l_0
1．标准设计										
6	50	9°27′44″	175 000	17 457	7 437	8 699	1 335	1 220	1 321	4 100
6	43	9°27′44″	180 000	17 457	7 437	8 699	1 335	1 220	1 321	4 500
2．旧型道岔										
$6\frac{1}{2}$	43	8°44′46.18″	179 282.5	20 008	8 717	11 268	1 014	1 119	1 882	4 207
6	43	9°27′44″	180 000	17 457	7 437	9 994	1 373	1 220	1 321	6 250
9	43	6°20′25″	300 000	25 354	10 329	15 009	1 280	1 538	2 050	5 500

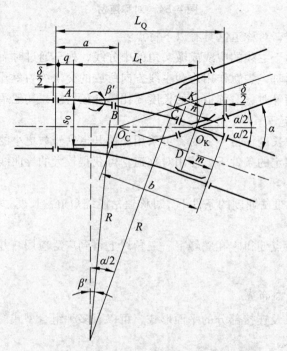

图 4-55　曲线尖轨对称道岔主要尺寸

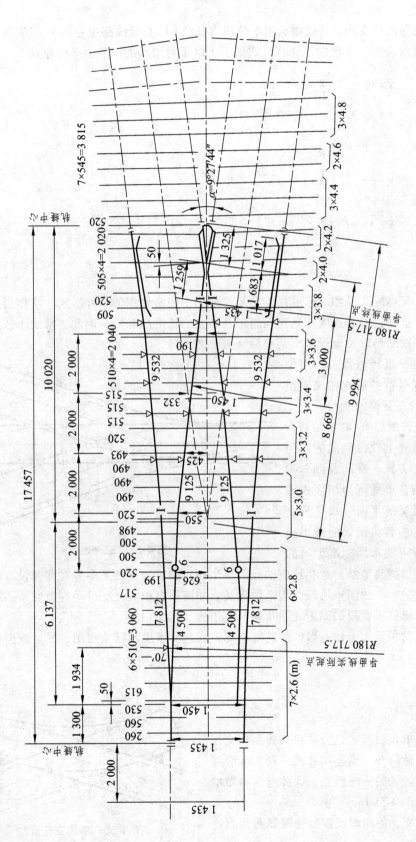

图 4-56　50 kg/m 钢轨 6 号对称道岔总布置图（mm）

　　对称道岔的导曲线支距，是以辙叉角平分线为基线（即直股线路中心线），以尖轨跟端或尖轨后直线段终点为起点支距的，计算公式如下（以正对跟端的一点为坐标原点）：

$$x = 0, \ y_0 = \frac{S_0}{2} - R(1 - \cos\beta') \tag{4-18}$$

$$x = x_i, \ y_i = y_0 - R(\cos\beta' - \cos\alpha_i) \tag{4-19}$$

$$\alpha_i = \sin\beta' + \frac{x_i}{R} \tag{4-20}$$

$$y_n = y_0 - R\left(\cos\beta' - \cos\frac{\alpha}{2}\right) = K\sin\frac{\alpha}{2} \tag{4-21}$$

$$x = x_n = R\left(\sin\frac{\alpha}{2} - \sin\beta'\right) \tag{4-22}$$

4.5.2　三开道岔

　　三开道岔，又称复式异侧对称道岔，是复式道岔中较常使用的一种形式。它相当于两组异侧顺接的单开道岔，但其长度却远比两组单开道岔的长度之和短，因此，常用于铁路轮渡桥头引线、驼峰编组场以及地形狭窄又有特殊需要的地段。

　　三开道岔由一组转辙器、一组中间辙叉和两组同号数的后端辙叉所组成，如图4-57的三开道岔所示。

　　三开道岔的转辙器有 4 根尖轨，其中直向的为直线尖轨，侧向的可为直线形或曲线形尖轨。直向及侧向尖轨在构造上的结合形式可为切底式或覆盖式。中间辙叉的平面形式可为直线形或曲线形。前者将使导曲线半径显著减小，并有可能采用标准型号的

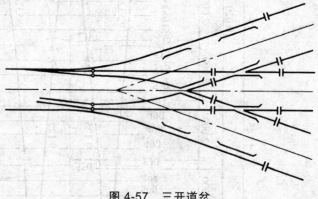

图 4-57　三开道岔

辙叉；而后者能保持与道岔号数相适应的导曲线半径。两组后端辙叉多为对称铺设。由于直线方向无法设置护轨，故需采用特殊构造的辙叉，如使用自护辙叉、可动心轨辙叉、缩小咽喉或延长翼轨轮缘槽平直段的固定式锐角辙叉等措施。

　　由于三开道岔主要用于作业繁忙的驼峰头部，因此要求道岔结构耐用，尽量减少和更换维修作业。

4.5.3　交分道岔

　　交分道岔有单式、复式之分。两条线路相交，中间增设两副转辙器和一副连接曲线，列车可沿某一侧由一条线路转入另一条线路，这种道岔叫做单式交分道岔，如图4-58所示。

　　两条线路相交，中间增设四副转辙器和两副连

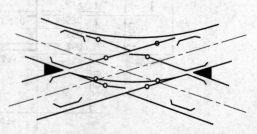

图 4-58　单式交分道岔

接曲线，列车可沿任意一侧由一条线路转入另一条线路，这种道岔叫做复式交分道岔，如图4-1（e）。复式交分道岔相当于两组对向铺设的单开道岔，实现不平行股道的交叉，但具有道岔长度短，开通进路多及两个主要行车方向均为直线等优点，因而能节约用地，提高调车能力并改善列车运行条件。

1. 交分道岔的组成

交分道岔由菱形交叉、转辙器和连接曲线等部分组成。菱形交叉一般是直线与直线交叉。菱形交叉由两副锐角辙叉、两副钝角辙叉和连接钢轨组成。

我国常用交分道岔的基本形式为直线菱形交叉和内分复式尖轨转辙器，如图4-59所示。

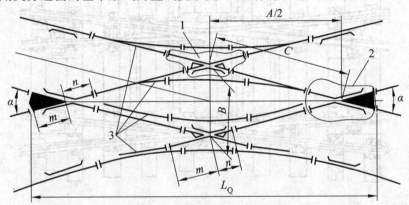

图 4-59　固定型钝角辙叉平面图

1—钝角辙叉；2—锐角辙叉；3—尖轨

交分道岔的尖轨，在我国标准的 9 号和 12 号道岔上均采用半切线形尖轨，尖轨位于菱形交叉内，跟端采用可动型夹板间隔铁式结构。

钝角辙叉有固定型和可动心轨型两种。固定型钝角辙叉如图4-59所示，因受地形限制，无法像锐角辙叉那样设置单独的护轨，只能依靠与之相对的另一钝角辙叉的护轨来保证车轮通过有害空间时自身叉心不遭受轮缘的撞击。这个"自护长度" l_s 由菱形交叉上两相对钝角辙叉弯折点间的位置差 DH、一侧车轮对中线至车轮与护轨接触点间的距离 HP（MN= HP）以及另一侧车轮轮对中线至车轮与叉心接触点间的距离 PT 三部分组成，如图4-60所示。l_s 随

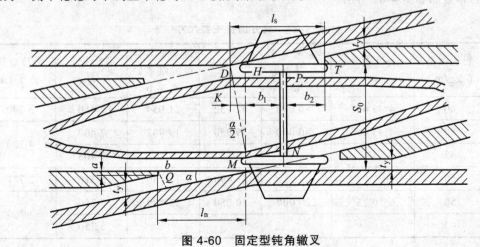

图 4-60　固定型钝角辙叉

钝角辙叉号数的增加而减少。根据计算，6 号以下的固定型钝角辙叉，自护长度 l_s 大于有害空间 l_h，因而完全能自行防护。8 号及以下者 l_s 稍大于 l_h，但差值不大，车轮尚可借助运行的惯性闯过这一段空间，勉强能进行自护。对辙叉号数为 9 号及以上的菱形交叉，则必须采用可动心轨钝角辙叉。

用于交分道岔的可动心轨型钝角辙叉，有基本轨、帮轨、活动心轨、扶轨、轨撑和其他联结零件组成，如图 4-61 所示。

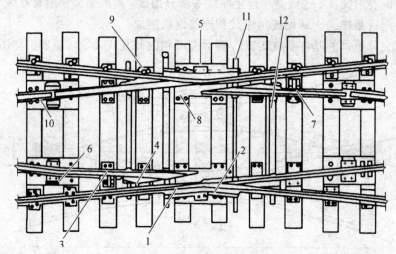

图 4-61　可动心轨钝角辙叉

1—基本轨；2—帮轨；3—活动心轨；4—扶轨；5、6—轨撑；7—防跳卡铁；8、9—垫板；
10—辙跟夹板；11—拉杆；12—连接杆

左右两根活动心轨用 1 根拉杆和 1 根转辙器连接在一起，用 1 台转辙机联动。整个交分道岔上，用 4 根转辙杆操纵，两根操纵尖轨，另外两根操纵活动心轨，通过不同组合，达到改换行车方向的目的。

2．交分道岔的主要尺寸及平面布置图

我国铁路上常用的 9 号、12 号交分道岔的主要尺寸见表 4-27，60 kg/m 钢轨 9 号复式交分道岔总布置图如图 4-62 所示。

表 4-27　交分道岔主要尺寸

N	钢轨类型（kg/m）	辙叉角度 α	导曲线半径（股道中心）R	道岔全长 L	道岔中心至辙叉跟端的距离 b	尖轨长度 l_0	活动心轨长度 La
12	60	4°45′49″	380 000	42 132	21 054	7 450	3 800
	50	4°45′49″	380 000	39 950	19 962	7 400	4 200
	43					7 405	
9	60			31 490	15 730	5 310	2 771
	50	6°20′25″	220 000	30 050	15 009	5 250	3 700
	43					5 256	

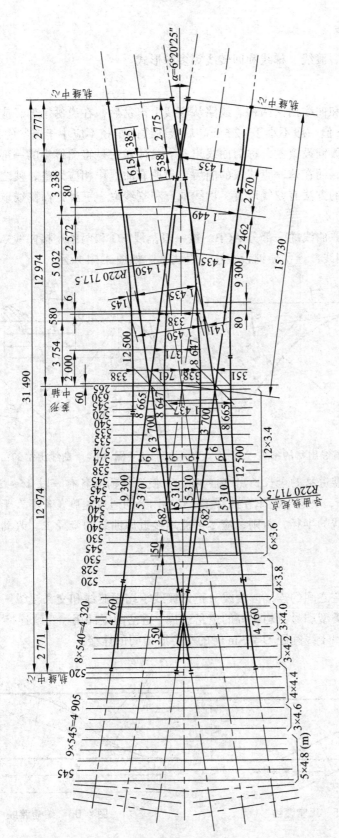

图 4-62 60 kg/m 钢轨 9 号复式交分道岔总布置图（mm）

4.5.4　轨道连接

轨道连接有岔线、渡线、梯线和回转线等多种形式。

1. 岔　线

岔线分直线出岔和曲线出岔两种。线路从直线上出岔后，在道岔尾部，应有一段插直线 g，如图 4-63 所示。g 值一般不小于 12.5 m。后接曲线的半径不应小于道岔的导曲线半径。

在线路的曲线地段铺设道岔，称为曲线出岔。具体做法是将曲线中的一部分取直，在这一直线段上铺设道岔，而在这一直线段的前后，对原有曲线作相应调整，使之圆顺地连接。

通常将曲线取直的方法有弦线取直、切线取直和割线取直三种，而割线取直时线路的总移动量最小。

在割线取直中，原曲线的一部分 ACB，被一段割线 FG 和两条连接曲线 ADF 和 GEB 所代替。FG 为取直的割线，道岔便铺设在这一直线上。如图 4-64 所示，

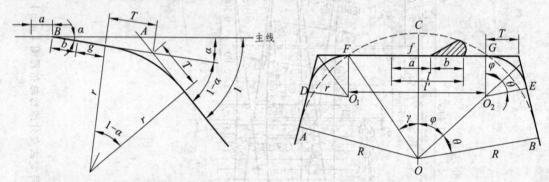

图 4-63　直线出岔的岔线　　　　　　　　图 4-64　曲线出岔的岔线

割线 FG 应较标准道岔的全长长出 30～40 m，使道岔前后各有一段 15～20 m 的直线。两端连接曲线的半径 r，决定于列车在曲线 DF 和 GE 上的通过速度。若不大于列车侧向过岔速度，可取道岔导曲线的半径，否则，应尽可能地接近原曲线的半径 R。改动后的线路参数可通过计算求得。

2. 渡　线

渡线用于平行股道之间的连接。渡线分正常渡线、缩短渡线和交叉渡线三种。

正常渡线由两组类型和号数均相等的道岔组成，道岔的尾部用一直线连接，如图 4-65 所示。一般正常渡线适用于线间距 D≤7 m 时的平行股道间的连接。

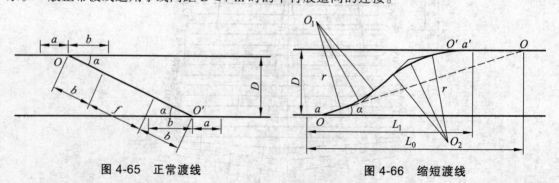

图 4-65　正常渡线　　　　　　　　　图 4-66　缩短渡线

在股道线间距大于 7 m 的场合或渡线长度必须缩短的部位，可使用缩短渡线。这时两个道岔的尾部利用一段反向曲线来代替直线，如图 4-66 所示。

交叉渡线由 4 组类型和号数相同的单开道岔和一组菱形的交叉以及连接钢轨组成，如图 4-67 所示。交叉渡线仅在个别特殊场合下使用。

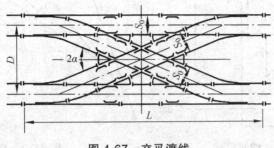

图 4-67　交叉渡线

3. 梯　线

用若干组单开道岔连接一系列平行股道的线路叫梯线。梯线在编组场中得到广泛的应用。

梯线按道岔群组合方式的不同，分为正常梯线、缩短梯线、扇形梯线、复式梯线等。

（1）正常梯线。

凡连接各平行股道的道岔依次排列在梯线上，且所有道岔号数均相同者，称正常梯线。

正常梯线分为梯线本身就是牵出线[图 4-68（a）]和梯线与牵出线成 α 角[图 4-68（b）]两种。

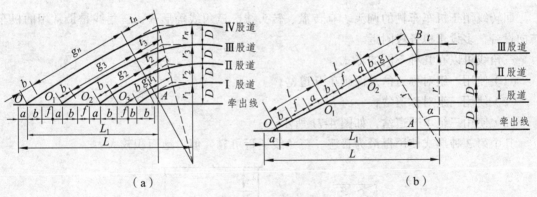

（a）　　　　　　　　　　　　　　（b）

图 4-68　正常梯线

在梯线上设置道岔时应注意道岔间插直线长度 f 应符合有关规定。

（2）缩短梯线

梯线与牵出线的夹角大于辙叉角时，称缩短梯线。这时梯线在牵出线上的投影长要明显小于正常梯线的投影长，因而可增加股道的有效长度，如图 4-69 所示。

由图 4-69 可知，梯线与牵出线所成的角度愈大，梯线在牵出线上的投影愈短，股道的有效长反而增加。

梯线上两相邻道岔间的直线段 f，在一般情况下不应小于 6.25 m。

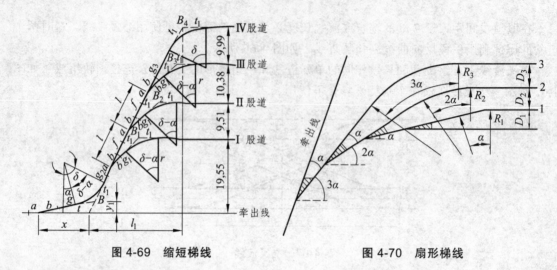

图 4-69　缩短梯线

图 4-70　扇形梯线

（3）扇形梯线。

各股道依次在前一股道上出岔，这时，梯线便不再是一条直线，而成为一条扇形线，如图 4-70 所示。扇形梯线适用于股道转角比较大的停车场、调车场、货场和机务段等。

（4）复式梯线。

复式梯线是上述不同形式梯线的组合。它的布置变化多样，总的要求是把数量较多的平行轨道，通过各种方法和牵出线连接起来，达到尽可能缩短梯线的长度，使场地得到最充分利用的目的。

4．回转线

回转线用于机车车辆的调头。有转盘、转头线、三角线等形式，三角线是最常用的机车转向设备，多设于机务段附近。

三角线可以有几种不同的形式：

（1）使用一组对称道岔及两组单开道岔；

（2）使用三组对称道岔；

（3）使用三组单开道岔，如图 4-71 所示。

其中第 3 种形式使用得最为普遍。三角线运行可靠，但占地面积较大。

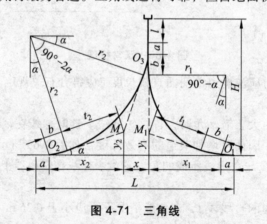

图 4-71　三角线

习题与思考题

1. 道岔的功用是什么，分为哪几类？
2. 单开道岔由哪些部分组成？
3. 什么是岔头、岔尾？怎样区分单开道岔的左、右开？
4. 普通断面钢轨尖轨和特种断面钢轨尖轨的构造要求有何异同？
5. 什么是辙叉的有害空间？绘图表示之。
6. 固定辙叉的查照间隔尺寸是怎样规定的？
7. 绘图说明单开道岔的主要尺寸。
8. 怎样提高道岔直、侧向过岔速度？
9. 绘图说明 9 号道岔"17 尺"检查的位置。
10. 第二代提速道岔分为哪几种类型？相比第一代主要有哪些改进？
11. 我国自主研发的高速道岔主要有哪几个型号？其侧向容许过岔速度都是多少？
12. 单式交分道岔与复式交分道岔区别是什么？交分道岔的全长是怎样规定的？

模块五　无砟轨道

模块	学习内容	参考学时
无缝线路	5.1 无砟轨道的认知	
	5.2 无砟轨道的构造	
	5.3 无砟轨道扣件系统	
	5.4 无砟轨道施工工艺流程	
	5.5 无砟轨道养护维修	

5.1　无砟轨道认知

【学习目标】

（1）能说出无砟轨道的定义及主要结构类型。

（2）能说出我国铁路的无砟轨道类型。

（3）能说出日本 A 型板工轨道与德国博格板式轨道的异同点。

（4）能具体说出我国 CRTSⅢ型板式无砟轨道的主要创新点。

（5）能说出我国我国 CRTSⅠ、Ⅱ、Ⅲ轨道板的宽度和厚度尺寸。

（6）能说出轨枕埋入式无砟轨道的主要类型和结构区别。

（7）能说出现浇道床板无砟轨道的主要类型及结构特点。

5.1.1　无砟轨道的分类

1. 概述

铁路轨道结构从总体上可分为以碎石道床、轨枕为基础的有砟轨道和以混凝土或沥青混合料为基础的无砟轨道两大类。有砟轨道弹性条件好，具有较好的轮轨接触效应，维修较方便，造价相对较低。但有砟轨道的线路状态保持能力较差，在列车动荷载作用下，有砟道床养护维修工作量较大。

与有砟轨道相比，无砟轨道结构具有稳定性好、平顺性高、轨道状态可以长期保持、维修工作量可以大幅减少等优点，但与有砟轨道相比也有对基础要求高，一旦损坏难于修复及初期投资大，列车运行时振动、噪声相对较大等缺点。实践表明，两种轨道结构均可保证高速列车的安全运营。但由于两类轨道结构在技术经济性方面有较大差异，故各国会根据自己的国情、铁路的特点合理选用，以取得最佳的技术经济效益。

自 20 世纪 60 年代开始，世界各国铁路相继开展以整体式或固化道床取代散粒体道砟的各类无砟轨道的研究。在高速铁路上推广应用无砟轨道的国家和地区主要是日本、德国、荷兰、意大利、韩国、我国台湾省等。在日本，板式轨道已在新干线大量铺设，铺设总长度达

2 700 km。德国铁路 Rheda（雷达）系、Züblin（旭普林）、Bögl（博格）等五种无砟轨道已批准正式使用，并在新建的高速线上全面推广，铺设总长度达 360 km。

我国无砟轨道的研制工作与国外几乎同时起步。初期曾试铺过支承块式、短木枕式、整体灌筑式等整体道床以及框架式沥青道床等。进入 20 世纪 90 年代以后，为适应我国铁路提速以及发展高速铁路的需求，我国无砟轨道的研制工作步入了一个新阶段。研发出了轨枕埋入式、板式和弹性支承块式无砟轨道结构，并在秦沈客运专线 3 座特大桥上以及西康线和赣龙线等隧道内进行了试铺。2004 年，我国在遂渝线无砟轨道综合试验段的路基、桥梁、隧道及岔区首次成段设计铺设了无砟轨道结构，取得了一系列研究成果。从 2006 年年底开始，在我国前期无砟轨道研究成果的基础上，组织开展了无砟轨道技术再创新工作，并在京津城际铁路、武广客运专线等项目进行了全面的试验和工程实践验证。随着高速铁路建设的全面推进，我国无砟轨道进入了大规模铺设阶段，形成了 CRTSⅠ型板式、CRTSⅡ型板式、CRTSⅠ型双块式以及道岔区轨枕埋入式、道岔区板式无砟轨道的设计、制造、施工等成套技术体系。

在前期高速铁路无砟轨道研究和总结工程实践经验的基础上，我国自主研发了 CRTSⅢ型板式无砟轨道结构，并在成灌铁路、武汉城际圈、盘营客专、西宝客专、沈丹客专等项目进行了系统的试验和工程应用。CRTSⅢ型无砟轨道是我国首个独立自主创新的高铁技术，是真正的中国铁路无砟轨道系统（China Railway ballastless Track Syste m，简称为 CRTS）。与以往引进德国和日本技术的 CRTSⅡ型和 CRTSⅠ型无砟轨道相比具有结构简单、性能稳定、用料节省、施工便捷、工效相对提高，造价相对低廉等优点。可适用于时速 300 千米以上的城际铁路及严寒地区高铁。以后必将成为中国高铁走出去的主要技术支撑。

2．无砟轨道分类

（1）世界各地主要无砟轨道结构类型。

无砟轨道主要结构形式包括现浇整体式无砟轨道、板式轨道、枕式无砟轨道等。根据无砟轨道的不同结构形式在功能实现上有所区别，主要划分为：

① 按是否保留轨枕，分为有轨枕支承和无轨枕支承两大类。有轨枕支承的代表类型是德国的雷达系列，无轨枕支承的代表类型是日本的板式轨道系列。

② 按轨枕的支承方式又分为轨枕支承式、轨枕嵌入式和轨枕埋入式三种类型。轨枕支承式按组成道床的材料分为混凝土道床板和沥青道床板两种，以德国的 BTD、ATD 和 GETRAC 为代表，主要用于城市地面轨道交通工程；轨枕嵌入式的代表是瑞士的弹性支承块（LVT）式和德国的弹性长枕类型无砟轨道结构，主要用于城市地下铁道工程；轨枕埋入式则以德国的雷达（Rheda）和旭普林（Züblin）系列无砟轨道为代表，是我国高铁无砟轨道引进的类型之一，即 CRTSⅠ、CRTSⅡ型双块式无砟轨道系统。

③ 按道床板是预制还是现浇分为预制道床板和现浇道床板两类，前者以日本的板式轨道和德国的博格板（Bögl）无砟轨系统为代表，是我国高铁引进的两种主要类型无砟轨道技术，即 CRTSⅠ、CRTSⅡ型板式无砟轨道系统。德国的博格板有承轨台，可视为短枕支承，和道床板融为一体，所以还具有轨枕埋入式的特征。

现浇道床板无砟轨道类型较多，包括轨枕埋入式、轨枕嵌入式、钢轨埋入式和整体道床等。

④ 按钢轨与轨枕或道床板的联结方式，分为有扣件联结和无扣件联结。前者以英国的 PACT 轨道系统为代表，后者以荷兰的 Edilon 嵌入式轨道系统为代表。

⑤ 按道床板主要材料划分，分为混凝土道床或沥青混凝土道床，两者以德国的 BTD 和 ATD 类型无砟轨道为代表。

⑥ 按道床或轨道板纵向连续性划分，分为连续整体道床或单元整体道床或轨道板。日本板式轨道板纵向不连接，是单元式结构；德国博格板在路基上需纵向连接，是纵连式轨道结构，在桥梁上时则为单元式结构。

根据以上结构方案不同，可将无砟轨道进行如图 5-1 所示的分类。

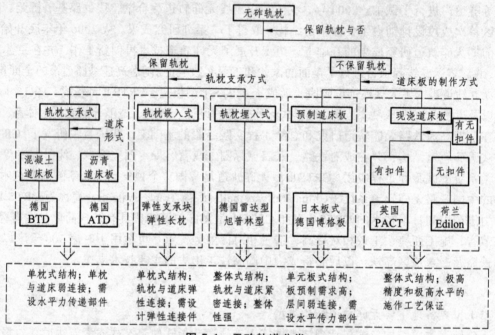

图 5-1 无砟轨道分类

（2）我国铁路无砟轨道类型。

我国铁路无砟轨道以日本的板式轨道技术和德国的博格板式轨道及雷达 2000 型和旭普林型双块式无砟轨道技术为基础，经过再创新形成了 CRTS Ⅰ 型板式、CRTS Ⅱ 型板式、CRTS Ⅰ 型和 CRTS Ⅱ 型双块式以及道岔区轨枕埋入式、道岔区板式无砟轨道体系，中后期在总结前期无砟轨道研究和工程实践经验的基础上，自主研发了 CRTS Ⅲ 型板式无砟轨道。具体的类型分类见图 5-2。

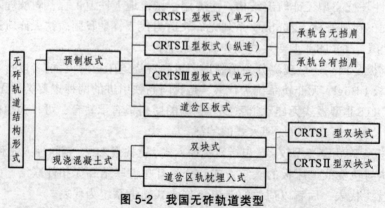

图 5-2 我国无砟轨道类型

由于 CRTS Ⅱ 型双块式无砟轨道的施工工艺复杂，后期反馈出现问题较多，故最终没有出现在我国《高速铁路设计规范》（TB10621—2014）的选型中。

5.1.2 预制道床板式无砟轨道

预制道床板式无砟轨道，简称板式无砟轨道。是在现浇混凝土基础上以乳化沥青砂浆（CA 砂浆）层支承预制轨道板的无砟轨道结构形式。在日本、德国应用较多。日本无砟轨道始终以板式轨道为主，有较为成功的研发及应用经验，最初主要铺设于桥隧等坚实基础上，后又将 A 型板式轨道推广应用到土质路基上。德国无砟轨道首先解决的是土质路基上铺设无砟轨道的问题，其主要结构体系为纵向连续式无砟轨道，如雷达轨枕埋入式无砟轨道、旭普林轨枕压入式无砟轨道，博格板式轨道也传承了德国无砟轨道的连续性特点，在博格板铺设后纵向连接，桥梁上则需采用单元式。板式轨道结构简单、施工方便，特有的砂浆层可在施工过程和病害整治中方便调整轨道板的高低位置，具有较好的可维修性，对基础的适应能力较强。

1. 日本板式轨道

日本板式轨道的研发始于 1965 年。在最初的板式轨道方案中曾根据支承方式的不同提出 M 型（两端支承、方型挡台或 H 型挡台限位）、L 型（条状支承、方型挡台限位）、A 型（全面支承、圆型挡台限位）和 RA 型（短板、凸凹槽限位）四种板式轨道，随着 CA 砂浆的成功研发，最终确定将 A 型板式轨道作为标准型式，分为普通或预应力平板和框架式板。

日本板式轨道由钢轨、扣件、轨道板、CA 砂浆与混凝土基础（底座）组成，如图 5-3 所示，主要的扣件类型有直结 4 型、直结 5 型和直结 8 型弹片式扣件。由于无砟轨道扣件直接将钢轨与混凝土基础联结在一起，轨道几何形位的调整只能通过扣件系统进行，因此无砟轨道扣件结构应具有合理的高低、左右调整能力，并可简便地对施工和维修过程中的线路状态进行调整，以实现高速线路的高平顺性。为实现对轨道板制造与施工偏差以及缓和曲线和竖曲线的精细调整，需在轨下设置可无级调整的充填式垫板，以满足高速铁路对线路高平顺性、刚度均匀性的要求。

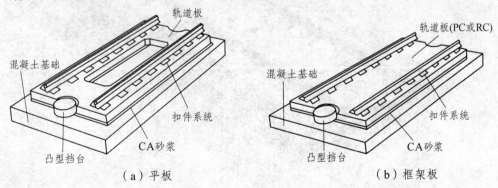

（a）平板 （b）框架板

图 5-3 日本 A 型板式轨道

轨道板由工厂预制，可保证制造质量和精度。一般轨道板的尺寸为 4930 mm × 2400 mm × 190 mm，每一标准 25 m 长的钢轨配置了 5 块轨道板，板间留有 70 mm 的调整缝和伸缩缝，每块板上布置 9 对扣件。板的两端各留有半径为 300 mm 的半圆缺口，与设置在混凝土基床上的凸形挡台相嵌合，以阻止轨道板的纵横向移动。轨道板上还设有定位螺母、起吊螺母、砂浆注入孔等，以满足施工要求。

底座作为板式轨道的基础，其较高精度的施工可获得厚度均匀的 CA 砂浆垫层，保证轨道弹性均衡；曲线超高也需在底座上实现，路基上底座板的设计应能适应下部基础变形的影响。底座上每隔一定间距（大部分为 5 m）设置的圆形或半圆形凸形挡台，固定轨道板的纵横向位置，同时又可作为板式轨道铺设和整正时的基准点。

2. 德国博格板式轨道

博格板式轨道的前身是 1977 年铺设在德国卡尔斯费尔德—达豪试验段的一种预制板式轨道。其结构组成类似于日本新干线板式轨道，吸收了轨枕埋入式无砟轨道整体性好和板式轨道制作和施工方便的优点，进行了包括预应力、结构尺寸、纵向连接等方面的优化改进，采用数控磨床加工预制轨道板上的承轨部位，以高性能水泥沥青砂浆作为板下填充层。

博格板式轨道由钢轨、Vossloh300 扣件、轨道板、BZM 砂浆及下部支承体系（底座或水硬性支承层）等组成，标准轨道板的尺寸为 6 450 mm × 2 550 mm × 200 mm，如图 5-4 所示。

轨道板为横向预应力轨道板，为控制轨道板裂纹不通过扣件锚固点，板上每个枕间（65 cm）设横向预裂缝，铺设完成后通过连接锁件将轨道板纵向连接，轨道板横向设预应力，即使轨道板在假缝处完全开裂形成宽轨枕，也不会影响其承载性能，可靠性较高。

博格板与日本板式轨道相比，博格轨道板的主要特点在于其承轨部位通过对混凝土的机加工保证精度，在保证钢轨、扣件等加工精度的前提下，轨道板一经施工完成即可保证轨道的最终精度，无需经历日本板式轨道充填式垫板的二次调整过程。另外，博格轨道板通过连接锁件连接，可最大限度地减少轨道板自由端数目，对于改善填充砂浆和轨道板受力状态有很大好处，可采用弹性模量相对较高的 BZM 填充砂浆，砂浆的作用主要在于施工调整，并提供纵、横向阻力。

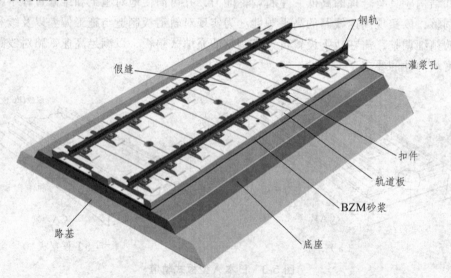

图 5-4　博格板轨道

长桥上博格板式轨道采用长约 4 ~ 6 m 的单元式轨道板，轨道板两端设置向下凸起的限位块，嵌入底座板上的凹槽中，如图 5-5 所示，轨道板长度需与桥梁长度相匹配，为特殊轨道板，以避免轨道板跨越梁缝，为满足无缝线路铺设要求，一般需采用小阻力扣件。而在短框架桥上可采用标准轨道板，轨道板可跨越梁缝布置，在底座板与桥梁之间设置滑动层，以减轻梁轨相互作用，轨道板和底座板两侧设置横向限位装置，保证线路稳定性。为加快施工进度、减小梁轨间的相互作用，博格公司在京津客运专线的桥梁上将框架桥上轨道结构方案推广应用到长桥上，长桥新方案，放弃了长桥上无砟轨道必须设置断缝并在梁端接缝处断开的设计原则。在底座板与桥梁之间设置滑动层以减轻梁轨相互作用，可采用常阻力扣件，避免了钢轨伸缩调节器的设置，轨道板和底座板可同路基上一样采用标准长度轨道板连续铺设，梁端设置泡沫塑料以减轻梁端位移对连续底座板和轨道板的不利影响，如图 5-6 所示。

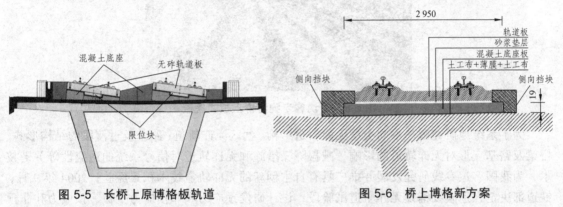

图 5-5　长桥上原博格板轨道　　　　　图 5-6　桥上博格新方案

3．我国板式轨道

我国铁路是从秦沈客运专线狗河特大桥试验段开始系统地研制板式轨道的。试验段铺设的板式轨道，如图 5-7、5-8 所示。轨道系统主要由 60 kg/m 钢轨、wJ-2 型扣件、预制轨道板、CA 砂浆层、钢筋混凝土底座组成。24 m 梁跨内每线布置 5 块轨道板，板间间隙除梁端外均为 70 mm。根据使用要求的不同，轨道板分为 A、B、C 三种类型，A 型轨道板的长度为 4.930 m，B 型和 C 型轨道板的长度为 4.765 m，宽度均为 2.4 m，厚度均为 190 mm。其中，A 型轨道板应用于梁跨中部，B 型轨道板应用于梁跨两端，C 型轨道板用于过渡段无砟轨道设置50 kg/m 辅助轨处。

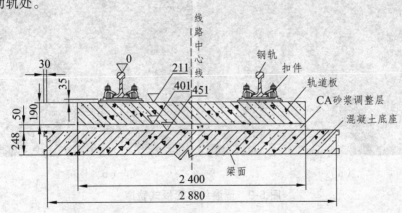

图 5-7　秦沈线板式轨道结构图（尺寸单位：mm）

底座采用 C40 钢筋混凝土，厚度约为 250 mm，双层双向配筋，通过梁体预埋钢筋与梁联为一体。底座上设圆柱形凸形挡台，半径为 250 mm，高度为 250 mm。底座沿线路方向上每隔 5 m 左右设一构造伸缩缝，宽度为 2 cm，用沥青填充。伸缩缝与凸形挡台错开布置。底座与轨道板之间设厚度约为 50 mm 的 CA 砂浆调整层。在与桥头路基相邻的一跨梁上，轨道板与底座之间设置 12 mm 微孔橡胶弹性垫层。

图 5-8　秦沈客专狗河桥上板式轨道

为了系统地研究解决不同类型无砟轨道结构、岔区无砟轨道、路基及过渡段的结构形式、桥梁及路基变形对无砟轨道的影响、减振降噪措施和无砟轨道对信号系统的适应性等关键技术，为我国客运专线研究发展并推广具有自主创新的无砟轨道技术积累经验，2004 年 9 月，铁道部决定在遂渝线铺设无砟轨道试验段，设计研发预应力和非预应力平板、预应力和非预应力框架板及减振板五种轨道板结构，分别铺设于路基、桥梁和隧道中，如图 5-9 所示。在秦沈线的基础上，改进了双向预应力轨道板的预应力体系，采用无粘结后张预应力体系代替原有的有粘结后张体系，有效改善混凝土灌注条件，缩短了预制时间。采用低回缩锚具，减少了预应力损失，提高了预应力效果。预应力平板型主要用于寒冷地区，框架型主要用于温暖地区，实际应用中可根据不同地区气候环境条件进行选型。底座设计为 C40 钢筋混凝土，按底座配筋率≥0.8%进行设计。在遂渝线嘉陵江大桥上还试验铺设了纵连板式轨道，轨道板尺寸及预应力体系基本与单元轨道板相同，纵向连接采用弱连接的方式。

（a）平板型　　　　　　　　　　　　　（b）框架型

图 5-9　遂渝线单元板式轨道

在无砟轨道再创新的研究中，在日本板式轨道和遂渝线板式无砟轨道的基础上，重点解决了 ZPW2000 轨道电路的适应性问题，我国 32 m、24 m 主型简支梁长的匹配性以及轨道部件和材料的国产化问题，形成了自主知识产权的 CRTS Ⅰ型板式无砟轨道系统。CRTS Ⅰ型板式轨道主要分三种板长，分别为 4 962、4 856 和 3 685 mm，宽 2400 mm，厚统一采用 1 900 mm。

分平板型和框架型两种（如图 5-3），配套使用 wJ-7 型扣件，并已成功铺设于武广客运专线武汉综合试验段和哈大客运专线上。

在博格板式轨道结构基础上，进行了 ZPW2000 轨道电路适应性、轨道部件和材料的国产化研究，形成了具有自主知识产权的 CRTSⅡ型板式无砟轨道系统。轨道板分标准板和异型板。标准板结构如图 5-4 所示。标准板长 6.45 m，宽 2.55 m，厚 0.2 m，为横向先张结构，每 65 cm 设 4 cm 深预裂缝（为假缝，如图 5-4）。异型板包括补偿板、特殊板、小曲线半径板以及道岔板等，已成功铺设于京津城际客运专线上和京沪高速铁路等线路。

为了适应中国铁路"走出去"战略的需要，必需提升中国无砟轨道技术的自主创新能力，打造中国无砟轨道的自身品牌。为此，在总结我国既有无砟轨道研究与应用经验的基础上，结合无砟轨道技术再创新的研究成果，研发并铺设了具有完全自主知识产权的 CRTSⅢ型板式无砟轨道，如图 5-10、5-11 所示。

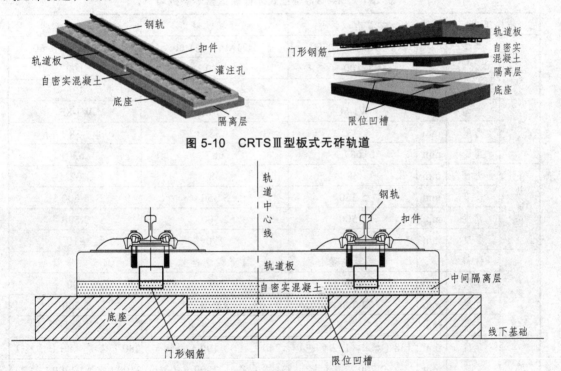

图 5-10　CRTSⅢ型板式无砟轨道

图 5-11　CRTSⅢ型轨道板结构横断面

CRTSⅢ型板式无砟轨道是对既有无砟轨道的优化与集成，其主要创新点是:改变了板式轨道的限位方式、扩展了板下填充层材料、优化了轨道板结构、改善了轨道弹性及完善了设计理论体系等。

（1）板下填充层材料。

Ⅲ型板式轨道通过轨道板板下两排 U 形筋，将内设钢筋网片的自密实混凝土与轨道板可靠连接成复合结构，结构整体性好，可以控制轨道板离缝、翘曲和板下填充层开裂；自密实混凝土与 CAM 填充层相比较，其工艺简单、性能稳定、耐久性好、成本低廉。

（2）板式轨道限位方式。

Ⅲ型板式轨道采用板下 U 形筋 + 自密实混凝土 + 底座凹槽的限位方式，彻底取消了 Ⅰ型板的凸台、Ⅱ型板的端刺等限位方式。同时也取消了作为板下填充层材料用的 CA 砂浆。从而可简化施工工艺，减少环境污染，降低工程投资。

（3）轨道弹性。

轨道板将原用无挡肩板改为有挡肩板，配套弹性不分开式扣件，有利于降低轨道刚度，提高轨道弹性。

CRTSⅢ型板式无砟轨道首先在成灌铁路、武汉城市圈城轨铁路铺设，经优化完善后已在盘营客专、沈丹客专、郑徐客专、京沈客专铁路上推广使用。CRTSⅢ型板式无砟轨道吸收了 CRTSⅠ型板式无砟轨道的优点，采用双向预应力轨道板，可有效控制轨道系统的开裂，同时取消了结构中薄弱的 CA 砂浆层，结构设计满足温暖、寒冷及严寒等不同气候条件下要求，可以适应我国大部分地区的气候环境，早期已铺设区段轨道结构数据见表 5-1。

表 5-1　CRTSⅢ型板式无砟轨道基本参数表

结构组成		单位	成灌市域铁路	武汉城轨铁路	沈丹盘营客专
钢轨	类型		U71Mn（K）60	U71Mn（K）60	U71Mn（K）60
	定尺长	m	100	100	100
	高度	mm	176	176	176
扣件	类型		WJ-8C	WJ-8B	WJ-8B
	高度	mm	38	38	38
	间距	mm	687	687	630
轨道板	承轨槽厚	mm	38	38	38
	长度	mm	5 350	5 350	5 600
	宽度	mm	2 500	2 500	2 500
	厚度	mm	190	190	210
填充层	材料		自密实混凝土	自密实混凝土	自密实混凝土
	厚度	mm	100	90	100
	宽度	mm	2 700	2 700	2 500
	长度	mm	同轨道板长	同轨道板长	同轨道板长
底座	厚度	mm	138（桥）、162（隧）	240（路）、190（桥隧）	280（路）、180（桥隧）
	宽度	mm	2 700（桥）	3100（路）、2900（桥隧）	3100（路）、2900（桥隧）
	长度	mm	1 块轨道板长	路基连续或 4 块板长，桥上 1 块板长，隧道 2～4 块板长	路隧 2～3 块板，桥上 1 块板长
支承层	厚度	mm	238（路）		
	宽度	mm	3 100（路）		
限位方式			板下 U 形筋+底座凹槽或凸台	板下 U 形筋+底座凹槽	板下 U 形筋+底座凹槽
板间连接方式			桥上无连接 路基上用预应力钢棒	路桥隧板间无连接	路桥隧板间无连接
结构高度	路基	mm	780	772	842
	桥梁	mm	680	722	742
	隧道	mm	780	722	742

先期的成灌、武汉城轨、盘营客专、沈丹客专轨道板均采用双向后张预应力体系。铁路总公司在沈丹客专开展了先张预应力体系板的研究，并在郑徐客专建设中发布了《高速铁路CRTS Ⅲ型板式无砟轨道先张法预应力混凝土轨道板暂行技术条件（TJ/GW118-2013）》，首次在郑徐客专采用先张预应力体系轨道板，并在京沈客专使用。又进一步完善了我国的 CRTS Ⅲ型板式无砟轨道体系。

4. 其他形式的板式轨道

（1）浮置板轨道。

浮置板轨道结构（图 5-12）是将无砟轨道支承在弹性支承（橡胶或钢弹簧）上构成质量-弹簧系统，无砟轨道与隧道的仰供或其他基础隔离，这样大大削弱了振动向基础的传入，该轨道多用于城市轨道的地铁和高架桥上。浮置板轨道是隔振效果非常好的轨道结构。钢弹簧支承的浮置板轨道在使用性能和寿命等方面优于橡胶支承。

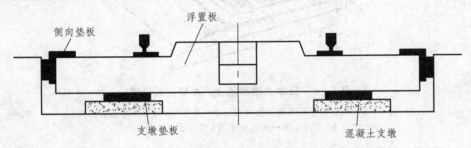

图 5-12　浮置板轨道

我国的香港地铁和广州地铁上采用的是预制式浮置板轨道。在北京城市轨道交通的西直门、东直门段和上海轨道交通的明珠线采用了钢弹簧浮置板轨道。

苏联研究开发出了纵向浮置板轨道，其结构见图 5-13，由纵向浮置板、橡胶垫、道床承台和联结挡板等组成。

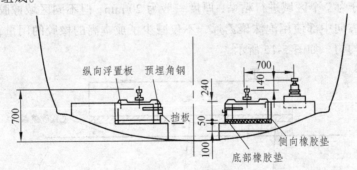

图 5-13　纵向浮置板轨道（尺寸单位：mm）

自 20 世纪 80 年代开始，纵向浮置板轨道先后在莫斯科、基辅和新西伯利亚等城市的地铁中得到采用，效果很好。

日本 20 世纪 80 年代开发了与纵向浮置板轨道相类似的梯形轨枕减振轨道，梯形轨道采用两根混凝土纵梁与钢轨一起构成复合轨道结构，两纵梁间通过设置连接钢管以保证轨道几何形位，纵梁底部和侧面设置点支承型式的橡胶支座，可有效减小轮轨系统引起的下部结构振动。

（2）RA 型板式轨道。

RA 型板式轨道是日本早期铺设于土质路基上的板式轨道，如图 5-14 所示。考虑到土质路基沉降变形较大，板的结构形式和基础处理是重点。轨道板的结构与 A 型轨道板类似，沥青混凝土底座与轨道板之间仍采用约 50 mm 厚的 CA 砂浆层垫，CA 砂浆调节层的厚度视施工质量而定，最小为 40 mm，最大为 100 mm。为方便在基础沉降过大时进行 CA 砂浆填充等的维修工作，轨道板做成小板，每块板上设 4～6 组扣件。基础处理时，在路基面上铺设 300 mm 厚的砾石层，之上用 200 mm 厚的沥青混凝土层代替普通钢筋混凝土，作为轨道板的基础。

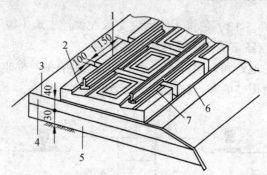

图 5-14 日本土质路基上 RA 型板式轨道

1—钢轨；2—RA 型钢筋混凝土轨道板；3—沥青层；4—沥青混凝土层；
5—砾石；6—水泥砂浆层；7—轨下垫层

（3）G 型防振型板式轨道。

日本铁路在研究防止噪音和减轻振动的轨道形式方面做了大量研究，从 20 世纪 70 年代后期开始，分别试铺了多种形式的减振型板式轨道结构（减振 A 型～减振 H 型），在进行技术、经济分析后，最终将 G 型板式轨道作为标准形式在减振降噪区段推广应用。

G 型防振轨道板的几何尺寸与 A 型轨道板相同，是一种在 A 型轨道板下粘贴橡胶材料的轨道板。橡胶层分为 7 个区域进行粘贴，厚度一般为 20 mm，但不同区域橡胶垫板模量不同，并在轨道板长度方向中部使用泡沫聚乙烯，不仅减少了成本高的橡胶的用量，而且使轨道板的横向应力更为均匀，如图 5-15 所示。

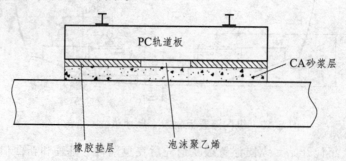

图 5-15 G 型防振型板式轨道

（4）其他国家板式轨道。

由奥地利开发的 0BB—PORR 板式轨道，中间设有两个矩形孔，便于充填砂浆和传递水平力。轨道板底部和矩形孔四周设有隔离层。充填砂浆的同时，可在矩形孔处形成一个锥形锚块，抵抗上拔力作用，如图 5-16 所示。

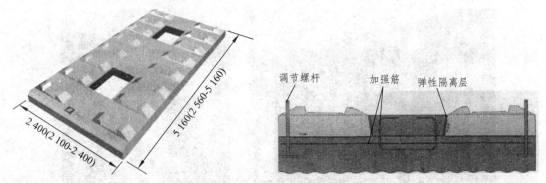

图 5-16　0BB—PORR 板式轨道

　　意大利的 IPA 板式轨道与新干线板式轨道类似。轨道板两端各有一个半圆柱，可插进混凝土底座的预留孔中。自 1984 年以来，在意大利铁路铺设 98 km，其中在 Ro ma—Firenze 高速铁路隧道和桥梁上铺设 5 km。

5.1.3　轨枕埋入式无砟轨道

　　轨枕埋入式无砟轨道是将木枕、普通钢筋混凝土枕、预应力钢筋混凝土枕或其他形式的轨枕埋入现浇的钢筋混凝土道床板中形成的无砟轨道。轨枕埋入式轨道在德国率先被研制和应用。该类无砟轨道具有结构简单、施工方便、整体性好等特点，不足之处是轨道弹性和高低、水平的调整仅靠扣件完成，轨道出现病害时较难整治，对基础的适应性较差。

　　1. 德国雷达、旭普林轨道

　　最早的长枕埋入式无砟轨道于 1970 年铺设于德国的 Rheda 车站，后经不断改进，最后定型而命名为 "Rheda 型" 轨道，现称传统 "Rheda 型"（图 5-17）。之后 "Rheda 型" 轨道不断完善发展，2000 年 7 月新型的 "Rheda2000 型轨道" 轨道（图 5-19）铺设于德国高速铁路的 Leipzig 至 Halle 段。

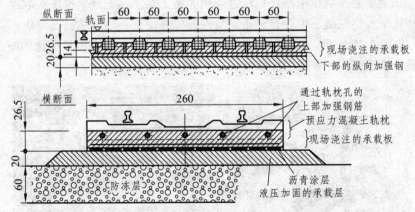

图 5-17　德国路基上的雷达轨道枕

　　雷达 2000 轨道自上而下分别为钢轨、扣件、双块式轨枕、混凝土道床板和下部支承体系（底座或水硬性支承层）等，如图 5-18 和图 5-19 所示。所采用的扣件主要有 Vossloh300 和 Fastclip 扣件。

图 5-18　雷达 2000 型轨枕及轨道施工实景

　　带有桁架钢筋的双块式轨枕为扣件的安装提供了良好的界面，施工和运营过程中可保证钢轨正确的几何形位，轨枕下部伸出的桁架筋有利于提高轨枕与现浇道床板之间的连接性能，提高双块式轨道的疲劳耐久性能。

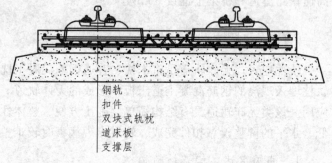

钢轨
扣件
双块式轨枕
道床板
支撑层

图 5-19　雷达 2000 型无砟轨道断面图

　　雷达 2000 轨道的支承体系在土质路基上为水硬性支承层，在桥梁上为钢筋混凝土底座，隧道内则将道床板直接铺设于隧道仰拱回填层之上。水硬性支承层连续铺设，每 5 m 设置一道 1/3 板厚深的假缝。路基上道床板与支承层设计为结合式双层结构，在连续道床板的自由端设置锚梁或连接锚件以增强连接。

　　旭普林轨道于 1974 年开发，与雷达轨道相似，均为水硬性支承层上连续铺设的双块埋入式无砟轨道。二者主要区别在于旭普林轨道采用的施工工艺是先浇筑道床板混凝土，然后通过振动法将轨枕压入到混凝土中，直至达到精确的位置；另外旭普林轨道双块式轨枕的钢筋桁架不外露，如图 5-20 所示。旭普林轨道的研发初衷是寻求一种高度机械化的施工方法，以解决雷达轨道传统手工施工带来的进度慢、成本高的问题。

图 5-20　旭普林型双块式轨枕及轨道施工

2. 我国轨枕埋入式无砟轨道

　　在秦沈客运专线的沙河特大桥上，我国首次采用了预应力钢筋混凝土长枕埋入式无砟轨道。无砟轨道主要由钢筋混凝土底座、防水隔离层、钢筋混凝土道床板、WCK 型预应力钢筋混凝土轨枕、60 kg/m 钢轨及 wJ-2 型扣件组成，如图 5-21 所示。

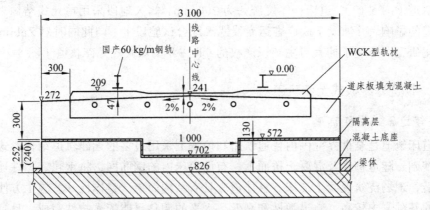

图 5-21 秦沈线桥上长枕埋入式无砟轨道

钢筋混凝底座为宽度 3 100 mm、厚度约 250 mm、长度约 4 000 mm 的现浇 C40 级钢筋混凝土。道床板为宽度 3 100 mm、厚度 300 mm、长约 4 000 mm 的现浇 C40 级钢筋混凝土。道床板与底座之间，设厚度为 1.2 mm 的 TQF-Ⅰ 型防水卷材作为防水隔离层，与桥头路基相邻的一跨梁上，作为桥上无砟轨道与桥头路基上有砟轨道的过渡段，在防水隔离层下设置 12 mm 厚的橡胶垫层。底座通过梁体预埋连接钢筋与梁体相连。道床板上设凸出方柱，楔于底座两端 1 000 mm×700 mm×130 mm 的凹槽内，对道床板的纵横向位移加以限制，确保道床板的稳定性。底座凹槽的侧立面设置 7 mm 厚的普通橡胶缓冲垫层。

遂渝线无砟轨道综合试验段上的双块式轨道铺设于桥涵、隧道、路基及桩板、桩网路基地段，如图 5-22。道床板采用 C40 混凝土，为进行结构对比，开展了道床板连续与不连续以及不同道床板厚度（250、300、350 mm）的对比试验，道床板配筋率为 0.7%左右。路基上双块式轨道为结合式双层结构，支承层混凝土表面通过凿毛处理，增强了道床板与支承层的连接力度。桥上双块式轨道为分离式双层结构，底座为 C40 钢筋混凝土结构。底座通过梁体预埋"门"形钢筋与桥梁相连，底座两端设置了限位凹槽。另外，遂渝线无砟轨道试验段还试铺了岔区长枕埋入式无砟轨道，如图 5-23 所示。

图 5-22 遂渝试验段双块式无砟轨道图

图 5-23 岔区长枕埋入式无砟轨道

在客运专线无砟轨道再创新研究中，在 Rheda2000 轨道和遂渝线双块式轨道的基础上，对 ZPW2000 轨道电路的适应性、路基和桥隧基础上道床板高度的统一、轨道结构纵向连续性以及轨道材料的国产化等问题进行了重点研究，研制了拥有自主知识产权的 CRTS I 型双块式无砟轨道（图 5-19），道床板厚度统一为 260 mm，露天地段采用单元式结构来缓解温度对无砟轨道的影响，并铺设于武广客运专线武汉综合试验段上。与此同时对 Zublin 轨道结构进行了优化研究，研制了拥有自主知识产权的 CRTS II 型双块式无砟轨道（图 5-20）。

5.1.4　现浇道床板式无砟轨道

1. 整体道床式无砟轨道

整体道床轨道是全世界范围内普通铁路和地铁上采用最多的无砟轨道结构形式之一。在坚硬岩石基础、隧道抑拱及混凝土桥面上，布设道床内的钢筋网，将钢轨、扣件连同预制支承块定位后，现场浇筑混凝土道床。整体道床具有结构简单、整体性好、施工方便等优点，但对道床的基础要求较高，轨道弹性和高低、水平的调整只能依靠扣件完成，且一旦出现病害难以整治和修复。依据支承块的不同，整体道床可分为混凝土支承块式、短木枕式及无支承块式整体道床等结构形式。

（1）混凝土支承块式整体道床。

支承块是在工厂预制的钢筋混凝土块体，支承块上的承轨槽根据所采用的扣件类型进行设计。为了使支承块与道床混凝土能紧密连接，支承块底面伸出钢筋，块底面呈人字坡状。

图 5-24 是我国在隧道内铺设的混凝土整体道床，主要由钢筋混凝土支承块（也称短枕）、钢筋混凝土道床、排水设施及隧道基底等部分组成。

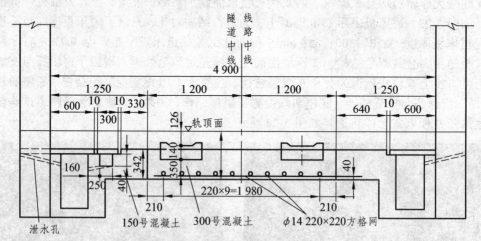

图 5-24　混凝土支承块式整体道床

（2）短枕式整体道床。

① 短木枕式整体道床。

中心水沟短木枕式整体道床用短木枕代替钢筋混凝土支承块的形式，如图 5-25 所示。短木枕式整体道床具有一定的弹性，易于调整轨距和水平，扣件较简单。但短木枕使用寿命较短，且更换困难，因此在普通铁路上已基本不再使用。

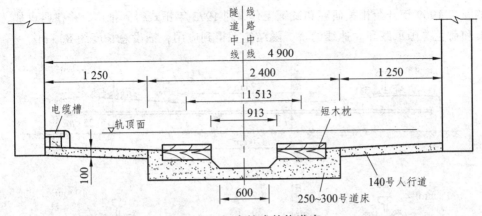

图 5-25 短木枕式整体道床

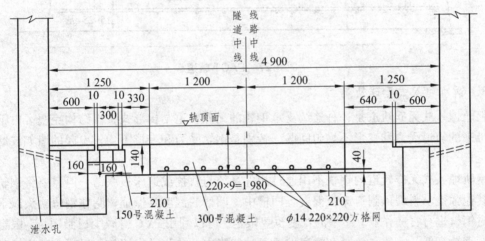

图 5-26 无枕式整体轨道（尺寸单位：mm）

② 塑料短枕式整体道床。

短轨枕利用塑料材质制作，四周及底部还设有橡胶套，具有良好的减振和绝缘性能。国内也曾对这种道床进行过研究，但因造价昂贵，未能实施。奥地利的地铁线路上铺有这种轨道。

（3）无枕式整体道床。

无枕式整体道床亦称整体灌注式轨道，如图 5-26 所示。施工是自下而上进行的，不架设钢轨，而用施工机具把联结扣件的玻璃钢套管按设计位置预埋在道床内，上面做成承轨台，然后再安装钢轨和扣件。整体灌筑式轨道全部为现浇混凝土，整体性强。但施工方法繁琐，机具复杂，进度慢，承轨台抹面精度不易保证

（4）弹性整体道床

在整体道床与结构底座间铺设一层 30 mm 左右厚的弹性绝缘材料与塑料油膏混合物或橡胶沥青混凝土，有的铺设旧轮胎，这种轨道减振效果显著，但造价很高。成都客运站的线路上已铺设该种轨道，整体道床与底座间铺设 50 mm 厚的拆线废旧轮胎制成的颗粒。

2．英国 PACT 轨道

PACT 型轨道将钢轨通过弹性垫层直接铺设在轨道板上，钢轨下为连续的橡胶垫板，在支承道床板浇筑完成后，再在钢轨位置上浇筑混凝土，以获得正确的几何尺寸。如图 5-27 所示。

英国自 1969 年开始相关研究和试铺工作，到 1973 年正式得到推广，并在西班牙、南非、加拿大和荷兰等国重载和高速线的桥、隧结构上得到应用，铺设总长度约 80 km。

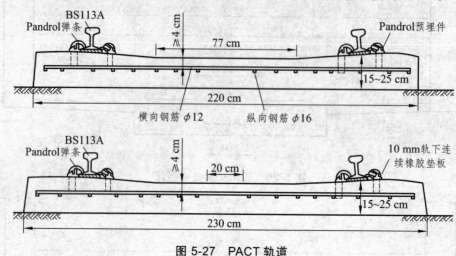

图 5-27 PACT 轨道

3. 钢轨埋入式无砟轨道

钢轨埋入式无砟轨道是一种连续支承钢轨的无砟轨道结构形式，该结构克服了由钢轨点支承带来的轨道受力和变形不均匀问题，特别是钢轨受力和变形不均匀引起的诸如波磨等问题。

钢轨埋入式无砟轨道的钢轨不用通过扣件系统与轨枕或道床板联结，但需要将钢轨用树脂或其他弹性材料埋入到道床板混凝土凹槽中。凹槽的深度要保证树脂在钢轨轨头以下，不妨碍对钢轨进行打磨作业。凹槽的宽度也要限定，可以利用 PVC 管减少树脂用量，限定横向刚度。钢轨高低、方向、轨距和轨底坡要通过树脂中的垫片进行调整。混凝土道床板可以用滑模摊铺机施工，一次成型。

钢轨埋入式无砟轨道常见的有 Edilon 型和 Balfour Beatty 型。

（1）Edilon 型无砟轨道。

Edilon 型钢轨埋入式无砟轨道，是将钢轨全部利用弹性复合材料埋入到混凝土槽中，如图 5-28 所示。

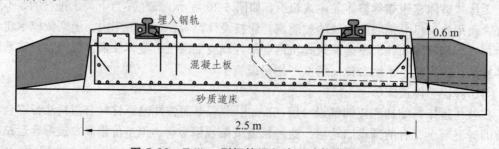

图 5-28 Edilon 型钢轨埋入式无砟轨道断面

Edilon 型无砟轨道有如下优点：

① 建筑高度和重量小；

② 安装不受气候条件限制，安装更换时间短；

③ 轨道弹性可以根据需要调整，具有理想的减振降噪效果；

④ 有理想的电气绝缘性能。

（2）Balfour Beatty 型无砟轨道

与 Edilon 型无砟轨道相比，Balfour Beatty 型无砟轨道主要是钢轨型式和埋入材料的不同。钢轨型式为顶部与底部对称型式，当顶部磨耗不能使用时，可以将底部换过来，继续使用，如图 5-29 所示。

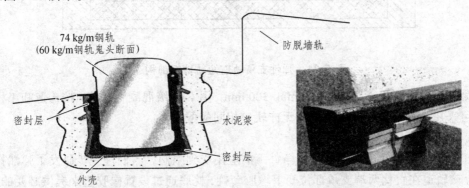

图 5-29　Balfour Beatty 型钢轨埋入式无砟轨道

5.1.5　轨枕嵌入式无砟轨道

轨枕嵌入式无砟轨道，即常说的支承块式或弹性支承块式无砟轨道。

轨枕嵌入式无砟轨道是在双块式轨枕（或两个独立支承块）的下部及周围设橡胶或其他弹性复合材料套靴，轨枕块底部与套靴间设橡胶弹性垫层，在套靴下灌筑混凝土而成型的一种无砟轨道结构形式

（1）弹性短轨枕轨道。

弹性短轨枕轨道又称弹性支承轨道或低振动轨道（LVT），由瑞士发明。

弹性支承轨道由钢轨、扣件、短轨枕、橡胶包套、枕下胶垫、混凝土道床及混凝土底座等组成。短轨枕支承在微孔（或泡沫）橡胶垫上，用橡胶包套把橡胶垫套在短轨枕上，用水泥砂浆把短轨枕连同橡胶包套与道床混凝土粘牢。

图 5-30 是我国弹性支承轨道的断面图，图 5-31 是有关弹性支承块的构造详图。短轨枕为 600 mm×300 mm×220 mm 的 C50 级普通钢筋混凝土预制件。橡胶包套的作用主要是缓解列车横向冲击荷载，包套厚 7 mm，尺寸要求严格，与短枕接触的四周侧面设有沟槽，枕底接触面无沟槽。包套静刚度约为 140～160 kN/mm，使用寿命约 30 年，可维修或更换。

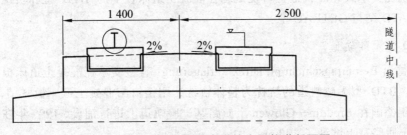

图 5-30　我国秦岭隧道内弹性支承轨道断面图

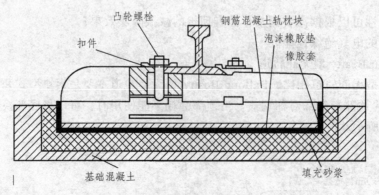

图 5-31 弹性支承轨道短轨枕细部构造

混凝土道床断面尺寸约为 2 400 mm×300 mm，用 C30 级混凝土浇筑，按构造和工程经验配筋，可采用与普通混凝土支承块式无砟轨道相同的配筋。

（2）弹性长枕轨道

由于弹性短轨枕轨道在高速行车条件下的应用受到限制，人们进一步研发了弹性长枕轨道结构。该轨道在轨枕两端支承部位套上橡胶套靴，枕底通过设置橡胶垫来提供必要的弹性，轨枕中间部位不支承，方便对橡胶套靴和枕下橡胶垫的更换，如图 5-32 所示。

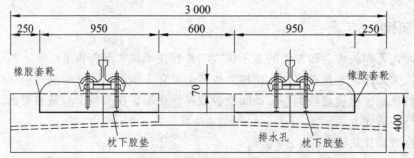

图 5-32 弹性长枕轨道结构示意（单位：mm）

5.1.6 轨枕支承式无砟轨道

轨枕支承式无砟轨道是将预制好的轨枕（包括轨枕块）直接"放置"在混凝土或沥青道床板上的一种结构形式，在概念上最接近有砟轨道结构。混凝土枕为获得精确的轨底坡和轨距提供了保证。在垂直方向，轨枕仅放置在道床板上，在横向和纵向，则通过销钉或锚块提供纵横向阻力。总体上来说，轨枕和道床板都用弱联结，轨枕容易更换。

常见的轨枕支承式无砟轨道有轨枕支承在混凝土道床板上的 BTD 型和轨枕支承在沥青道床板上的 ATD 型与 GETRAC 型。

1. BTD 型无砟轨道

BTD 是德语 Betontragschicht mt Direktauflagerung（直接支承在混凝土道床板上的无砟轨道）的简称。BTD 型无碴轨道的轨枕为整体轨枕，用销钉与混凝土道床板联结，如图 5-33 所示。1993 年德国在 Breddin—Glowen 土质路基试验轨道上进行铺设，1997 年在汉诺威—柏林高速铁路土质路基上试铺了 32 km。

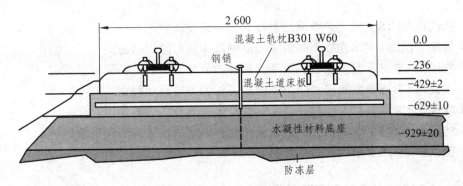

图 5-33　BTD 型无砟轨道横断面图

2．ATD 型无砟轨道

ATD 是德语 Asphalt TragschiCht mit Direktauflagerung（沥青支承轨排结构）的简称。ATD 型无砟轨道的轨枕可以是 2.6 m 长的双块式轨枕，也可以是中间下部留有间隙的整体轨枕。轨枕直接放置在沥青道床板上，靠沥青与轨枕间的摩擦力抵抗纵向作用力，在轨排中间设置 600 mm 宽的抗横向力支座（图 5-34），提供轨道横向阻力。在横向调整好轨排以后，支座与轨枕间用弹塑性材料充填。

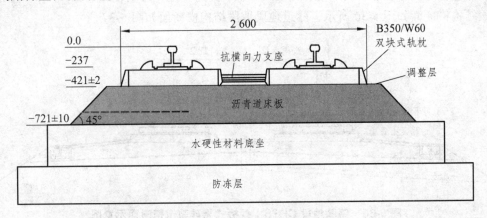

图 5-34　ATD 型无砟轨道横断面图

在纵向，由于仅靠轨枕与沥青的摩擦力难以抵抗纵向作用力，需要在轨枕间充填道砟或采用重型轨枕。1993 年德国在高速铁路 Nantenbach 路基和隧道内铺设了 14.48 km，1994 年在 Leinakanal 路基上铺设了 2.8 km，1997 年在高速铁路 Staffelde 路基上铺设了 10.2 km，1996 年法国在 Strasbourg 铺设了 0.15 km 的试验线路。

5.2　无砟轨道构造

【学习目标】

（1）能说出 CRTS I 型无砟轨道板的主要构造尺寸及预应力筋布置。

（2）能绘图简要说明我国铁路各类型无砟轨道在路基及桥梁地段的主要结构组成。

（3）能说出 CRTS I 型无砟轨道凸形挡台的构造及作用。

（4）能简要说出 CRTS II 型无砟轨道板的钢筋布置与绝缘措施。

（5）能说出 CRTS II 型无砟轨道路基支承层和桥梁底座的主要结构组成。

（6）能说出 CRTS III 型双向预应力无砟轨道板的主要设计特点。

（7）能说出 CRTS III 型无砟轨道自密实混凝土和限位凹槽的作用。

（8）能说出 CRTS I 型双块式无砟轨道路基和桥梁地段道床板构造的异同点。

（9）能说出 CRTS II 型双块式和 CRTS I 型双块式无砟轨道的异同点。

5.2.1　CRTS I 型板式无砟轨道构造

我国的 CRTS I 型板式无砟轨道是在日本高铁 A 型板式轨道技术基础上经过再创新研发而成的，预制轨道板通过水泥沥青砂浆调整层，铺设在现场浇注的钢筋混凝土底座上，由凸形挡台限位，适应 ZPW – 2000 轨道电路的单元轨道板无砟轨道结构型式。

1. I 型板式无砟轨道结构横断面

I 型板式轨道由钢轨、扣件、预制轨道板、乳化沥青水泥砂浆（CA 砂浆）、混凝土凸形挡台及底座板等部分组成，轨下设置充填式垫板，其路基地段结构横断面如图 5-35 所示，桥梁地段结构横断面如图 5-36 所示，隧道地段地段结构横断面如图 5-37 所示。

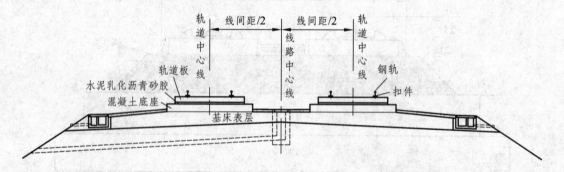

图 5-35　路基地段 CRTS I 型板式无砟轨道横断面示意图

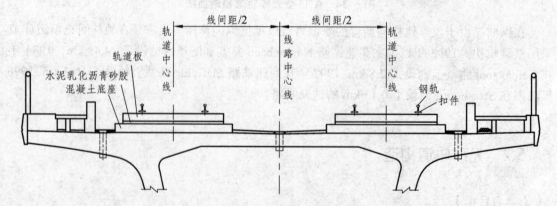

图 5-36　桥梁地段 CRTS I 型板式无砟轨道横断面示意图

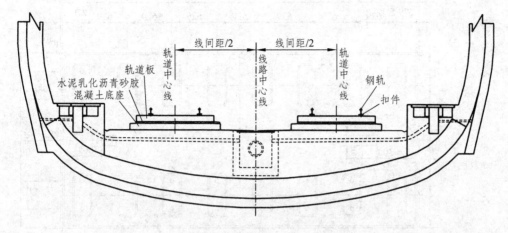

（a）有仰拱隧道

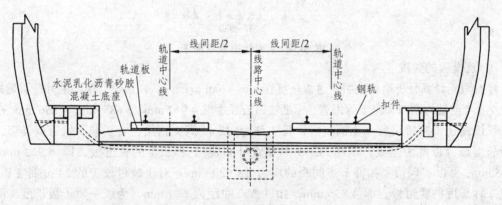

（b）无仰拱隧道

图 5-37　隧道地段 CRTS Ⅰ型板式无砟轨道横断面示意图

　　Ⅰ型轨道板分为预应力平板（P）、预应力框架板（PF）和钢筋混凝土框架板（RF），如图 5-38；按轨道板长度分为 4 962 mm、3 685 mm、4 856 mm 三种。预应力平板及预应力框架板采用双向后张、部分预应力混凝土结构；钢筋混凝土框架板采用普通钢筋混凝土结构；配筋按截面中心对称布置；轨道板内预埋扣件绝缘套管和轨道板起吊用套管，板面设置 20 mm 高的承轨台，有利于扣件周围排水及起道和焊轨作业。

　　考虑到Ⅰ型板式轨道在不同地区、不同环境的使用要求，设计了适用于不同线下基础的预应力平板、框架板、非预应力平板、框架板以及减振板等Ⅰ型板式无砟轨道结构。其中预应力平板主要用于寒冷地区，框架型主要用于温暖地区，实际应用中可根据不同地区气候环境条件进行选型。

　　2. CRTS Ⅰ型板式无砟轨道构造

　　（1）轨道板。

　　预应力平板及预应力框架板混凝土强度等级为 C60，轨道板的尺寸是由轨道板所受的荷载，及制造、装载运输及施工时的可操作性所决定的，如图 5-38 所示。

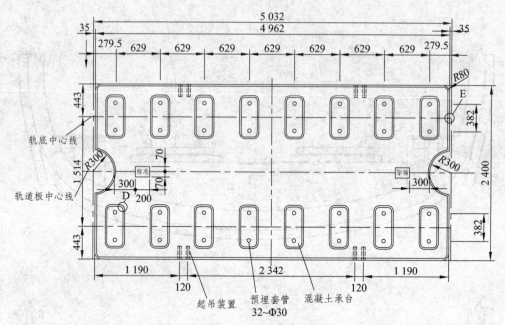

图 5-38　Ⅰ型轨道板平面图

① 轨道板的长度。

经有限元计算分析结果表明轨道板长度在 3 m～6 m 范围内，轨道纵、横向的外荷载弯矩变化较小，考虑结构制造和施工等因素，标准轨道板长度取 4 962 mm、3 685 mm、4 856 mm 三种。

我国高速铁路桥梁所占比例较高，且主型为 32 m 简支箱梁，为了减少轨道板类型，轨道板长度设计以此为基础，单孔 32 m 箱梁设计布置 2 种长度的轨道板，即 4 962 mm 和 3 685 mm，可以实现桥上扣件节点间距的均匀性（629 mm）。对于数量较少的 24 m 简支箱梁，布置一种长度的轨道板，即 4 856 mm，扣件节点间距为 617 mm。为统一轨道板长度，降低制造成本，路基和隧道区段轨道板的标准长度为 4962 mm，相邻轨道板的间隙为 70 mm。对于其他桥梁结构（如连续梁等）上的轨道板长度，可以在标准长度的轨道板基础上，以尽可能减少轨道板类型为原则合理配置，考虑结构设计、制造和施工等因素，轨道板长度一般建议选在 3.5 m～5.5 m 范围间。

例如哈大客运专线标准轨道板包括 P4962、P4856、P4856A、P3685、P4962A 5 种，异型轨道板主要包括 P4856B、P3685B、P5500 3 种。

路基及箱型桥上采用 P4962、P4856、P3685 3 种标准轨道板结合调整板缝进行轨道板布置，除相邻大跨度梁为了减小梁端扣件间距采用异型板的简支梁外，通常 32 m 简支梁轨道板布置采用 1 块 P3685+5 块 P4962+1 块 P3685，24 m 简支梁轨道板布置采用 1 块 P4856A+3块 P4856+1 块 P4856A，各种连续梁及特殊梁跨采用 P4962、P3685、P4856、P4856A 四种标准板结合梁缝调整均可满足轨道板布设要求；4.9 m 桥台上采用 P4856A，5.5 m 桥台上采用P5500 异型轨道板。

② 轨道板的宽度。

轨道板宽度设计需满足结构设计及制造工艺的要求，同时考虑传递列车荷载的有效范围，尽可能减少传递到板下结构的荷载应力及作用在板上的弯矩。轨道板宽度减少，则板上横向正弯矩减小，而纵向弯矩及横向负弯矩将增大。通过理论计算分析，轨道板设计宽度取 2 400 mm。

③ 轨道板的厚度。

轨道板厚度主要由结构强度及配筋要求决定。在结构强度允许的范围内，考虑温度荷载的影响，通过对不同厚度情况下的对比计算分析，轨道板的设计厚度为 190 mm。但在特殊环境气候条件下（如严寒地区），考虑提高其抗冻性和耐久性，可以适当增大轨道板厚度。如哈大客运专线在桥梁和隧道隧道段Ⅰ型板的厚度为 200 mm，并设承轨台厚度为 20 mm。

配合设在底座上的圆形或半圆形凸形挡台，轨道板两端设置半圆形缺口。轨道板半圆缺口直径为 260 mm。

④ 轨道板的配筋。

预应力筋采用了低松弛无粘结预应力钢棒，利用护套包裹方式实现无粘结，护套原材料为改性挤塑型高密度聚乙烯树脂。预应力筋公称直径 13 mm，其抗拉强度不低于 1 420 MPa，屈服强度不低于 1 280 MPa，断裂延伸率不低于 7%。纵向预应力筋对称于板横轴线布置，共4 对 8 根，横向预应力筋沿板纵轴线布置，共 16 根。纵向预应力筋双端张拉，横向单向张拉，张拉端交错布置，预应力钢筋布置如图 5-39 所示。

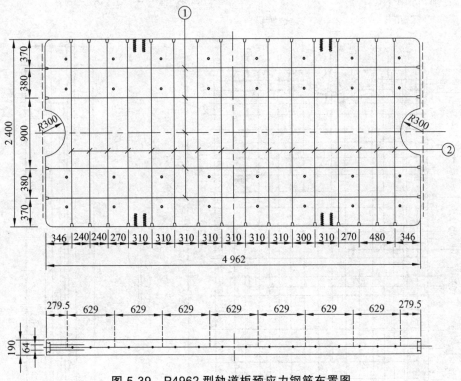

图 5-39 P4962 型轨道板预应力钢筋布置图

轨道板普通钢筋布置如图 5-40 所示。普通钢筋采用Φ12 mm 的Ⅱ级热轧带肋钢筋。纵向普通钢筋、箍筋和架立筋表面进行环氧树脂涂层处理，涂层厚度按 0.18 mm ~ 0.2 mm 进行控制。螺旋筋使用的是低碳冷拔钢丝。若普通钢筋位置与预埋件相碰，可作适当调整；图中"×"为架立筋的位置，可根据需要进行适当移动；⑩为接地筋，采用Φ16 mm 光圆钢筋，其余纵向钢筋均为Φ12 mm 环氧树脂涂层钢筋；⑩钢筋与上层横向钢筋交叉处采用 16 mm "L" 形钢筋焊接；轨道板纵向单侧预埋两个接地端子，端子尾部圆钢与⑩钢筋焊接，焊接采用单面或双面搭接焊工艺，单面焊长度不小于 100 mm，双面焊接长度不小于 55 mm（图 5-40）。

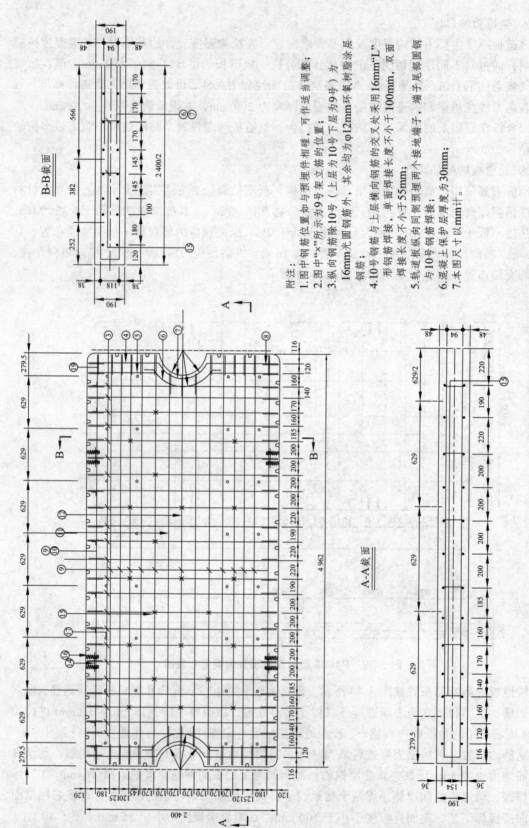

B-B 截面

A-A 截面

附注:
1. 图中钢筋位置如与预埋件相碰，可作适当调整，可作适当调整；
2. 图中"x"所示为9号架立筋的位置；
3. 纵向钢筋除10号（上层为10号下层为9号）为16mm光圆钢筋外，其余均为φ12mm环氧树脂涂层钢筋；
4. 10号钢筋与上层横向钢筋的交叉处采用16mm"L"形钢筋焊接，单面焊接长度不小于100mm，双面焊接长度不小于55mm；
5. 轨道板纵向同侧预埋两个接地端子，端子尾部圆钢与10号钢筋焊接；
6. 混凝土保护层厚度为30mm；
7. 本图尺寸以mm计。

图 5-40　P4962 型轨道板通普钢筋布置图

⑤ 轨道板的绝缘。

Ⅰ型无砟轨道为满足 ZPW2000 轨道电路的要求，轨道板内钢筋需进行绝缘处理。预应力钢棒采用防腐润滑脂及塑料套管隔离，且纵、横向不交叉；锚具绝缘则是通过纵向采用两块独立锚垫板，以保证预应力筋不形成闭合回路（注意：施工中要防止相领两螺旋筋搭接形成回路）；预应力平板内纵向钢筋、4 号横向钢筋、箍筋、架立筋采用环氧树脂涂层钢筋，其余横向采用普通钢筋。

⑥ 轨道板的接地。

无砟轨道接地装置是针对接触网闪络保护的接地措施。参照国外经验，利用无砟轨道板上层局部纵横向结构钢筋，每百米构成一个接地装置，并与综合接地系统单点等电位连接一次，实现对轨旁人员及设备设施的安全防护。桥梁地段的无砟轨道接地连接至防护墙侧面的接地端子，隧道地段的无砟轨道接地连接至电缆槽侧壁的接地端子，路基地段无砟轨道连接至接触网支柱基础侧面的接地端子。

（2）CAM 调整层。

轨道板和底座板之间设置水泥乳化沥青砂浆充填层，它是 CRTSI 型板式无砟轨道的关键组成部分，其性能的好坏直接影响轨道系统的耐久性和日后的养护维修工作量。轨道系统要求充填层砂浆材料需具有良好的力学性能、耐久性能和可施工性，并适于采用袋装灌注法进行施工。

CA 砂浆由水泥、乳化沥青、细骨料和其他添加剂等多种材料组成，主要起施工调整、缓和冲击等功能。

CAM 调整层标准厚度 50 mm，最小厚度 40 mm，最大厚度 100 mm。

（3）凸形挡台及底座。

凸型挡台预埋钢筋与底座上下钢筋网片焊接，与底座用 C40 级混凝土浇筑成一体，底座及凸形挡台钢筋不作绝缘处理，如图 5-41、5-42 所示。

① 凸形挡台。

凸形挡台作为板式轨道的一个重要组成部分，其主要功能是限制轨道板的纵、横向位移，同时可以为轨道板铺设提供测量基准，如图 5-42 所示。

图 5-41　底座及凸形挡台钢筋　　　　图 5-42　施工后的底座及凸形挡台

凸形挡台与轨道板半圆形缺口相匹配，分圆形和半圆形，半圆形挡台一般设在桥梁的端部或板式轨道的末端。凸形挡台的半径一般为 260 mm，高度为 250 mm。间隙一般为 40 mm，需充填弹性好、强度高的树脂材料，以缓冲轨道对凸形挡台的作用。

② 钢筋混凝土底座。

混凝土底座是板式轨道的支承基础，其主要功能一方面修正在无砟轨道施工前下部基础的变形（如桥梁上拱、路基沉降）与施工偏差，另一方面实现曲线地段板式轨道的超高设置。底座宽度需在保证结构强度的前提下，考虑板式轨道的施工设备和机具的使用，桥梁和隧道地段一般为 2.8 m，路基地段一般为 3.0 m；其厚度和配筋需根据下部基础的支承条件和预测变形（如桥梁的跨中挠度、路基承载力及不均匀沉降等）条件计算确定，桥梁和隧道地段基础相对较为坚实，厚度一般采用 200 mm，而路基地段则加厚至 300 mm。在缓和曲线地段，由于其超高是逐渐变化的，底座高度需根据超高变化情况合理设置。

路基、隧道地段底座在纵向每隔 2～4 块轨道板需设置一道伸缩缝，桥梁地段每隔 1 块轨道板需要设置一道伸缩缝，底座伸缩缝宽 20 mm，伸缩缝对应凸形挡台中心并绕过凸形挡台，伸缩缝下部采用聚乙烯发泡板填充，上部 50 mm 范围采用改性沥青软膏封闭；伸缩缝设在行车前进方向，如图 5-43。

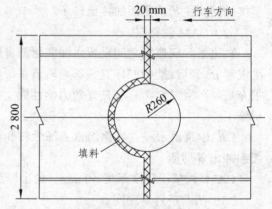

图 5-43　底座伸缩缝平面图

3. CRTS I 型板式无砟轨道超高设置

超高一般在底座上设置，采用外轨抬高方式，并在缓和曲线区段按线性变化完成过渡，即从直缓点至缓圆点超高由 0 mm 直线递增至曲线设计超高值 h，从圆缓点至缓直点超高由设计超高值 h 直线递减至 0 mm。

超高设置需优先满足直通列车旅客舒适度的要求，并兼顾低速跨线列车和中间站起停列车的旅客舒适度的要求。同时，超高设置需考虑接触网电分相设置对列车运行速度的影响。

4．CRTS I 型板式无砟轨道的排水

路基地段 CRTS I 型板式无砟轨道，线间路基面封闭层材料采用沥青混凝土，严寒地区，例如哈大客专改为 C25 纤维混凝土封闭。温暖地区的排水可以采取集水井的方式，如图 5-35 所示；寒冷地区线间排水设计考虑防冻要求，在保证横向排水管畅通、不会因冻胀影响底座结构安全的前提下，可以采取在底座内埋设横向排水管等措施，线间填筑级配碎石，表面混凝土封闭；严寒地区路基地段的 CRTS I 型板式无砟轨道线间排水设计需结合气候条件、线下工程设计情况等系统研究，确保各结构物的安全可靠。

桥梁地段 CRTS I 型板式无砟轨道，由于相邻底座板间伸缩缝过窄（一般为 20 mm）及凸形挡台的阻断作用，无横向排水通道，桥面泄水孔设计需采用三列排水的方式（图 5-36），对于严寒地区，排水管等需考虑增加防冻措施。

隧道里无砟轨道排水如图 5-37 所示。

哈大客运专线处在严寒地区，路基排水设计如下：

（1）路基上轨道线间排水采用在混凝土底座内预埋横向排水管的方式，其中直线地段每隔 30 m 在两线轨道底座各预埋一道内径约 114.3 mm 内壁涂塑钢管，设 1%横向排水坡，如

图 5-44。曲线地段每隔 15 m 在曲线内侧轨道底座预埋一道内径 114.3 mm 内壁涂塑钢管，设有 1%横向排水坡，将水引入曲线内侧路基面，如图 5-45。

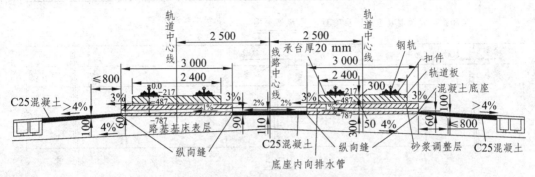

图 5-44　直线路基上轨道排水横断面图

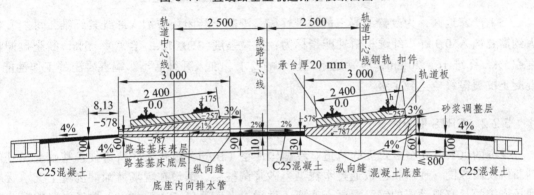

图 5-45　曲线路基上轨道排水横断面图

（2）轨道之间在 C25 混凝土封闭层表面设置高 120 mm（以底座边缘处为准计算）、宽 200 mm 的 C20 混凝土挡水墙，每道排水管设一处，通常设置在底座中部，挡水墙应设在横向排水管下游，与线间混凝土封闭层一次作成，并避开封闭层横向伸缩缝。

线路纵坡大于 3‰时，两线间混凝土封闭层排水坡采用纵向排水坡，线间封闭层厚度不变。线路纵坡为平坡地段或坡度小于 3‰地段，为了保证纵向排水顺畅，应通过调整两线间混凝土封闭层厚度，设置不小于 3‰的纵向排水坡，纵向排水坡采用单面坡，纵向排水坡最低点应在排水管位置。挡水墙设在横向排水管的下游端，以便汇聚线间纵向来水至横向排水管。采取混凝土封闭层顺坡时，挡水墙顶面距离底座底面的距离应与其他地段一致，即为 210 mm（底座边缘处），详见图 5-46。

曲线地段，排水墙顶面高程不应超过底座内侧边缘的高度。

（3）轨道线间及两侧路基表面用 C25 纤维混凝土封闭，其中轨道两侧混凝土厚度由底座处的 60 mm 过渡到路肩 100 mm（过渡段长度≤800 mm）；直线地段轨道之间混凝土厚度在 110～90 mm，混凝土顶面从线路中心至两侧底座设 2‰排水横坡。曲线地段轨道之间混凝土厚度在 130～90 mm，混凝土顶面从线路外侧底座至内侧底座设斜度 2‰的排水横坡。

（4）两线之间及轨道两侧混凝土封闭层沿线路纵向每 3 m 设一道宽 1.2 cm、深 3 cm 的横切缝，横缝上部开槽，采用热沥青灌注；无砟轨道底座设置宽 1.2 cm 的纵向缝，纵缝上部 30 mm 采用热融改性沥青软膏灌注，下部采用聚乙烯泡沫板填充。

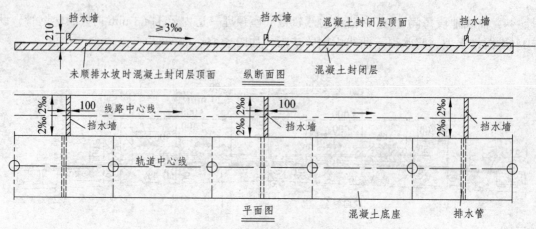

图 5-46 路基上混凝土封闭层及挡水墙示意图

（5）严寒地区，为改善混凝土的抗裂性能，混凝土封闭层应加入纤维素纤维，每立方米大约需要加入 0.9 kg。纤维材料性能指标为：抗拉强度>750 MPa，含水率<5%，断裂拉伸长度<15%，纤维 16~20 μm，应满足相关技术的要求。加入纤维后不影响混凝土的工作性能，混凝土抗裂等级应达到Ⅰ级。

5.2.2　CRTSⅡ型板式无砟轨道

我国的 CRTSⅡ型板式无砟轨道是在德国博格（Bögl）板式无砟轨道技术基础上经过再创新研发而成的，预制轨道板通过水泥沥青砂浆调整层，铺设在现场摊铺的混凝土支承层或现场浇筑的具有滑动层的钢筋混凝土底座（桥梁）上，适应 ZPW-2000 轨道电路的连续轨道板无砟轨道结构型式。

轨道板分标准板和异型板。标准板结构如图 5-4 所示。标准板长 6.45 m，宽 2.55 m，厚 0.2 m，为横向预应力混凝土结构。

标准板纵向分 20 个承轨台，承轨台设计适应于有挡肩扣件（VOSSLOH 扣件、WJ8C 扣件），承轨台打磨处理，横向设 0.5%排水坡，经过打磨后确定了其在线路上唯一位置属性，所以每一块板都有各自的顺序编号。异型板包括补偿板、特殊板、小曲线半径板以及道岔板，其中补偿板、特殊板、小曲线半径板均在标准板基础上发展变化而来，与标准板有着类似的结构特点，分别用于补偿调整线路长度、道岔前后过渡、曲线半径小于 1 500 m 地段。道岔板是单独设计的道岔区轨道板。

1. 路基上 CRTSⅡ型板式无砟轨道

（1）结构组成。

路基上 CRTSⅡ型板式无砟轨道系统结构由钢轨、扣件、预制轨道板、砂浆调整层及混凝土支承层等部分组成，如图 5-47 所示。路基上 CRTSⅡ型板式无砟轨道的轨道板、支承层为纵向连续结构，整体性、稳定性好。直线地段路基基床表面设 0.5%的人字坡；曲线地段轨道各组成部分高度均不变，超高在基床表层设置。

与桥上Ⅱ型轨道相比，不设滑动层、侧向挡块、硬泡沫塑料板、摩擦板、端刺。

（2）轨道板构造尺寸。

CRTSⅡ型板式无砟轨道的轨道板为单向预应力混凝土结构，混凝土强度等级为 C55，横向设置预应力，采用先张法生产工艺，每块板混凝土用量 3.45 m³，板重约 8.6t，纵向通过 6 根 Φ20 的精轧螺纹钢筋连接。每块标准轨道板上设 10 对扣件，扣件节点间距 0.65 m，相邻扣件节点间的板顶面设置深度为 40 mm 的预裂缝，相邻预裂缝距离为 0.65 m。路基、桥隧地段标准轨道板长 6.45 m，宽 2.55 m，厚 0.2 m。轨道板上设有 1、2 型承轨台，如图 5-48 所示。

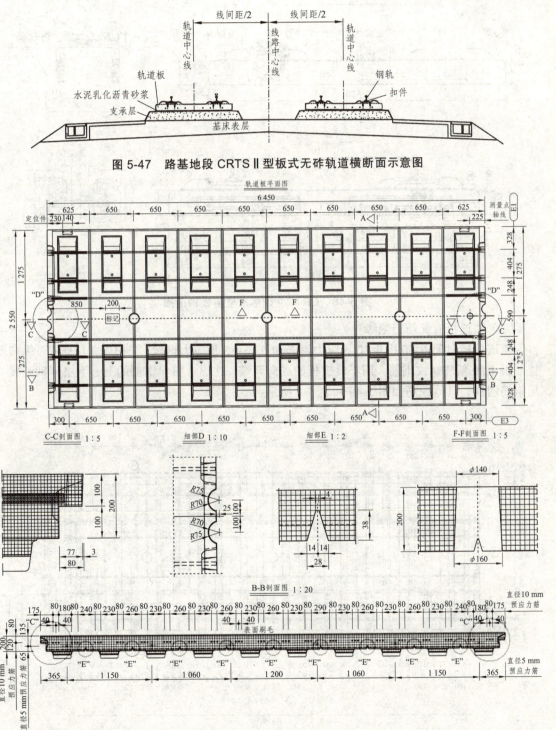

图 5-47 路基地段 CRTS Ⅱ 型板式无砟轨道横断面示意图

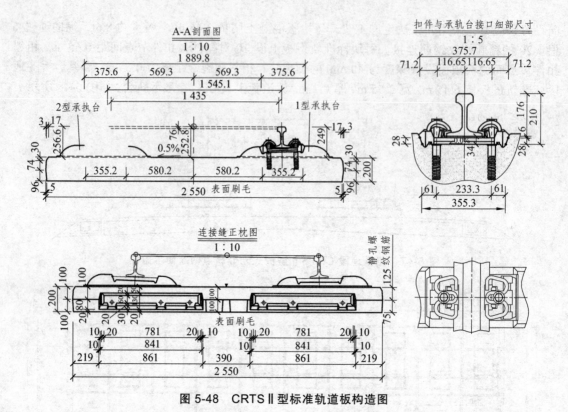

图 5-48　CRTS Ⅱ 型标准轨道板构造图

（3）轨道板的配筋与绝缘。

轨道板横向配置 60 根 Φ10 预应力钢筋和 6 根 Φ5 预应力钢丝，采用先张法张拉。纵向配置 6 根 Φ20 精轧螺纹钢筋，用于轨道板的纵向联结。在纵、横向钢筋的上、下层分别配置一层钢筋网片，具体配筋如图 5-49 和表 5-2 所示。

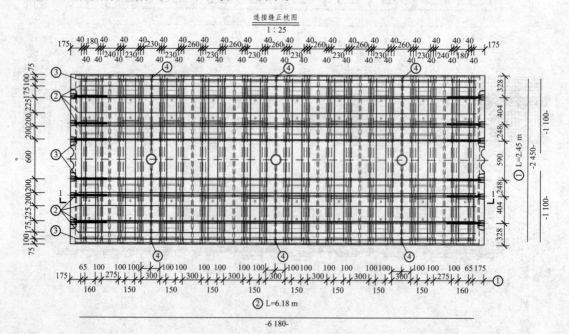

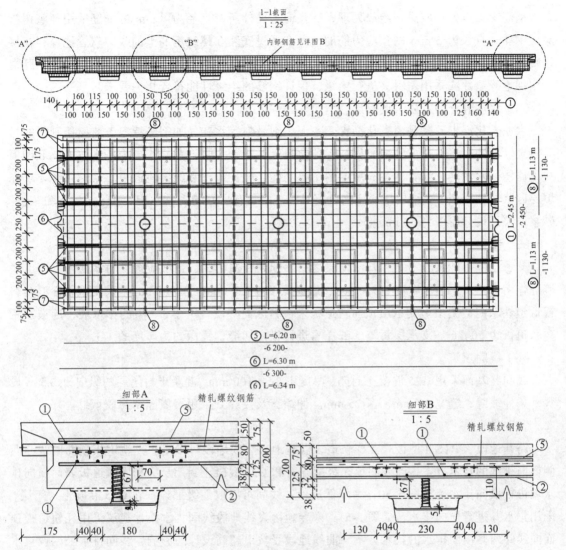

图 5-49　CRTSⅡ型标准轨道板配筋图

表 5-2　CRTSII 型标准轨道板配筋表

下层钢筋编号	根数	Φ (mm)	L (mm)	备注	上层钢筋编号	根数	Φ (mm)	L (mm)	备注
1	86	8	2450	HRB500 级钢筋	5	8	8	6200	HRB500 级钢筋
2	8	8	6180	HRB500 级钢筋	6	2	8	6300	HRB500 级钢筋
3	1	16	6130	HRB335 级焊接接地端子钢筋	7	4	8	6340	HRB500 级钢筋
3	4	16	6180	HRB335 级普通接地钢筋	8	6	8	1130	HRB500 级钢筋
4	6	8	1100	HRB500 级钢筋	6	5		2550	预应力钢筋
	60	10	2550	预应力钢筋	6	20			精轧螺纹钢筋

钢筋交叉点处均应进行绝缘处理，除预应力筋外所有直径为 8 mm 的横筋采用环氧树脂涂层钢筋；直径为 5 mm 的预应力筋的交叉点通过安装在螺纹钢筋上的收缩软管绝缘；在接地端子附近，直径为 16 mm 的接地钢筋与横向钢筋间的绝缘处理，可根据钢筋焊接的实际情况增加绝缘垫片或采用塑料夹进行绝缘，保证钢筋的绝缘性能符合相关要求。

（4）水泥乳化沥青砂浆调整层。

水泥乳化沥青砂浆是由乳化沥青、水泥、细骨料、水和外加剂经特定工艺搅拌制得的具有特定性能的砂浆，其主要组成材料有乳化沥青、干料、水、减水剂、消泡剂。CRTS Ⅱ型板式无砟轨道水泥乳化沥青砂浆充填层的主要功能是施工调整和约束轨道板。轨道系统要求充填层砂浆与轨道板、支承层与底座间良好粘结，需具有良好的力学性能、可施工性和耐久性。砂浆调整层设计厚度为 30 mm。

（5）支承层。

支承层位于砂浆充填层和基床顶层之间，起到传递荷载、扩散应力、协调变形、刚度过渡等作用。支承层顶面宽度 2 950 mm，底面宽度 3 250 mm，厚 300 mm，采用水硬性混合料或低塑性水泥混凝土。支承层顶面轨道板未覆盖区向外设置不小于 4% 的排水坡，起坡点距离轨道板边 50 mm。支承层每隔 5 m 左右进行横向切缝，缝深约为厚度的 1/3。

（6）线间填筑。

线间路基面采用 C25 混凝土封闭，厚度不小于 100 mm，混凝土封闭层的纵向每 2.5 m 设置一条伸缩缝，缝宽 10 mm，深 25 mm。伸缩缝及接缝处采用聚氨酯密封胶填缝。

（7）排水。

路基地段 CRTS Ⅱ型板式无砟轨道，温暖地区直线地段可以采用经轨道板顶面向线路两侧横向排水的技术方案，即线间填充级配碎石和 C25 混凝土封闭层，利用轨道板表面横向排水坡进行横向排水，如图 5-50；为降低造价，线间可以取消级配碎石和 C25 混凝土封闭层，采用集水井进行横向排水，如图 5-51；寒冷地区直线地段线间排水设计建议采用经轨道板顶面向线路两侧横向排水的技术方案。曲线地段受轨道超高设计的影响，线间排水采用设集水井的横向排水技术方案，如图 5-52。

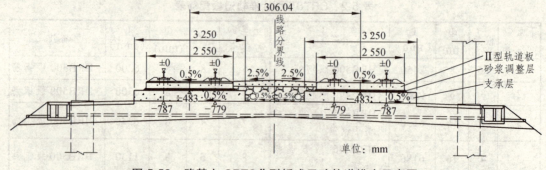

图 5-50 路基上 CRTS Ⅱ型板式无砟轨道排水示意图

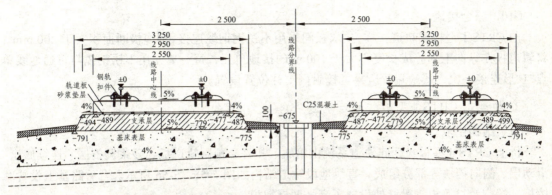

图 5-51　直线地段 CRTS Ⅱ 型板式无砟轨道集水井排水

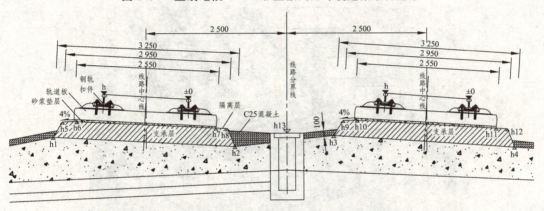

图 5-52　曲线地段 CRTS Ⅱ 型板式无砟轨道集水井排水

（8）灌浆孔填补。

灌注孔内砂浆与混凝土间插入一根 HRB335Φ6 的 S 形钢筋，以加强混凝土与砂浆之间的连接，并用 C55 混凝土进行灌筑，如图 5-53。

（9）轨道板接缝。

轨道板通过纵向精轧螺纹钢筋连接，能够较好地控制板端伸缩、翘曲变形，提高行车舒适度。接缝处采用 C55 混凝土和 HRB500 钢筋，钢筋节点间进行了绝缘处理，如图 5-54。

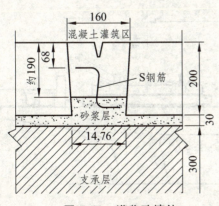

图 5-53　灌浆孔填补

图 5-54　轨道板纵连

（10）综合接地。

与 CRTS I 型板式轨道一样,要求板间采用不锈钢钢缆连接,钢缆横断面积大于 200 mm^2; 将轨道板在纵向上划分成长度不大于 100 m 的接地单元,每一单元用不锈钢缆与贯通地线单点"T"形连接一次,接地端子应靠近接触网支柱位置设置。

2. 桥梁上 CRTS II 型板式无砟轨道

（1）结构组成。

桥上 CRTS II 型板式无砟轨道系统由钢轨、扣件、预制轨道板、砂浆调整层、连续底座、滑动层、侧向挡块等部分组成,直线地段轨道结构如图 5-55、5-56 所示。台后路基上设置摩擦板、端刺及过渡板,梁缝处设置了高强度挤塑板。

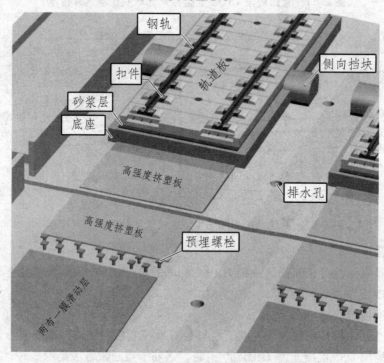

图 5-55　桥上 CRTS II 型板式无砟轨道结构组成示意图

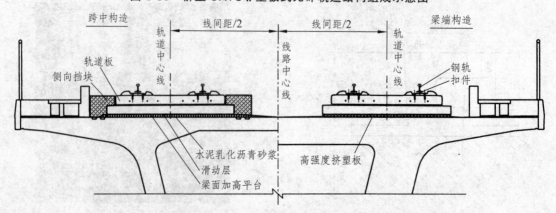

图 5-56　桥上 CRTS II 型板式无砟轨道横断面示意图

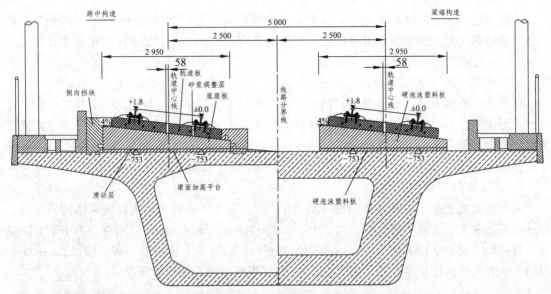

图 5-57 曲线桥梁地段 CRTSⅡ型板式无砟轨道横断面图

（2）轨道结构尺寸。

轨道结构高度在直线地段为 679 mm，曲线超高 180 mm 地段轨道结构高度为 753 mm，其余超高地段，轨道结构高度按线性内插计算确定。超高在底座上设置，如图 5-57 所示。

轨道板宽度为 2 550 mm，厚度为 200 mm，标准轨道板长度为 6 450 mm，异型轨道板（补偿板）长度根据具体铺设段落进行合理配置。

砂浆调整层的设计厚度为 30 mm。

底座宽度为 2950 mm，直线地段的平均厚度为 200 mm，曲线地段要根据超高设计情况计算确定，最大厚度约 500 mm，最小厚度约 180 mm。全桥采取纵向连续铺设的方式。

（3）底座的构造。

底座是桥上 CRTS Ⅱ型板式无砟轨道结构的主要受力构件，是纵贯全桥的连续钢筋混凝土板带结构，前后终点通过摩擦板和端刺与路基连为一体，梁上通过固定齿槽与梁体形成剪切连接，底座与梁面之间设两布一膜滑动层，与摩擦板之间设两层土工布，梁端设高强度挤塑板。其结构特点是形成纵向连续结构，轨道板可以连续铺设，减少了异型轨道板的规格和数量，改善了钢轨受力状况，取消了钢轨伸缩调节器。如图 5-58 所示。

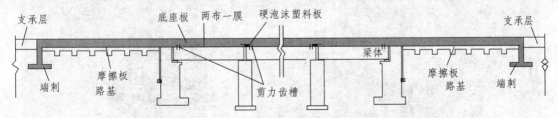

图 5-58 桥上 CRTS Ⅱ型板式无砟轨道底座结构示意图

① 底座的尺寸精度要求。

底座宽 2 950 mm，采用 C30 混凝土浇筑，精度要求：顶面高程 ±5 mm，中线 10 mm，宽度 0～+15 mm，厚度 ±20 mm，顶面平整度 7 mm/4 m。

底座板内采用 HRB500 级钢筋，一般地段的直线区域设置 58 根直径 16 mm 的钢筋，曲线地段及特殊工点配筋量根据计算确定，最大钢筋直径为 20 mm，加强区段钢筋直径最大为 25 mm，按无绝缘的标准设计。

② "两布一膜"滑动层。

桥上底座连续铺设，通过设置"两布一膜"滑动层，减小桥梁与轨道间的相互作用，可取消大跨度桥梁上的钢轨伸缩调节器，减少养护维修工作。滑动层由聚丙烯土工布、高密度聚乙烯薄膜、聚丙烯土工布组成，宽 2.95 m，滑动摩擦系数不大于 0.35，使用寿命不小于 60 年，如图 5-59 是"两布一膜"施工场景图，图 5-62 是"两布一膜"结构示意图。

③ 高强度挤塑板。

通过在梁缝处设置高强度挤塑板（图 5-60），以减小梁端转角对无砟轨道结构的影响。材质为挤塑聚苯乙烯泡沫塑料板，宽 2.95 m，长 1.45 m，厚 50 mm，使用寿命不小于 60 年。

目前梁面设置 3.10 m 宽、6.5 cm 高的加高平台，梁端各 1.45 m 长范围，预留 5 cm 深的凹槽，供嵌入硬泡沫塑料板用（图 5-60、5-62），以保证桥上底座板等厚。

图 5-59 两布一膜施工图

图 5-60 挤塑板施工图

④ 剪力齿槽。

一般情况下，在桥梁固定支座上方的梁面上设剪力齿槽结构，如图 5-61、5-62。以便将制动力和温度力及时传递至桥墩上。避免轨道内力过大，同时减小梁轨间的相互作用。

图 5-61 剪力齿槽与剪力钉

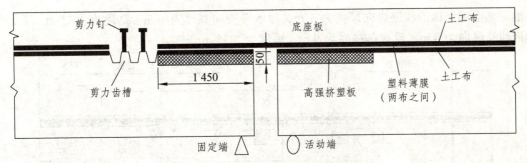

图 5-62　两布一膜结构示意图

⑤ 侧向挡块结构。

侧向挡块主要由限位板、挤塑板、剪力钉、锚固钢筋、C35 钢筋混凝土等几部分组成，如图 5-63、5-64。侧向挡块的作用是对轨道进行横向限位。侧向挡块采用 C35 混凝土，HRB335钢筋。侧向挡块上宽下窄，其中不受底座偏移影响的侧向挡块上宽 590 mm，下宽 400 mm；几何尺寸随轨道高度的不同而变化；顶面自轨道板上边缘向线路外侧成 2% 的排水坡。侧向挡块内限位板为两块钢板夹一层橡胶板的结构。其中与底座接触的钢板应选用不锈钢材质，厚度 1.2 mm；与侧向挡块接触的钢板采用热镀锌钢板，厚 5 mm；橡胶板厚度为 11 mm。侧向挡块与轨道板、底座相接的非限位板区域填以硬泡沫材料，厚度分别是 20 mm 和 10 mm。

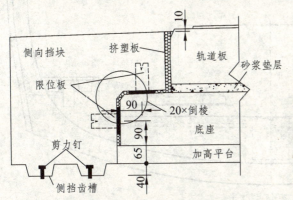

图 5-63　侧向挡块结构示意图

图 5-64　施工后侧向挡块效果图

（4）排水。

桥上采用三列排水的方式。支承层顶面轨道板未覆盖区向外设置 2% 的排水坡，起坡点距离轨道板边 50 mm。侧向挡块上表面向轨道外侧设置 2% 的排水坡。靠近防护墙一侧的两侧向挡块间至少应有一个泄水孔，以确保梁面不积水。在有线路纵坡地段，泄水孔至较低侧向挡块间施做防水层时应做好排水反坡，保证泄水孔标高在两侧向挡块间时为最低。

（5）台后摩擦板和端刺结构。

为平衡桥梁底座混凝土纵向力，桥台后采用了摩擦板及端刺结构，作为桥梁与路基之间的过渡，如图 5-65 所示。摩擦板上轨道结构与桥梁上略有不同，底座混凝土与摩擦板之间采用单层土工布，底座板终端与端刺结构采用剪切联结的方式。

摩擦板的作用是使桥上轨道的纵向力通过底座与摩擦板间的摩阻力由摩擦板传递给过渡段填料体，宽度一般为 9 m，厚度为 0.4 m，长度根据不同桥梁结构通过计算确定；端刺与底座板剪切连接，起到"锚固纵向力"的作用，即将过渡段终端的纵向力传递给后边的路基。

标准端刺上部结构沿线路纵向厚度为 1 m，没线路横向宽度为 9 m，高度为 2.75 m；下部结构沿线路纵向为 8 m，没线路横向为 9 m，厚度为 2.75 m。

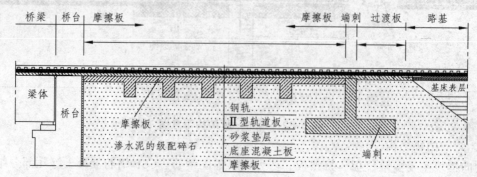

图 5-65　摩擦板与端刺结构示意图

3. 隧道地段 CRTS Ⅱ 型板式无砟轨道

隧道地段 CRTS Ⅱ 型板式无砟轨道主要由钢轨、配套扣件、预制轨道板、砂浆调整层及混凝土支承层等部分组成，如图 5-66 所示。

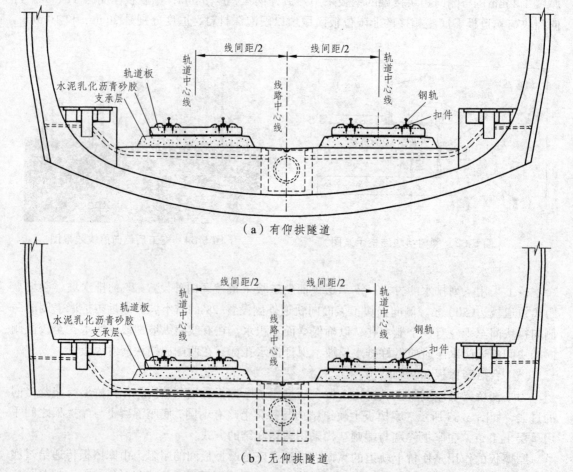

（a）有仰拱隧道

（b）无仰拱隧道

图 5-66　隧道地段 CRTS Ⅱ 型板式无砟轨道横断面示意图

轨道板全部采用长度 6 450 mm、宽度 2 550 mm 的标准轨道板，且连续铺设。水泥乳化沥青砂浆设计厚度为 30 mm。支承层结构与路基相同，直线地段厚度为 300 mm。支承层采用低塑性水泥混凝土时，曲线超高可在支承层设置；支承层采用水硬性混合料时，曲线超高应在仰拱回填层（有仰拱隧道，图 5-66a）或底板（无仰拱隧道，图 5-66b）上设置。支承层上设置假缝（伸缩缝），假缝间隔约 5 m。线间及线路两侧设排水沟，排水利用线路纵坡、集水井实现。

5.2.3　CRTS Ⅲ 型板式无砟轨道

CRTS Ⅲ 型板式无砟轨道是在总结几种国产无砟轨道技术和经验的基础上，研发出的一种结构安全可靠、经济合理、施工方便、便于维修，且具有自主知识产权的新型无砟轨道结构。

1. 轨道结构组成

CRTS Ⅲ 型板式无砟轨道由钢轨、扣件、预制轨道板、配筋的自密实混凝土、限位凹槽、中间隔离层（土工布）和钢筋混凝土底座等部分组成（图 5-67），在线路上每块轨道板均和设计里程一一对应。目前，我国 CRTS Ⅲ 型无砟轨道实现了设计、制造、施工的一体化、自动化和高精度化。

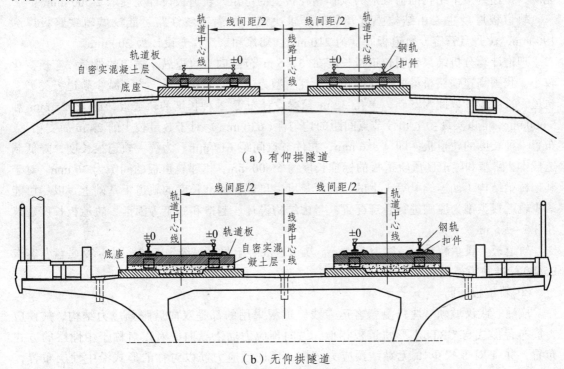

（a）有仰拱隧道

（b）无仰拱隧道

图 5-67　路基和桥梁地段 CRTS Ⅲ 型板式无砟轨道横断面示意图

（1）钢轨。

采用 60 kg/m、100 m 定尺长钢轨，无螺栓孔 U71MnG 新轨。

（2）扣件。

CRTS Ⅲ 型板式无砟轨道采用有挡肩 WJ-8 型扣件系统，为减小轨道精调工作量，并为运营阶段养护维修提供充足的调整空间，曲线区段轨道板采用了模板挡肩调整技术，并可通过轨道板一维（水平）、二维（垂直和水平）可调模板承轨部位的调整实现曲线轨道板的一次制造精度。

（3）轨道板。

轨道板与自密实混凝土间的连接方式采用"门"型钢筋的方式。在轨道板下设置"门"型钢筋，轨道板与自密实混凝土很好地连接为一整体，轨道板与自密实混凝土就形成一个整体结构，效果图见图 5-68。

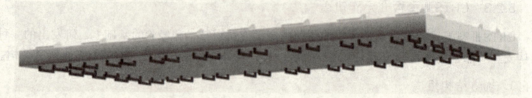

图 5-68　CRTS Ⅲ 型轨道板三维效果图

① 轨道板尺寸。

轨道板宽度需满足结构设计及制造工艺要求，同时考虑传递列车荷载的有效范围，尽可能减少传递到板下结构的荷载应力及作用在板上的弯矩，轨道板设计宽度取 2 500 mm。

轨道板厚度主要由结构强度及配筋要求决定。成灌市域铁路、武汉城轨铁路板厚为 190 mm，沈丹盘营客专轨道板厚度为 210 mm，郑徐和京沈客专设计为 200 mm。

理论计算分析结果表明轨道板长度在 3～6 m 范围内，轨道纵、横向的外荷载弯矩变化较小。我国高速铁路桥梁所占比例较高，且主型为 32 m 简支箱梁，为了减少轨道板类型，轨道板长度设计以此为基础，单孔 32 m 箱梁设计布置 2 种长度的轨道板，即 4 925 mm 和 5 600 mm，可以实现桥上扣件节点间距的均匀性（630 mm）。对于数量较少的 24 m 简支箱梁，布置一种长度的轨道板，即 4 856 mm，扣件节点间距 617 mm。为统一轨道板长度，降低制造成本，路基和隧道区段轨道板的标准长度为 5 600 mm，相邻轨道板的间隙为 70 mm。对于其他桥梁结构（如连续梁等）上的轨道板长度，可以在标准长度的轨道板基础上，以尽可能减少轨道板类型为原则进行合理配置。考虑结构设计、制造和施工等因素，轨道板长度建议在 3.5～5.5 m。

轨道板上设承轨台，高度为 38 mm。轨道板混凝土强度等级为 C60。图 5-69 是盘营客专 P5600 标准轨道板型式尺寸图。

② 轨道板配筋。

成灌、武汉城轨、沈丹盘营客运专线轨道板采用的都是双向后张预应力结构，其预应力筋布置形式与 CRTS Ⅰ 形轨道板相似，纵向预应力筋①纵向成对以对称于中性层的方式布置，共 4 对 8 根 Φ13 无黏结预应力钢棒；横向预应力筋以对称的形式沿中性层布置，共 12 根 Φ13 无黏结预应力钢棒。纵向预应力筋双端张拉，横向单向张拉，张拉端交错布置，预应力钢筋布置如图 5-70 所示。

在后张预应力轨道板规模化工程应用的基础上，我国铁路相关部门又研发了双向先张预应力体系轨道板，其结构设计特点为：按部分预应力结构设计；采用混合配筋的方式提高结构整体性；预应力筋端部通过设置锚固板的方式减小预应力传递长度并防止轨道板劈裂；预应力筋端部不露出轨道板侧面而提高结构耐久性。

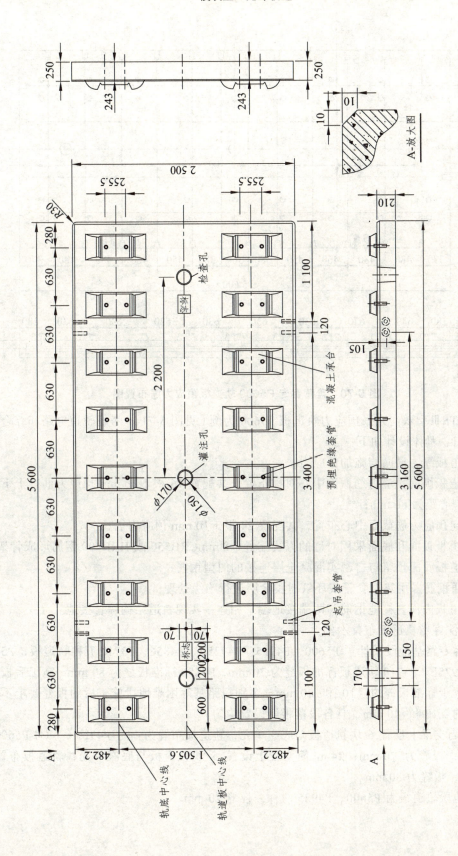

图 5-69　盘营客专 P5600 轨道板型式尺寸图

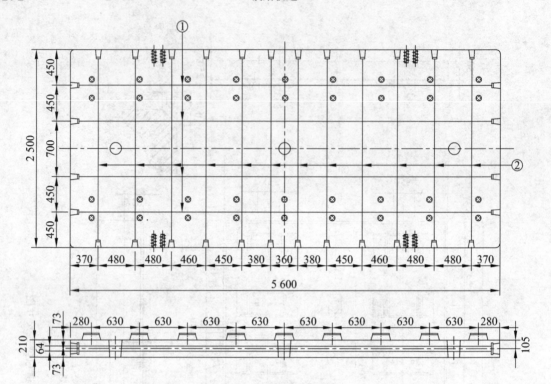

图 5-70　盘营客专 P5600 轨道板预应力筋布置图

以 CRTSⅢ型双向先张预应力轨道板 P5600 为例（见图 5-71），考虑轨道电路和综合接地等相关接口，具体设计如下：

a. 轨道板纵、横向均施加预应力；

b. 轨道板纵向预应力筋截面中心对称布置，共配置 16 根 φ10 mm 预应力筋，上下两层各 8 根，中心距为 80 mm；

c. 横向预应力筋截面中心布置，共配置 24 根 φ10 mm 预应力筋；

d. 轨道板顶面和底面采用对称的方式配置 φ8 mmCRB550 或 HRB400 钢筋形成骨架；

e. 轨道板底面预留与自密实混凝土层连接的门型钢筋；

f. 普通钢筋采用热缩套管或环氧树脂涂层进行绝缘处理；

g. 轨道板内设置接地钢筋与两端接地端子相连，实现轨道结构综合接地。

③ 京沈客专轨道板布置示例。

京沈客专路基地段设计了 P5600、P4925、P4925B、P4856、P3710 五种轨道板，P5600、P4925、P4925B、P3710 轨道板标准板缝为 70 mm，P4856 标准板缝为 80 mm，施工后板缝一般要求不大于标准板缝的 − 10 和 +20 mm，个别短路基等困难地段施工后的板缝要求不大于标准板缝的 − 10 和 +40 mm，且各段落板缝设置均匀。

32 m 简支梁上设置 6 块轨道板与底座单元，轨道板布置为：（1-P4925）+（4-P5600）+（1-P4925），板缝为 70 mm；24 m 简支梁上设置 5 块轨道板与底座单元，轨道板布置为：（5-P4856），板缝为 80 mm。

隧道地段轨道板为 P5600、P4925 两种，板缝 70 mm。

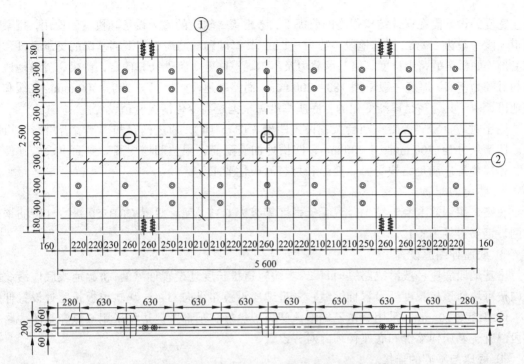

图 5-71　我国开发的先张法Ⅲ型轨道板预应力钢筋布置图

（4）自密实混凝土和限位凹槽。

轨道板和底座板之间设置了自密实混凝土层，它是 CRTSⅢ型板式无砟轨道的关键组成部分，其性能的好坏直接影响轨道系统的耐久性和日后的养护维修工作量。自密实混凝土层的主要功能是与轨道板形成复合板，通过与底座间设置的凹凸槽对轨道板进行纵横向限位，同时还具有施工调整等功能。轨道系统要求自密实混凝土材料应具有良好的力学性能、耐久性能和可施工性。

自密实混凝土层为单元结构，长度和宽度同轨道板，厚 90 mm（沈丹盘营客专为 100 mm），采用强度等级 C40 的自密实混凝土，配置单层 CRB550 级冷轧带肋钢筋焊网，如图 5-72 所示。对应每块轨道板范围自密实混凝土层设置两个凸台，与底座板上设置的凹槽相互结合（图 5-10）。

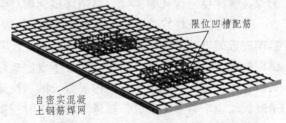

图 5-72　自密实混凝土配筋效果图

（5）隔离层。

底座表面设置隔离层，便于在特殊情况下轨道板的更换和维修；隔离层为 4 mm 厚的土工布（图 5-171）。除凸台四周侧壁外，隔离层应覆盖自密实混凝土层范围，以实现自密实混凝土层与底座间的良好隔离。

（6）底座。

① 底座的功能与尺寸。

混凝土底座是板式轨道的支承基础，其主要功能为一方面能修正在无砟轨道施工前下部基础的变形（如桥梁上拱、路基沉降）与施工偏差，另一方面实现曲线地段板式轨道的超高设置。

底座宽度的设计需在保证结构强度的前提下，考虑板式轨道的施工设备和机具的使用，桥梁和隧道地段一般为 2.9 m，路基地段一般为 3.1 m；其厚度和配筋需根据下部基础的支承条件和预测变形（如桥梁的跨中挠度、路基承载力及不均匀沉降等）条件计算确定，桥梁和隧道地段基础相对较为坚实，厚度一般采用 180～200 mm，而路基地段则加厚至 280～300 mm。在缓和曲线地段，由于其超高是逐渐变化的，底座高度需根据超高变化情况合理设置。

底座对应自密实混凝土凸台位置设置凹槽（图 5-10），通过凸台和凹槽咬合进行轨道限位。凹槽尺寸为 700 mm×1 000 mm，凹槽处加设配筋，限位凹槽周围（侧面）设置弹性垫层，弹性垫层应满足结构受力、变形和材料耐久性要求。

② 底座的配筋。

底座采用钢筋混凝土结构，混凝土强度等级为 C35，配置双层 CRB550 级冷轧带肋钢筋焊网，钢筋直径为 φ12。

③ 底座伸缩缝设置。

路基地段底座一般沿线路纵向每 2～3 块轨道板长度处设置伸缩缝；桥梁地段底座沿线路纵向按每块轨道板长度处设置伸缩缝；隧道地段沿线路纵向 3～4 块轨道板长度处设置伸缩缝。伸缩缝宽 20 mm，采用聚苯乙烯泡沫塑料板填缝，顶部及侧边均采用聚氨酯封闭，路基地段混凝土基床伸缩缝和底座伸缩缝对齐设置。

④ 底座与基础的连接。

路基地段底座与混凝土基床之间通过设置剪力筋的方式连接，底座施工前，轨道中心线2.9 m 范围内混凝土基床应进行拉毛处理。

桥梁地段为保证无砟轨道结构与梁体的可靠连接，实现梁体与无砟轨道结构的变形协调，在混凝土底座范围内的桥面需预埋一定数量的连接套筒或预埋钢筋，其数量需根据底座承受的纵、横向力的大小通过计算确定。

隧道洞口附近温度变化较大，与隧道内部相比，底座结构在温度荷载作用下的变形较大，为保证结构稳定性和耐久性，隧道仰拱回填层需设置连接钢筋与底座相连。

对于地质条件好的 Ⅰ、Ⅱ 级围岩隧道，一般采用曲墙衬砌加钢筋混凝土底板的结构形式，衬砌底板的设计厚度一般大于 30 cm，混凝土强度等级不低于 C35。CRTSⅢ型板式无砟轨道结构一般需设钢筋混凝土底座，而对于设底板结构的 Ⅰ、Ⅱ 级围岩隧道，可以将底座与隧道底板合并设置，不仅避免隧道内混凝土的二次施工，且可以降低工程建设成本。曲线地段隧道底板的施工需系统考虑，隧道工程施工时根据线路设计要求，在底板上设置超高。

⑤ 底座超高设置。

超高一般在底座上设置。超高设置需优先满足直通列车旅客的舒适度要求，并兼顾低速跨线列车和中间站起停列车的旅客舒适度要求。同时，超高设置需考虑接触网电分相设置对列车运行速度的影响。

（7）排水。

路基地段 CRTSⅢ型板式无砟轨道，温暖地区可以采取集水井排水的方式；寒冷地区线间排水设计要考虑防冻的要求，在保证横向排水管畅通、不会因冻胀影响底座结构安全的前提下，可以采取在底座内埋设横向排水管等措施，线间填筑级配碎石，线间表面用C25 混凝土封闭，每不大于 5 m 设置横向伸缩缝，伸缩缝通过嵌缝材料密封；严寒地区路基地段的 CRTSⅢ型板式无砟轨道线间排水设计需结合气候条件、线下工程设计情况等系统研究，确保各结构物的安全可靠。桥梁地段 CRTSⅢ型板式无砟轨道，由于相邻底座板间伸缩缝较窄，无横向排水通道，桥面泄水孔设计时需采用三列排水方式，对于严寒地区，排水管需考虑增加防冻措施。

（8）轨道绝缘与接地。

轨道绝缘依靠的是轨道板内钢筋的绝缘，自密实混凝土和底座钢筋不绝缘。轨道板内钢筋绝缘措施与Ⅰ、Ⅱ型轨道板类似。

轨道板内设置接地钢筋和接地端子，通过等电位连接线将轨道板纵向连成不大于 100 m 的接地单元。各单元中部设不锈钢连接线，通过分支引接线与接触网支柱预留地线形成"T"型连接。

5.2.4 CRTSⅠ型双块式无砟轨道

CRTSⅠ型双块式无砟轨道是将预制的双块式轨枕组装成轨排，以现场浇筑混凝土方式将通过精确调整定位后的轨枕浇入均匀连续的钢筋混凝土道床内，从而一次性成型的轨道结构。

路基地段 CRTSⅠ型双块式无砟轨道结构如图 5-73 所示，它由钢轨、扣件系统、双块式轨枕、道床板、混凝土支承层等组成。

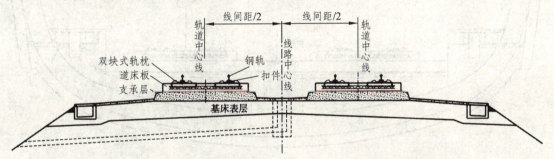

图 5-73 路基地段 CRTSⅠ型双块式无砟轨道横断面示意图

桥梁地段 CRTSⅠ型双块式无砟轨道分为凹槽结构和凸台结构两种。凹槽结构由钢轨、扣件系统、双块式轨枕、道床板、底座与凹槽等组成（图 5-74a）；凸台结构由钢轨、扣件系统、双块式轨枕、道床板、梁面保护层与凸台等组成（图 5-74b）。两者的区别在于：前者道床以下为底座板与凹槽，后者道床板以下为梁面保护层和凸台，两者的施工工艺基本相同，本书以凹槽结构为例进行介绍。

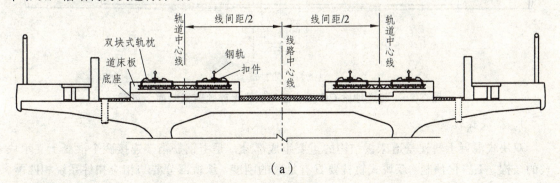

（a）

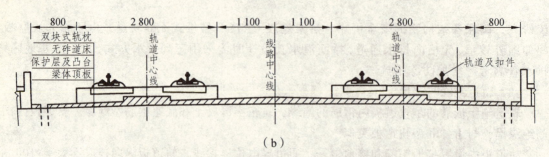

（b）

图 5-74 桥梁地段 CRTS I 型双块式无砟轨道横断面示意图

隧道地段 CRTS I 型双块式无砟轨道结构如图 5-75 所示，由钢轨、扣件系统、双块式轨枕、道床板、底座或垫层等组成。

无砟道床为纵向连接的钢筋混凝土结构，构筑在底座或垫层之上，彼此由预埋钢筋相连。一般情况下，有仰拱隧道设计在填充层上施作道床；无仰拱隧道则设计有钢筋混凝土底座板，底座板与道床等宽，无砟道床设置在底座上。

曲线超高采用外轨超高方式，路基地段在路基表层设置超高，桥梁地段在底座设置超高，隧道地段在道床板上设置超高。

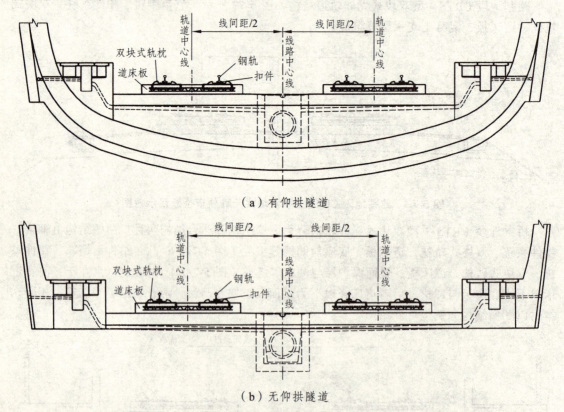

（a）有仰拱隧道

（b）无仰拱隧道

图 5-75 隧道地段 CRTS I 型双块式无砟轨道横断面示意图

1. 双块式轨枕

双块式混凝土轨枕是道床板结构的重要组成部分，是由钢筋桁架连接两个混凝土支承块式的结构，工厂化预制。双块式轨枕要具有足够的刚度，承轨部分要与相应扣件系统相匹配，为双块式无砟轨道的施工精度控制和扣件安装提供良好的接口。

双块式轨枕分为无承轨台（SK-1 型，图 5-76）和有承轨台（SK-2 型，图 5-77）两种类型。

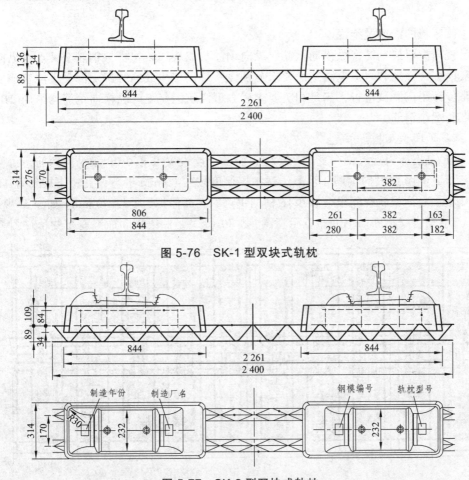

图 5-76　SK-1 型双块式轨枕

图 5-77　SK-2 型双块式轨枕

2. 道床板

道床板是 CRTS I 型双块式无砟轨道的主要承载结构，需根据具体的运营条件和环境条件，进行强度和裂纹宽度检算。道床板采用 C40 钢筋混凝土结构，并于现场浇筑。

（1）道床板的型式尺寸。

① 道床板的厚度。

我国 CRTS I 型双块式无砟轨道道床板设计厚度均采用 260 mm 的标准。

② 道床板的宽度。

路基、桥隧地段道床板宽度均为 2 800 mm。

③ 道床板的长度。

路基地段道床板一般为连续结构，也可设计成单元结构，例如兰新铁路二线（兰州至乌鲁木齐），道床板设计为：一般地段均采用 19.5 m 单元式道床板，在路基合拢、路桥、路隧及岔区结构调整段可采用 10.8 m（3 个 3.6 m 小单元）～19.5 m 单元板进行配板；桥上道床采用分块式，长度一般为 4～7 m，相邻道床板板缝宽 100 mm 左右，桥上每块道床板设两个棱柱形凸台，长宽高的尺寸为 1022 mm×700 mm×110 mm；隧道地段道床板采用连续结构需在隧道结构缝处断开，采用单元结构，长度一般可参考桥梁上分块长度，具体以施工图为准。

（2）道床板的配筋及绝缘。

道床板内配双层钢筋，纵横向钢筋、纵向钢筋与双块式轨枕桁架钢筋交叉点及纵向钢筋搭接处根据综合接地和轨道电路绝缘要求分别设置焊接接头或绝缘卡。混凝土浇筑前应进行轨道电路传输距离测试检查，满足相关要求后方可浇筑混凝土。纵横向钢筋均采用 HRB335级热轧带肋螺纹钢筋。

① 路基地段道床板配筋。

图 5-78 是道床板上层钢布置的示意图，一般上层设置 9 根 Φ20 级纵向钢筋，每两根轨枕间设置 2 根 Φ16 级横向钢筋，混凝土保护层厚度按照 50 mm 进行设计；下层设置 11 根 Φ20 纵向钢筋，每两根轨枕间设一根 Φ16 横向钢筋，底部保护层厚度 40 mm，如图 5-79 所示。图 5-80（a）是直线横断面钢筋布置示意图，5-80（b）是曲线横断面钢筋布置示意图。

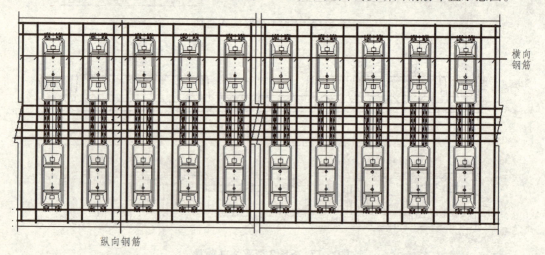

图 5-78　道床板上层配筋图

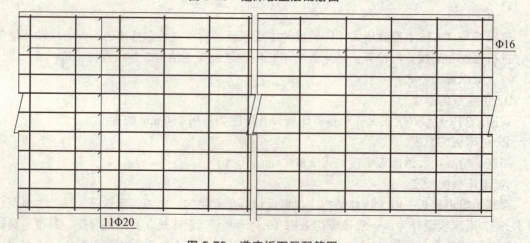

图 5-79　道床板下层配筋图

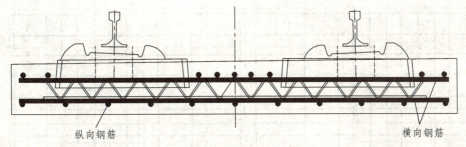

（a）直线道床板横断面配筋图

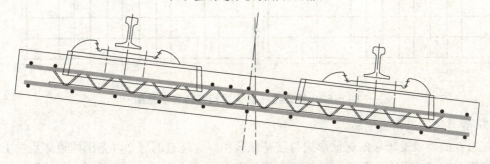

（b）曲线道床板横断面配筋图

图 5-80　道床板横断面配筋图

② 桥梁地段道床板配筋。

道床板上层设 9 根 Φ20 纵向钢筋，下层设 12 根 Φ20 纵向钢筋；在相邻轨枕间距内，上层设置 2 根 Φ16 横向钢筋（每根钢筋距轨枕中心 225 mm），下层横向钢筋布置与上层相同。道床板的上层钢筋架立在双块枕的桁架钢筋上，混凝土净保护层厚度的侧面为 50 mm，底层为 40 mm，限位凸台钢筋的净保护层为 35 mm。道床板内钢筋按绝缘标准进行设计，除接地焊接点，其余所有钢筋搭接、交叉处均应设置绝缘卡，纵横断面钢筋配置如图 5-81 所示，施工效果如图。桥梁地段道床板上层钢筋布置参考路基地段道床板上层钢筋布置示意图 5-78，下层钢筋布置如图 5-82 所示。

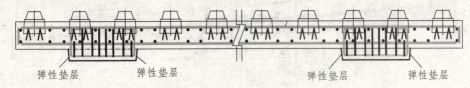

（a）桥梁道床板纵断面钢筋布置示意图

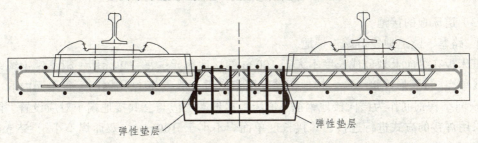

（b）桥梁道床板横断面钢筋布置示意图

图 5-81　桥梁道床板纵横断面钢筋布置示意图

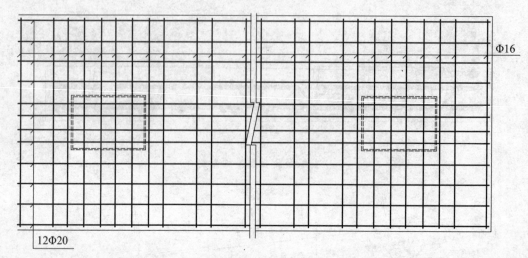

图 5-82　桥梁道床板下层钢筋布置示意图

③ 隧道地段道床板配筋。

隧道直线地段道床板的配筋形式与路基地段相同。隧道洞口 200 范围内道床板的上层设置有 9 根Φ20 纵向钢筋，每两根轨枕间设置两根Φ16 横向钢筋，侧面混凝土保护层厚度按照 50 mm 设计；道床板下层设置 11 根Φ20 纵向钢筋，每两根轨枕间设两根Φ16 横向钢筋，底部保护层厚度为 30 mm。

隧道洞口 200 m 范围外道床板的上层设置有 7 根Φ20 纵向钢筋，每两根轨枕间设置一根Φ16 横向钢筋，侧面混凝土保护层厚度按照 50 mm 进行设计；道床板下层设置 7 根Φ20 纵向钢筋，每两根轨枕间设一根Φ16 横向钢筋。底部保护层厚度为 30 mm。

曲线地段道床板的配筋形式如图 5-83 所示。

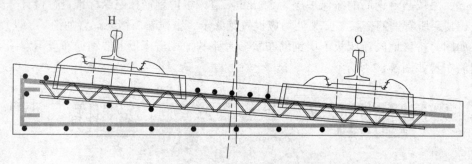

图 5-83　隧道曲线地段道床板横断面配筋示意图

（3）道床板的接地。

① 路基、隧道地段道床板接地。

道床板在纵向上划分成长度不大于 100 m 的接地单元，每一单元用一根不锈钢缆线与贯通地线单点"T"形连接一次。接地钢筋利用道床板上层 3 根结构钢筋，每单元内取一根Φ16 的横向结构钢筋作为横向接地钢筋。道床板接地端子应与公共接地端子对应设置。接地钢筋间采用焊接的方式进行连接，焊接长度单面焊不小于 100 mm，双面焊不小于 55 mm，焊接厚度至少为 4 mm。

② 桥上道床板接地。

桥上道床板内纵向接地钢筋与路基段相同，每块道床板内利用两根横向钢筋与纵向钢筋焊接，道床板间用一根不锈钢钢缆连接组成接地单元，单元长度不大于 100 m，每一单元用一根不锈钢缆线与贯通地线单点"T"形连接一次，如图 5-84 所示。

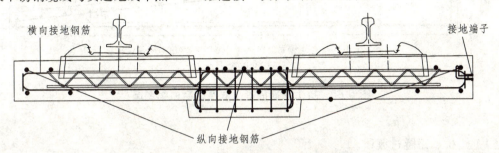

图 5-84　桥梁道床板接地横断面图

3. 支承层

一般情况下，在路基基床表层铺设水硬性混合料支承层，不便于机械化施工的地段可采用 C15 混凝土支承层。支承层宽度为 3 400 mm，厚度为 300 mm。混凝土支承层采取连续铺筑的形式，并在不远于 5.2 m 的位置设一处横向伸缩假缝，缝深 100 mm，伸缩假缝位置应通过测量在两轨枕的正中间进行设置，误差不超过 50 mm，避免伸缩假缝位置处于轨枕块的下方。切缝应在支承层硬化前进行，最迟不得超过浇筑后 12 h。混凝土初凝前，应对道床板范围内的支承层表面进行纵向拉毛或设置锯齿形凹槽。支承层端部设置 16%的排水坡，排水坡延伸到道床范围内 50 mm，防止雨水渗入，支承层侧面设置 3∶1 的斜坡。

4. 底座

桥上 CRTS Ⅰ 型双块式无砟轨道基础为底座，采用 C40 钢筋混凝土结构，宽度 2 800 mm、厚度 210 mm、长度与道床板一致。

桥上无砟轨道的混凝土底座直接浇筑在桥面上，并与桥面用预置连接钢筋（图 5-198）连接。混凝土底座采用分块式结构，底座长度与宽度跟道床板的长度与宽度相同，高度为 210 mm。每块底座板上设置两个抗剪凹槽（图 5-204），凹槽内侧铺设弹性缓冲垫层（图 5-205）。道床板与底座之间设置 4 mm 厚聚丙烯土工布中间层。

底座上下层纵横向钢筋采用 CRB550 级冷轧带肋钢筋焊接网片，工厂化生产；架立筋及端部 U 型筋采用 CRB550 级冷轧带肋钢筋，需在现场绑扎，如图 5-85 所示。

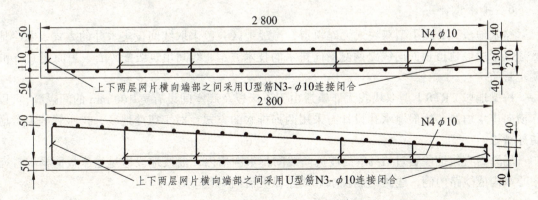

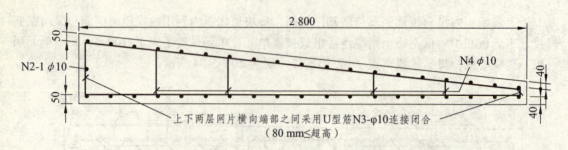

图 5-85　桥上钢筋混凝土底座横断面配筋图

5. 过渡段

（1）路桥、路隧过渡段。

路桥、路隧过渡段在路基地段连续道床板两端设置了端梁（长度 30 m 以下路基地段不设置端梁），30～100 m 长路基两端各设一个端梁，超过 100 m 长的路基两端各设两个端梁，如图 5-86 所示。

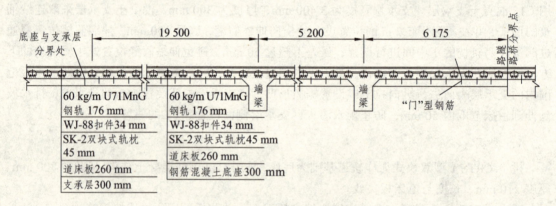

图 5-86　路桥、路隧过渡段端梁

路基起终点至端梁后 20 m 的范围内道床板下设置钢筋混凝土底座（长度 30 m 以下路基地段全段设置钢筋混凝土底座）。

（2）桥隧过渡段在隧道洞口每隔两根轨枕设置 1 排销钉，共设 8 排，每排 4 根。并在交界处道床范围设置 20 mm 伸缩缝，并用树脂防水嵌缝胶封面。

6. 排水设计

路基地段 CRTS I 型双块式无砟轨道，温暖地区一般采取线间设集水井的方式，寒冷地区建议采用经轨道顶面向线路两侧横向排水的技术方案，线间填筑级配碎石，表面用 C25 混凝土封闭。

桥梁地段 CRTS I 型双块式无砟轨道由于道床板及底座间设有宽 100 mm 的间隔缝，可以作横向排水通道，桥面泄水孔设计需采用两列排水的方式，对于寒冷地区，排水管等需考虑防冻措施。

隧道内直线地段通过 1% 单面坡流向线间排水沟槽内，曲线地段通过道床板面横坡排向中心水沟或线路两侧，线路两侧积水顺线路纵坡流向洞外。

5.2.5 CRTSⅡ型双块式无砟轨道

我国铁路郑西客运专线采用了 CRTSⅡ型双块式无砟轨道系统。此系统是在德国旭普林无砟轨道基础上，结合中国国情创新而成的一种无砟轨道结构形式。

CRTSⅡ型双块式无砟轨道采用机械振动嵌入法（机械法）施工，它先在现场浇筑混凝土，后将预制的双块式轨枕以固定架方式通过机械振动法嵌入均匀连续的钢筋混凝土道床内，并适应 ZPW2000 型轨道电路的无砟轨道结构形式，如图 5-87 所示。

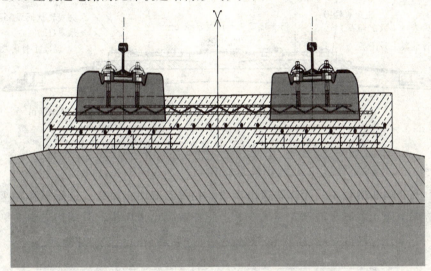

图 5-87 CRTSⅡ型双块式无砟轨道示意图

1. 路基上 CRTSⅡ型双块式无砟轨道

路基地段 CRTSⅡ型双块式无砟轨道由钢轨、扣件、双块式轨枕、道床板和支承层等部分组成。路基面上先施工混凝土支承层，然后在其上施作混凝土道床板，其结构参见图 5-88。

钢轨：焊接用钢轨采用的是 60 kg/m、U71Mn（K）、定尺长 100 m 无螺栓孔新钢轨。

扣件：采用 WJ-8B 型扣件。WJ-8B 型扣件由螺旋道钉、平垫圈、绝缘块、弹条、轨距挡块、铁垫板、弹性垫板和定位于混凝土轨枕内的预埋套管等组成。

轨枕：双块式轨枕间距一般为 654 mm，道床板板长变化地段，轨枕间距也作相应调整，间距不小于 600 mm、不大于 680 mm，且轨枕中心与道床板结束端的距离不应小于 250 mm。

道床板：道床板为钢筋混凝土结构，宽度为 2 800 mm，纵向钢筋采用 Φ20 mm、HRB335 级钢筋，在每两根轨枕之间设置 1 根 Φ16 mm、2.7 m 长的 HRB335 级横向钢筋。

路基地段道床板厚度为 240 mm，纵向钢筋有 18 根，采用 C35 混凝土，混凝土道床板为连续施工、无伸缩缝的钢筋混凝土。

路基上混凝土支承层直接在级配碎石基床表层上浇筑；混凝土支承层采用 C15 混凝土，支承层宽度为 3 800 mm，厚度为 300 mm。混凝土支承层沿线路方向约每隔 3.27 m 左右设置 1 条深约 100 mm 的横向假缝，伸缩缝位置应避免设置在轨枕下方及两侧 30 mm 范围内。假缝可以通过模板改造提前预留。如果采用切缝方式，应该在混凝土初凝后，并在混凝土浇筑后 24 小时内完成。支承层表面应在混凝土初凝结束前的适当时间进行拉毛处理。

无砟轨道结构高度：路基地段为 830 mm（自内轨顶面至支承层地面）。路基上曲线外轨超高在防冻层上进行设置。

曲线外轨超高应在缓和曲线范围进行线性过渡。曲线半径 10 000 m 对应的外轨超高为 125 mm，曲线半径 9 000 m 对应的外轨超高为 140 mm。进入车站前的曲线半径 9 000 m 对应的外轨超高为 130 mm。具体见图 5-88。

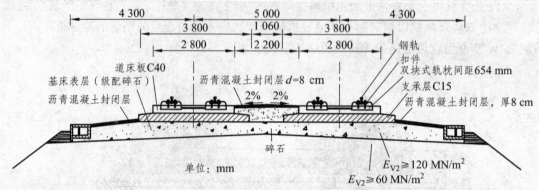

图 5-88　路基地段 CRTS Ⅱ型双块式无砟轨道横断面图

2. 桥梁上 CRTS Ⅱ型双块式无砟轨道结构

桥梁上 CRTS Ⅱ型双块式无砟轨道由钢轨、扣件、双块式轨枕、道床板和底座等部分组成。先在桥梁上施工混凝土底座，然后在其上施作混凝土道床板，其结构见图 5-89。

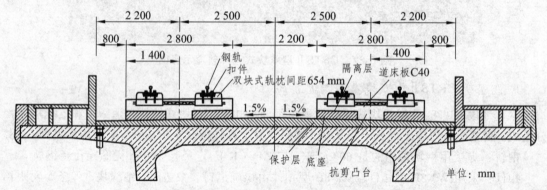

图 5-89　桥梁上 CRTS Ⅱ型双块式无砟轨道结构横断面图

桥梁地段道床板厚度为 260 mm，纵向钢筋有 18 根，采用 C40 混凝土，混凝土道床板采取分块浇筑，标准混凝土道床板长度为 6.44 m，非 32 m 简支梁的其他梁型，根据梁长对梁端处道床板板长进行调整，板长不小于 4.0 m，不大于 8.0 m，相邻两块混凝土道床板之间设置 10 cm 的伸缩缝，每块道床板单元设置两个抗剪凸台。

3. 隧道内 CRTS Ⅱ型双块式无砟轨道结构

隧道内 CRTS Ⅱ型双块式无砟轨道由钢轨、扣件、双块式轨枕、道床板及底座等部分组成。隧道内有仰拱地段，在回填层上先进行支承层的施工作业，再进行道床板的施工作业；无仰拱隧道地段，在回填层上先施作钢筋混凝土底座板，再施工道床板。隧道内有仰拱道床结构参见图 5-90。

隧道地段道床板厚度为 280 mm，直线上纵向钢筋为 18 根，曲线上纵向钢筋为 20 根，采用 C40 混凝土，混凝土道床板除在轨道结构缝设置了伸缩缝外连续浇筑。隧道洞口附近隧道回填层与道床板之间设置连接钢筋，连接钢筋以植筋方式锚固在回填层上。

隧道地段无砟轨道结构高度：570 mm（自内轨顶面至隧道回填层顶面）。隧道内曲线外轨超高直接在混凝土道床板上进行设置。

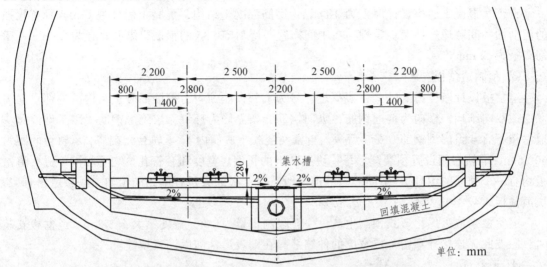

图 5-90　隧道内 CRTS Ⅱ 型双块式无砟轨道结构横断面图

5.2.5　岔区无砟轨道

国内外目前道岔区的无砟轨道结构主要有板式和长枕埋入式两种型式，两者均能满足对高速铁路平顺性、稳定性、列车运行安全性和舒适性提出的要求，但岔区无砟轨道结构选型宜根据线下工程特点并结合适应动力特性、施工质量、经济性及可维护性等方面进行合理选型。

1. 岔区板式无砟轨道结构

岔区板式无砟轨道的结构自上而下依次为道岔部件、预制道岔板、填充层与底座、基底处理层及线下基础等。根据岔区所在位置为路基或桥梁，填充层和基底处理在结构和施工工艺上存在一定差异。

（1）路基上岔区板式无砟轨道。

路基上板式岔区结构自上而下依次为道岔部件、预制道岔板、自密实混凝土底座（填充层）、混凝土垫层（基底处理）等，道岔板与底座间设置剪力筋，如图 5-91 所示。

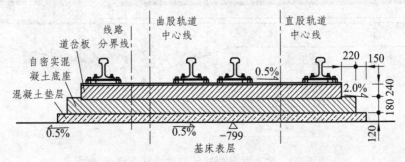

图 5-91　路基上岔区板式无砟轨道结构横断面示意图

① 混凝土垫层。

混凝土垫层铺设在路基表层上,设计为素混凝土结构,厚度为 12 cm,混凝土标号为 C25。

② 自密实混凝土底座。

自密实混凝土底座设计厚度为 18 cm,钢筋混凝土结构,混凝土标号为 C40,具有较强的流动性、间隙通过性及稳定性。在中间布置一层 HRB335 的钢筋,纵筋直径为 25 mm,横筋直径为 12 mm。

③ 预制道岔板。

道岔板设计厚度为 24 cm,混凝土标号为 C55,非预应力钢筋混凝土结构,内部钢筋为双层、双向结构,横向为普通钢筋,纵向钢筋、架立筋为环氧涂层绝缘钢筋,路基地段每块道岔板下有 4 组门型钢筋(安装后深入自密实混凝土底座内)。承轨台无挡肩,承轨台间距为 600 mm,承轨台间设置预裂缝。每一块道岔板的长度、宽度和套管孔位均不相同(每块道岔板均有一个独立的编号),不同号码的道岔所需道岔板的数量各不相同(如 18 号道岔有 27 块道岔板、42 号道岔有 57 块道岔板)。

道岔板采取工厂化形式预制生产,一般限制重量为 10t,宽度不大于 3.2 m。道岔板安装时纵向彼此无连接并预留一定宽度的伸缩缝,在铺设道岔前以沥青填缝。

④ 道岔部件。

道岔部件主要由心轨、翼轨、尖轨、辙叉组件、间隔铁和扣件等部分构成。一般由生产厂家在出厂前进行预组装,再运输至施工现场精调安装。

（2）桥梁上岔区板式无砟轨道结构

桥梁上岔区板式无砟轨道结构自上而下依次为道岔部件、预制道岔板、水泥乳化沥青砂浆层(填充层)、钢筋混凝土底座板、"两布一膜"滑动层、防水层(基底处理)和侧向挡块等。

与桥上 CRTS Ⅱ 型板式无砟轨道一致,台后路基设置摩擦板和端刺。

道岔板与连续底座板间填充厚度为 30 mm 的砂浆调整层,道岔板通过砂浆层和剪力销与底座板连接成整体,如图 5-92 所示。

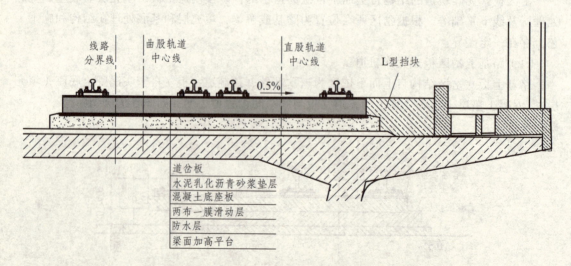

图 5-92　桥上岔区板式无砟轨道横断面示意图

① 防水层。

防水层附着在箱梁顶面，由底涂、聚脲防水涂料、脂肪族聚氨酯面层组成。聚氨酯（脲）一般由专业设备进行喷涂，最终在梁体上形成防护墙内侧的全梁面防水层。喷涂防水层前，梁面处理必须满足相关技术的要求。

② "两布一膜"滑动层。

"两布一膜"滑动层为"土工布+PE 膜+土工布"的简称，铺设在梁面防水层上，其下层土工布与防水层间，通过三条宽度 20 cm 的粘胶剂相粘连，中间 PE 膜和上层土工布虚铺在被固定的下层土工布上。

③ 钢筋混凝土底座板。

钢筋混凝土底座板设计厚度为 200 mm，混凝土标号为 C40，采用流动性好的混凝土（自密实混凝土）现场进行浇筑。底座板延展贯穿于整个道岔，通常设置 HRB335 级钢筋。底座厚度为 180 mm，横向宽度较相应的道岔板宽 400 mm，突出的边缘向轨道系统外侧设置 4%的排水坡。

④ 水泥乳化沥青砂浆垫层。

水泥乳化沥青砂浆层位于道岔板与底座之间，在道岔板精调之后进行灌注，即可固定道岔板的精调成果，又构成无砟轨道的弹性支承层。垫层厚度为 30 mm，道岔板通过砂浆层和剪力销与底座板连接成整体。

⑤ 道岔和道岔板。

道岔板厚度为 240 mm，其上设置 340 mm 宽、纵向间距 600 mm 的横向承台，承台表面水平；承台间的道岔板表面设置 0.5%的横向排水坡及横向预裂缝，缝深 4 cm。

道岔板长度和宽度根据道岔几何尺寸具体确定。

安装道岔设备范围的道岔板上相应的位置设置预留槽，其表面设置 0.5%的横向排水坡。

⑥ 侧向挡块。

侧向挡块设置在道岔板外侧，内置钢筋与梁面预留的挡块齿槽套筒通过螺纹相连。侧向挡块的结构和施工工艺与 CRTS Ⅱ 型板式无砟轨道在桥梁上的侧向挡块相同。

2. 岔区枕式无砟轨道

岔区枕式无砟轨道由道岔轨枕埋入式无砟轨道及两端相接的双块式轨枕地段组成。岔区枕式无砟轨道的结构自上而下依次为道岔部件、预制道岔轨枕、道床板、底座（素混凝土支承层或钢筋混凝土底座板）、基底处理层或线下基础等。

道床底座一侧根据电务设备的要求设置安装平台。道床板根据电务设备要求设置横向凹槽，凹槽尺寸应满足所选用电务设备的实际需要。

（1）路基上岔区枕式无砟轨道结构。

路基上岔区枕式无砟轨道自下而上的结构组成为支承层、道床板、道岔轨枕、道岔部件等，尖轨转辙机处轨道结构横断面如图 5-93 所示，心轨转辙机处轨道结构横断面如图 5-94 所示。

① 支承层或底座。

岔区道床板下设置支承层或底座。

支承层设计采用 C15 混凝土。支承层在路基基床表层连续进行浇筑，厚度 250 mm，宽度变化与道床板一致；其顶面（道床板范围内）要求进行拉毛或凿毛处理；支承层每隔 3.6 m 左右设置 1 处深度为 1/3 支承层厚度的横向假缝。

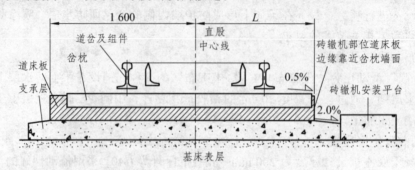

图 5-93　尖轨转辙机处轨道结构横断面示意图

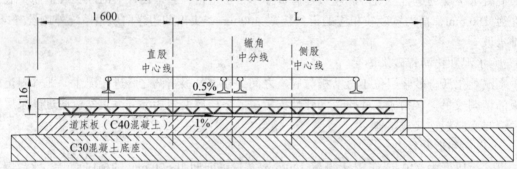

图 5-94　心轨转辙机处轨道结构横断面示意图

底座采用 C30 混凝土现场浇筑，底座厚 250 mm，长度同道床板，宽度根据道岔几何尺寸确定。底座宽出道床板部分顶面设置 5% 的横向排水坡，起坡点位于道床板边缘内侧 50 mm 处。底座单元间设置 30 mm 宽伸缩缝。

底座设置双层钢筋网，钢筋保护层厚度不小于 35 mm，且不大于 50 mm。所有钢筋交叉点均应利用绝缘卡等措施进行绝缘处理。

② 道床板。

路基上的道床板为钢筋混凝土分块结构，道床板厚度与轨道结构高度有关，哈大客运专线某处岔区轨道结构高度为 954 mm，道床板厚度达到 402 mm，京沈客运专线某处岔区轨道结构高度为 860 mm，道床板厚度为 368 mm，道床板宽度根据道岔外形尺寸确定。以 18 号道岔为例，道岔区道床板沿道岔直股方向分为五块，各道床板单元长度分别为 23.890 m、13.780 m、15.580 m、25.180 m、19.805 m。道床板混凝土强度为 C40；钢筋选用 HRB335 热轧带肋钢筋；除纵横向接地钢筋间采用焊接外，其余纵向钢筋与横向钢筋、岔枕桁架钢筋交点处及纵向钢筋搭接处均设置绝缘卡；道床板与底座间设置直径 25 mm、长度 0.3 m 的剪力筋。

道床板表面设置横向排水坡，将轨道系统范围内的水引到集水井或排水系统内。

相邻道床板间设置 20 mm 宽伸缩缝，伸缩缝处设置传力杆。传力杆为直径 38 mm、长度 0.5 m 的光圆钢筋，安装横向间距一般为 280 mm，可根据实际施工情况适当调整，但要控制最外侧传力杆与道床边缘的距离，该距离在 150~250 mm 的范围内。传力杆的安装高度为 150~160 mm，间隔反向设置，安装后的传力杆轴线应垂直于伸缩缝平面。

③ 道岔轨枕。

底部带桁架钢筋的预应力预制岔枕。除安装转辙机的岔枕分左开向、右开向外，其余岔枕不分左右开向。

一根轨枕上均设置有扣件安装螺栓孔；为安装转辙机、密贴检查器，一些特殊轨枕（较普通岔枕厚）的两端还额外预留了多个 M24 螺栓孔，其安装位置在道岔区内是固定的，需要根据施工图确定。高速铁路常用的 18 号道岔岔枕最短为 2.34 m、最长为 4.63 m，共计 23 种；24 号道岔岔枕最短 2.34 m、最长 4.65 m，共计 27 种。18 号和 24 号道岔普通岔枕断面尺寸相同，其基本结构如图 5-95 所示。

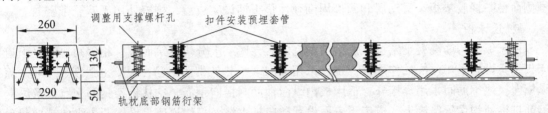

图 5-95　道岔轨结构示意图

④ 转辙机平台。

道岔道床外侧设计有钢筋混凝土转辙机平台等，具体位置、装置类型需根据施工图并结合现场实际确定，施工时间宜与道岔道床施工同时进行。

⑤ 道岔部件。

道岔主要由心轨、翼轨、尖轨、辙叉组件、间隔铁和扣件等部分组成。一般由生产厂家在出厂前进行预组装，再运输至施工现场精调安装。

（2）桥梁上枕式岔区结构。

桥梁上枕式岔区自下而上结构组成为：桥面混凝土保护层、底座板、滑动层、道床板、道岔轨枕、道岔部件等，如图 5-96 所示。

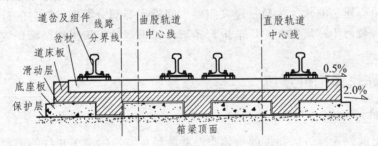

图 5-96　桥梁上岔区枕式无砟轨道结构横断面示意图（单位：mm）

① 桥面混凝土保护层。

进行桥面混凝土保护层施工时，先绑扎钢筋网，按设计要求对纵向与横向接地钢筋交叉点进行焊接，最后将保护层接地钢筋与防撞墙上预留的接地钢筋焊接。混凝土保护层横向设置 1.0%的排水坡，其横向伸缩缝应与道床板板缝对应设置，且应与接地钢筋位置错开。道床板不得跨越混凝土保护层伸缩缝。保护层施工工艺与双块式无砟轨道相同，具体要求根据施工图确定。

② 底座板。

　　桥梁上的道岔混凝土底座板沿线路方向分为数段，分段长度与道岔规格有关。如：18号道岔分四个板块，板块之间设置伸缩缝，伸缩缝宽 10 cm，设置位置与道床板伸缩缝对应，宽度与道床板一致。

　　底座采用强度等级为C40的混凝土，在底座上设置有凹槽，以限制岔区道床的纵、横向位移。混凝土底座顶面应平整，其平整度要求为 3 mm/4 m，凹槽底面的高程误差为 ± 2 mm。混凝土底座浇筑后其强度达到设计强度的 70%以上时，可铺设滑动层。

　　③ 滑动层。

　　"两布一膜"滑动层（或称作"中间隔离层"）铺设在底座板上表面和凹槽底部，并在凹槽侧面粘贴橡胶垫板。滑动层和凹槽周围弹性垫板铺设完成后，接缝处用丁基胶带密封。

　　④ 道床板。

　　道床板为钢筋混凝土结构，道岔精调完成后在底座上分块浇筑而成，相邻两块混凝土道床板之间设置了 10 cm 的伸缩缝。钢筋采用 HRB335 热轧带肋钢筋；混凝土强度为 C40。除纵横向接地钢筋间采用焊接外，道床板内纵向钢筋与横向钢筋、岔枕桁架钢筋交点处及纵向钢筋搭接处均设置绝缘卡。道床板表面设置横向排水坡。每块道床板设置两个纵向抗剪凸台和三个横向抗剪凸台。具体结构根据施工图确定。

　　⑤ 转辙机平台。

　　在转辙机安装位置设计钢筋混凝土转辙机平台。转辙机基础应当满足以下要求：固定基础应结合道岔、岔枕分布精确定位；固定基础上的固定螺母与道床保持绝缘，使用 M24螺母，孔深 120 mm，施工期间安装螺栓孔防护盖；两个固定基础上表面保持水平，水平尺测量两个固定基础上固定螺母处的顶面高差，其允许误差为 ± 0.5 mm；两固定基础的前排固定螺栓孔与直基本轨工作边距离按设计要求控制，保证方正；各固定螺杆应与固定基础上表面垂直；四个固定螺栓孔中心连线与直基本轨工作边垂直；固定基础处做排水处理，保证无积水。

　　⑥ 道岔部件。

　　道岔主要由心轨、翼轨、尖轨、辙叉组件、间隔铁等部分组成。扣件的种类和数量与道岔规格有关。一般由生产厂家在出厂前进行预组装，再运输至施工现场精调安装。

5.3　无砟轨道扣件系统

【学习目标】

（1）能说出国外无砟轨道扣件的主要类型并能根据结构图说出扣件的主要组成。

（2）能说出早期我国铁路无砟轨道扣件的主要类型并能根据结构图说出扣件的主要组成。

（3）能说出弹条 II 型弹性分开式扣件的结构特征。

（4）能对比总结出 WJ-1、WJ-2 扣件的异同点。

（5）能说出 WJ-7、WJ-8 扣件的适用范围和结构异同点。

5.3.1　国外无砟轨道扣件简介

　　由于无砟轨道对扣件系统设计的特殊要求，各国铁路针对具体的运营条件与线路条件，采用不同的扣件型式，如表 5-3。

表 5-3　国外无砟轨道扣件类型

国家	日本	德国	英国	法国	荷兰	苏联
扣件类型	直结 4 型 直结 5 型 直结 7 型 直结 8 型 直结 8K 型	vossloh336 300 型 DFF300 DFF14 型 RST	PANDROL Past 型 SFC 型	Nabla （与有砟轨道相同）	DE	К Б 型 桥上板式 轨道扣件

1.日本直结系列无砟轨道扣件

直结系列扣件是日本专门为无砟轨道研制的扣件，其中，只有早期的直结 4 型扣件为不分开式扣件，其他均为分开式扣件。

直结 5、7、8 型扣件为较典型的分开式二阶弹性扣件。直结 5 型和直结 8 型采用蛋形弹片作为扣压件，直结 7 型采用 S 型弹片作为扣压件。扣压件改用 S 形弹片后，钢轨调整量增加较大，较适用于土质路基上的无砟轨道。

（1）直结 4 型扣件。

直结 4 型扣件属于弹性不分开式，有挡肩，有螺栓扣件，不设铁垫板，承轨槽上设有 1∶40 的轨底坡，并由其挡肩承受横向力的作用。采用弹性扣压件扣压钢轨，扣压件通过预埋塑料套管由螺栓紧固，在轨底与承轨槽表面之间设有带不锈钢片的轨下胶垫和可调衬垫。调高依靠调整垫片，调距依靠调整契块。如图 5-97 所示。

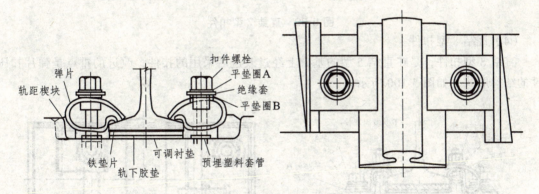

弹片　　　　　　　扣件螺栓
　　　　　　　　　平垫圈 A
轨距楔块　　　　　绝缘套
　　　　　　　　　平垫圈 B

铁垫片　　可调衬垫
　轨下胶垫　　预埋塑料套管

图 5-97　日本直结 4 型扣件

（2）直结 5 型扣件。

直结 5 型钢轨扣件（图 5-98）是一种用于无承轨槽、含有铁垫板的弹片分开式扣件。它由弹片、不锈钢片、轨下胶垫、可调衬垫、铁垫板、绝缘垫板、T 型锚固螺栓、T 型扣件螺栓、预埋金属套管等部件组成。其构造特点是铁垫板上开有长圆形螺栓孔用以调整轨距，并用扣件螺栓把钢轨与铁垫板紧固起来，靠铁垫板挡肩承受横向力作用。调高依靠调整垫片，精调依靠可调衬垫，调距依靠挪动铁垫板。

（3）直结 7 型扣件。

直结 7 型扣件，铁垫板的构造及承受横向水平力的原理与直结 5 型相同，但扣压件改为

S 形弹片后，钢轨调整量增加较大，较适用于土质路基上的无砟轨道，如图 5-99 所示。

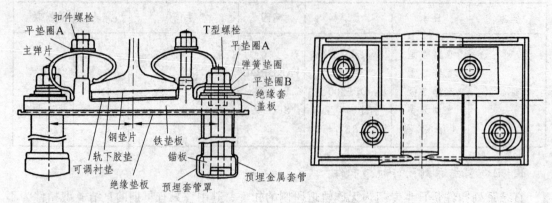

图 5-98　日本直结 5 型扣件

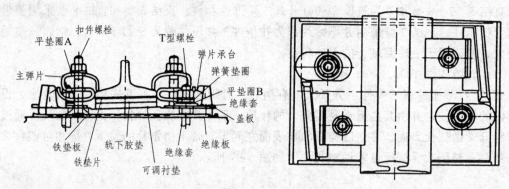

图 5-99　直结 7 型扣件

（4）直结 8 型扣件。

直结 8 型扣件，是在直结 5 型的基础上经过改进后采用的扣件，改进的重点是弹片扣压件的结构形式，如图 5-100 所示。

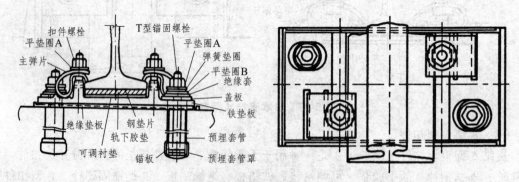

图 5-100　直结 8 型扣件

（5）直结 8K 型扣件。

在直结 8 型扣件基础上改进的直结 8K 型扣件用预埋塑料套管替代预埋金属套管从而使铁垫板与轨道板的连接更加牢靠。又将可调衬垫设在铁垫板下，而不是设在轨下胶垫下面，如图 5-101 所示。

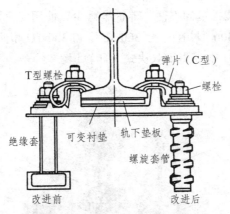

图 5-101　直结 8K 型扣件

2. 德国福斯罗〔Vossloh〕钢轨扣件

德国铁路长期使用的钢轨扣件主要有 K 型扣板扣件、δ 型弹条扣件、W 型弹条扣件和 HM 型弹条扣件，后来在既有线改造、ICE 高速线以及无砟轨道上，广泛采用经过改进的 Vossloh 系统钢轨扣件。

（1）vossloh336 扣件。

属于无承轨槽的铁垫板式扣件系统，适用于高速重载铁路和城市轻轨混凝土无砟轨道和钢结构轨道。它的主要性能是确保能用高弹性基板支承钢轨，从而有效降低振动作用，同时利用其具有的高度的灵活性，来适应不同的线路条件，如图 5-102 所示。

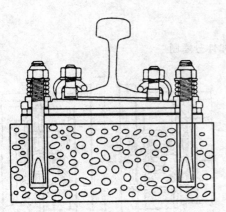

图 5-102　vossloh336 扣件

（2）vossloh300 扣件。

Vossloh300 无砟轨道扣件系统属于带沟槽挡肩承轨槽的有螺栓不分开式弹性扣件。它是由 2 个 SKL15W 型弹条扣压件、1 个 Zw 轨下垫片、1 个 Grp 承压铁垫板、1 个 Zwp 高弹性垫板、2 个 wfp15 绝缘轨距挡板、2 个 Sdü 预埋塑料套管和 2 个 Ss 螺纹道钉等部件组成，如图 5-103、5-104 所示。

在轨底与承轨槽之间安装有轨下垫片、铁垫板和弹性垫板，通过弹条扣压件、螺纹道钉和预埋套管的紧密配合将钢轨牢靠地扣着在轨枕上。

这种扣件结构简单，联结紧密，弹性优良，扣压力大，钢轨抗爬阻力高，抗钢轨小返能力强，可在轨枕工厂预组装，装卸方便，养护维修少，使用安全可靠，寿命较长。

用于我国无砟轨道的 300 型扣件，分 300-1a 型和 300-1U 型两种，300-1a 型应用于 CRTS Ⅱ 型板式无砟轨道，300-1U 型应用于双块式无砟轨道。

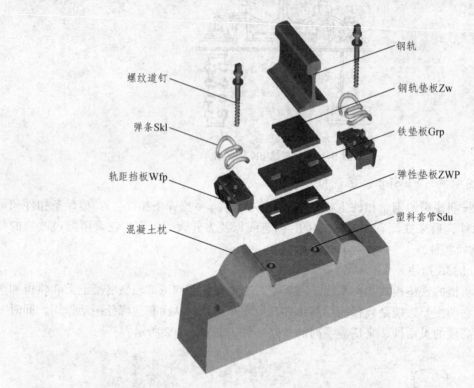

图 5-103　vossloh300 扣件分解图

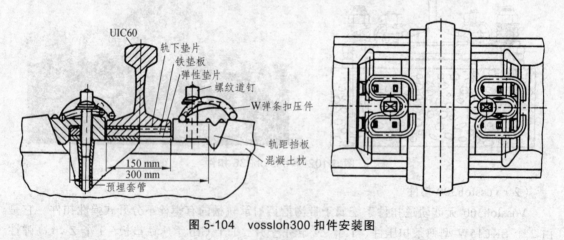

图 5-104　vossloh300 扣件安装图

（3）Vossloh DFF300 钢轨扣件。

Vossloh DFF300 钢轨扣件是在 300 型扣件系统基础上改进而成的，上部结构与 300 型扣件系统相同，下部设有铁垫板及板下缓冲垫板，铁垫板由螺纹道钉与预埋塑料套管紧固配合。DFF300 扣件系统的设计参数和性能与 300 型扣件系统基本相同，如图 5-105 所示。

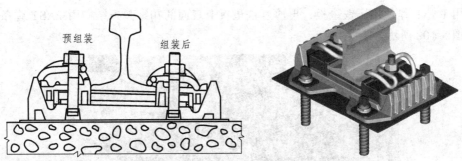

图 5-105　vosslohDFF300 扣件图

（4）DFF14 型扣件

DFF14 型扣件也是一种适用于无承轨槽的铁垫板式弹性分开式扣件，适用于低轨道高度的无砟轨道。使用 SKL14W 型弹条扣压钢轨，并利用高弹性的弹性基板以降低噪声和振动，由带轨距挡板肋条的铁垫板支承钢轨，承受垂直方向的力和横向力，如图 5-106 所示。

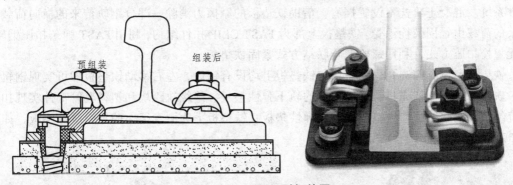

图 5-106　FF14 型扣件图

（5）RST 扣件

属于弹性分开式，有挡肩，带铁垫板，有螺栓扣压的扣件，如图 5-107 所示。

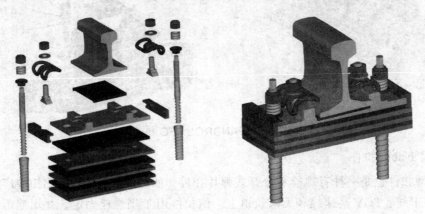

图 5-107　RST 扣件示意图

3. 英国的 PANDROL 扣件。

（1）PANDROL FAST 扣件。

属于弹性分开式无挡肩无螺栓，带铁垫板但高低不能调整的扣件，通过轨枕扣结弹条的预埋件用 FAST 弹条扣压铁垫板，再通过铁垫板上表面的扣结弹条结构用 FAST 弹条扣压钢轨，如图 5-108 所示。

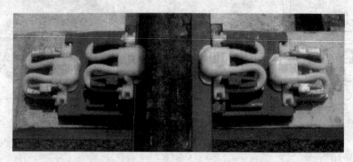

图 5-108　PANDROL FAST 扣件

（2）PANDROL SFC 扣件。

英国 PANOROL 公司开发出了带铁垫板的弹性分开式结构的 SFC 型单层底板式快速弹条扣件系统。混凝土轨枕不设置挡肩，借助铁垫板的摩擦力消除一部分钢轨传来的横向荷载，其余的荷载由锚固螺栓承受。铁垫板上部为 FAST CLIP 扣件结构，利用 FAST 弹条扣压钢轨，为无螺栓扣压方式，利用螺栓套管联结方式紧固铁垫板。

铁垫板上设有椭圆孔，平垫块与铁垫板上均设有锯齿，左右移动铁垫板即可实现钢轨位置（轨距）调整。依靠具有绝缘性能的轨下弹性垫板、绝缘轨距块和塑料套管部件实现扣件系统绝缘。钢轨轨底与铁垫板间设置弹性垫板，铁垫板下为刚度很大的绝缘缓冲垫板，如图 5-109 所示。

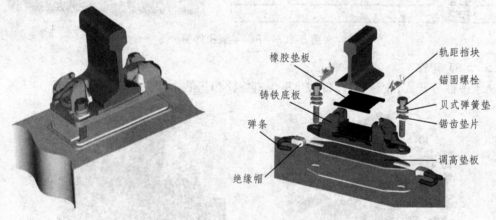

图 5-109　PANDROL SFC 扣件

4. 法国 Nabla 扣件

Nabla 型扣件也是一种有螺栓不分开式弹片扣件，如图 5-110 所示，此扣件广泛应用于既有线主要干线、TGV 高速线和无碴轨道上。该扣件用 T 型螺栓固定，并用螺距小的螺母上紧弹片，弹片扣压钢轨。该扣件采用 100 MN/m 的轨下胶垫，并以尼龙垫块作为绝缘部件。安装时，通过对固定中间凸起的弹片与尼龙垫块的两点接触，实现双重扣压方式，以追随钢轨下沉，增大弹性，抵抗横向推力。不需用任何防爬装置。但这种扣件不能调高，调距也有限。

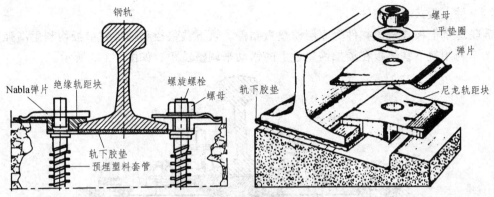

图 5-110　法国 Nabla 扣件

5．荷兰的 DE 扣件

DE 扣件是一种 DE 弹条、无螺栓、无挡肩带铁垫板的弹性分开式扣件。它采用方形截面的 DE 弹条扣压件扣压钢轨,在钢轨轨底与铁垫板间及铁垫板与混凝土板体间均设置软木胶垫;铁垫板利用螺栓及树脂胶紧固在基础上,靠铁垫板螺栓孔的偏心环调整轨距,如图 5-111 所示。

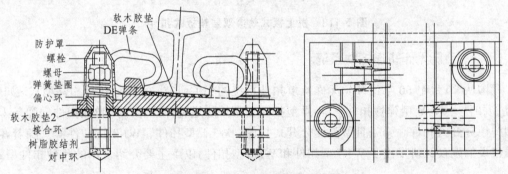

图 5-111　荷兰 DE 扣件结构图

6．苏联无砟轨道扣件КБ型和桥上板式轨道扣件

（1）КБ型扣件。

苏联在混凝土枕上使用 КБ型扣件。КБ型扣件是一种有铁垫板的分开式扣件,它把铁垫板放入混凝土枕凹槽内,通过预埋螺栓固定在混凝土枕上,钢轨与铁垫板的联结利用了"蟹钳"形弹条和螺栓。"蟹钳"弹条可提高螺栓拉力的稳定性;凹槽深度为 15～20 mm,使得混凝土枕通过铁垫板能较好地承受横向推力作用。此外,增加铁垫板挡肩的高度,还能使钢轨的调高达到 15 mm。КБ型扣件一般应用于隧道内,如图 5-112 所示。

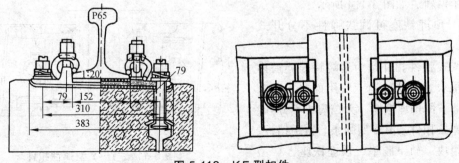

图 5-112　КБ型扣件

（2）桥上板式轨道扣件。

苏联的桥上板式轨道扣件为双层铁垫板扣件，轨下铁垫板和辅加铁垫板均利用高强度螺栓联结，利用轨下铁垫板在辅加铁垫板上的错动来调整轨距，如图 5-113 所示。

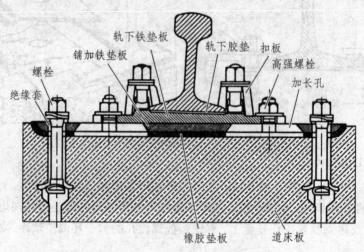

图 5-113　桥上板式轨道双层垫板式扣件

5.3.2　我国无砟轨道扣件系统

我国从 20 世纪 60 年代开始无砟轨道扣件系统的相关研究，采用过多种扣件型式。如 TF—M 型扣件、TF-Y 型弹性扣件、64-Ⅲ 型扣件、秦岭隧道整体道床采用弹性扣件、弹条Ⅰ、Ⅱ型弹性分开式扣件、弹条Ⅲ型弹性分开式扣件、WJ-1 型扣件、WJ-2 型扣件等。随着客运专线建设的发展又研发出了 WJ-7 型扣件和 WJ-8 型扣件。以下主要介绍常用的几种扣件型式。

1. 早期无砟轨道扣件

（1）TF-Y 型弹性扣件。

TF–Y 型弹性扣件主要适用于铺设 50 kg/m 钢轨、钢筋混凝土支承块式整体道床线路。该扣件属分开式弹性扣件，通过预埋塑料套管与螺旋道钉的配合紧固铁垫板，利用楔形轨距块调整轨距，铁垫板上设有 T 型螺栓插入座，利用 T 型螺栓紧固弹条扣压钢轨，如图 5-114 所示。

（2）预埋铁座可调式弹性不分开式扣件。

可调式弹性扣件是为秦岭特长隧道内弹性支承块式无砟轨道上使用而研发出来的。它是一种预埋铁座、无挡肩、不分开、可调式弹条扣件。由 ω 型弹条、轨距挡板、绝缘轨距块、轨下胶垫、预埋铁座、T 型

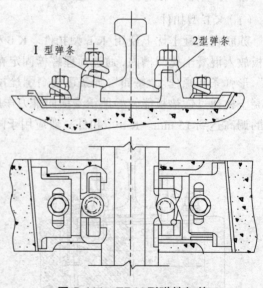

图 5-114　TF-Y 型弹性扣件

螺栓、平垫圈、盖形螺母及调高垫片等部件组成，如图 5-115 所示。

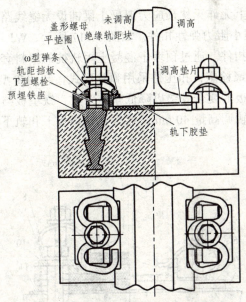

图 5-115　预埋铁座可调式弹性扣件

2．弹条 II 型弹性分开式扣件

弹条 II 型弹性分开式扣件结构为带铁垫板的弹性分开式扣件。本扣件早期应用于渝怀线鱼嘴 2 号隧道，后期在个别隧道整体道床轨道中得到应用。如图 5-116 所示，其主要结构特征为：

（1）钢轨与铁垫板间及铁垫板与基础间均设橡胶垫板，双层减振。

（2）采用 II 型弹条作为扣压件，也可安装 I 型扣件 B 型弹条。

（3）铁垫板上设 T 型螺栓插入铁座，通过拧紧 T 型螺栓的螺母而紧固弹条。

（4）T 型螺栓插入铁座与钢轨间设置轨距块以调整轨距，轨距调整量为 - 8 ～ + 4 mm。

（5）铁垫板上开有螺栓孔，锚固螺栓与预埋于混凝土基础中的绝缘套管配合紧固铁垫板，螺栓与铁垫板间设置弹簧垫圈。

（6）钢轨高低调整通过在轨下及铁垫板下垫入调高垫板实现，轨下调整量 10 mm，铁垫板下调整量 10 mm，总计可调整 20 mm。

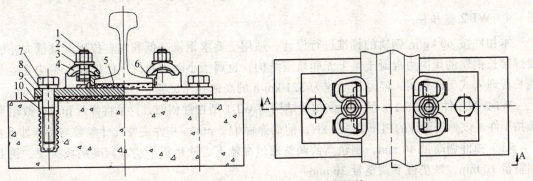

图 5-116　弹条 II 型弹性分开式扣件

1—T 型螺栓；2—螺母；3—平垫圈；4—II 型弹条；5—轨下橡胶垫板；6—绝缘轨距块；7—锚固螺栓；
8—弹簧垫圈；9—铁垫板；10—铁垫板下橡胶垫板；11—绝缘套管

3．WJ-1 型扣件

针对在九江长江大桥上无砟无枕预应力混凝土梁铺设无缝线路的工程特点，20 世纪 70 年代末研制出了 WJ－1 型小阻力弹性扣件。如图 5-117 所示，WJ－1 型扣件为带铁垫板的弹性分开式扣件，属小阻力扣件。通过预埋于混凝土短轨枕的塑料套管和锚固螺栓配合紧固铁垫板，铁垫板上设有 T 型螺栓座，扣压件采用弹片形式，利用 T 型螺栓紧固弹片扣压钢轨，轨下通过使用粘贴不锈钢板的复合胶垫以降低摩擦系数，铁垫板与承轨台间设置了 5 mm 厚的绝缘缓冲垫板。扣件钢轨调高量 40 mm，通过在铁垫板下和轨下垫入调高垫板实现。

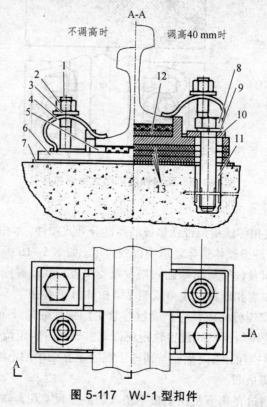

图 5-117　WJ-1 型扣件

1—T 形螺栓；2—螺母；3—平垫圈；4—弹片；5—复合垫板；6—铁垫板；7—绝缘缓冲垫板；8—锚固螺栓；
9—重型弹簧垫圈；10—平垫块；11—预埋套管；12—轨下调高垫板；13—铁垫板下调高垫板

4．WJ-2 型扣件

本扣件按 60 kg/m 钢轨的标准进行设计，适用于要求钢轨高低和左右位置调整量大并铺设焊接长钢轨的预应力混凝土梁上无砟轨道结构，也属于小阻力扣件。已铺设在秦沈客运专线长枕埋入式无砟轨道，经受了时速为 321 km/h 的高速列车试验，性能良好。

WJ-2 型扣件如图 5-118 所示，该扣件结构与 WJ-1 型扣件相似，只是将弹片扣压件改用弹条扣压件，该弹条设计的扣压力为 4 kN，前端弹程 11.5 mm。扣件主要设计参数与特点如下：

（1）扣件调高量 40 mm，钢轨高低调整通过在轨下、铁垫板下垫入调高垫板实现，轨下调整量 10 mm，铁垫板下调整量 30 mm。

（2）扣件左右位置调整量为每轨±10 mm，调整轨距通过移动带有长圆孔的铁垫板来实现，为连续无级调整。

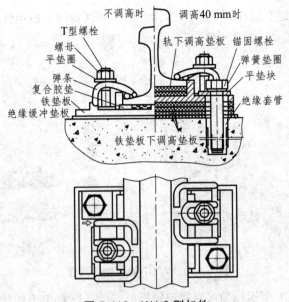

图 5-118 WJ-2 型扣件

（3）扣件设计最大承受横向力为 50 kN（疲劳荷载），混凝土承轨台不设挡肩。

（4）铁垫板上设置 1∶40 轨底坡。

（5）扣件节点刚度为 40～60 kN/mm。

（6）扣件 T 型螺栓的螺母不采用松紧搭配布置的方式，要求松紧程度一致，使扣件均匀受力，T 型螺栓的螺母扭矩为 90～100 N·m。

（7）锚固螺栓拧紧扭矩为 300 N·m。

（8）预埋绝缘套管抗拔力大于 100 kN。

5．客运专线用 WJ-7 型扣件

WJ-7 型扣件系统就是为适应铺设各类无挡肩无砟轨道，满足客运专线扣件系统的技术要求而研发的一种无砟轨道扣件系统，是在原 WJ-1 型和 WJ-2 型无砟轨道扣件系统的基础上优化而成的。该扣件系统在桥上、隧道内和路基上的轨枕埋入式（双块式轨枕和长轨枕）和板式无砟轨道均可使用。

（1）系统组成。

如图 5-119 所示，扣件系统由 T 型螺栓、螺母、平垫圈、弹条、绝缘块、铁垫板、绝缘缓冲垫板、轨下垫板、锚固螺栓、重型弹簧垫圈、平垫块和定位于混凝土轨枕或轨道板的预埋套管组成。钢轨调整高低时利用了调高垫板（轨下调高垫板或充填式调高垫板和铁垫板下调高垫板）。

（2）结构特征。

WJ-7 型扣件系统为带铁垫板的无挡肩弹性分开式结构，具有以下结构特征：

① 混凝土轨枕或轨道板承轨槽不设混凝土挡肩，铁垫板上设置 1∶40 轨底坡，混凝土轨枕或轨道板承轨面为平坡，既可用于轨枕（双块轨枕、长枕）埋入式无砟轨道，又可用于轨道板无砟轨道，列车传来的横向荷载主要通过铁垫板的摩擦力克服。

② 钢轨轨底与铁垫板间设橡胶垫板，实现系统的弹性。通过更换不同刚度的轨下垫板可

分别适应 350 km/h 客运专线和 250 km/h 客运专线（兼顾货运）的运营条件。

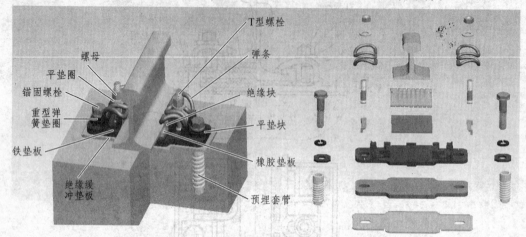

图 5-119　WJ-7 型扣件的组成

③ 铁垫板上设有 T 型螺栓插入座和钢轨挡肩，通过拧紧 T 型螺栓的螺母紧固弹条。配套设计的弹条比我国既有弹条弹程大（各种弹条弹程均为 14 mm），疲劳强度高，在采用较低刚度轨下弹性垫层时弹条的扣压力衰减小。

④ 铁垫板上钢轨挡肩与钢轨间设有绝缘块，用以提高扣件系统的绝缘性能。

⑤ 铁垫板与混凝土枕或轨道板间设绝缘缓冲垫板，缓冲列车荷载对混凝土枕或轨道板的冲击，同时提高系统的绝缘性能。绝缘缓冲垫板周边设凸肋并留有排水口，可有效地提高水膜电阻。

⑥ 同一铁垫板可安装多种弹条（常规扣压力弹条和小扣压力弹条），配合使用摩擦系数不同的轨下垫板（橡胶垫板或复合垫板）可获得不同的线路阻力，既可用于要求大阻力的地段，又可用于要求小阻力的地段，满足各种线路条件下铺设无缝线路的要求。

⑦ 铁垫板通过锚固螺栓与预埋于混凝土枕或轨道板中的绝缘套管配合紧固。预埋套管上设有螺旋筋定位孔，便于螺旋筋准确定位。混凝土枕或轨道板中的预埋套管中心对称布置，便于混凝土枕或轨道板的布筋设计。

⑧ 调整轨向和轨距时无需任何备件，通过移动带有长圆孔的铁垫板来实现，为连续无级调整，可精确设置轨向和轨距且作业简单方便。

⑨ 钢轨高低位置调整量大，满足无砟轨道的使用要求，在轨下垫入充填式垫板可实现高低的无级调整。

⑩ WJ-7 型扣件在钢轨接头处安装时无需特殊备件，不妨碍接头夹板的安装。

（3）配套轨枕或轨道板接口技术要求。

扣件系统对轨枕或轨道板接口的技术要求主要是保证轨枕或轨道板中预埋套管的埋设位置和精度，另外轨枕或轨道板不设轨底坡。图 5-120 为具体接口尺寸要求。

（4）WJ-7 型扣件适用范围。

WJ-7 型扣件弹条分两种，即 W1 型弹条（直径为 14 mm）和 X2 型弹条（直径为 13 mm），其中桥上使用小阻力扣件时使用 X2 型弹条。

轨下垫板分为 A、B 两类，A 类应用于兼顾货运的高速铁路（厚度为 12 mm），B 类应用于仅运行客车的高速铁路（厚度为 14 mm），每类又分为橡胶垫板和桥上采用小阻力扣件时配套使用的复合垫板。

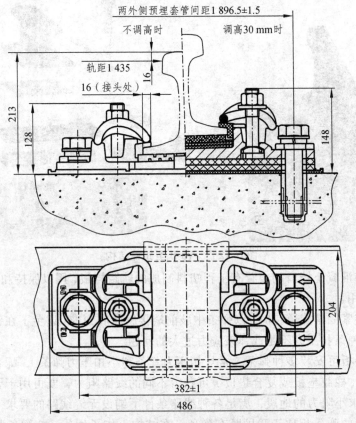

图 5-120　WJ-7 型扣件系统界面图

6. 客运专线用 WJ-8 型扣件

WJ-8 型扣件就是为适应铺设德国既有有挡肩无砟轨道，满足客运专线扣件系统的技术要求而研发的一种无砟轨道扣件系统。

该扣件系统是在原板式和双块式无砟轨道承轨槽尺寸和位置的限定条件下设计的，属带铁垫板的弹性不分开式扣件结构。

（1）系统组成。

如图 5-121 所示，扣件系统由螺旋道钉、平垫圈、弹条、绝缘块、轨距挡板、轨下垫板、铁垫板、铁垫板下弹性垫板和定位于混凝土轨枕或轨道板的预埋套管组成。进行钢轨高低调整时采用调高垫板（分轨下调高垫板和铁垫板下调高垫板）。

（2）结构特征。

① 扣件系统为带铁垫板的弹性不分开式扣件，混凝土轨枕或轨道板承轨槽设混凝土挡肩，由钢轨传递而来的列车横向荷载通过铁垫板传递至轨距挡板，从而通过混凝土挡肩承受横向水平力，降低了水平荷载的作用位置，使结构更加稳定。

② 铁垫板上设挡肩，挡肩与钢轨之间设置有工程塑料制成的绝缘块，不仅可以缓冲钢轨对铁垫板的冲击，而且大幅提高扣件系统的绝缘性能，尤其是提高了系统在降雨时的绝缘电

阻，特别是修改设计后，绝缘块增加了不同厚度的规格，可以实现每股钢轨左右位置 ± 2 mm（轨距 ± 4 mm）的微小调整。

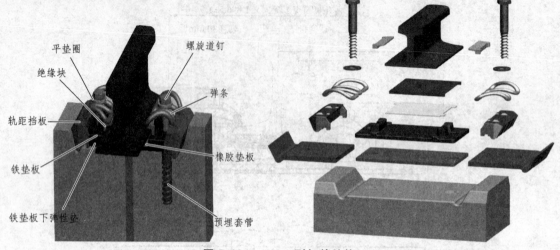

图 5-121 WJ-8 型扣件结构

③ 铁垫板与混凝土挡肩间设置有工程塑料制成的轨距挡板，用以保持和调整轨距，同时起到二次绝缘作用。

④ 扣件组装紧固螺旋道钉时，以弹条中肢前端接触轨底为准，避免了在钢轨与铁垫板间垫入调高垫板时弹条扣压力不足或弹条应力过大的问题。

⑤ 同一铁垫板可安装多种弹条（常规扣压力弹条和小扣压力弹条），配合使用摩擦系数不同的轨下垫板（橡胶垫板或复合垫板）可获得不同的线路阻力，既可用于要求大阻力的地段，又可用于要求小阻力的地段，满足各种线路条件下铺设无缝线路的要求。

⑥ 配套设计的弹条相比于我国既有弹条，在结构上作了优化，使弹条弹程增大（各种弹条弹程均为 14 mm），提高了其抗疲劳强度，在采用较低刚度弹性垫层时弹条的扣压力衰减小。

⑦ 铁垫板下设弹性垫层，扣件系统具有良好的弹性，垫层由长寿命热塑性弹性体材料制成。

⑧ 与 WJ-8 型扣件系统配套的既有混凝土轨枕或轨道板的承轨槽型式和尺寸无需变动，适应性强。

（3）配套轨枕或轨道板接口技术要求。

扣件系统对轨枕或轨道板接口的技术要求主要是轨枕或轨道板中预埋套管的埋设位置和精度。与 WJ-8 型扣件系统配套的既有混凝土轨枕或轨道板的承轨槽型式和尺寸无需变动，轨枕或轨道板设有轨底坡。

图 5-122 为配套的既有混凝土轨枕或轨道板的承轨槽型式和尺寸要求。

（4）WJ-8 型扣件的适用范围。

WJ-8A 型扣件采用 A 类弹性垫板（静刚度为 35 ± 5 kN/mm），适应兼顾货运的最高速度为 250 km/h 的客运专线运营条件；

WJ-8B 型扣件采用 B 类弹性垫板（静刚度为 23 ± 3 kN/mm），适应铺设双块式无砟轨道，最高速度为 350 km/h 的客运专线运营条件；

WJ-8C 型扣件采用 B 类弹性垫板（静刚度为 23 ± 3 kN/mm），适应铺设 CRTS Ⅱ型轨道板，最高速度为 350 km/h 的客运专线运营条件。

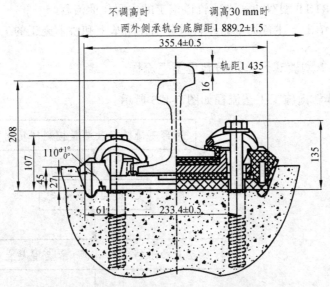

图 5-122　WJ-8 型扣件系统界面图

7. WJ7 和 WJ8 特殊型调整扣件

随着我国高速铁路运营时间及运量的增加，无砟轨道局部地段逐渐遇到一些特殊状况，如路基的工后沉隆、隧道基础的沉降变形和低温冻胀等病害，从而导致无砟轨道结构线路不平顺，个别地段的高低、轨向不平顺超过了扣件原设计的调整范围。为此，中国铁路总公司根据已取得的研究成果，印发了《WJ7 和 WJ8 特殊调整扣件暂行技术条件》（铁总科技[2015]16 号），研发了增加钢轨调整量的 WJ-7 型和 WJ-8 型特殊调整扣件，增加钢轨高低和左右位置的调整量，以便在短时间内紧急恢复线路的平顺性，保证线路的及时开通。

WJ-7 型扣件系统增加钢轨位置调整量的技术措施是在既有扣件基础上新增或修改 WJ7 加长型锚固螺栓，WJ7-D、WJ7-H 和 WJ7-DH 铁垫板，WJ7 钢调高垫板下、WJ7 铁垫板下、WJ7-H 下铁垫板下缓冲垫板和 WJ7-H 绝缘缓冲垫板，WJ7-H 平垫块五类零部件；WJ-8 型扣件系统增加钢轨位置调整数量的技术措施是在既有扣件基础上新增或修改了 WJ8 加长型螺旋道钉，WJ8-I 型、II 型钢调高垫板和 WJ8-D 铁垫板，WJ8-D 橡胶垫板和复合垫板，铁垫板下缓冲垫板，WJ8-I 型、II 型钢调高垫板下缓冲垫板和 WJ8-D 铁垫板下缓冲垫板，WJ8-H 绝缘轨距块五类零部件。

5.4　无砟轨道施工工艺流程

【学习目标】

（1）能说出 CRTS I 型板式无砟轨道施工的主要作业流程。

（2）能说出 CRTS II 型板式无砟轨道施工的主要作业流程。

（3）能说出 CRTS Ⅲ 型板式无砟轨道施工的主要作业流程。

（4）能说出 CRTS Ⅰ 型双块式无砟轨道施工的主要作业流程。

（5）能说出 CRTS Ⅱ 型双块式无砟轨道施工的主要作业流程。

（6）能归纳总结出上述各类型无砟轨道分别在路基上和桥上施工的工艺异同点。

5.4.1　CRTS Ⅰ 型板式无砟轨道施工工艺流程

CRTS Ⅰ 型无砟轨道施工工艺流程如图 5-123 所示。

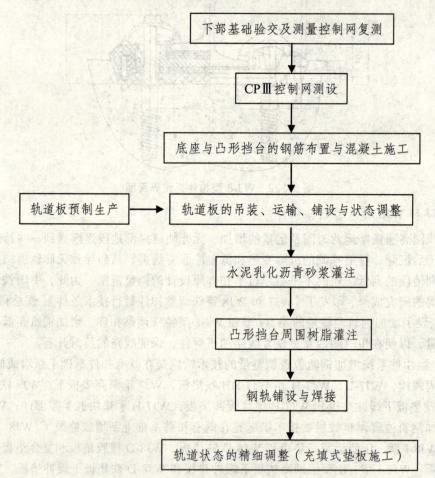

图 5-123　CRTS Ⅰ 型板式无砟轨道施工工艺流程图

1. 下部基础验交及测量控制网复测

（1）下部基础验交。

无砟轨道施工前，应按《客运专线铁路无砟轨道铺设条件评估技术指南》的要求对线下工程进行评估验收，并符合《客运专线无砟轨道铁路工程施工质量验收暂行标准》的相关要求。

桥梁地段：主体完工、桥梁架设完成后，当桥梁墩台沉降和梁体徐变基本完成，才能进行沉降评估，且沉降评估必须合格。

　　路基地段：路基本体填筑完成后按要求堆载预压，预压时间不少于 3 个月，沉降评估必须合格。

　　（2）测量控制网复测。

　　无砟轨道施工前，为了保证施工精度，需要对全线的 CPI、CPⅡ点进行复测或加密，为 CPⅢ控制网测设提供条件。

　　2．CPⅢ控制网测设

　　在 CPⅡ控制网基础上，对线路进行 CPⅢ基准网布设。CPⅢ点设在路基接触网基础或桥梁防护墙上面，相邻每对点的间距为 40～65 m。CPⅢ平面和高程测设合格后将作为后续施工放样的依据。

　　3．底座与凸形挡台的钢筋布置与混凝土施工

　　底座施工前应清理下部基础表面，并按设计要求对基础面进行处理。

　　（1）路基上混凝土底座直接构筑在路基基床表面，基床表面应清洁无杂物。

　　（2）桥梁在梁场预制时轨道中心线 2.6 m 范围内应进行拉毛处理，梁体预埋套筒植筋与底座钢筋连接。预埋套筒及钢筋材质、位置应符合设计要求。

　　（3）有仰拱的隧道内底座宽度范围内的仰拱回填层表面应进行拉毛或凿毛处理。

　　（4）无仰拱的隧道内底座与隧道钢筋混凝土底板合并设置，并连续铺设施工。

　　底座与凸形挡台的钢筋布置与混凝土施工工序如图 5-124 所示。

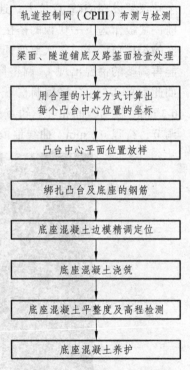

图 5-124　底座与凸形挡台的钢筋布置与混凝土施工工序

　　4．轨道板的吊装、运输、铺设与状态调整

　　（1）轨道板检查及吊装

　　轨道板出厂前应对每块板的外形尺寸偏差及外观质量进行检查，并办理相关交接手续，不合格的轨道板严禁使用。

　　轨道板应对称装载，每层之间采用方木在起吊螺母处支垫，且每块板支撑位置上下一致，装载高度不得超过 4 层，并进行加固，保证运输过程中不发生相对位移。

　　轨道板通过板内预埋的起吊套管及吊件四点起吊，铺板门吊或汽车吊吊装。吊装前仔细检查吊具是否安装到位，吊具与轨道板边加垫橡胶垫块，防止轨道板边缘被破坏。

　　轨道板垂直立放，并采取防倾倒措施，相邻板体间用木方隔离。临时平放时间不超过 7 天。堆放层不超过 4 层，层间净空不小于 20 mm，承垫物距板端 60 cm，并保证承垫物上下对齐。不同板型分类存于相应台座，不得混存。

　　梁端等处的部分轨道板及异型板的铺设位置相对应、不可更换，采用双线同向铺设的，轨道板的运输和存放必须考虑一定的顺序。出场时，设专人按轨道板铺设表核对发货型号数量。

（2）轨道板的粗铺。

铺板前将底座板表面清理干净，利用 CPIII 点放样出轨道板两边缘点并弹划墨线（轮廓线）。对所铺设处的底座板标高要进行复测，以确保板腔最小空间不小于 4 cm（应尽量控制在 4～6 cm 内），避免出现 CA 砂浆填充层厚度不足的情况。

部分轨道板两端的凸形挡台大小圆不一样大，其中 3685 板和 4856A 板铺设时可以保证轨道板大圆在梁端伸缩缝处（路基上大圆在半圆形图形挡台处），同时也能保证接地端子在线路的外侧。

初铺板直线段定位要控制横向误差（ - 10，+10）mm；曲线段向超高侧偏移(+5，+15) mm，利于后期精调速度。

（3）轨道板状态调整（精调）。

轨道板精调之前，先利用 CPⅢ测设凸形挡台之间的 GRP 点位坐标（点位测量水平0.2 mm、高程 0.1 mm）。轨道板精调采用自动跟踪全站仪配合速调标架，如图 5-125 所示。全站仪架设在 GRP 点位上，速调标架放置于轨道板端第二排绝缘套管处，每次调整一块板，前一块板作为下一块板的搭接用。轨道板精调时必须保证每次同时调整一端的两个千斤顶（每次的千斤顶操作时每次要保证丝扣在中间位置，避免出现调整量过大时，丝扣到达端头后不能再调整的情况出现），调整标高和方向在规定范围内；然后再调整另外一端的两个千斤顶，如此重复 2-3 次合格后调整下一块板。轨道板的精度为板内 4 承轨点间平面和高程差控制在0.3 mm，板与板间相邻承轨点平面和高程差控制在 0.4 mm。轨道板的调整量通过三向千斤顶调节，行程 0.5 mm。曲线地段要调整好每块轨道板的偏角，并用弦测法校核。

图 5-125　轨道板精调

5．水泥乳化沥青砂浆灌注

砂浆调整层施工采用灌注袋施工的方式，施工主要工序包括：原材料准备及底座顶面清理、铺设灌注袋、砂浆拌制、灌注砂浆、养护等环节。

砂浆调整层应注入专用灌注袋内，灌注袋型号要与板腔厚度相匹配。砂浆调整层在灌注前，应保证底座顶面无积水、杂物、灰尘等；灌注袋铺设时要完全拉平展开，不得形成褶皱。

砂浆调整层灌注应注意作业时间，超出可工作时间范围或流动性不满足要求的砂浆不得进行灌注。灌注时应在灌注口多留一些砂浆，灌注后，用尼龙绳扎紧灌注口，用木板等材料将其支起来，如图 5-126 所示。

（a）灌注袋铺装　　　　　　　（b）灌注后扎紧灌注口

图 5-126　水泥乳化沥青砂浆灌注

灌注结束后 2 小时左右，观察灌注袋与轨道板之间的空隙情况，在砂浆凝固之前，将灌注口的砂浆挤入灌注袋内，最后用专用夹具夹住灌注口。出现轨道板空吊时，应先揭板清除砂浆，再重新灌注。

6. 凸形挡台周围树脂灌注

灌注树脂的作业应在板下砂浆灌注 24 h 并清洁、整理完毕后再进行。挡台周围清洁、整理完毕后，在凸形挡台周围安放树脂灌注专用袋（图 5-127），利用布制橡胶带或粘着剂固定。

树脂灌注前要在凸型挡台及附近周围铺设塑料防护垫，采用漏斗灌注法进行灌注，以减少对轨道板及凸型挡台的污染，如图 5-127 所示。

填充树脂在现场配置并施工，施工环境的温度为 5～40 ℃，雨雪天气禁止作业。室外施工环境温度低于 10 ℃ 时，需将树脂的液体温度调到 20 ℃ 以上后再混合。为防止空气进入，尽量保持低位进行灌注施工。

图 5-127　凸形挡台周围树脂灌注

5.4.2　CRTS II 型无砟轨道施工工艺流程

CRTS II 型无砟轨道施工工艺流程如图 5-128 和 5-129 所示。

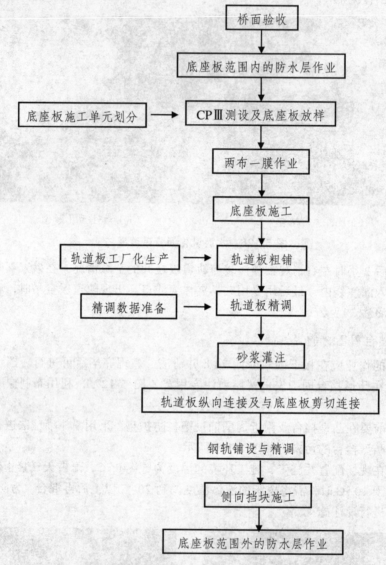

图 5-128　桥上 CRTS II 型无砟轨道施工工艺流程图

1. 桥面验收

无砟轨道施工前，应对下部桥梁进行变形评估，满足无砟轨道铺设条件后方能进行施工。桥梁平面位置、高程、平整度、相邻梁梁端高差及平整度、防水层、预埋件、齿槽的位置和尺寸、排水孔（坡）、伸缩缝等应满足《高速铁路桥涵工程验收标准》（TB 10752—2010）、《高速铁路轨道工程验收标准》（TB 10754—2010）及设计要求。

2. 路基面或隧道基底施工验交

施工前完成并通过沉降观测及 CP III 评估，并对路基顶面、隧道基底表面平整度、高程进行复测验收，满足要求后可进行支承层施工。

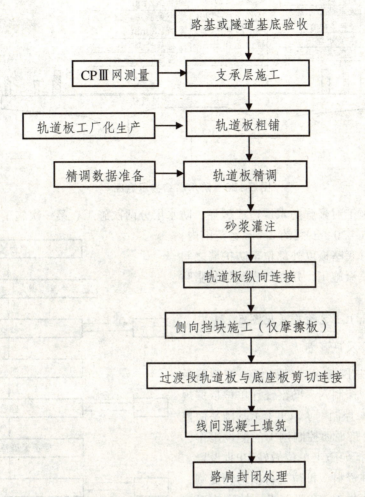

图 5-129　路基上或隧道内 CRTS Ⅱ型无砟轨道施工工艺流程图

路基上和隧道内的支承层进行施工前，除路基基床表层、隧道基底表面要满足支承层施工要求外，还需完成与之相关的排水、沟槽及其他下穿等基础工程施工。路基部分左右两侧设置电缆槽，当基床表层填筑完成后，利用专用机械开槽或人工开槽，砌筑预制电缆槽及路肩预制件。

隧道内除两侧设置的电缆槽、排水沟施工作业外，还有线间及线路外侧的集水井和纵向明沟的施工作业。

3.底座板范围内的防水层作业

（1）防水层系统构造。

CRTS Ⅱ型板式无砟轨道结构的桥面防水采用全桥面防水方式，防水体系设计为：防护墙内侧轨道板底座下喷涂 2.0 mm 厚聚脲防水涂料，底座板以外喷涂 1.8 mm 厚聚脲防水涂料加 0.2 mm 厚脂肪族聚氨酯面层，桥面防水层总厚度不得小于 2.0 mm，如图 5-130 所示。

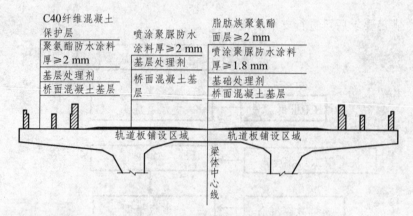

图 5-130　防水层结构示意图

　　为避免后续施工对聚脲防水层造成破坏，防水层分两次施工：第一次施工轨道板底座下（包含施工搭接 15 ~ 20 cm）共约 3.4 m 宽范围内；待铺板完成后，对底座板以外部位至防护墙之间梁面进行第二次喷涂施工，并在其表面涂装脂肪族面层。

　　（2）防水层施工工艺流程（见图 5-131）。

　　4.CPⅢ测设及底座板放样

　　CPⅢ基桩控制网是高速铁路精密控制测量的轨道施工和维护控制网。勘察设计单位依据规范做好 CP0（框架控制网）、CPⅠ（基础平面控制网）、CPⅡ（线路平面控制网）的测设工作，做好 CPⅢ设计，指导施工单位做好 CPⅢ设置。施工单位要对交桩资料、桩位进行核对和复测，在设计单位指导下做好 CPⅢ测设、轨道施工控制网加密及维护工作，并按照复核后的资料和精度要求进行轨道施工的精准定位和控制。

　　底座板的边线测设的一般为控制线，距底座板边缘向外 15 cm，便于施工。

　　5.两布一膜作业

　　（1）挤塑板铺设。

　　在梁缝处设高强度挤塑板。高强度挤塑板标

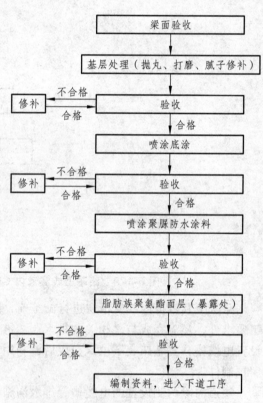

图 5-131　桥面防水层施工工艺流程图

准尺寸为 1.45 m × 2.95 m，由 5 块拼装而成，其中 3 块的尺寸为 600 × 1 450 mm，2 块的尺寸为 550 × 1 450 mm，或其中 4 块尺寸为 600 × 1 450 mm，1 块尺寸为 550 × 1 450 mm，2 块之间采用台阶形搭接，如图 5-132 所示，其施工效果见图 5-60。

　　（2）"两布一膜"滑动层铺设。

　　"两布一膜"滑动层包括下层土工布、土工膜和上层土工布，简称"两布一膜"。"两布一膜"滑动层从剪力齿槽一端边缘铺设至下一剪力齿槽边缘，如图 5-62 所示。

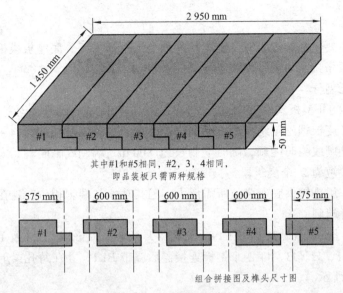

其中#1和#5相同，#2，3，4相同，
即品装板只需两种规格

组合拼接图及榫头尺寸图

图 5-132　挤塑板铺设

在底座板范围内沿线路纵向两侧及中间各弹出宽 30 cm 的粘合剂涂刷带，底层土工布对接，中间薄膜采用熔接的方式，上层土工布不许对接，如图 5-133 所示。

图 5-133　"两布一膜"铺设施工及效果图

每一段内土工布尽可能整块连续地铺设，如果不能连续整块地铺设，下层土工布只允许对接，对接接头要与梁面全断面粘接，采用刷 30 cm 宽横向胶的粘接方式，分块对接时，每块土工布的最小长度不小于 5 m。上层土工布搭接长度不小于 20 cm，搭接位置与其他层对接处错开至少 1 m，如图 5-134 所示。

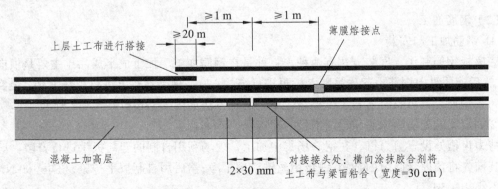

图 5-134　"两布一膜"铺设接头

6. 底座板施工

底座板施工主要包括的内容有：施工单元划分、钢筋加工、底座板模板安装、底座板混凝土浇筑、底座板张拉及后浇带混凝土浇筑等。

（1）施工单元划分。

由于桥上 CRTSⅡ型板式轨道底座无法通过一次施工完成，因此必须划分成几个施工段，施工段的位置及长度根据施工组织的方案确定。一般一个施工段长度为 4～5 km，施工段的首尾位置应设置端刺或临时端刺，临时端刺长约 800 m，端刺或临时端刺之间的区段为常规区。常规区一般最短为 2 个浇筑段，长度约 320 m。

临时端刺的作用是提供底座张拉所需反力，因其功能与端刺相仿，且在后续施工中被消除，故被称为临时端刺。

临时端刺分 5 段，两个 220 m 段（LP1 及 LP2）、两个 130 m 段（LP4 及 LP5）、一个 100 m 段（LP3），共设 J1、J2、J3、J4 四个钢板连接器后浇带 BL1，并在每孔梁上设置齿槽后浇带 BL2，如图 5-135 所示。

常规区位于每个施工段落扣除两端临时端刺（或永久端刺）的中间区域。一般以 3～5 孔梁作为一个混凝土浇筑段，相邻两个混凝土浇筑段之间设置一个钢板连接器后浇带（BL1）。每个混凝土浇筑段内桥梁固定支座处设置齿槽后浇带（BL2）。

后浇带就是两个混凝土浇筑段之间的后浇混凝土接缝。后浇带的分类如下：

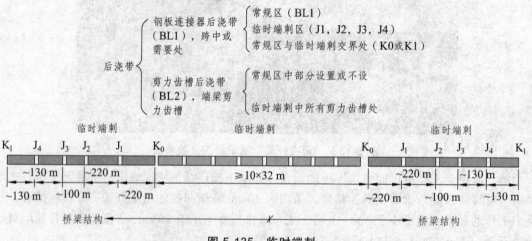

图 5-135 临时端刺

（2）钢筋加工。

① 钢筋加工与安装。

底座板钢筋制作、安装方法有两种，一种是在钢筋加工厂加工成半成品（主要是横向钢筋），然后连同纵向钢筋一起先吊装上桥再进行绑扎；另一种是在桥上进行现场安装。经实践证明，采用前者，可省时、省工、提高效率，两种方法如图 5-136 和图 5-137 所示。

② 固定梁端处锚固钢筋和锚固钢板的连接：

剪力齿槽处设置剪力钉，在钢筋场集中加工，现场利用自制的套筒扳手进行安装。剪力钉安装前先将预埋套筒内的杂物、铁锈用丝锥清理干净，然后用自制扳手拧紧，扭矩 300 N·m，深度不小于 1.5d。

图 5-136 加工成的钢筋网片

图 5-137 钢筋网片吊装就位

图 5-138 为"剪力齿槽处剪力钉连接"、图 5-139 为"跨剪力齿槽剪力钉及钢筋布置"。

图 5-138 剪力钉连接

图 5-139 跨剪力齿槽剪力钉及钢筋布置

③ 连接器的制作安装。

"两布一膜"和梁缝硬泡沫塑料板于铺设结束后布置后浇带。提前测量精确定位后浇带位置，底座后浇带的钢筋连接器在钢筋铺设前布置，钢板的一边钢筋穿过钢板的预留孔后与钢板焊接部分在钢筋加工场内完成，再整体吊装上桥；另一边的钢筋通过钢板的预留洞穿过钢板，用分置于钢板两边的螺母与钢板连接部分于后浇带位置安装完成，在其施工完后铺设底座板钢筋，如图 5-140 所示。

图 5-140 后浇带连接钢筋安装

④ 测温电偶安装。

在每个底座板浇筑段安装温差电偶，用于结构的温度测量。

底座板混凝土浇筑前，在每个浇筑段距离后浇带约 1/3 浇筑段长位置处，在横断面的轨道板放置边缘埋没温差电偶，用于测量混凝土的芯部温度变化。

（3）模板安装。

底座板模板包括侧模及端模，内侧模利用拉杆连接，侧模采用可调高式组合钢模，外侧模与防撞墙支撑牢固。为防止底座板漏浆、烂根，在侧模内衬 L 形铁皮。图 5-141 为安装后的模板效果图。

图 5-141　模板安装效果图

（4）底座板混凝土浇筑。

在进行底座板混凝土浇筑作业前要清理模板内杂物，底座板混凝土浇筑采用桥下泵送混凝土的形式，插入振捣棒振捣后，用整平提浆机整平，在适当时间拉毛、抹边，洒水养生，如图 5-142。

图 5-142　底座混凝土浇筑

（5）底座板张拉连接。

底座板张拉连接的本质是对底座板结构的"锁定"，张拉连接完成后便可在一个施工单元内进行轨道板的施工。

底座板张拉连接时混凝土强度必须达到 20 MPa，连接操作是围绕并确保底座板达到锁定轨温时底座板内应力为零而进行的连接筋张拉施工作业。类似于无缝线路长钢轨条在锁定轨温范围的拉伸锁定。所有施工单元段底座板的连接施工均须在温差较小的 24h 内完成。底座板张拉完成后按设计顺序浇筑底座板后浇带，底座板张拉连接施工如图 5-143 所示。

图 5-143　底座板张拉连接

7. 路基和隧道支承层施工

路基和隧道支承层设计相同，均为宽度 3 250 mm、厚度 300 mm 的矩形断面，采用 C15 低塑性混凝土浇筑，因此可立模施工。两侧模板按设计断面支立，侧模采用 300 mm 高的钢模，每 2 ~ 3 m 为一节，便于施工倒用。为保证混凝土质量，模板顶部设振捣梁。

路基和隧道支承层施工工艺流程见图 5-144。

（1）支承层施工前应对路基表面进行清洁，洒水湿润的作业，保湿 2 h 以上，并不得产生积水。

（2）混凝土支承层连续铺筑，并在不远于 5 m 的位置设一处深度约 105 mm 的横向伸缩假缝。若采用滑模摊铺施工，切缝应在支承层铺设后的 12 h 内完成。若采用模筑法施工，切缝应在支承层铺设后的 24 h 内完成，防止出现较大裂缝。横向伸缩假缝不得与板缝重叠。

（3）支承层顶面应平整，其表面平整度应达到 7 mm/4 m，顶面高程+5 mm，– 15 mm，其他外形尺寸指标应满足《高速铁路轨道工程施工质量验收标准》的要求。

（4）轨道板下支承层顶面应拉毛处理，拉毛深度 1.5 ~ 2 mm，确保支承层与 CA 砂浆垫层间具有足够的黏结力，道床板范围以外支承层应及时抹面。

（5）滑模摊铺时，待料时间超过混凝土初凝时间的 4/5 时，应开出摊铺机，施做施工缝，每个工班结束时施工缝宜安排在切缝处。施工缝为直立面，垂直于轨道中心线。

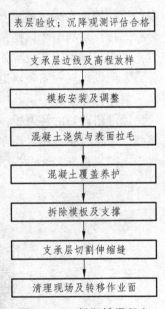

表层验收；沉降观测评估合格

↓

支承层边线及高程放样

↓

模板安装及调整

↓

混凝土浇筑与表面拉毛

↓

混凝土覆盖养护

↓

拆除模板及支撑

↓

支承层切割伸缩缝

↓

清理现场及转移作业面

图 5-144　低塑性混凝土支承层施工工艺流程图

8. 轨道板粗铺

（1）粗铺条件。

底座板及后浇带混凝土强度大于 15 MPa，且混凝土浇筑时间大于 2 d，可粗铺轨道板。粗铺顺序为先临时端刺，后常规区。

（2）粗铺工艺流程。

流程为：复测 CPⅢ点→轨道板运输→安装定位锥和测设轨道基准点→测量标注轨道板板

号→轨道板吊装→轨道板粗铺定位→放置支点木条，如图 5-145。

图 5-145 轨道板粗铺

9. 轨道板精调

安装精调爪，每块板 6 个，四角各 1 个为二维，可进行平面、高程双向调整，板间两侧各 1 个为一维，仅能调整高度。

按要求定期对标准标架进行校核。

轨道板精调首先利用平差计算后的轨道基准点数据，用施工布板软件计算出每块板对应点的空间理论坐标，再输入到现场调板用精调测量系统中，进行理论坐标与实际坐标的对比分析，计算出轨道板调整量，通过人工调整轨道板精调爪，使轨道板位置处于设计的空间位置。轨道板精调工艺流程如下：

复测设标网→安装轨道板精调千斤顶 6 个→检校测量标架→全站仪初始定向→轨道板精调→数据保存备份。

经过精调后的轨道板，轨道板高程误差控制在 ±0.5 mm，中线误差 0.5 mm，相邻轨道板接缝处承轨台顶面相对高差的误差控制在 0.3 mm 内，相邻轨道板接缝处承轨台顶面平面位置误差控制在 0.3 mm 内，如图 5-146 所示。

精调爪　　　　　　精调标架

图 5-146 轨道板精调

10. 砂浆灌注

（1）轨道板压紧。

为防止灌注水泥沥青砂浆时轨道板上浮，精调完成后设置轨道板压紧装置。一般情况下，固定装置安装于轨道板的两端中部（图 5-147），当曲线位置超高达到 45 mm 及以上时轨道板两侧中间部位增设固定装置（图 5-148）。

图 5-147　轨道板两端中间压紧装置　　　图 5-148　轨道板两侧中间压紧装置

（2）轨道板封边。

封边分纵向封边和横向封边，其目的是为了防止在垫层灌浆时砂浆从轨道板侧面溢出。

① 轨道板纵向两侧边缝封边。

纵向封边可采用水泥砂浆（图 5-149）、角钢配合无纺布（图 5-150）或封边带等，但都需在两侧面预留排气孔，及时将砂浆中的空气排出，保证轨道板下砂浆垫层密实、无气孔。

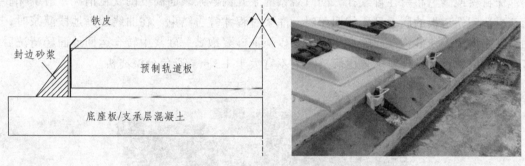

图 5-149　砂浆纵向封边

② 轨道板横向（板间）封边。

横向封边一般使用与垫层砂浆相同的干料拌制砂浆将两轨道板的窄接缝进行填塞，砂浆高度的注入应超出轨道板底边至少 2 cm，如图 5-151 所示。

图 5-150　角钢纵向封边

图 5-151　砂浆横向封边

施工中也可采用泡沫条进行横向封边，但需将泡沫压紧，避免砂浆串板。

（3）砂浆灌注的工艺流程。

轨道板几何位置确认→底座板表面预湿→轨道板砂浆垫层灌注作业→封闭灌浆孔。

① 轨道板几何位置确认：

垫层砂浆灌注施工前，应对精调完成的轨道板进行空间位置检查确认工作。对精调完成的轨道板区段进行平顺性检查。检查合格后方可进行砂浆灌注施工作业。

② 底座板表面预湿：

用带有旋转平面喷头的喷枪进行雾状施作，分别从三个灌浆孔伸入轨道板将其下浇湿。需根据培训操作中的经验掌握各种温度环境下的喷浇时间，保证底座板的湿润。

③ 灌注作业。

沥青水泥砂浆工艺是Ⅱ型板系统技术的核心之一。沥青水泥砂浆通过沿线设置的固定的加料站加料，利用移动式沥青水泥砂浆搅拌设备运至现场，再通过桅杆吊及中间搅拌罐吊装上桥进行灌注。工艺控制的关键是温度及时间。沥青水泥砂浆拌和物温度控制在 5～35 ℃，搅拌出的成品必须在 30 min 内完成灌注。

在砂浆灌注地点，先将土工布铺在轨道板上，同时插好灌浆漏斗，防止砂浆从灌浆孔溢出，污染轨道板。将灌注软管出口对准轨道板中间灌浆孔，开启出料调节阀，进行灌浆施工，如图 5-152 所示。灌浆过程中，应对侧面封边砂浆的排气孔进行观测，排气孔冒出砂浆后，用泡沫材料或腈纶布塞住排气孔，同时观察灌浆孔内砂浆表面高度的变化情况，应确保砂浆面至少达到轨道板的底边且不能回落时，灌浆过程才宣告结束。在曲线超高地段灌浆时，应加高灌浆护筒，使砂浆液面略高出底边，以保证砂浆饱满。砂浆中转仓运回地面经清洗后方可再次使用。技术条件要求自由倾落高度不宜大于 1.5 m，避免分层离析。

图 5-152　砂浆灌注作业

④ 封闭灌浆孔。

封闭灌浆孔时，将灌浆孔中多余的砂浆凿除并掏出，使砂浆表面距轨道板顶面保持在约 15 cm 的位置，为保证封孔混凝土与垫层砂浆的良好连接，在垫层砂浆轻度凝固时将一根 S 形钢筋从灌浆孔插入垫层砂浆中。灌浆孔利用与轨道板同级别的混凝土封闭，抹实压光，并用专用工具压出与预裂缝顺接的凹槽，及时洒水覆盖养护。养护完成后用砂轮机磨光，确保外观质量的美观。

11．轨道板纵向连接与剪切连接

（1）窄接缝连接。

水泥沥青砂浆灌注完成并达到 7 MPa（约需 7 d）后，即可进行窄接缝施工作业。施工前，应将连接缝区表面污垢清除干净，其后，在轨道板窄接缝处侧面安装模板（用螺杆拉紧），向窄接缝灌注砂浆（可使用垫层砂浆，需调整和改变稠度），灌注高度控制于轨道板上缘以下约 6 cm 处。灌注完成后应及时养生，如图 5-153 所示。

图 5-153　窄接缝连接

（2）宽接缝连接。

① 轨道板连接钢筋张拉。

垫层砂浆的强度达到 9 MPa 和灌注窄接缝砂浆强度达到要求时可对轨道板实施张拉连接。先安装张拉锁件，注意垫片应位于锚固螺母和张拉锁之间，然后用手拧紧锚固螺母。张拉锁拧紧施工通过扭矩扳手进行操作，拧紧标准为 450 N·m，如图 5-154 所示。

图 5-154　张拉锁安装与张拉

轨道板中共设有 6 根张拉筋，先张拉轨道板中间 2 根至完成，之后由内向外对称张拉左右各 1 根筋直至完成，最后张拉剩余 2 根。连接钢筋的张拉顺序如图 5-155 所示。要注意张拉锁的绝缘处理，一定按照设计做好。

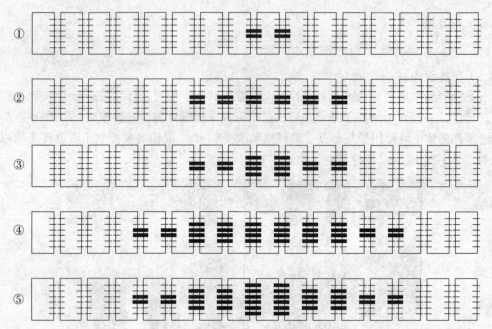

图 5-155　轨道板纵向钢筋连接张拉顺序

② 板间宽接缝施工。

每个宽接缝安放两个钢筋骨架及架立筋，钢筋网片交叉点需进行绝缘处理（图 5-156）。接缝使用 C55 混凝土进行灌注（可视需要决定是否添加抑制剂和蓬松剂，如图 5-157）。混凝土骨料颗粒大小规定为 0 ~ 10 mm，混凝土要具有较小的坍落度，以避免超高区域内出现"自动找平流坠"现象。

图 5-156　宽缝连接钢筋安装

图 5-157　宽缝混凝土灌注后效果

（3）剪切连接。

轨道板的剪切连接位置为梁缝处、桥台前后轨道板；端刺与路基过渡段；道岔板与板下基础；每次轨道板纵连段落起终点处的 3 块轨道板，主要结构作用是将轨道板与底座板连接成为一个整体，以适应线下结构变形或防止已完成纵连的轨道板段落起终点处发生伸缩位移。

剪切连接采用在轨道板和底座板（支承层）钻孔植筋的方法完成（图 5-158），钻孔位置要在轨道板设计图中标出。钻孔前应在设计植筋位置使用钢筋探测雷达探明轨道板及底座板内的钢筋布置情况，标出具体钻孔位置。钻孔使用专用电动钻孔机，钻孔完成后，使用高压风管（枪）将孔内霄粉吹除干净。植筋施工应随即进行，否则应用砂丝团或软布团封堵孔口。

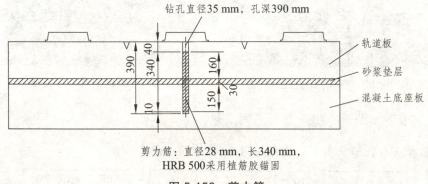

图 5-158　剪力筋

为确保剪切筋与轨道板及底座板内钢筋处于隔离绝缘状态，剪切筋表面应事先均匀涂抹一层植筋胶，并确保表面无遗漏之处。在已钻好的孔内注入适量植筋胶，植入剪力销钉（筋）。剪切筋植入时应轻轻插入，避免与板内钢筋接触。待植筋胶硬化后将孔口清理干净，用同标号水泥砂浆封闭。梁缝处剪力筋的布置如图 5-159 所示。

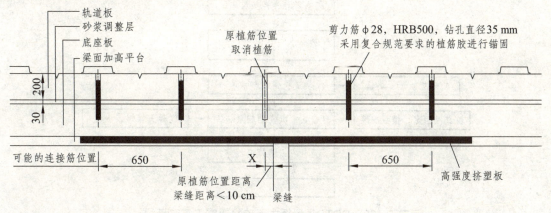

图 5-159　梁缝处剪力筋

12. 侧向挡块施工

侧向挡块施工工序为：预埋套筒及齿槽验收→底座板打磨、梁面凿毛→限位板、挤塑板安装→剪力钉安装→钢筋绑扎→模板安装→混凝土浇筑、养生→拆模→成品验收。

侧向挡块施工前，应对桥上预留槽内的钢筋和套筒位置进行检查，要求内侧预埋套筒的中心距底座板边缘距离为 8～12 cm，超过允许范围的应进行整修。通过安装其他钢筋并绑扎来进行适当的连接，如图 5-160 所示。侧向挡块的施工使用专用组合钢模具，如图 5-161 所示。混凝土灌注施工时应按规定进行振捣，利用微型振捣棒振捣密实。侧向挡块灌注完成后应及时覆盖养护。避免新老混凝土粘连。

成形的侧向挡块，应保证外观方正，"纵、横向一条线"，如图 5-64 所示。

图 5-160　侧向挡块钢筋绑扎

图 5-161　侧向挡块钢筋支模

5.4.3　CRTSⅢ型无砟轨道施工工艺流程

CRTSⅢ型无砟轨道施工工艺流程如图 5-162 所示。

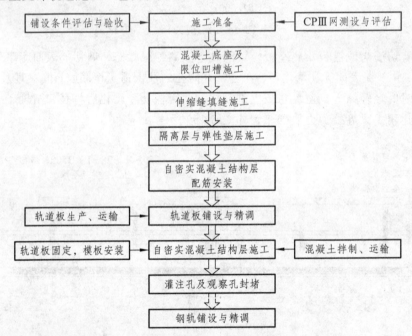

图 5-162　CRTSⅢ型板式无砟轨道施工工艺流程

1．施工准备

（1）无砟轨道施工前应按相关规定对线下构筑物沉降、变形进行系统观测与分析评估，符合设计要求后方可进行无砟轨道施工。

（2）实测路基面、桥面的中线、高程、宽度、平整度、梁缝宽度应符合相关标准的规定。桥梁段应根据实测梁长进行布板设计，轨道板与底座一一对应，底座施工与轨道板铺设须采用同一套布板数据。

（3）建立 CPⅢ控制网，包括平面和高程控制网，并将控制网复测成果报监理、建设、评估单位审查评估合格后，方可开展无砟轨道的底座施工工作。

（4）自密实混凝土施工应在线外进行现场灌注、揭板试验，验证和完善自密实混凝土配合比、工艺、工装、施工组织和质量控制标准，并编制揭板试验总结报告，经建设、咨询、监理单位现场评估合格后，方可进行正式施工。

2．混凝土底座与限位凹槽施工

施工工艺流程如图 5-163。

（1）施工准备。

施工前根据线路平、纵断面资料，确定底座标高。注意消除因线路纵坡及平面曲线引起的误差，必要时对轨道板板缝宽度进行调整。底座施工前，除按技术要求放出底座中心线外，应同时在底座基面上放样底座边线、伸缩缝位置和凹槽的中心线位置（弹出凹槽底部边线），以便于作业。

（2）底座基底处理与验收。

施工前清理基础面杂物；检查基础面预埋件状态；复测基础面中线、高程、平整度。隧道、桥梁、混凝土基床地段检查基面拉毛情况，必要时进行凿毛。

在梁体、隧道底板或仰拱填充预埋的套筒内拧入连接钢筋，当预埋套筒被堵塞或预埋套筒位置与钢筋网片位置发生冲突时，需在预埋套筒周围植入连接钢筋，植筋的材料、位置和深度要满足设计要求。

路基高程应满足设计要求、表层平整无积水，密实度检测符合规定值的相关要求。应检查过轨、接触网支柱基础、横向排水搭板等影响路基本体的工作的完成情况。

（3）钢筋加工与底座钢筋网安装。。

钢筋网片采用预制 CRB550 焊接网片，可一次加工成型，其他钢筋（如架立筋、U 型筋、连接筋等）由钢筋加工场集中进行加工，再运至施工现场备用。

底座钢筋网绑扎：首先铺设下层钢筋网片，安装 L 型钢筋，L 型钢筋深入套筒的深度为 2 cm，或是采取直接植筋的方式；然后铺设上层钢筋网片，绑扎 U 型封端钢筋，再剪断限位凹槽处的钢筋；绑扎限位凹槽处的 U 型封端钢筋及倒角加强钢筋。底层钢筋网片安装如图 5-164 所示。

施工准备

↓

底座基底处理与验收

↓

钢筋加工与现场安装

↓

安装底座模板

↓

安装限位凹槽模板

↓

浇筑底座混凝土

↓

混凝土收面与养护

↓

伸缩缝填缝

图 5-163　CRTS Ⅲ型板式无砟轨道底座施工流程

图 5-164　底座钢筋网

（4）安装底座和限位凹槽模板。

模板宜采用高度可调节的钢模板。模板安装前必须对模板表面清理后涂刷脱模剂。安装模板时，根据CPⅢ控制网测量模板平面位置及高程，并通过模板的调整螺杆调整模板顶面高程直到满足底座设计高程。

限位凹槽模板根据两侧底座模板确定其位置及高度，现场通过钢尺、棉线及水平仪之间的配合来确定位置。凹槽模板应定位准确、安装牢固，防止施工中凹槽模板出现上浮。如图5-165所示。

图5-165　底座与限位凹槽模板

（5）浇筑底座混凝土。

侧模及凹槽模板安装完成后，经检查其几何尺寸及高程要符合要求，各种预埋件设置齐全、稳固后方可浇筑混凝土，如图5-166所示。

图5-166　底座混凝土浇筑

（6）混凝土收面与养护。

底座板两侧有4%～6%的横向排水坡，变坡点位于自密实混凝土边缘往轨道中心线方向5 cm处；桥梁上宽度为25 cm，路基上宽度为35 cm。

混凝土振捣密实后，先用木抹找平基准面，再用铁抹精抹收平，人工找好排水坡，如图5-167所示。

图5-167　底座混凝土收坡　　　　图5-168　底座混凝土养护

混凝土浇筑完成后及时进行覆盖养护，如图 5-168 所示，养护时间不少于 7 天。必要时予以补水，养护用水的温度与混凝土表面温度之差不得大于 15 ℃。桥梁上完成施工后的底座板形态如图 5-169 所示。

3. 伸缩缝填缝施工

底座板伸缩缝内填充聚乙烯泡沫塑料板（图 5-170），顶面及两侧边利用密封胶进行封闭（图 5-170），密封胶和聚乙烯泡沫塑料板之间设置隔离材料。

图 5-169　底座施工效果图　　　　　图 5-170　嵌入填缝材料

图 5-171　底座施工效果图

4. 隔离层与弹性垫层施工

施工工艺流程为：施工准备、测量放样、铺设中间隔离层、粘贴弹性垫层并密封、质量检查。

（1）底座板顶面必须彻底清理干净后，再进行土工布铺设。

（2）土工布铺设放样点的位置应选在土工布外侧 5 cm 处，避免土工布铺设后遮盖点位，影响后续粗铺施工。

（3）土工布铺设必须平整，凹槽切口的位置及尺寸必须与凹槽一致。

（4）凹槽内垫板粘贴前必须保证混凝土表面清洁、干燥，粘接剂涂抹必须均匀；垫板与土工布之间的接茬必须用胶带粘接严密，防止混凝砂浆的渗入。在凹槽内角落粘接时保证胶带粘接顺直，不得出现弧形的鼓包，防止出现凹槽混凝土结构死角。

隔离层与弹性垫层施工如图 5-172 所示。

a. 清扫底座板

b. 铺设土工布

c. 切割凹槽口

d. 粘接弹性垫层

e. 丁基胶带密封

f. 隔离层与弹性垫层施工效果

图 5-172　隔离层与弹性垫层施工

5. 轨道板铺设与精调

CRTSⅢ轨道板铺设工艺流程：施工准备、轨道板粗铺放样、自密实混凝土配筋安装、轨道板运输进场及轨道板粗铺（粗调）、轨道板精调。

（1）施工准备。

轨道板按布板设计中的规格、数量运输至铺设现场。临时存放要求与板场内相同。在粗铺前按要求对轨道板外观质量进行检查，修补缺陷，确认报废的轨道板不能上线铺设。对中间隔离层和弹性垫板施工质量进行检查验收，如有问题要及时整改。

（2）轨道板粗铺放样。

用全站仪在土工布隔离层上对轨道板铺设位置进行放样，然后用墨线弹出轨道板四条边线，如图 5-173 所示。

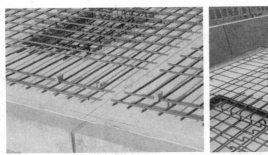

图 5-173　自密实混凝土配筋

（3）自密实混凝土配筋安装。

自密实混凝土结构层内的防裂钢筋网集中加工成网片，再运至施工现场备用。施工时先安装限位槽内钢筋，再安装自密实混凝土钢筋网片，如图 5-173 所示。

（4）轨道板粗铺粗调。

① 轨道板粗铺前，依据施工图中路基、桥梁等不同地段的配板设计，调配所需型号的轨道板。调配到位后安排专人进行核对。

② 轨道板吊装在安全支墩上（图 5-174），检查轨道板门形钢筋是否有歪斜、倒伏，如有做扶正处理，使之垂直板面。穿入门型钢筋的纵向连接钢筋，并用绝缘卡加以固定，如图 5-175 所示。

图 5-174　轨道板吊放在安全支墩上

图 5-175　穿入门形钢筋纵向连接筋

③ 使用汽车吊或龙门吊将轨道板转移至铺设工作面，再通过人工配合使轨道板准确就位（图 5-176），并在轨道板左右两侧的预埋套管上安装精调支座（精调爪），并进行初步调平。

图 5-176　轨道板吊装到位

图 5-177　穿入 U 形架立筋

④ 轨道板粗铺粗调完之后，立即横向插入 U 形架立钢筋，使自密实混凝土钢筋网片与板下门形钢筋纵向连接筋连接，如图 5-177 所示。

（5）轨道板粗调。

① 安装精调支座，每块轨道板安装 4 个。安装支座时，同一支座的两根固定螺杆应使用相同的扭紧力矩，保证支座侧面与轨道板侧面平行密贴，如图 5-178 所示。

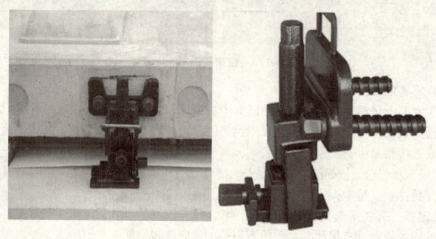

图 5-178　精调支座与安装

② 同步转动 4 个支座的竖向调节螺杆，使轨道板慢慢升起，取出粗铺轨道板时安放的垫木，并确认轨道板下无其他废弃物。

③ 先调整轨道板水平位置，再调整轨道板高程。要求横向位置的偏差不超过 ±5 mm，纵向偏差不超过 5 mm。高程以直线地段相邻两块轨道板顶面相对高差不超过 2 mm 进行控制，按设计自密实混凝土厚度 ±10 mm 进行校核，如图 5-179 所示。

图 5-179　轨道板粗平

（6）轨道板精调。

① 安放和布置测量系统。

首先在线路精调段前后两侧各两对共 8 个 CP Ⅲ 点基座上安装配套观测棱镜，再将全站仪架设在测量前进方向上的轨道中线附近，以便能观测到至少 6 个 CPⅢ点设站，如图 5-180 所示。

图 5-180　全站仪设站与精调

② 安装精调标架。

精调标架安装在轨道板第二对和倒数第二对的承轨台上，如图 5-179 所示。

③ 测量与精确调整。

第一步，调整未精调轨道板与已精调轨道板的搭接端，使当前待调整轨道板和已调整好的轨道板空间位置大体一致，调整期间可以借助一些辅助装置进行，以加快调板速度。

第二步，通过精调软件指挥全站仪观测放置在轨道板第二对和倒数第二对承轨台标架上的棱镜，根据测得的坐标值计算出实测值和理论值之间的偏差值，对轨道板的空间位置进行精确调整。精调作业遵循先横向后竖向的调整顺序，操作人员应听从测量员的指挥，密切合作，两侧同时进行调整。调整完成后，进行完整的复核测量，当偏差值小于限差要求时，轨道板调整完成，保存精调成果，转入下一轨道板的调整工作，并一直重复下去，如图 5-180 所示。

④ 注意事项：精调作业前再次检查粗铺精度，对明显偏差的轨道板，先调整到一定精度范围内，再进行测量调整；精调后安装压杠，场地要显著标识已精调区，设置警示线，禁止踩踏已精调轨道板。

在曲线超高段，为了避免轨道板在重力作用下发生滑移，需在曲线内侧设置防侧移装置，防侧移装置通过膨胀螺丝固定在底座上，通过调整防侧移装置中的螺栓来固定精调完毕的轨道板。操作时，防侧移装置螺栓的顶紧力度要适中，力度太大，则容易使精调完成的轨道板偏离设计平面位置；力度太小，甚至没有接触轨道板，则会导致防侧移装置不能发挥作用，轨道板灌注时容易发生平面偏移。

6. 自密实混凝土结构层施工

CRTSⅢ型无砟轨道自密实混凝土结构层施工工艺流程如图 5-181 所示。

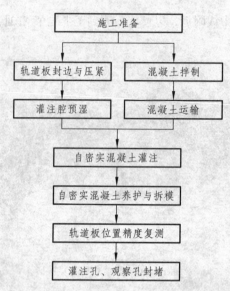

图 5-181　自密实混凝土施工工艺流程

（1）施工准备。

① 混凝土配合比已确定并得到审批。

② 混凝土搅拌站、运输设备、灌注漏斗等机具设备准备妥当。

③ 轨道板精调已完成，压板、封边材料准备到位。

④ 所要求的自密实混凝土揭板试验已完成并通过验收。

（2）轨道板封边与压紧。

① 封边。

封边模板采用与轨道板尺寸一致的定型钢模板，模板高度为 12～14 cm，与轨道板重叠高度 5 cm，加工偏差不得大于 1 mm；四周封边模板全部粘贴透水模板布（图 5-182），提升混凝土外观质量；模板设计必须考虑精调支座的安装和保护，模板安装后应与轨道板密贴并具有排气功能，排气口可设置在侧模两端靠近板角处，也可以直接设置在板角位置。

② 压紧。

每块板安装压紧装置，分别对轨道板和封边模板进行压紧如图 5-183 所示。通过两端花篮螺栓与底座板预埋锚固棒之间的连接压紧轨道板，利用横向紧固螺栓压紧紧固封边模板，如图 5-185 所示。

图 5-182　粘贴透水模板布

图 5-183　轨道板压紧

③ 防侧滑。

曲线段轨道板灌注时由于超高的影响存在自然高差，灌注施工时受混凝土流动的影响，轨道板易发生顺超高内侧方向的侧向移动，需在内侧安装防止侧滑的装置，每块板设置两道，如图 5-185 所示。

图 5-184 花篮螺栓

图 5-185 防侧滑装置

（3）灌注腔预湿。

采用旋转喷头，如图 5-186 所示。在灌板前 1 h 左右从三个灌浆排气孔伸入轨道板进行雾状喷射，在一个孔中的喷雾时间控制在 5-8s。在确保隔离层土工布表面不形成明水的前提下，当板腔湿度达到 85-95%时，认为湿润达到要求。

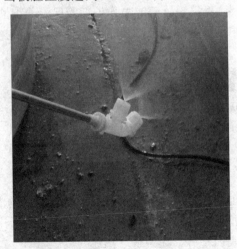

图 5-186 旋转喷头

图 5-187 自密实混凝土灌注

（4）自密实混凝土灌注。

自密实混凝土从轨道板中心孔进行灌注（图 5-187），其他两孔为观察和排气孔（图 5-188）。灌注速度不宜过快，灌注过程按"先快后慢"的节奏进行控制。应保证下料的连续性和混凝土拌和物在轨道板下的连续流动，避免带入空气，待四角排气孔内自密实混凝土浆面全部超出轨道板且有粗骨料溢出时（图 5-189），关闭灌料斗阀门，停止灌注。灌注完毕后，及时移除灌注漏斗并清除灌注口上方多余混凝土。要求一块板的灌注过程一次完成，不得二次灌注，灌注时间控制在 10 ~ 20 min。

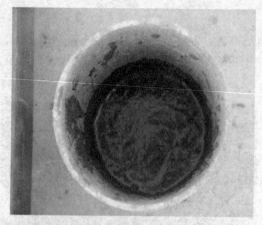

图 5-188　自密实混凝土灌注观察孔

图 5-189　排气口有粗骨料溢出

（5）自密实混凝土养护与拆模。

① 自密实混凝土灌注完成后，带模养护时间不得少于 3 d。

② 自密实混凝土终凝以后方可拆除压紧装置和防侧移固定装置。

③ 当自密实混凝土强度达到 10.0 MPa 以上，且表面及棱角不因拆模而受损时，方可拆除轨道板四周的模板。

④ 拆模宜按立模顺序逆向进行，不得损伤轨道板四周自密实混凝土。当模板与自密实混凝土脱离后，方可拆卸、吊运模板。

⑤ 拆模后，应对自密实混凝土采取土工布包裹、养护膜覆盖或喷养护剂等保湿养护措施，保湿养护时间不少于 14 d。在冬季和夏季进行拆模时，若天气产生骤然变化，应对自密实混凝土采取适当的保温（冬季）隔热（夏季）措施。

8. 轨道板复测

轨道板精调后经过封边压板、灌注自密实混凝土等工序后，其位置精度可能受到扰动。另外，当精调后至进行灌注时的时间超过 24 h 或温差超过 15 ℃ 时，也会对精调成果产生影响，在上述情况下应抽查复测轨道板的位置精度。

9. 灌注孔及观察孔封堵

（1）灌注孔及观察孔应在自密实混凝土凝固前封闭，采用强度等级与轨道板相同的混凝土，并添加膨胀剂；浇筑应在当天最低温度时进行，且环境温度不应大于 25 ℃。

（2）灌注孔及观察孔混凝土表面应与轨道板表面平齐，无裂缝、离缝。

（3）自密实混凝土模板拆除后，应对隔离层土工布进行切除，使其四边与自密实混凝土侧面平齐，且不得损伤底座混凝土的表面。

5.4.4　CRTS I 型双块式无砟轨道施工工艺流程

CRTS I 型双块式无砟轨道总体施工工艺流程如图 5-190 所示。

无砟道床施工工艺流程如图 5-191 所示。

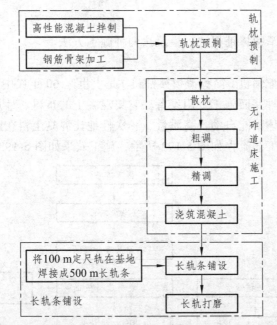

图 5-190　CRTS Ⅰ型双块式无砟轨道总体施工工艺流程

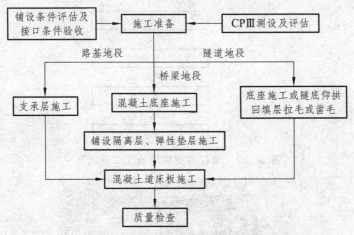

图 5-191　CRTS Ⅰ型双块式无砟轨道无砟道床施工工艺流程

1. 总体施工方案

（1）对路基、桥梁、隧道工后的沉降和桥梁收缩徐变情况进行评估，满足设计要求后，方可进行无砟轨道施工。

（2）复测 CPⅠ、CPⅡ 控制点并测量布设加密桩控制点，测量布设 CPⅢ 控制网。

（3）路基支承层及桥梁保护层、凸台的施工。

（4）运卸工具轨、双块式轨枕、钢筋等施工材料；工地散布纵向钢筋；散布双块式轨枕；组装 12.5 m 或特定长度尺寸的工具轨轨排；粗调轨排；绑扎纵横向钢筋；立纵横向模板；精调轨排；浇筑无砟道床混凝土。

（5）倒运模板、施工机具、工具轨等，进行混凝土养护。无砟道床修补。

（6）轨道竣工测量。

2．支承层施工

路基支撑层施工有滑模摊铺机法、模筑法两种施工方法。

（1）滑模摊铺机法。

滑模式水泥混凝土摊铺机（简称滑模摊铺机）是上世纪 60 年代中叶，在轨道式铺机的基础上开发研制而成的一种路面施工专用设备。它集混凝土的布料、计量、振捣、滑模挤压成型、和平搓、抹平于一体，能自动、高质量、一次性地让混凝土料在路基上成型。

滑模摊铺机法施工工艺流程如图 5-192 所示，施工效果如图 5-193 所示。

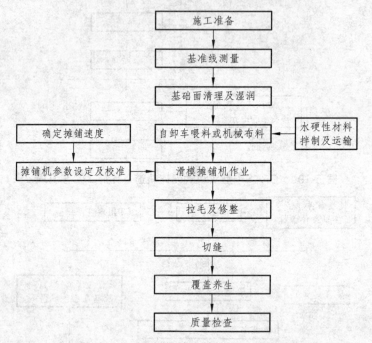

图 5-192　滑模摊铺机法施工工艺流程

图 5-193　滑模摊铺机法施工效果图

采用滑模摊铺机施工时，支承层材料采用水硬性混合料，拌和站集中进行生产，自卸卡车运输。混合料运输过程中要覆盖，防止水分蒸发。摊铺前，应对摊铺机各项参数进行校核确认，摊铺 3~5 m 后，应对支承层标高、厚度、中线位置、横坡等进行复核测量。摊铺应均匀、不间断地进行，每班施工结束后，应及时清除尾端松散混合料。

（2）模筑法施工。

对于长度较短、外形不规则或有大量预埋件、不便于机械化施工的地段，则采用模筑法施工，施工工艺流程如图 5-194 所示，施工效果如图 5-195 所示。

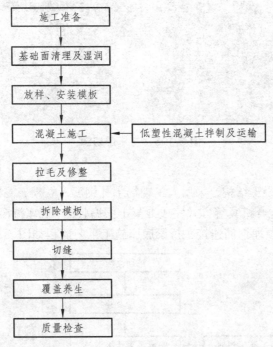

图 5-194　模筑法施工工艺流程图

采用模筑法施工时，支承层材料采用低塑性混凝土，拌和站集中进行生产，罐车运输，现场浇筑。捣固整平作业要求按前方人工插入振捣、后方振捣梁振捣整平的方式组织。混凝土表面道床宽度范围内通过人工的方式 横向拉毛 1.5～2 mm，拉毛纹路应均匀、清晰、整齐，道床板范围以外应按设计要求设置排水坡，并压光收面。

（3）切缝。

支承层在混凝土终凝后进行切缝，间距为 2～5 m，支承层厚度为 30 cm，切缝缝深不小于 105 mm，宽不大于 5 mm，切缝断面应垂直于轨道中心线并且切缝不与轨道板缝重合，如图 5-196 所示。

图 5-195　模筑法施工效果图

图 5-196　支承层切缝

3．桥梁底座施工

底座为 C40 钢筋混凝土结构，采用人工现场绑扎钢筋、立模、混凝土集中强制搅拌、罐车运输泵送上桥、人工配合机具等方式完成混凝土振捣收面，底座混凝土直接浇筑在桥面上，并与桥面混凝土间采用预埋钢筋连接，桥梁底座施工工艺流程如图 5-197 所示。

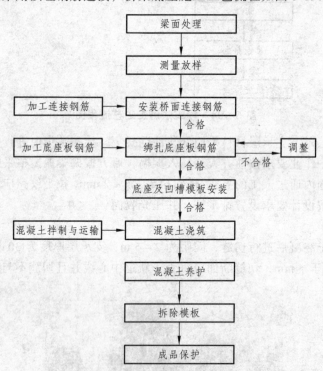

图 5-197　桥梁底座施工工艺流程图

（1）梁面处理。

① 先对梁面进行处理，主要工作为清洗、修补、找平。

② 对于突起的混凝土，要进行凿除打平。整个梁面处理完后用高压水冲洗，处理后的底座基层达到清洁、干燥，无异物，不起皮及无凹凸，无空鼓、蜂窝、麻面、浮渣和油污。

③ 检查桥面预埋套筒质量，对存在问题的预埋套筒进行修补及双倍植筋。

（2）测量放样。

① 通过不少于 4 对 CPⅢ控制点按设计底座位置在每孔梁的梁面上放出底座边线控制点（距梁端 0.1 m、每块底座板 4 个角点，共 10 个断面），利用红油漆做好标记。

② 根据放出的底座控制点利用墨斗弹出底座边线、横向模板位置线及凹槽底部的平面位置（1 000 mm × 678 mm）；

③ 根据弹出的底座边线、横向模板线及凹槽的平面位置利用钢卷尺量出每块底座板纵横向钢筋摆放的边线位置，并用墨线标识。

（3）安装桥面连接钢筋。

混凝土底座采用梁面预埋套筒的方式和连接钢筋与桥面连接。连接筋使用直径为 16 mm 的螺纹钢筋，钢筋丝头的拧入长度不小于 25 mm，并与底座内的钢筋连接牢固。弯钩水平段方向朝线路中心，如图 5-198 所示。

（4）绑扎底座板钢筋。

钢筋网加工采用绑扎的方式，钢筋网间距及保护层厚度须满足设计及规范要求，垫块采用统一规格、与底座混凝土同等级强度或高于底座混凝土强度等级的混凝土垫块，上下两侧钢筋网片间按设计要求利用马蹄型钢筋架进行支撑，如图 5-199 所示。

图 5-198　桥面连接钢筋

图 5-199　桥梁底座钢筋

（5）底座及凹槽模板安装。

依据测量定位线，安装底座模板（图 5-200）和限位凹槽模板（图 5-201），预留伸缩缝位置，伸缩缝端头模板统一制作安装，并通过加固保证混凝土浇筑过程中模板不偏位。

图 5-200　桥梁底座模板

图 5-201　桥梁底座限位凹槽模板

（6）混凝土浇筑。

混凝土应由拌和站集中拌和。浇筑时，将混凝土均匀铺在基础面上，用振捣棒及平板振捣器振实，抹面时严禁加水。凹槽施工时，按设计位置固定模板，在浇筑底座混凝土时要一次成型，如图 5-202 所示。

（7）混凝土养护。

混凝土浇筑后，及时进行洒水和覆盖养护，洒水次数应能保持混凝土处于润湿状态。拆除模板后，对混凝土采用覆盖土工布和洒水的措施进行潮湿养护，养护时间不少于 7 d，如图 5-203 所示。

图 5-202　底座混凝土浇筑　　　　　　　　图 5-203　底座混凝土养护

（8）模板拆除。

待混凝土强度达到 2.5 MPa 后，开始拆除模板。拆模时严禁用强拉硬拽的方式拆除模板，防止混凝土表面受损和模板变形，拆下的模板派专人进行清理，倒运至下一循环使用。拆模的过程中不得中断混凝土的养护工作。

（9）成品保护。

模板在拆除过程中要防止工人野蛮施工；后续施工过程中应避免施工机具及模板等发生碰撞从而损坏成品；养护用水不能污染底座板表面。对现场施工人员应进行培训，提高成品保护意识。

图 5-204 是成品桥梁底座效果图。

图 5-204　底座成品图

4.铺设隔离层和弹性垫层施工

桥梁底座混凝土强度达到设计的 75%后，可进行隔离层和弹性垫层施工。隔离层平铺于混凝土底座上，底座边缘用胶带将土工布固定；隔离层铺设要平整，无褶皱，接缝采用对接的方式，不得重叠。弹性垫板粘贴于凹槽的侧面，不得有鼓泡、脱离现象，缝隙采用薄膜封闭，如图 5-205 所示。

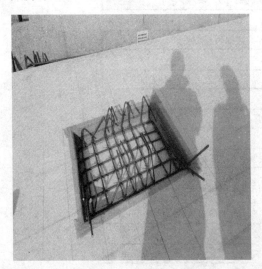

图 5-205　隔离层与弹性垫层

5.混凝土道床板施工 —— 简易工装法

CRTS I 型双块式无砟轨道常见的施工工法主要有两种，即简易工装法和轨排框架法（单梁型和双梁型）。

简易工装法通过工具轨将轨枕、扣件系统连接成整体，通过锚固销钉进行固定，利用与销钉相连的横向调节器进行方向调节，与托盘相连的高程调节螺杆进行高程调节，利用轨距撑杆进行轨距调节，简单方便，可以全部采用人工操作，适合使用于在大型机械不容易到位的地方。

简易工装法道床板施工工艺流程如图 5-206 所示。

（1）施工准备。

包括内外业技术准备，工装、设备（工具轨、螺杆精调器、钢模板、撑杆等机具的规格、数量，进场和验收，购买各种小型器具，进场测量精调设备）的准备，工艺性试验段演练准备等。

（2）支承层（底座）检查验收。

清除支承层或底座板（土工布）表面的浮渣，灰尘及杂物。根据梁缝宽度计算和调整轨枕间距，标记梁端轨枕位置。

（3）测量放样。

利用 CPⅢ控制网在支承层或底座板上每隔 10 m 测设标记轨枕铺设中心控制点，弹出线路中线，偏差不超过 2 mm。根据线路中线标识出道床板纵向模板边线和横向模板位置，并弹出钢筋墨线。

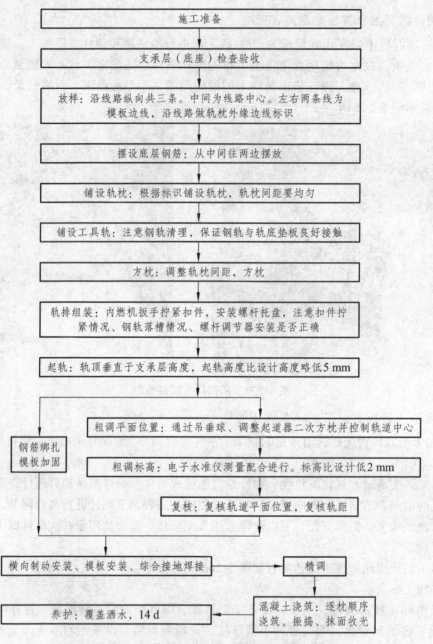

图 5-206 简易工装法道床板施工工艺流程

（4）摆设底层钢筋。

根据设计图和钢筋墨线，依次将轨枕底层纵横向钢筋摆放到位，如图 5-207 所示。

（5）铺设轨枕。

采用配散枕器的轮胎式挖掘机或龙门吊或人工配合吊车进行，也可人工对双块式轨枕进行铺设，在铺设轨枕之前，测量人员应参照线路中线位置用墨线弹出轨枕边线，作为轨枕铺设的参考线，图 5-208 是人工铺设轨枕的效果图。

图 5-207 摆放底层钢筋

图 5-208 人工铺设轨枕

（6）铺设工具轨。

利用吊车和自制龙门吊，通过专用吊架将工具轨吊放到轨枕上，如图 5-209 所示。在钢轨放到轨枕上之前，注意将承轨槽表面的杂物清理干净，工具轨清洁干净，确认没有附着混凝土（尤其是轨底）。

（7）方正轨枕。

在工具轨上按设计间距标记轨枕位置，曲线地段，轨枕标记应该标在外侧钢轨上，再利用钢轨直角尺确定内侧钢轨处轨枕的位置。使用直角尺对轨枕进行方正，确保轨枕与工具轨垂直，如图 5-210 所示。轨枕方正后，再次对轨枕间距进行复核，确保轨枕位置无误。间距保持偏差为 ±5 mm。

图 5-209 铺设工具轨

图 5-210 方正轨枕

（8）轨排组装。

通过双向同步电动扭力扳手紧固扣件组装轨排，如图 5-211 所示。按设计安装弹条扣件，现场检查除抽查扣件扭矩外，还要检查弹条中部下颚是否与塑料轨距挡板密贴。

轨排组装时垫板应居中，扣件扭矩应符合设计要求。轨排组装后要及时检查轨枕间距、方正及轨距等是否满足设计要求。

图 5-211　组装轨排

（9）安装螺杆调节器托盘。

　　螺杆调节器托盘应装在轨底，在每个轨排端的第 1、2 轨枕间需配一对螺杆调节器，之后直线和超高小于 50 mm 的地段每隔 3 根轨枕、超高大于 50 mm 地段每隔 2 根轨枕安装一对螺杆调节器；螺杆调节器托盘中的基板应安装在中间位置，以保证可向两侧移动。支撑螺杆的下面需要在支承层上垫一个中心打磨成凹槽的小铁块，如图 5-212 所示。

图 5-212　安装螺杆调节器托器

（10）轨排粗调。

　　在 12.5 m 的轨排两侧均匀布置 4 对起道机，将轨排一次均匀顶起，利用方尺、轨距尺、垂球和小钢尺对轨排进行粗调。一般先调中线，后调高程，经过 2～3 遍的调整后，轨排方向和标高基本处于正确位置，粗调完成后应保证轨排的几何位置偏差控制在 5 mm 之内。完成轨排粗调后，安装调节器螺杆，根据超高的不同选择螺杆调节器托盘的倾斜插孔（用于调节与底座面的角度，确保螺杆始终竖直，受力良好），旋入螺杆，安装波纹管（或其他隔离保护套）。拧紧全部螺杆使之均匀受力后拆除起道机，如图 5-213 所示。

图 5-213　轨排粗调与安装螺杆调节器

（11）道床板钢筋绑扎。

按设计要求绑扎上下层钢筋（图 5-214），注意保护层厚度，除接地钢筋外，所有钢筋交叉点及接头部位均应通过设置绝缘卡进行绝缘，绝缘电阻应大于 2 兆欧。在绑扎钢筋时，不得随意碰撞粗调好的轨排。钢筋绑扎完成后，根据综合接地的要求，及时进行综合接地钢筋的焊接连接（图 5-215），并进行电阻的测定工作。

图 5-214　道床钢筋绑扎　　　　　　　　图 5-215　综合接地钢筋焊接

（12）安装纵横向模板。

模板安装前先清除钢筋网内的杂物。模板分横向模板、纵向模板。横向模板主要作用是在断缝处分隔道床板，纵向模板设置于两侧，如图 5-216 所示。

（13）轨排精调。

对轨顶高程、轨道中线位置、轨距、轨向、水平等几何形态进行测量调整。

轨排精调是关键的一道工序，它对轨道的几何尺寸最终能否达到设计及验收标准起决定性的作用。

调整方法：主要使用螺杆调节器及轨道测量小车进行轨道的精确调整。根据测量小车电脑的显示数据（可显示到 0.1 mm），调整螺杆调节器。通过转动螺杆调节器竖向螺杆，垂直调整轨道高程，通过转动螺杆调节器水平螺杆，实现水平调整。在曲线地段，调整时可能产生水平位置和高度的冲突，因此必须在垂直及水平双向同时进行调整。使特殊丝杠同时调节螺旋调整器进行水平调整。最终保证各项轨道参数的偏差值在允许范围内，如图 5-217 所示。

图 5-216　安装纵横向模板

图 5-217　轨排精调

（14）轨排加固。

精调完成后同时进行轨排加固，以防止浇筑混凝土时轨排出现位移及上浮，固定好轨排的空间几何状态，如图 5-218 所示。

（15）钢轨、扣件、轨枕保护。

精调完成后，将钢轨、扣件、轨枕用保护套进行覆盖，以免浇筑时遭受污染，如图 5-219 所示。

图 5-218　轨排加固

（16）混凝土浇筑。

浇筑混凝土前要再次检查钢筋绝缘性能，使用彩条布覆盖工具轨顶面及侧面，用塑料袋将螺杆调节器包裹严实，并在轨枕上安装防护罩。在浇筑混凝土时，混凝土下料高度不得大于 1 m，防止出现因混凝土冲击过大而引起轨排偏移。轨枕下面应将振捣棒斜向伸入轨枕底板进行振捣，以确保道床板混凝土密实。振捣时振捣棒严禁碰撞工具轨及螺杆调节器。禁止在同一地方进行长时间振捣，否则会出现混凝土离析的现象。混凝土浇筑如图 5-219 所示。

（17）混凝土收面。

混凝土浇筑完成后要及时收面并按设计预留排水坡，同时要控制好道床板顶面的标高和平整度。及时对钢轨、扣件、轨枕上残留的混凝土进行清理干净，确保轨道清洁，如图 5-220 所示。

图 5-219　混凝土浇筑

图 5-220　混凝土收面

（18）放松扣件。

混凝土在凝固过程中，当用手指压混凝土表面无明显痕迹时（具体时机应由工艺性试验确定），应及时松开螺杆调节器和钢轨扣件，释放轨道在施工过程中由温度变化引起的钢轨应力，如图 5-221 所示。

（19）工后数据采集。

待混凝土终凝以后，重新按规定扭矩上紧扣件，利用轨道小车对轨道几何形态进行数据采集，将采集的数据传输至电脑，分析浇筑前与浇筑后的数据变化，并对数据进行存档。

（20）拆模板、螺杆精调器及工具轨。

当混凝土强度大于 10 MPa 后（同条件试验确定），且其表面及棱角不因拆模而受损时即可拆除模板、螺杆精调器及钢轨。

模板、螺杆精调器、钢轨依次拆除，清理，涂油，分类堆放，利用轨道上行走的小车倒运至下一循环，之后将软管拔出，拆除过程中禁止生搬硬撬、野蛮拆除，尽量避免因人为因素造成道床板混凝土的损坏。

（21）混凝土养护。

① 一般情况下混凝土收面、喷涂养护剂、覆盖均在防风作业棚内完成。

② 冬季施工养护。当工地昼夜平均气温连续 3 天低于 5 ℃ 或最低气温低于 − 3 ℃ 时，

平均气温低于 10 ℃ 直至达到冬季施工条件时，就应当开始采取相应的保温措施。严格执行混凝土冬季施工的相关要求。

③ 夏季施工养护。当昼夜平均气温高于 30 ℃ 时应按夏季施工的标准和要求进行，因此夏季施工养护的主要作业内容是喷涂养护剂，覆盖棉被等，并通过洒水降温的方式进行保水、降温养护。

混凝土养护如图 5-222 所示。

图 5-221　放松扣件　　　　　　　　　图 5-222　混凝土养护

（22）填塞螺杆孔。

将螺杆孔洞内的塑料套管拔出，保证孔洞内无积水和杂物后人工用同标号无收缩水泥砂浆将螺杆孔封堵密实，并将表面抹平，养护。

（23）成品保护。

时刻保持混凝土成品保护意识，防止损坏道床板外观。

6. 混凝土道床板施工 —— 轨排框架法

轨排框架法施工双块式无砟道床具有方便管理精度控制和加快工程进度的特点。其成套工装设备主要有：双梁型组合轨道排架（或单梁型组合轨道排架），龙门吊，移动式组装平台，轨排架吊具等。在工厂精确加工轨排框架，轨道调整、固定由排架螺柱支腿和轨向锁定器完成，螺柱支腿调整轨道排架高低、水平，轨向锁定器调整轨道排架横向和固定，配属专用制式吊具的龙门吊吊铺排架，粗调测量系统控制粗调、轨道检测小车控制精调和固定轨道，泵送（或斗送）混凝土入模。

利用轨排框架将工具轨、轨枕、扣件系统连接成整体，能有效地控制轨排的稳定性、可靠度，利用框架自带的高程调节螺杆和轨向调节螺杆来调整轨道的几何形态，有易于调节且精度较高的特点。施工过程中可以使用高效率的粗调测量系统进行轨排框架粗调，然后用轨检小车测量工艺进行精调和复测，提高了施工过程中轨道的调整速度和控制精度。将轨排框架作为工具用于现场组装轨排，集成化性能好；排架及其支撑系统使轨距、中线、水平、轨面高低、三角坑均可精确控制；轨排组装、吊运、定位机械化，混凝土运输灌注等全作业过程为平行流水式，施工程序容易掌握、各工序衔接紧凑有序，环境污染小，安全性好，利于工序质量控制和现场的施工管理规范。

轨排框架法的施工工艺流程如图 5-224 所示。

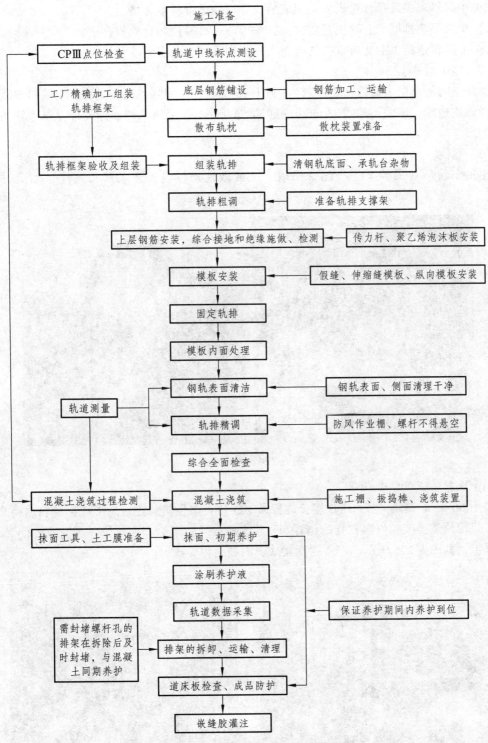

图 5-223 轨排框架法施工工艺流程

（1）施工准备。

① 沉降观测、梁体收缩徐变观测、CPⅢ控制网评估通过后，方可进行无砟轨道施工。

② 中间隔离层及弹性垫板安装完成后，并得到监理验收合格。

③ 单梁型轨排框架、双块式轨枕、扣件等施工材料进场且检验合格。

④ 无砟轨道施工前所需审批的内业资料得到监理、业主的签字认可。

（2）施工放样。

清除中间隔离层表面的杂物及灰尘，利用 CPⅢ点在中间隔离层或支撑层上放样出轨道中心线及轨枕边线，偏差不超过 2 mm。根据梁缝及路基（隧道）伸缩缝设计要求计算和调整轨枕间距。

（3）散枕。

由吊车将轨枕吊装至工作面，采取人工或散枕器按设计要求散布轨枕，如图 5-224 所示。

图 5-224 散布轨枕

（4）轨排框架就位。

采用 60 kg/m 钢轨夹板和 TB 螺栓进行纵向连接，多榀排架连接后形成标准轨道模式。

将每榀轨道排架扣件螺栓孔的位置与轨枕上螺栓孔位置对齐，平稳、缓慢地将排架放置于轨枕上，如图 5-225 所示，左图为双梁式，右图为单梁式。

图 5-225 轨排框架

（5）轨排粗调。

使用测量仪器对轨排进行粗调，如图 5-226 所示。

轨排利用轨道排架横向、竖向调整机构完成轨排的粗调工作，按照先中线后水平的顺序循环进行。粗调工作必须重视，粗调到位能大大提高精调时的效率。

图 5-226　轨排粗调

（6）上层钢筋安装（图 5-214）。

轨道粗调工序完成后，进行道床板上层纵横向、架立钢筋及接地钢筋的安装作业。钢筋节点间通过绝缘卡绑扎固定；绑扎完成后将多余部分进行剪除。

（7）电阻测试（如图 5-227 所示）。

图 5-227　轨道绝缘检测

（8）模板安装。

道床板模板分横向模板、纵向模板。横向模板设计总长度为 2.8 m,纵向模板长度分 3.25 m

为一节，如图 5-228 所示。

图 5-228　道床纵向模板

道床板伸缩缝位置模板的安装是整个模板安装的重点，必须采用特制钢模板，如图 5-216。

（9）轨排框架的固定。

轨排框架的轨向锁定器，锁定在两侧支承层侧边或桥梁边墙上，如图 5-229 所示，精调时还要利用轨向调节螺杆进行轨道中线调整。

图 5-229　轨排框架固定

（10）轨道精调。

① 用轨检小车和全站仪逐一检测每根轨枕处的轨顶高程、轨道中线位置、钢轨间距、方向、水平等几何形态，并进行调整，如图 5-230 所示。

② 用两侧的轨向锁定器进行轨道中线的调整，用螺柱支腿进行轨道标高的调整。

③ 轨道调整定位合格后，检查轨排固定装置，防止混凝土浇筑时轨排移位。

图 5-230　轨道精调

（11）混凝土浇筑与收面。

浇筑前洒水润湿底板及轨枕表面，并利用防护罩保护钢轨、扣件及轨枕不被混凝土污染，如图 5-231 所示。

抹面是利用平整度合格的刮杠，水平放置在钢轨顶面，利用钢尺从刮杠底面下量至道床板混凝土顶面，控制道床板表面的平整度及高程。抹面过程中要注意加强对框架、钢轨下方、轨枕四周等部位的施工。抹面完成后，及时清刷钢轨、轨枕和扣件，防止污染，如图 5-232 所示。

图 5-231　混凝土浇筑　　　　　　　图 5-232　道床板抹面

（12）混凝土养护。

混凝土养护是防止混凝土开裂的重要一环，根据地区自然环境选用养护方式，养护时间不少于 28d，如图 5-233 所示。

图 5-233　混凝土养护

（13）约束释放。

道床混凝土浇筑达到初凝后，利用 2 kg 钢球测其强度，以钢球自重在道床面上的压痕为准：压痕直径 30～33 mm，即可松动螺杆调节器 90°（或混凝土初凝后用手指压混凝土没有凹陷、有点硬度时，两侧同时松转螺杆 90°）。

然后在约 1.5 h 后可根据混凝土强度决定是否将扣件松动，并松开鱼尾板夹板螺栓，以防框架温度应力拉裂混凝土，如图 5-234 所示。

图 5-234　框架应力释放

（14）道床板数据采集。

在浇筑混凝土后框架拆除前，并且在无太阳直射和温度变化不大的环境条件下，按要求扭矩上紧扣件，然后精调小车采集每一个轨枕处的数据。不论结果是否超标都必须采集每一个轨枕处的数据，对不合格点，及时做好标记，为以后更换扣件提供可靠数据。采集完数据后及时松开扣件、适时拆除框架。

（15）框架、模板的拆除运输和配件清理。

① 道床板混凝土抗压强度达到 5 MPa 后，先将纵横向模板连接和横向模板连接以及与地面的连接松开，然后通过人工配合吊车的方式进行模板的拆除作业，逐块拆除、将各种型

号模板分别进行归类、集中。

② 模板拆除后，应及时找出接地端子。

③ 安排专人负责对拆卸的模板、排架及配件等用毛刷进行清洁处理，配件集中储存在集装筐中，以备下次使用。

④ 先拆除螺杆后拆除扣件，可避免螺杆和液压扳手之间的相互影响。

5.4.5　CRTSⅡ型双块式无砟轨道施工工艺流程

CRTSⅡ型双块式无砟轨道引进了德国的旭普林轨道技术，应用于郑西客运专线，其施工特点是以现场浇筑混凝土方式，将预制的双块式轨枕通过机械振动嵌入均匀连续的钢筋混凝土道床内。实际施工中，我国工程技术人员借鉴了CRTSI型双块式的埋入式施工特点，发展了将预制好的双块式轨枕组装成轨排，以现场浇筑混凝土的方式将轨枕埋入钢筋混凝土道床内的人工轨排施工法，具体可参照CRTSI双块式轨枕道床板施工工艺。

CRTSⅡ型双块式无砟轨道施工工艺流程，如图5-235。

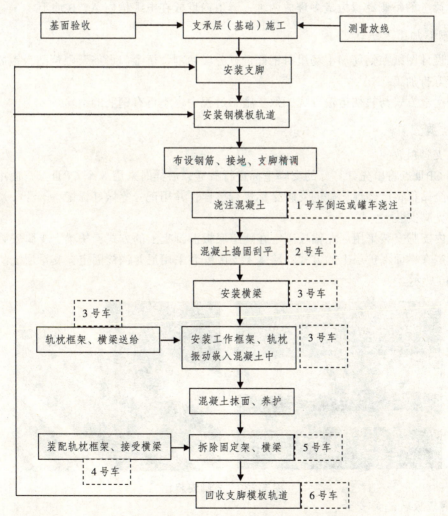

图5-235　CRTSⅡ型双块式无砟轨道施工工艺流程

路基、隧道地段支承层和桥梁地段底座板施工工艺流程与 CRTS I 型双块式无砟轨道基本相同，所不同的是道床板机械化施工工艺，简介如下。

CRTS Ⅱ 型双块式无砟轨道施工整套机械设备，由 6 个单元组成，即混凝土巡回车、振捣单元、压实单元、装配单元、拆卸单元、回收单元。与机械设备配套的有固定架、横梁、支脚、轨道模板。

1. 设备组装

在轨道起始端前准备大约 45 m 长的地段，铺设设备用工具走行钢轨，按照设备组装顺序进行组装调试。

2. 轨枕运输、安放

通过运输车运输到施工地点，随车吊车卸车。路基段放置在两侧路肩上（采用木方垫在轨枕下，使其平稳）；桥梁段堆放在防撞墙外侧的电缆槽 A、B 墙上，考虑到翼缘板的承载力情况，堆放时要尽可能靠近防撞墙，每隔 16.35 m 堆放 5*5 根轨枕，每堆轨枕 重量在 5 t 左右，每片梁上的每侧翼缘板最多堆放两堆；隧道内堆放在电缆槽内 A、B 墙上。

3. 钢筋加工及运输

按照设计图纸在钢筋加工场里对钢筋进行分段切割，桥上门形筋及限位凸台钢筋按设计要求进行弯折加工。

钢筋运输方式与轨枕运输方式一致。施工过程中也不再有钢筋的运输。

4. 支脚安装

（1）支脚粗放。

利用 CPⅢ 点将事先计算好的支脚坐标进行放样，放样时采用 8 个 CPⅢ 点，使用后方交汇法，用全站仪将已经计算好的支脚坐标进行放样，并用记号笔做好标记。

（2）支脚安装。

隧道内支脚安装采用尼龙锚栓固定在隧道底板混凝土上的方式；桥梁上支脚安装采用尼龙锚栓固定在梁面保护层上的方式；路基上支脚安装采用尼龙锚栓固定在支承层上的方式，如图 5-236 所示。

图 5-236　支脚安装

5. 钢模板轨道的安装

钢模板轨道安装之前，先将模板与混凝土的接触面清理干净，并涂上隔离剂。钢模板轨道为专用模板，同样采用尼龙锚栓固定的方式，如图 5-237 所示。

在桥梁和隧道曲线段时，由于外轨超高，超高侧的模板高度无法满足设计高度时，支脚和模板都要相应的通过增加底座来满足高度要求。由于加设底座后支脚的高度增加，稳定性下降，所以必须要保证支脚有足够的稳定性。

图 5-237　钢模板轨道

6. 钢筋绑扎

在铺钢筋之前，首先需要清洁钢筋表面，如清除灰尘、油污等，否则会影响钢筋与混凝土之间的握裹力。钢筋表面出现的浅表性的锈蚀无害，且有利于钢筋与混凝土之间的粘结。混凝土道床板钢筋的铺设，必须在以后浇筑混凝土的双块式轨枕的区域内留出空间，保证不会对轨枕压入到混凝土中产生影响。

纵向、横向钢筋之间的绝缘，采用安装绝缘卡的方式实现，在横向钢筋与纵向钢筋的交接处安装好绝缘卡，保证完全绝缘，在浇筑混凝土时，应小心谨慎，防止破坏绝缘卡。如图 5-238 所示。

a　桥上道床板及凸台（凹槽）钢筋　　　　b　路基或隧道地段道床板钢筋

图 5-238　钢筋绑扎

7. 接地端子

道床板结构内，位于最上层两边最外侧 1 号、18 号及 9 号筋共 3 根纵向钢筋（20 mm），作为接地钢筋相连。纵向每隔大约 100 m 的长度设置为一个绝缘绑扎节点，纵向钢筋之间相互绝缘，搭接长度不小于 600 mm。

8．支脚精调

钢筋和模板全部施工完毕后，进行支脚精调。支脚精调时采用 8 个 CPⅢ作为后视点，使用后方交汇法进行支脚的精调工作，如图 5-239 所示。

图 5-239　支脚精调

9．混凝土施工

混凝土施工前要再次对支脚位置和标高进行检查，在其上安装球形棱镜，精确测量调整支脚左右、前后位置和标高，符合要求后固定。对配筋的绝缘情况进行检测并记录，合格后进行混凝土施工作业。

浇注时使用旭普林成套施工设备中的振捣压实单元，并开启振动框架，同时用随机配置的 2 个振动棒振捣混凝土，将混凝土整平捣实，如图 5-240。

图 5-240　浇筑混凝土

10．安装横向框架及轨枕压入

轨枕压入施工利用旭普林成套施工设备中的第三单元（轨枕安装单元）进行。混凝土浇筑的同时，轨枕装配单元将线路右侧电缆槽上轨枕吊到装配车上并排好，用螺栓将轨枕框架与轨枕固定,然后将装配好轨枕的轨枕框架与横梁传送到装配单元前端安装单元吊装的位置，准备安装，如图 5-241 所示。

轨枕安装单元吊起 1 根横梁和 1 组装配好 5 根轨枕的轨枕框架，前行到要安装的地段内，先将横梁放置在一对支脚上，然后放下轨枕框架，振动压入新浇筑的混凝土中，如图 5-242 所示。

图 5-241　安装轨枕框架

图 5-242　轨枕嵌入

11.混凝土表面抹平、养护

轨枕压入后，需对混凝土表面进行二次收面，使用铁抹子将混凝土表面刮平、压光，在混凝土与轨枕交接处进行钩边，如图 5-243 所示。

混凝土初凝后，即可以开始混凝土的养护工作，均匀洒水后通过覆盖塑料薄膜养护，养护时间不少于 7 d，如图 5-244 所示。

图 5-243　混凝土抹面

图 5-244　混凝土养护

12.横梁、框架回收

道床板混凝土强度达到 5 MPa 后，即可松开框架支脚与轨枕的连接螺栓，操作拆卸单元吊装横梁与框架并运输到轨枕装配单元后端，以备装配单元组装新的轨枕框架，如图 5-245 所示。

图 5-245　横梁、框架回收

13. 支脚、模板拆除及倒运

当强度达到不至损坏道床板混凝土棱角的情况下，支脚和模板在横梁和框架吊装后即可拆除。电动扳手松开固定螺钉，将支脚和模板吊装到回收单元的平板上。先施工的一线可以利用另一线作为运输通道，则可采用有随车吊的汽车将支脚和模板倒运到施工前端；如果一线已经施工完成，则可直接用回收单元通过道床板边缘形成的通道，从另一线吊装、运输支脚和模板至施工前端。然后与前端施工衔接形成一个闭合的施工流水线。

5.5　无砟轨道维修简介

【学习目标】

（1）能说出并解释无砟轨道维修的一般原则。

（2）能说出无砟轨道的主要病害类型及成因。

（3）能根据无砟道床伤损形式及伤损等级判定标准对无砟道床伤损进行分类判定。

无砟轨道线路维修目前依据 TG/GW 115—2012《高速铁路无砟轨道线路维修规则》（试行）。这里只简要介绍无砟轨道维修的一般要求、工作内容、无砟轨道主要病害及成因、无砟道床伤损分类及判定标准。

1. 无砟轨道维修的一般要求

（1）无砟轨道线路维修应按照"预防为主、防治结合、严检慎修"的原则，根据线路状态的变化规律，合理安排养护与维修，做到精确检测、全面分析、精细修理，从而有效预防和整治病害。

① 精确检测。

无砟轨道病害首先是通过精确检测发现的，线路检测一般采用"动态检测为主、动静态检测相结合，结构检测与几何尺寸检查并重"的原则。无砟轨道病害由于对行车平顺性影响较大，即使发生几毫米的上拱、沉降等都会对轨道平顺性产生影响，所以首先应全面检测无砟轨道线路，通过检查，一旦发现异常，应利用天窗时间到现场进行精确检测。同时应在山区、高原、严寒地区和极端气候条件下，加强重点部位的检测和巡视工作。

② 全面分析。

无砟轨道病害产生的原因往往很复杂，有施工方面的原因，如工艺不完善、施工质量不达标，所用原材料品质可靠性差；也有设计方面的问题，如设计依据不充分，设计标准不符合实际，导致设计条件与实际工况相差较大。在复杂多变的力学、地质、水文、气象条件作用下，无砟轨道结构很容易在有缺陷的薄弱环节发生各种变形和产生病害。因此，无砟轨道病害整治首先应强调线路检测及资料分析的重要性，通过现场检查和精密观测，全面、深入分析病害产生原因，并以此为依据选择维修方法和工艺，从而达到科学合理维修的目标。

③ 谨慎维修。

由于无砟轨道结构几何尺寸精度要求高，产生病害的成因又非常复杂，在未完全弄清伤损原因和规律之前，切莫盲目维修，以免"问题越修越大"。如双块式无砟轨道道床板受温度荷载等作用下产生的裂缝，若在冬季修复施工，因道床板裂缝宽度较大，修复时将裂缝填充后，等效于道床板的锁定合拢温度为冬季温度，夏季道床板温度较高时，道床板受温度压应力较大，易出现道床板与支承层出现上拱；若在夏季修复施工，因道床板裂缝宽度较小，修复时将裂缝填充后，当冬季道床板温度较低时，道床板裂缝宽度还要增大，对道床板的裂缝控制不利。

④ 精细维修。

无砟轨道结构直接承受列车荷载，为了达到高速铁路快速、舒适、安全的基本要求，对轨道精度要求非常高，目前规范规定轨道静态铺设精度的轨距、轨向、高低的容许偏差为2 mm。为了满足无砟轨道高精度要求，使出现病害的轨道结构恢复到相应标准，其维修必须精工细化，确保满足高质量和高精度的要求。

（2）线路维修应实行检、修分开的管理制度，实行专业化和属地化管理。应本着"资源综合、专业强化、集中管理"和"精干、高效"的原则建立高速铁路线路维修管理机构。应严格实行天窗修制度。天窗时间应固定，一般不得少于240 min。

高速铁路无砟轨道工程维修一般是在天窗时间内进行的，时间短，安全要求高，应进行专业化的维修。采用专业化的维修队伍，能够提高维修质量。

目前，相关铁路局（公司）均设置了高铁工务段，专门负责受委托范围内高速铁路线路设备的安全、维护和管理，保持线路设备状态良好，使之符合相关技术标准。

（3）应做好精密测量控制网（以下简称精测网）的管理，保证运营维护测量有稳定可靠的测量基准，并利用精测资料指导线路的维修工作。

这是目前和普速铁路不同的地方。普速铁路目前没有建立统一的平面测量控制网，几何形位以"当前状态"为基础进行相对修复，例如曲线整正是考虑在现有线型基础上恢复圆顺，以保证拨动量最小为原则。

（4）应加强曲线（含竖曲线）、道岔（含调节器）、焊缝、无砟轨道结构及过渡段的检查和养护维修，加强轨道长波不平顺的检查和管理，保证线路质量均衡、稳定。

高速铁路因行车速度高，轨道长波不平顺对行车的平稳性有显著影响，所以应加强对轨道长波不平顺的检查和管理。

（5）应积极采用新技术、新设备、新材料、新工艺和先进的施工作业方法，优化作业组织，提高线路检修质量。

无砟轨道病害整治由于受时间、空间限制，应结合新材料、新工艺、新方法进行维修应用。

随着科技和社会的发展和进步，将会有越来越多的新材料、新工艺、新方法出现，这为无砟轨道病害整治技术提供了更多的选择，甚至针对一些难以处理的病害，提供了维修的可能性。无砟轨道维修时可结合这些新技术，在能够满足无砟轨道安全性和耐久性要求时提倡应用。同时这些新材料、新工艺、新方法的应用，往往能为无砟轨道提供高标准的维修质量。

（6）积极推行信息化技术，建立维修管理信息系统，逐步实现信息化管理。

无砟轨道病害往往在出现前就在结构变形、位移、受力等方面表现异常，有些可以通过日常的轨检车检测发现，有些需要通过监控、监测等诊断技术进行分析，判断病害发生情况，提前做出反应，采取预防性维修。这就需要运用现代化信息手段对无砟轨道从设计、施工、到维修等全过程进行信息化管理，只有实现对无砟轨道维修的信息化，才能实现对病害成因的全面、深入和系统分析，从技术、经济角度优化预防或修理方案，从而达到预期的维修效果。

2. 无砟轨道维修工作的内容

无砟轨道线路维修工作分为周期检修、经常保养和临时补修。

周期检修指根据线路及其各部件的变化规律和特点，对钢轨、道岔、扣件、无砟道床、无缝线路及轨道几何形位等按相应周期进行的全面的检查和修理，以达到恢复线路完好技术状态的目的。铁路局可根据线路设备状态、线路条件、运输条件和自然条件等具体情况调整维修周期，并报铁路总公司核备。

经常保养指根据动、静态检测结果及线路状态变化情况，对线路设备进行的经常性修理，以保持线路质量经常处于均衡状态。

临时补修指对轨道几何尺寸超过临时补修容许偏差管理值或轨道设备伤损状态影响其正常使用的处所进行临时性修理，以保证行车的安全和舒适。

（1）周期检修的内容。

① 线路设备质量动态检查。

② 轨道几何尺寸和扣件螺栓扭矩静态检查。

③ 钢轨探伤。

④ 采用打磨列车对钢轨进行预打磨、预防性打磨和修理性打磨。

⑤ 联结零件成段涂油、复拧。

⑥ 根据刚度变化情况，成段更换弹性垫板。

⑦ 有计划地对无砟道床进行检查及修补。

⑧ 对无缝线路钢轨位移、钢轨伸缩调节器伸缩量的周期观测和分析。

⑨ 对沉降量较大地段的轨道状态进行周期观测和分析。

⑩ 精测网检查、复测。

（2）经常保养的基本内容。

① 对轨道质量指数（TQI）超过管理值的区段或轨道几何尺寸超过经常保养容许偏差管理值的处所进行整修。

轨道质量指数的定义：以 200 m 的轨道区段作为单元区段，分别计算单元区段上左右高低、左右轨向、轨距、水平、三角坑等 7 项几何不平顺幅值的标准差，各单项几何不平顺幅值的标准差称为单项指数，将 7 个单项指数之和作为评价该区段轨道平顺性综合质量状态的指标，即为轨道质量指数。

② 根据钢轨表面伤损、光带及线路动态的检测情况，对钢轨进行修理。

③ 整修焊缝。

④ 整修伤损扣件、道岔及调节器等轨道部件。

⑤ 无缝线路应力调整或放散。

⑥ 修补达到 II 级及以上伤损的无砟道床。

⑦ 疏通排水。

⑧ 精测网维护。

⑨ 沉降地段轨道状态观测和分析。

⑩ 修理、补充和刷新标志、标识。

⑪ 根据季节特点对线路进行重点检查。

⑫ 其他需要经常保养的工作。

（3）临时补修的主要内容。

① 及时整修轨道几何尺寸超过临时补修容许偏差管理值的处所。

② 处理伤损钢轨（含焊缝）和失效胶接绝缘接头。

③ 更换伤损的道岔护轨螺栓、可动心轨咽喉和叉后间隔铁螺栓、长心轨与短心轨联结螺栓等。

④ 更换伤损失效的扣件、道岔及调节器等轨道部件。

⑤ 更换或整治失效的无砟道床。

⑥ 处理线路故障。

⑦ 其他需要临时补修的工作。

3. 无砟轨道主要病害及成因

我国高速铁路无砟轨道系统技术研发、工程实施及运营实践的开始时间相比国外较晚，尽管前期进行了大量的理论分析和室内试验，但缺乏长期的运营实践经验，对无砟轨道结构在运营中出现的一系列问题，还未形成系统的理论分析与可靠的维修方法。

（1）后张法预应力轨道板预应力钢棒断裂窜出。

在我国前期研究成果和消化吸收国外无砟轨道轨道板后张预应力无粘结钢棒技术的基础上，CRTS Ⅰ型板式无砟轨道和前期的 CRTS Ⅲ 型板式无砟轨道的轨道板采用了后张无粘结预应力钢棒体系。轨道板暂行技术条件中对预应力钢棒及无粘结工艺的相关技术要求均依据了国家或行业技术标准，但个别钢棒供应商在钢棒原材料质量、热处理工艺等方面未严格控制，特别是钢棒未按相关行业标准的要求采用连续涂油、热挤塑套管成型工艺，而采用了后穿套管工艺，导致钢棒断裂后窜出。目前针对个别供应商采用后穿套管工艺的预应力钢棒的情况，轨道板侧面采取了相应的防护措施。

（2）纵连无砟轨道结构（CRTS Ⅱ型板式、路基地段双块式无砟轨道）高温季节的轨道上拱。

纵向连续铺设的无砟道床受温度荷载影响大，温度变化时，由于受到纵向约束，轨道结构不产生纵向变形，但相应的，在温度升高或降低时，轨道结构内部产生压力和拉力。温度荷载是影响无砟轨道结构配筋设计的重要因素，需通过合理配筋来控制混凝土裂缝的宽度和间距。这类轨道结构现场表现的明显特征是：低温季节混凝土出现一定间距的细小裂缝，高温季节裂缝闭合。

① CRTS Ⅱ型板式轨道为纵向连续结构，目前局部地段在高温季节出现了超出相关技术标准限定值的轨道板上拱现象，影响了轨道的平顺性。上拱位置大多出现在轨道板间接缝区域，初步分析产生上拱的主要原因有下几个方面：受工期影响，未能严格按轨道板设计合拢温度进行纵连；轨道板间宽、窄接缝施工质量不良或在低温季节对轨道板间接缝位置出现的较大离缝采用非弹性材料进行充填修补，间接造成了轨道板纵连温度降低，在升温荷载下，板端轨道板与砂浆层的拉应力超过粘结力。

② 路基地段双块式无砟轨道为纵向连续结构，前期开通运营线路个别地段的道床板出现上拱现象，其位置主要在路桥过渡段的端梁锚固区域和道床板后浇区段。初步分析产生上拱的主要原因有以下几方面：连续道床板形成（锁定）的施工温度偏低；道床板与支承层或支承层与基床表层的界面状态因受拉毛质量或施工机械运行等的影响，相对"光滑"。合理的界

面状态能够使得道床板的纵向力在锚固区域内能相对均匀传递，若摩擦系数偏低，将会造成纵向力在端梁结构部位集中传递，产生上拱的问题。

（3）温度跨度较大的桥上 CRTS I 型板式无轨道梁端半圆形凸形挡台与底座连接部位拉裂、凸台周围树脂离缝。

个别温度跨度达 200 m 以上的桥梁，由于多种原因未设置钢轨伸缩调节器（如曲线地段），尽管经过设计检算满足了钢轨、桥梁安全性和稳定性要求。实际运行中在温度力作用下，由于小阻力扣件复合垫板生锈，扣件阻力增大，梁轨相互作用力较设计值偏大；低温情况下，凸型挡台受挤压，其与底座间的连接强度不足，从而出现拉裂，半圆形凸型挡台限位失效，影响结构稳定性。另外一方面在温度荷载的作用下，梁体（连同底座与凸型挡台）与轨道板间的相对变形，将会引起大跨度梁端附近区域轨道板与凸型挡台间的一侧树脂挤压，另一侧出现离缝。

（4）无砟轨道个别扣件预埋套管失效问题。

部分开通运营和在建高铁线路出现扣件预埋套管失效问题，初步分析其原因：施工精调和维修阶段扣件安装操作不当，扣件扭矩安装过大；扣件套管或螺旋的制造质量不满足要求等。

（5）板式无砟轨道砂浆充填层离缝。

预制轨道板与现浇混凝土底座或支承层间通过设置充填层（水泥乳化沥青砂浆、自密实混凝土砂浆等）以保证轨道板均匀稳定支承是板式无砟轨道的主要结构特征。砂浆充填层是板式无砟轨道最易产生病害的薄弱部位。

对于 CRTS I 型板式轨道，为施工、维修提供方便，水泥乳化沥青砂浆采用袋装灌注法进行充填，砂浆充填层离缝的主要原因包括：施工环节未根据轨道板与底座的间隙大小适当调整灌注袋尺寸；曲线地段灌注工艺不当引起轨道外侧灌注不饱满；砂浆充填量不足；单元轨道板受温度梯度影响的翘曲变形等。

对于纵向连续的 CRTS II 型板式轨道结构，水泥乳化沥青砂浆采用模筑法充填，要求轨道板与砂浆间处于良好的粘结状态。砂浆充填层离缝的主要原因：砂浆与轨道板底部、底座或支承层（拉毛质量）的界面状态；砂浆材料的收缩；曲线地段灌注工艺不当引起轨道外侧灌注不饱满；砂浆充填量不足；受温度荷载的影响等。

对于路基地段岔区板式无砟轨道结构，自密实混凝土砂浆采用模筑法进行充填，要求道岔板与砂浆间处于良好的粘结状态。自密实混凝土砂浆层与道岔板离缝的主要原因：砂浆与道岔板底部（拉毛质星）的界面状态；砂浆材料的收缩；砂浆充填量不足；单元道岔板受温度梯度影响的翘曲变形等。

（6）路基地段无砟轨道底座或支承层与路基面接缝状态不良，地表水渗入引起翻浆。

在开通运营的部分线路路基区段出现无砟轨道底座或支承层与路基基床表层间有离缝、进水、冒浆的现象，线路外侧路基面或线间设有 C25 混凝土封闭层，沿线路纵向，封闭层与底座或支承层存在接缝。初步分析无砟轨道与路基的接口界面产生此类问题的可能原因有以下几方面：路基基床表层级配碎石细颗粒含量偏高或掺加水泥，影响其渗透性；接缝材料（目前大多采用热融沥青）劣化；路基沉降变形；轨道与路基刚度的匹配不合理等。

（7）无砟轨道混凝土裂缝、底座伸缩缝、凸台周围树脂离缝。

无砟轨道现浇混凝土结构一般按容许开裂设计，并根据耐久性要求（裂缝限值、钢筋保护层等）进行结构配筋。但受施工质量、原材料、环境等多种因素的影响，部分地段混凝土裂缝状态超出限值。如双块式无砟轨道、双块式轨枕周围出现离缝甚至松动；桥上 CRTS Ⅱ型板式轨道个别钢板连接器部位底座板混凝土异常开裂，侧向挡块混凝土拉裂等。

路基地段 CRTS Ⅰ型板式轨道底座每隔 10～20 m 设有横向伸缩缝，受温度荷载影响沿线路纵向底座会产生伸缩变形，受伸缩缝材料（大多采用热融沥青）、环境温度、施工质量等因素影响，部分地段伸缩缝状态存在劣化现象。

CRTS Ⅰ型板式无砟轨道凸形挡台周围填充树脂材料，袋装灌注法的施工受温度荷载、温度跨度较大桥梁的伸缩变形、材料收缩、施工质量等因素的影响，部分凸形挡台周围（尤其在底座伸缩缝、大跨梁端附近）产生离缝现象。

CRTS Ⅱ型板式无砟轨道两相邻轨道板连接处的宽接缝为现浇混凝土，目前发现大多宽接缝处混凝土与轨道板存在裂缝，一般为 0.2～0.5 mm，个别地段甚至达到了 1 mm 以上。

（8）双块式轨枕与道床板分离、松动，双块式轨枕开裂。

双块式轨枕为采用桁架钢筋将两个轨枕块连接的预制部件，在道床板浇筑时由于振捣不密实、道床板开裂、列车动荷载等原因，双块式轨枕与道床板有分离、松动的现象，在部分客货共线铁路中这种现象更为明显。双块式轨枕发生松动以后常见的现象有轨枕周边现浇混凝土碎裂、掉块、混凝土枕边冒白浆、钢筋裸露等。

同时双块式轨枕还出现开裂，主要表现在带挡肩的轨枕块在凹槽处出现裂纹、沿轨枕的预埋套管出现贯通裂缝、轨枕块边角掉块等。此外，由于扣件扭矩安装过大还会出现预埋套管拔起等病害。

（9）无砟轨道防排水系统不畅、密封材料开裂失效。

无砟轨道一般路基地段采用线间设集水井的方式排水，桥梁地段线间设泄水孔或通过分块道床板板缝横向两侧排水，隧道内线间设排水沟、隧道洞口处线路两侧通过线路纵坡向外排水。但是目前发现一些地段排水不畅、导致无砟轨道积水，同时无砟轨道新旧混凝土结合处及伸缩缝地段采用的防水密封材料离缝等问题，使水侵入路基结构，在列车动荷载作用下，个别地段出现"冒泥"现象，使路基出现不均匀沉降，影响轨道结构的耐久性。

4. 无砟道床的伤损分类及判定标准

无砟道床伤损等级分为Ⅰ级、Ⅱ级、Ⅲ级。对Ⅰ级伤损应做好记录，对Ⅱ级伤损应列入维修计划并适时进行修补，对Ⅲ级伤损应及时修补。

（1）CRTS Ⅰ型板式无砟道床伤损形式及伤损等级的判定标准见表 5-4。

表 5-4　CRTS Ⅰ型板式无砟道床伤损形式及伤损等级判定标准

伤损部位	伤损形式	判定项目	评定等级			备注
			Ⅰ	Ⅱ	Ⅲ	
预应力	裂缝	宽度（mm）	0.1	0.2	0.3	掉块、缺损或封端脱落应适时修补
轨道板	锚穴封端离缝	宽度（mm）	0.2	0.5	1.0	
普通轨道板	裂缝	宽度（mm）	0.2	0.3	0.5	
凸形挡台	裂缝	宽度（mm）	0.2	0.3	0.5	
底座	裂缝	宽度（mm）	0.2	0.3	0.5	
底座伸缩缝	离缝	宽度（mm）	1.0	2.0	3.0	路基、隧道地段

伤损部位	伤损形式	判定项目	评定等级			备　注
			Ⅰ	Ⅱ	Ⅲ	
水泥乳化沥青砂浆	离　缝	宽度（mm）	1.0	1.5	2.0	掉块、缺损或剥落应适时修补
		横向深度（mm）	20～50	50～100	≥100	
		对角长度（mm）	20～30	30～50	≥50	
	裂　缝	宽度（mm）	0.2	0.5	1.0	
凸形挡台周围填充树脂	离　缝	宽度（mm）	1.0	2.0	3.0	缺损应适时修补
	裂　缝	宽度（mm）	0.2	0.5	1.0	

（2）CRTSⅡ型板式无砟道床伤损形式及伤损等级判定标准见表 5-5。

表 5-5　CRTSⅡ型板式无砟道床伤损形式及伤损等级判定标准

伤损部位	伤损形式	判定项目	评定等级			备　注
			Ⅰ	Ⅱ	Ⅲ	
轨道板	裂　缝	宽　度（mm）	0.1	0.2	0.3	预裂缝处的裂缝除外，掉块或缺损应适时修补
板间接缝	裂　缝	宽　度（mm）	0.2	0.3	0.5	掉块或缺损应适时修补
	离　缝	宽　度（mm）	0.2	0.3	0.5	
支承层	裂　缝	宽　度（mm）	0.2	0.5	1.0	
底座板	裂　缝	宽　度（mm）	0.2	0.3	0.5	
侧向挡块	裂　缝	宽　度（mm）	0.2	0.3	0.5	
挤塑板	离　缝	宽　度（mm）	0.2	0.5	1.0	
水泥乳化沥青砂浆充填层	离　缝	宽　度（mm）	0.5	1.0	1.5	掉块、缺损或剥落应适时修补
		深　度（mm）	20～50	50～100	≥100	
		对角长度（mm）	20～30	30～50	≥50	
	裂　缝	宽　度（mm）	0.2	0.5	1.0	

（3）CRTSⅢ型板式无砟道床伤损形式及伤损等级判定标准

CRTSⅢ型无砟轨道板先期采用与 CRTSⅠ型无砟轨道板类似的后张预应力体系，后期则采用了双向先张预应力体系，但轨道结构型式最后定型为单元轨道结构。轨道板伤损形式和标准的判定，后张法可参照 CRTSⅠ型无砟轨道板；先张法可参照 CRTSⅡ型无砟轨道板，表

5-6是后张预应力体系Ⅲ型无砟轨道板及无砟道床的伤损形式及伤损等级的判定标准。

表5-6　CRTSⅢ型板式无砟道床伤损形式及伤损等级判定标准

伤损部位	伤损形式	判定项目	评定等级			备注
			Ⅰ	Ⅱ	Ⅲ	
预应力轨道板	裂缝	宽度（mm）	0.1	0.2	03	掉块、缺损或封端脱落应适时修补
	锚穴封离缝	宽度（mm）	0.2	0.5	1.0	
底座	裂缝	宽度（mm）	0.2	0.3	0.5	
底座伸缩缝	离缝	宽度（mm）	1.0	2.0	3.0	路基、隧道地段
自密实混凝土层	离缝裂缝	宽度（mm）	0.5	1.0	1.5	掉块、缺损或剥落应适时修补
		横向深度（mm）	20~50	50~100	≥100	
		对角长度（mm）	20~30	30~50	≥50	
		宽度（mm）	0.2	0.5	1.0	

（4）双块式无砟道床伤损形式及伤损等级判定标准见表5-7。

表5-7　双块式无砟道床伤损形式及伤损等级判定标准

伤损部位	伤损形式	判定项目	评定等级			备注
			Ⅰ	Ⅱ	Ⅲ	
双块式轨枕	裂缝	宽度（mm）	0.1	0.2	0.3	掉块、缺损应适时修补，挡肩失效应及时修补
道床板	裂缝	宽度（mm）	0.2	0.3	0.5	
	轨枕界面裂缝	宽度（mm）	0.2	0.3	0.5	
支承层	裂缝	宽度（mm）	0.2	0.5	1.0	
底座	裂缝	宽度（mm）	0.2	0.3	0.5	

（5）道岔区轨枕埋入式无砟道床伤损形式及伤损等级判定标准见表5-8。

表5-8　道岔区轨枕埋入式无砟道床伤损形式及伤损等级判定标准

伤损部位	伤损形式	判定项目	评定等级			备注
			Ⅰ	Ⅱ	Ⅲ	
岔枕	裂缝	宽度（mm）	0.1	0.2	0.3	掉块或缺损应适时修补
道床板	裂缝	宽度（mm）	0.2	0.3	0.5	
	岔枕界面裂缝	宽度（mm）	0.2	0.3	0.5	
底座	裂缝	宽度（mm）	0.2	0.3	0.5	
支承层	裂缝	宽度（mm）	0.2	0.5	1.0	
底座伸缩缝	离缝	宽度（mm）	1.0	2.0	3.0	

（6）道岔区板式无砟道床伤损形式及伤损等级判定标准见表 5-9。

表 5-9　道岔区板式无砟道床伤损形式及伤损等级判定标准

伤损部位	伤损形式	判定项目	评定等级			备　注
			I	II	III	
道岔板	裂　缝	宽　度（mm）	0.2	0.3	0.5	掉块或缺损应适时修补
底　座	裂　缝	宽　度（mm）	0.2	0.3	0.5	路基地段。掉块或缺损应适时修补
	离　缝	宽　度（mm）	0.2	0.3	0.5	
找平层	裂　缝	宽　度（mm）	0.2	0.3	0.5	
底座板	裂　缝	宽　度（mm）	0.2	0.3	0.5	桥梁地段。掉块、缺损或剥落应适时修补
侧向挡块	裂　缝	宽　度（mm）	0.2	0.3	0.5	
水泥乳化沥青砂浆	离　缝	宽　度（mm）	0.5	1.0	1.5	
		深　度（mm）	20～50	50～100	≥100	
		对角长度（mm）	20～30	30～50	≥50	
	裂　缝	宽　度（mm）	0.2	0.5	1.0	
挤塑板	离　缝	宽　度（mm）	0.2	0.5	1.0	

习题与思考题

1. 按是否保留轨枕，无砟轨道分为哪几种类型？
2. 我国无砟轨道是怎样分类的？
3. CRTS I 型、II 型、III 型轨道板的主要结构特点有何异同？
4. CRTS I 型、II 型、III 型板式无砟轨道及 CRTS I 型双块式无砟轨道在路基和桥梁上的结构有何异同？
5. CRTS II 型双块式和 CRTS I 型双块式无砟轨道有何异同？
6. 我国铁路各种类型无砟轨道曲线外轨超高是如何设置的？
7. 国外无砟轨道主要的扣件类型都有哪些？
8. 简述我国无砟轨道扣件 WJ-7、WJ-8 的各自适用范围和结构异同点。
9. 我国不同类型无砟轨道的主要施工工艺流程是什么？
10. 简述 CRTS III 型板式无砟轨道底座施工工艺流程。
11. 简述 CRTS III 型板式无砟轨道自密实混凝土施工工艺流程。
12. 无砟轨道维修的原则是什么？

参考文献

[1] 谷爱军. 铁路轨道[M]. 北京: 中国铁道出版社，2013.

[2] 申中祥. 铁路轨道[M]. 北京: 中国铁道出版社，2001.

[3] 李成辉. 铁路轨道[M]. 北京: 中国铁道出版社，2010.

[4] 易思蓉. 铁道工程[M]. 北京: 中国铁道出版社，2015.

[5] 铁路职工岗位培训教材编审委员会. 铁路线路工[M]. 北京: 中国铁道出版社，2010.

[6] 陈知辉. 铁路曲线轨道[M]. 北京: 中国铁道出版社，2011.

[7] 刘建华，冯毅. 单开道岔结构与维修养护[M]. 北京: 中国铁道出版社，2013.

[8] 范钦爱，苏自新. 提速道岔的铺设与养护[M]. 北京: 中国铁道出版社，2002.

[9] 王其昌. 无碴轨道钢轨扣件[M]. 成都: 西南交通大学出版社，2005.

[10] 广钟岩，高慧安. 铁路无缝线路[M]. 北京: 中国铁道出版社，2015.

[11] 中铁十一局集团有限公司. 无砟轨道施工技术[M]. 北京: 中国铁道出版社，2016.

[12] 秦飞. 铁路轨道工程施工技术[M]. 北京: 中国铁道出版社，2014.

[13] 李昌宁. CRTS Ⅰ 型板式无砟轨道轨道板预制与铺设技术[M]. 北京: 中国铁道出版社，2012.

[14] 李昌宁. CRTS Ⅱ 型板式无砟轨道轨道板预制与铺设技术[M]. 北京: 中国铁道出版社，2012.

[15] 李昌宁. CRTS Ⅲ 型板式无砟轨道轨道板预制与铺设技术[M]. 北京: 中国铁道出版社，2015.

[16] 李昌宁. CRTS Ⅰ 型双块式无砟轨道轨枕预制与铺设技术[M]. 北京: 中国铁道出版社，2013.

[17] 李昌宁. CRTS Ⅱ 型双块式无砟轨道轨枕预制与铺设技术[M]. 北京: 中国铁道出版社，2013.

[18] 李昌宁. 岔区板式与枕式无砟轨道施工技术[M]. 北京: 中国铁道出版社，2013.

[19] 铁道部经济规划研究院. TB10082—2005 铁路轨道设计规范. 北京: 中国铁道出版社，2014.

[20] 中铁第四勘察设计院集团有限公司. TB10015—2012 铁路无缝线路设计规范. 北京: 中国铁道出版社，2013

[21] 铁道第三勘察设计院集团有限公司. 高速铁路设计规范 TB10621—2014. 北京: 中国铁道出版社，2015

[22] 铁运（2006）146 号. 铁路线路修理规则[S]. 北京: 中国铁道出版社，2014.

[23] 铁运（2013）29 号. 高速铁路有砟轨道线路维修规则（试行）[S]. 北京: 中国铁道出版社.

[24] 铁运（2012）83 号. 高速铁路无砟轨道线路维修规则（试行）[S]. 北京：中国铁道出版社.

[25] TB/T 3275—2011. 铁路混凝土[S]. 北京：中国铁道出版社，2011.

[26] 工管线路函[2012]159 号. CRTS Ⅲ 型板式无砟轨道工程施工质量验收指导意见（试行）[S].

[27] 铁建设[2010]241 号. 高速铁路轨道工程施工技术指南[S]. 北京：中国铁道出版社，2010.

[28] TB10754--2010. 高速铁路轨道工程施工质量验收标准[S]. 北京：中国铁道出版社，2010.

[29] JGJ/T 283—2012. 自密实混凝土应用技术规程[S]. 北京：中国建筑工业出版社，2012.

[30] 铁总科技[2013]162 号. 高速铁路 CRTS Ⅲ 型板式无砟轨道先张法预应力混凝土轨道板暂行技术条件[S]. 北京：中国铁道出版社，2014.